沃州叢話

보배섬 진도설화

1

[설화조사위원(가나다 순)]

김명선

김현숙

박영관

박정석

박주언

윤홍기

[설화 정리 및 편집]

사단법인 남도학연구소

沃州叢話
보배섬 진도설화 1
진도읍, 군내면, 부록

ⓒ 진도문화원, 2018

2018년 6월 4일 초판 1쇄 인쇄
2018년 6월 11일 초판 1쇄 발행

지은이 진도문화원
펴낸이 박해진
펴낸곳 도서출판 학고재
등록 2013년 6월 18일 제2013-000186호
주소 04168 서울시 마포구 새창로 7, SNU장학빌딩 17층
전화 02-745-1722(편집) 070-7404-2810(마케팅)
팩스 02-3210-2775
이메일 hakgojae@gmail.com

ISBN 978-89-5625-371-8

沃州叢話

보배섬 진도설화

1

학고재

[일러두기]

1. 읍면별 설화 수록 순서는 진도군 행정 체재를 따름
2. 설화 원문은 가급적 구술한 발음을 그대로 표기하되, 이해하기 어려운 방언은 ( )에 설명을 넣음
3. 구연 도중에 이야기 구성상 필요한 조사자와 청중의 말은( )로 표기함. 생략된 말, 제보자의 구연 동작이나 구연 상황은 [ ]로 표기함
4. 제보자가 구연한 설화 내용이 대화체 형식이면 " ", 강조하는 문구이면 ' '로 정리함
5. 설화 원문에 등장하는 이름을 밝힐 수 없는 경우에 '이○○'와 같이 표시함
6. 설화의 내용을 이해하기 쉽도록 설화의 줄거리를 별도로 정리함
7. 각각의 설화에는 자료코드, 조사장소, 조사일시, 조사자, 제보자 등의 정보가 포함되어 있는데, 이 가운데 자료코드는 다음의 기준에 준해 정리함

   자료코드: 진도군 우편번호_설화 구분_조사년월일_조사마을_제보자_001

   예)589_FOTA_20170420_SDR_PJS_001

   -진도군 우편번호: 589

   -설화구분: FOTA 또는 MONA

   *FOTA는 folktale의 약자로 구전설화, MONA는 modern narration의 약자로 근현대 경험담

   -조사년월일: 20170420의 순으로 표기함

   -조사마을과 제보자는 영문 이니셜로 표기함

목 차

진도 설화를 발간하며···

　한반도 최서남단에 위치한 보배의 땅 진도는 명량의 세찬 물살과 신비의 바닷길, 첨찰산 상록수림, 그리고 다도해 해상국립공원이 절경을 이룬 명승처이다. 아울러 섬이면서도 드넓은 들판과 비옥한 갯벌이 풍요를 이루며, 예로부터 시서화가 뛰어나고 진도아리랑, 강강술래가 흥겨운 민속문화예술의 보고로 널리 알려져 왔다.

　역사적으로 고려 때에는 세계를 제패한 몽골제국에 항거하여 삼별초군이 또 하나의 고려 해상왕국을 이곳에 세웠으나, 여몽연합군에 패배하여 웅지를 꺾어야 했다. 또, 왜구의 침략으로 섬을 비우고 영암과 해남을 전전하며 살아야 했던 유랑의 시대도 있었다.

　조선조 정유재란 때에는 충무공 이순신 장군이 향민들과 더불어 사즉생(死則生)의 결의로 세계 해전사에 빛나는 명량대첩을 이룬 전쟁의 중심에 우리 고장 진도가 있었다. 또한 서울에서 멀리 떨어진 변방의 섬으로 노수신, 이덕리, 김이익, 정만조 등 대학자와 선비들이 길게는 20여 년이 넘는 시간을 살다간 유배의 땅이었으며, 온 섬에 말떼들이 들을 덮는 국영목장이기도 하였다.

이러한 자연과 역사적 배경 속에서 선비문화와 토속문화가 어우러진 진도 특유의 문화유산이 생성되었고, 역사와 인물, 마을과 지명, 권선징악과 희로애락, 자연과 풍수에 얽힌 수많은 이야기들이 전해 내려오고 있다.

　우리 고장 설화 가운데 조선조 중기 김몽규가 『옥주지』에 쓴 '강도(糠島)의 전설'이 있다. '옛날 인진도(因珍島)가 아직 행정구역을 정하지 않았을 때에 무안과 나주가 다투다가 대바구니에 등겨를 담고 각각 고을 이름을 써서 바다에 띄워 놓았다. 무안의 대바구니는 정처 없이 떠돌아 어디론지 가버리고, 나주의 대바구니는 조수에 따라 떠다니다가 진도군 임회면 연동리 이름 없는 섬에 닿게 되어서 도착한 작은 섬을 강도(糠島)라 부르게 되었다. 이에 따라 진도는 나주군 관할이 되었으며 이로부터 진도를 '바구니섬'이라 부르게 되었다.'는 이야기 이다.

　진도의 구비문학은 1980년 전남대 지춘상 교수가 한국정신문화연구원에서 실시한 구비자료조사에 참여하여 『한국구비문학대계 진도군편』을 출간하였고, 김정호 전 진도문화원장이 『전남의 전설』에서 진도군의 구비설화 자료를 수합하였다. 이외에도 『진도군지』와 『옥주의 얼』, 그리고 진도문화원에서 발간하는 『진도문화』, 『예향진도』와 박주언씨가 발행한 『계간 진도 사람들』에도 실려 있다.

이번 설화 조사 사업은 진도에서 살아온 사람들의 이야기를 찾아 구술한 내용을 영상 촬영하여 디지털로 아카이빙하고 이를 채록하고 정리하여 책자로 발간하는 것이다. 수집된 설화에는 조상들의 숨결이 담겨 있을 뿐 아니라 진도 사람들의 웃음과 눈물, 역경을 헤쳐온 삶의 지혜들이 켜켜이 쌓여 있었다. 구술한 영상을 보거나 설화를 읽는 사람들은 시간과 공간을 넘나들며 과거와 현재가 조율함을 경험하게 될 것이다.

이번 사업을 통해 750여 편의 설화가 수집 채록되는 값진 성과를 이룩했지만 아직도 수많은 이야기가 군민들 사이에서 회자되고 새로운 이야기로 변화하고 재창조되고 있음을 간과해서는 안 될 것이다. 이에 따라 진도문화원에서는 앞으로도 조상들의 얼이 서린 설화 수집을 위해 지속적인 노력을 기울여나가고자 한다. 선인들의 삶이 흠뻑 담겨진 설화들을 문화콘텐츠의 씨앗으로 삼아 스토리가 있는 문화관광자원으로 새롭게 싹을 틔

워야 하겠다.

　그동안 애써 구술해 주신 어르신들의 노고에 진심으로 감사 드리며 자료수집에 열정을 가지고 채록해 주신 김명선, 김현숙, 박영관, 박주언, 윤홍기 조사위원 여러분의 정성에 감사드린다. 아울러 이를 정리하고 편집해 주신 남도학연구소 서해숙 대표, 이옥희 박사, 홍은숙, 김미라, 김영미 연구원과 사업을 총괄한 서만석 사무국장의 노고에 감사드린다.

　특히 설화사업을 추진할 수 있도록 물심양면으로 도움을 주 신 전라남도와 진도군, 진도군의회에 경의와 감사를 드린다.

2018년 3월
진도문화원장 박 정 석

진도의 특별한 이야기

묵향(墨鄕) 설화
진도는 묵향의 깊이가 남다른 지역이다. 소치 허련, 미산 허형, 소전 손재형 등 남종화와 서예의 대가들에 관한 이야기와, 서당, 서재, 학행비, 학계 등 학문에 관한 설화들이 다수 전하고 있다.

율향(歌鄕) 설화
진도 사람들의 음악적 재능과 소리에 대한 사랑은 자타가 공인할 만큼 특별하다. 민요, 판소리, 대금 등에 관한 이야기들이 풍부하게 넘쳐난다. 박종기 대금, 강강술래, 진도아리랑, 엿타령, 섬타령, 닻배노래 등 음악과 민요에 관한 이야기들이 다수 전하고 있다.

예향(藝鄕) 설화
율향 만으로는 충분히 담아낼 수 없는 예향 진도의 면모를 담은 이야기들이 다채롭게 펼쳐진다. 노래 외에도 영화, 창극, 포장극단, 씻김굿, 풍물 등 진도의 예능에 관한 이야기들이 다수 전하고 있다.

소전박물관

의향(義鄕) 설화

나라가 위기에 처했을 때, 정의가 필요할 때 물러서지 않았던 진도 사람들에 관한 이야기가 여러 편 전하고 있다. 삼별초, 임진왜란, 한국전쟁, 5·18 등에 관한 이야기이다.

해향(海鄕) 설화

진도의 바다에서 생산되는 해조류와 어패류에 대한 다양한 이야기와 섬 사람들의 웃음과 눈물이 깃든 설화들이 셀 수 없이 많다. 진도김, 진도미역, 꽃게파시, 삼치파시, 고기잡이, 그물, 김 양식, 전복 양식, 어류 양식, 해조류로 만든 음식, 고기잡이 떠난 남편 기다리는 삶 등에 관한 이야기들이 다수 전하고 있다.

울둘목

11

1
진도읍
설화

진도읍 개관

진도읍은 진도의 중앙부에 위치하고 있으며 동쪽은 고군면, 서쪽은 지산면, 남쪽은 의신면, 북쪽은 군내면에 접하여 있다. 면계를 따라 북편은 북산(일명 철마산, 망적산), 동편은 첨찰산, 서쪽은 해창만에 접하고 남쪽은 남산, 대곡산 등의 구릉성 산지가 솟아 있고 서부에는 간척지 평야가 있다.

선사시대의 유물인 고인돌이 쌍정리, 교동리 등 여러 곳에 산재되어 있어 이때부터 주민들이 거주한 것으로 입증된다. 백제 시대부터 고려 시대 까지는 진도현 또는 가흥현의 땅이었을 것으로 살펴지나 구체적인 기록은 전하지 않는다. 조선 세종 22년(1440) 진도군 치소가 외이리(外耳里, 현재의 고군면 고성리)에서 진도읍으로 옮겨와 비로소 본 군의 소재지가 되어 지금에 이르고 있다. 고종 3년(1866)에는 진도가 도호부로 승격, 부사가 정무를 관장하기도 하였으며 이때 진도면을 부내면(府內面)이라 개칭하였다. 구한말 부내면 관할리는 27개리로 북상, 사동, 통하, 두정, 동외, 동하, 죽엽, 서외, 남상, 동현, 용상, 동내, 서상, 포산, 송현, 남하, 남현, 용하, 동상, 서하, 진도, 사정, 통상, 원동, 당동, 동중, 남산이다.

1914년 행정구역 개편 당시 부내면 관할리는 동외리(동외, 용상, 용하, 당동 일부), 쌍정리(두정, 원동, 동현, 남현, 통상, 통하), 성내리(동상, 동중, 동하, 서상, 서하), 교동리(북상, 서외, 송현, 사동, 사정), 남동리(남상, 남하, 남산 일부, 명금면 칠전 일부), 임일면 염장 일부)이다. 1917년에 부내면이 진도면으로 개칭되었다.

1950년 9월 이후 면청사를 몇차례 옮기다가 1959년 구 경찰서로 옮겨왔다. 1973년에 군내면 수역리, 수유리, 해창리, 산월리가 진도읍에 편입되었다. 1979년 진도면이 진도읍으로 승격되었고, 1980년 산월리에서 내산월리가 분리되었다. 1986년 사정리를 사정1, 사정2리로, 전두리를 전두1, 전두2리, 청용리로 분리하였고, 1987년 임회면 염장리를 편입하여 11개 리가 되었다. 1990

년 현지 주민들의 진정에 의해 신안군 장산면 마진도리 일부(저도리 5개 도서)가 진도읍에 편입되었다. 1999년 5월 1일 남동리에 진도읍 신청사를 준공하였으며 2003년 10월 6일 진도읍 주민자치센터를 개소하였다.

교통편은 진도대교와 팽목리를 잇는 18번 국도가 진도읍을 관통하여 원활하다. 해상교통은 동소포에서 목포를 왕래하는 정기 여객선이 있었으나 1984년 진도대교 건설 후 중단되었다.

명승 및 문화유적으로는 철마산, 진도읍성, 진도향교, 단군전, 향현사, 강헌각, 삼강비, 군강공원이 있고, 향토문화회관에서는 매주 토요민속여행으로 진도의 민속예술을 공연하고 있다.

1952년 12월 17일 이승만 대통령 내외가 진도를 방문하여 진도군민들과 철마광장에서 촬영한 기념사진

〈참고문헌〉
『진도군지』(진도군지편찬위원회, 2007)

진도읍

조사마을

진도읍 교동리 북상마을

진도읍 북상마을 전경

북상리(북상마을)는 진도읍 교동리에 속하는 행정리이다. 진도읍성의 북쪽에 있는 마을이라 하여 북상리(北上里)라 하였다. 조선 초기 경주박씨 35대손 박근무(朴根茂, 1405~1467)가 입향하면서 마을이 형성되었다. 북상마을은 1914년 행정구역 개편에 따라 교동리에 병합되었다. 처음에는 박씨 집성촌이었으나 1970년대 이후 다세대 주택·아파트가 들어서 많은 사람들이 들어와 살면서 마을이 커졌다.

북상리의 북쪽으로는 철마산이 위치하며, 철마산 기슭에는 남북 방향으로 밭들이 펼쳐져 있다. 서쪽은 서외리, 동쪽은 동외리, 남쪽은 성내리와 접하고 있다. 남북으로 북상리를 통과하는 도로가 철마산 기슭의 청룡사까지 연결되어 있다. 철마산 너머 군내면 정자리까지는 소로로 연결되어 있다.

2017년 현재 총 198세대에서 551명의 주민이 살고 있다. 현재 주요 성씨는 경주박씨이다. 주민들의 주요 소득원은 쌀, 구기자, 월동배추이다. 특히 진도에서 생산되는 구기자 중에서 북상리에서 나온 것을 최상품으로 친다. 마을 공동 재산으로는 마을회관과 공동운영비가 있다. 마을 조직으로는 청년회, 상두계, 개발위원회가 있다. 봉암서원이 처음 세워졌고 박봉석, 박석현 목사, 박두재, 박종금, 박종준 등 항일운동가들이 배출된 마을로 박득재, 박신재 등은 6·25한국전쟁 때 많은 사람들을 살려내고 자신을 버린 의로운 인물이었다. 경주박씨 사당인 유방사와 모원사가 있으며, 철마산 기슭에 청룡사가 있다.

진도읍 교동리 서외마을

서외리(서외마을)는 진도읍 교동리에 속하는 행정리이다. 진도읍성의 서문 밖이라 하여 '섬밖에'로 부르다가 서외리(西外里)로 바뀌었다. 1460년경 창녕조씨 윤문(胤文)이 오산에서 이주한 것을 시작으로 전주이씨, 김해김씨 등이 들어와 살면서 마을이 형성되었다.

2017년 12월 현재 총 341세대에서 757명이 살고 있으며 주요 성씨는 박씨와 김씨이다. 주요 농작물은 벼, 구기자이다. 마을 공동 재산으로 마을회관이 있으며, 마을 조직으로 노인회, 부녀회, 청년회가 있다. 유물·유적으로는 진도향교가 있으며, 조선시대에 사직단과 여제단이 있었다. 서외도깨비굿이 전통민속으로 전한다.

진도향교, KT진도지사, 삼성사, 대덕전 등이 있다. 정경옥 목사, 박종협 항일운동가를 배출했다. 소전 손재형씨가 이곳에서 태어났으나 그 집터에 삼성사 절이 들어섰으며 옛 빨래터 '바우냇가'에는 12년간 유배 되었던 무정 정만조의 글씨로 '恩泉'이 암각되어 전한다.

진도읍 남동리 남동마을

남동리(남동마을)는 진도읍에 속하는 법정리이자 행정리이다. 남동리(진도읍)는 진도읍성 남문이 있던 곳으로 남문거리 또는 남 밖이라고 한 데서 그 명칭이 유래되었다. 1400년 경 김해김씨가 처음으로 들어왔으며, 그 후 밀양박씨와 전주이씨 등이 들어와 살면서 마을이 형성되었다. 1914년 행정 구역 개편에 따라 남상리, 남하리, 남산리 일부를 병합하여 남동리라 하였다.

남쪽과 남동쪽은 문마산(109m)과 남산(南山, 243m)으로 이어져 있다. 남동리(진도읍)는 그 아래 평지에 입지한다. 마을 주변 평지는 농경지이며, 산록 완경사면은 밭으로 개간되어 있다. 진도천이 동쪽에서 서쪽으로 흐르고 있다. 남동쪽은 남산리, 동쪽은 두정, 통정리 북동쪽은 성내리, 서쪽은 조금리와 포구리가 각각 접하고 있다. 18번 국도가 남동리(진도읍)를 지나며, 남동리(진도읍) 내에는 소형차로가 연결되어 있다.

2017년 현재 486세대에서 948명이 서로 도우면서 살아가고 있다. 행정리로 남동리·남산리·조금리를 포함하고 있다. 주민들의 주요 소득원은 벼농사와 상업이다. 주민들의 주요소득원은 외대파, 구기자, 벼농사와 상업이다. 마을 공동 재산으로 마을회관이 있으며, 마을 조직으로는 상두계와 노인회가 조직되어 있다. 주요 기관 및 시설로는 진도터미널, 진도경찰서, 목포해경 진도파출소, 진도읍지구대, 진도상설시장, 진도읍사무소, 진도군보건소, 명품관, 진도실업고등학교 등이 있다. 문학평론가 김현이 태어난 마을이다.

진도읍 남동리 조금마을

진도읍 조금마을 전경

조금리(조금마을)는 진도읍 남동리에 속하는 행정리이다. 조금리는 고막뙤의 건널목이었는데 바닷물이 드나들어 조금에는 건널 수 있지만 다른 물때는 나룻배로 건너다녔다 하는 데서 유래하였다. 1400년경 김해김씨가 입향하면서 마을이 형성되었던 것으로 전해온다.

일제강점기 진도군 진도읍 성내리의 정기시장이 이곳으로 이주하여 2일, 7일 정기장이 서면서 객지에서 생업을 찾아 밀양박씨, 전주이씨 등이 입주하면서 마을이 한층 모양을 갖추었다. 북쪽으로는 진도읍 교동리, 동쪽으로는 진도읍 남동리와 접해 있다.

2017년 현재 총 132세대에서 328명의 주민이 살고 있다. 현재의 주요 성씨는 김씨이며, 주민들의 주요 소득원은 벼농사와 상업이다. 특히 조금리 5일 시장은 진도군의 대표적인 시장으로 꼽힌다. 마을 공동 재산으로는 마을회관이 있으며, 마을 조직으로는 상두계, 호상계, 노인회, 부녀회 등이 조직되어 있다.

진도읍에서 가장 저지대인 탓으로 음력 조금 때면 비오는 날이 많아 '조금 난리'라고 불리웠다.

진도읍 동외리 동외마을

동외리(동외마을)는 진도읍성의 동문 밖에 위치하므로 '동문 밖' 또는 '동밖'이라고 한 데서 유래하였다. 1440년(세종22년) 진도읍성이 축조되고 치소가 고군면에서 옮겨진 후, 1500년 초 창녕조씨 조영건(曺永建)의 둘째 아들 조수기(曺壽期)가 고군면 오산리에서 동외리로 왔으며, 무안박씨 일가가 들어와 살면서 마을이 형성되었다. 1914년 행정 구역 개편에 따라 용상리, 용하리, 당동리 일부를 병합하여 동외리라고 하였다. 현재는 당동리, 동외리, 용두리, 세 마을이 동외리가 되고 있다.

동외리는 철마산과 수리봉으로 이어지는 산록 완경사면에 입지하고 있다. 산록 완경사면에는 논과 밭이 조성되어 있다. 동외리 동쪽에는 성죽제(城竹堤)가

위치하고 있다. 18번 국도에서 갈라진 도로가 동외리까지 연결되어 있으며, 동외리에서 성죽제를 지나 수리봉 중턱까지는 소형차로가 연결되어 있다.

2017년 현재 총 145세대에서 293명의 주민이 살고 있다. 주민들의 주요 소득원은 벼, 구기자, 대파, 배추이다. 마을 공동 재산으로는 마을회관, 노인회관, 부인회 상점이 있다. 마을 조직으로는 개발위원회, 부녀회, 청년회가 있다. 동외리에 있는 주요 기관 및 시설로는 진도교육청, 담배인삼공사 진도영업지점, 산림조합, 진도개시험연구, 진도개 테마 파크 등이 있다. 문화유적으로는 향교터, 봉암서원터, 양사재터, 동문터, 동외리 비군(碑群), 강헌각 등이 있다.

박동인 항일운동가를 배출했다.

진도읍 성내리 성동마을

진도읍 성동마을 근경

성동마을은 진도읍 성내리에 속하는 행정리이다. 조선시대 진도군의 관아가 있던 성안을 법적으로 성내리라 하며, 성안을 동·서로 나누어 그 동쪽을 성동리(城東里)라 하였다. 1792년경 청주한씨의 입향 후 김해김씨, 밀양박씨, 전주이씨 등이 들어와 살면서 진도읍성 안의 중심지로 형성되었다. 성동리는 1980년대까지 진도읍의 중심지였으나 남동리가 신흥 시가지로 개발되면서 활기를 많이 잃었다. 옛날 성동리에는 동내리·동중리·동상리가 있었으나 1914년 행정구역 개편에 따라 모두 성내리로 병합되었다.

북쪽으로는 철마산(鐵馬山), 동쪽으로는 동산(東山)이 각각 위치한다. 서쪽은 성서리, 남쪽은 쌍정리, 남서쪽은 남동리와 각각 접하고 있다. 성동리의 동서 방향과 남북 방향으로 2차선 도로가 통과하여 교통은 매우 편리하다.

2017년 현재 총 257세대에서 545명이 살고 있다. 현재 주요 성씨는 한씨이며 주민들의 주요 소득원은 쌀과 구기자이다. 마을 공동 재산으로는 마을회관과 공동운영비가 있으며, 마을 조직으로는 노인회와 부녀회가 있다. 주요 기관 및 시설로는 진도공공도서관, 진도국악협회 전수관, 진도초등학교, 군강공원, 충혼탑, 향현사(鄕賢社) 등이 있다.

진도읍 쌍정리 두정마을

진도읍 두정마을 근경

두정마을은 진도읍 쌍정리에 속하는 행정리이다. 논 가운데 말샘이 있었기 때문에 두정(斗井)이라는 지명을 갖게 되었다. 의신면으로 가는 길과 군내면, 고군으로 가는 삼거리 길로 삼거리로 불리었고 돌벅수가 있어서 벅수거리라고도 불리었으며 장사 들독이 있었다. 1470년 무렵 양천허씨와 제주양씨가 처음으로 들어왔으며, 1700년 무렵에 다른 성씨들이 들어와 살면서 마을이 형성되었다. 두정리는 1914년 행정구역 개편에 따라 쌍정리로 병합되었다.

수리봉과 남산(南山)으로 이어진 산록 완경사면에 입지하고 있다. 북쪽은 용두리와 성동리, 서쪽은 남동리와 각각 접하고 있다. 18번 국도가 두정리를 지나며 두정리 내에는 소형차로가 이어져 있다. 마을 앞에 노두목이라는 바위가 있는데 옛날 이곳까지 바닷물이 들어왔다 전한다.

2017년 현재 총 353세에서 874명이 살고 있다. 현재 주요 성씨는 허씨이다. 주민들의 주요 소득원은 쌀과 구기자이다. 마을 공동 재산으로 마을회관이 있으며, 마을 조직으로 부녀회와 노인회가 있다.

진도읍 쌍정리 통정마을

통정리(통정마을)은 진도읍에 속하는 행정리이다. 진도읍성이 축조되면서 성 밖의 통샘이라는 샘을 중심으로 마을이 형성되었다는 데서 유래되었다. 통정은 샘물이 통(桶)으로 나온다는 뜻이다. 1450년경 전주이씨 일가가 입거하였고 1700년까지 타 성씨들이 입거하면서 마을이 형성된 것으로 알려져 있다. 통정리는 본래 진도군 부내면에 속해 있다가 1914년 행정구역 통폐합에 따라 두정리·원동리·동현리·남현리·통정리를 병합하여 '두정'과 '통정'의 이름을 따서 쌍정리(雙井里)라 하였다.

지리적으로 진도읍의 동남 방향에 위치하고 있으며, 대체로 200m내외의 산지로 이루어져 있고, 해안과 하천 평야가 발달했다. 북쪽으로 진도읍 성내리, 남쪽으로 의신면 칠전리와 접해 있고, 18번 국도가 동서 방향으로 지나고 있다.

2017년 현재 총 135세대에서 259명의 주민이 살고 있다. 현재의 주요 성씨는 김씨와 박씨이다. 마을 공동 재산으로는 마을회관과 공동운영비가 있으며 마을 조직으로는 상두계와 부녀회가 조직되어 있다. 주요 기관 및 시설로는 신용협동조합, 한국진도견축협, 우체국 등이 있다. 정월 14일 밤에 '거리제'를 마을회관에서 모신다. 이광우 항일운동가가 이 마을 출신이며, 이덕리가 1776년 (영조52) 유배생활을 하면서 『동다기(東茶記)』와 『상두지』를 썼다.

진도읍 포산리 포구마을

진도읍 포구마을 입구

포구마을은 진도읍 포산리에 속하는 행정리이다. 고작방조제가 축조되기 전에는 진도읍의 포구마을이었으므로 포구리라 하였다. 1910년경 김해김씨가 처음으로 포구리로 들어왔다. 1926년경 밀양박씨 등이 간척지에 농사를 짓기 위해 들어와 살면서 마을이 형성되었다. 1926년 일본 기업인 진도식산주식회사가 포구리에 고작방조제를 축조하기 시작하면서 포구였던 마을 주변이 간척지가 되었다.

문마산(109m)과 큰공지(149m)로 이어진 저산성 산지의 북쪽 완경사면에 입지한다. 포구리 북쪽으로는 진도천이 흐르며, 진도천을 따라 농경지가 형성되어 있다. 포구리는 진도읍의 중앙 18번 국도변에 위치한다. 북동쪽은 조금리, 북쪽은 송현리, 북서쪽은 고작리, 해창리와 각각 접하고 있다. 18번 국도에서 갈라진 2차선 도로가 포구리를 지난다.

2017년 현재 총 53세대에서 103명의 주민이 살고 있다. 현재 주요 성씨는 김씨이다. 주민들의 주요 소득원은 벼, 대파, 월동배추이다. 마을 공동 재산으로는 마을회관이 있으며, 마을 조직으로는 부녀회와 노인회가 있다.

진도읍 해창리 해창마을

해창리는 진도읍에 속하는 법정리이자 행정리이다. 조선시대에 진도군의 해창(海倉)이 위치한 데서 유래하였다. 1800년대 김해김씨 김흥백(金興伯)이 처음 입거한 후 밀양박씨, 경주이씨 등이 들어와 살면서 마을이 형성되었다. 본래 진도군 군이면에 속해 있던 지역인데, 1914년 행정구역 개편에 따라 소포리를 병합하여 해창리라 해서 군내면에 편입되었다. 그 후, 1973년 7월 1일 대통령령 제6542호에 의거하여 진도면에 편입되었다.

서쪽으로 기대봉(起大峰, 192m), 북쪽으로 춘산봉(春山峰, 220.8m), 남쪽으로도 봉우리에 둘러싸여 있다. 해창리 서쪽으로는 석교천(石橋川)이 남쪽에서 북쪽

으로 흐르고 있다. 남북 방향과 동서 방향으로 길게 논밭이 형성되어 있다. 동쪽은 송현리, 동남쪽은 포산리, 서쪽은 소포리, 남쪽은 지도리, 북쪽은 산월리와 각각 접하고 있다. 2차선 도로가 동서 방향으로 해창리를 지난다.

2017년 현재 총 48세대에서 75명의 주민이 살고 있다. 현재 주요 성씨는 밀양 박씨이다. 주민들의 주요 소득원은 벼, 구기자이다. 마을 공동 재산으로는 마을회관과 마을 공동 소유의 밭이 있다. 마을 조직으로는 영농회, 부녀회, 노인회가 있다. 옛 해창의 흔적이 있으며 소포 간척이 이루어지기 전에는 진도~목포 간 여객선이 드나들던 포구였다. 주요 단체로 진돗개 관련 사회단체인 한울타리와 갈릴리교회·서부교회 그리고 진도민속문화예술단이 있다. 매년 음력 1월 14일 밤에는 해창리 당제가 모셔진다. 해창 각시당이 있다.

〈참고문헌〉
디지털 진도 문화대전 (http://jindo.grandculture.net)
『진도군지』(진도군지편찬위원회, 2007)

진도읍

설화를 들려준 사람들

박종민 (남, 93세, 1925년생)

제보자는 진도읍 북상리 출신으로 여유로운 가정환경에서 자랐다. 송현리 박준덕씨와 결혼 후 친척인 목포 환대상회 박봉옥 사장 밑에서 사업을 배웠고 인척 손재형씨가 운영하던 목포극장을 가까이 한 결과 영화사업에 끼어들게 되었다. 진도에서 극장을 시작하여 곡성극장, 충청남도의 성환극장을 거쳐 서울에서 경남영화사를 경영했다. 과거 진도에서 있었던 창극단 공연과 이동영화사에 얽힌 이야기들을 모두 기억하고 있어 진도의 문화사를 규명하는데 중요한 구술을 제공하였다.

제공 자료 목록

589_MONA_20170418_BSR_PJM_001	임방울이 소리하고 임상권이 줄타기한 진도의 포장극단
589_MONA_20170418_BSR_PJM_002	일제강점기 진도읍에 있었던 명월관과 제진관
589_MONA_20170418_BSR_PJM_003	해방 돼갖고 진도에 극장이 생겼제
589_MONA_20170418_BSR_PJM_004	야외영사기로 나이롱극장을 시작하다
589_MONA_20170418_BSR_PJM_005	35밀리 필름 기계 들여오려고 논도 다 팔았어
589_MONA_20170418_BSR_PJM_006	변사에 따라 손님이 더 들고 덜 들고
589_MONA_20170418_BSR_PJM_007	유성영화도 소리 꺼불고 변사가 해
589_MONA_20170418_BSR_PJM_008	소구루마에 실린 가설극장
589_MONA_20170418_BSR_PJM_009	여러 섬에서 열린 가설극장
589_MONA_20170418_BSR_PJM_0010	곡성영화의 시작을 열다
589_MONA_20170418_BSR_PJM_0011	천안 성환읍에서 극장을 열다
589_MONA_20170418_BSR_PJM_0012	성환극장 운영에 도움 준 고향 후배들
589_MONA_20170418_BSR_PJM_0013	뒤집힌 해남환에서 살아 나온 이야기
589_FOTA_20170418_BSR_PJM_001	가물면 묏 파고 산에 불 피고
589_FOTA_20170418_BSR_PJM_002	지리학 박사 지관이 내빼불었어
589_MONA_20170418_BSR_PJM_0014	시제 모시는 데 나락이 일곱 가마니
589_MONA_20170418_BSR_PJM_0015	풍선 항로권을 뺏은 진도환
589_MONA_20170418_BSR_PJM_0016	고작굴 뻘등 준공식과 진도환 취항식을 같이 했다
589_MONA_20170418_BSR_PJM_0017	목포서 한 달간 준비한 인민군 진도 점령
589_MONA_20170418_BSR_PJM_0018	조도학살서 살아남은 사람
589_MONA_20170418_BSR_PJM_0019	독립운동가가 공산주의자가 되았어
589_MONA_20170418_BSR_PJM_0020	동네사람들 모두 살리고 죽은 박득재씨

589_MONA_20170418_BSR_PJM_0021	만주로 간 진도 사람들
589_MONA_20170418_BSR_PJM_0022	박보아·박옥진 자매의 진도 공연
589_MONA_20170418_BSR_PJM_0023	홍갑수·안채봉 주연으로 명창대회를 붙였어
589_MONA_20170418_BSR_PJM_0024	약장시 하던 우리국악단 계만씨를 삽교서 만났어
589_MONA_20170418_BSR_PJM_0025	인민군 선전에 동원된 악단장 채다인
589_MONA_20170418_BSR_PJM_0026	정의현과 국악인들
589_MONA_20170418_BSR_PJM_0027	곡성극장 할 때 신영희도 만났어
589_MONA_20170418_BSR_PJM_0028	시골돈하고 서울돈하고 틀려
589_FOTA_20170418_BSR_PJM_003	용샘에 도구통을 넣으면 우수영 울돌목에서 솟구친다
589_FOTA_20170418_BSR_PJM_004	철마산에서 나온 철마들
589_FOTA_20170418_BSR_PJM_005	북상리가 원래 오씨 촌이었다고 그래
589_FOTA_20170418_BSR_PJM_006	씻김굿 하고 뇌졸중 나았어
589_FOTA_20170418_BSR_PJM_007	애기가 죽으면 동우에 넣어 묻었어
589_FOTA_20170418_BSR_PJM_008	죽은 딸을 신작로 가운데다 묻은 서외리 사람
589_FOTA_20170418_BSR_PJM_009	군인들이 애 낳았다고 안 죽이고 그냥 가불었어
589_MONA_20170418_BSR_PJM_0029	일제강점기에 벌어졌던 해남·진도 축구시합
589_MONA_20170418_BSR_PJM_0030	오륙 학년 때 농사 실습하고 졸업 때 통장 줘
589_MONA_20170418_BSR_PJM_0031	학교 교장, 경찰서장, 군청 내무과장은 일본인
589_MONA_20170418_BSR_PJM_0032	진도국민학교에 있었던 일본 선생들
589_MONA_20170418_BSR_PJM_0033	오륙 학년 되면 진도읍으로 편입하다
589_MONA_20170418_BSR_PJM_0034	진도 교장들을 청와대에 데리고 간 박정희의 동창
589_FOTA_20170418_BSR_PJM_0010	도깨비의 정체
589_FOTA_20170418_BSR_PJM_0011	도깨비로 보인 바윗독
589_FOTA_20170418_BSR_PJM_0012	무서운 마음이 들면 바를 정자, 마음 심자를 써라
589_FOTA_20170418_BSR_PJM_0013	혼불 나가더니 죽어불었어
589_MONA_20170418_BSR_PJM_0035	도전할 사람이 없어야 이겼던 씨름대회
589_MONA_20170418_BSR_PJM_0036	국악인 오갑순과 살았던 북상리 박금재
589_MONA_20170418_BSR_PJM_0037	함경도에 코르크 공장을 차린 박국재
589_FOTA_20170418_BSR_PJM_0014	장수마을 북상리의 비결은 구기자
589_FOTA_20170418_BSR_PJM_0015	물 좋고 마르지 않는 북상리 마을샘
589_MONA_20170418_BSR_PJM_0038	육백 평이 아홉 마지기
589_MONA_20170418_BSR_PJM_0039	진도 구기자 갖고 대구 약재상에 가다
589_MONA_20170418_BSR_PJM_0040	청양에서 사 간 진도 구기자순

조규식 (남, 67세, 1951년생)

제보자는 고군면 하율리 출생으로 진도군 공무원으로 정년퇴임했다. 현재 진도읍 북상리에 거주하고 있으며, 고군면사무소 근무 당시 해변에 밀리는 시신에 대한 구체적인 정보들에 대해 구술하였고, 왜덕산과 하율마을의 역사와 민속에 관한 이야기를 들려주었다.

제공 자료 목록

589_FOTA_20170609_BSR_JGS_001	시신이 밀려온 시시밤골과 생꼭
589_MONA_20170609_BSR_JGS_001	바닷가로 떠밀려온 시신에 대한 대처
589_MONA_20170609_BSR_JGS_002	바다는 해경, 육지는 경찰 소관
589_MONA_20170609_BSR_JGS_003	소주잔 올리자 팔을 짝 편 시신
589_MONA_20170609_BSR_JGS_004	매실리 자갈밭 옆 묘지
589_MONA_20170609_BSR_JGS_005	등을 보인 여자 시신
589_FOTA_20170609_BSR_JGS_002	새끼미, 매실리까지 포함하는 왜덕산
589_FOTA_20170609_BSR_JGS_003	많은 성씨가 모여 사는 하율
589_FOTA_20170609_BSR_JGS_004	석장 근처에는 유물이 꼭 있어
589_FOTA_20170609_BSR_JGS_005	여우샘 때문에 하율로 이사한 사람들
589_FOTA_20170609_BSR_JGS_006	제각을 복원하고 다시 모신 당산제
589_FOTA_20170609_BSR_JGS_007	그믐날 열두 시 넘으면 제를 모신다
589_FOTA_20170609_BSR_JGS_008	백하고도 여덟 살을 더 먹은 복길네 할머니

차상행 (1948년생, 남, 69세)

제보자는 명금초등학교, 진도중학교를 졸업하고 광주숭일고등학교를 졸업하였다. 군대를 다녀온 후 진도군 수산업협동조합에 취업해 30년 동안 진도군 어업발전을 위해 노력하고 있다. 진도에서 생산되는 김과 미역이 품질이 높은 이유에 대해 구술하였다.

제공 자료 목록

589_MONA_20171110_BSR_CSH_001	임금님께 진상했다는 명품 진도김
589_MONA_20171110_BSR_CSH_002	한국에서 제일가는 진도미역

김복용 (1947년생, 남, 70세)

제보자는 진도읍 산월마을에서 태어나 진도서초등학교와 진도
중학교, 목포문태고등학교를 졸업하였다. 진도군수산업협동조
합에 들어가 32년의 세월을 근무하였으며 진도군 어업발전과
진도수협발전에 평생을 노력해왔다. 진도의 섬등포 꽃게 파시와
서거차 삼치 파시에 관한 생생한 이야기를 들려주었다.

제공 자료 목록

589_MONA_20171110_SYR_KBY_001 제2의 홍콩이라고 불린 섬등포 꽃게 파시
589_MONA_20171110_SYR_KBY_002 상강 무렵에 열린 서거차 삼치 파시

33

김원홍 (남, 79세, 1939년생)

제보자는 진도중학교 8회 졸업생으로 20세에 운전면허를 취득하여 택시업을 시작으로 버스기사를 하다 진도여객을 창설하였다. 진도 벽파와 해남 옥동을 잇는 충무호 지배인을 12년간 역임하였다. 로타리클럽 회장, 해남·완도·진도 지역대표를 역임했으며 진도문화 발전에 최선을 다하고 있다. 현재는 보은장 여관업을 하고 있고, 진도군관광진흥협회 부회장을 맡고 있다.

제공 자료 목록

589_MONA_20171012_NDR_KWH_001　진도 육로 교통 문제 해결
589_MONA_20171012_NDR_KWH_002　진도의 해상교통 발전
589_MONA_20171012_NDR_KWH_003　육로 수송 장려
589_MONA_20171012_NDR_KWH_004　진도 숙박시설 변천

박병훈 (남, 82세, 1936년생)

제보자는 의신면 칠전리에서 태어나 70세 넘도록 돈지리에서 수보당 약방을 운영했다. 현재는 진도읍 남동리에 거주하고 있다. 의신면 부녀자들을 위주로 진도아리랑보존회를 결성하여 연구 및 장려해왔다. 진도문화원장을 지냈고 향토사가로 활동하여 천자문 교본, 논문집 등 연구성과물을 내면서 현재 (사)진도아리랑보존회장을 맡고 있다. 그가 부르는 흥타령, 육자배기, 진도아리랑 등은 상당하다는 평을 얻는다.

제공 자료 목록

589_FOTA_20171025_NDR_PBH_001　강강술래 가사의 유래
589_FOTA_20171025_NDR_PBH_002　남도만호가 하미실 하씨에게 병풍 선물한 사연
589_FOTA_20171025_NDR_PBH_003　씻김 받을 귀신이 택시 타고 오다

김현술 (남, 67세, 1950년생)

제보자는 진도읍 포산리에서 태어나서 진도읍 조금리로 이사
하여 성장하였다. 진도서중학교를 졸업하고 택시기사로 활동하
였다. 서예가인 소전 손재형 선생의 운전기사로 활동하다 서울
로 이주하여 농산물 저장시설 설치사업을 하는 사업가로 활동
해 왔다. 최근 임회면 남도진성 옆에 한옥집을 짓고 서울을 오
가는 귀촌생활을 하고 있다.

제공 자료 목록

589_MONA_20171029_JGR_KHS_001 소전 손재형 선생과의 인연
589_MONA_20171029_JGR_KHS_002 소전선생께 직접 사사 받은 박정희 대통령
589_MONA_20171029_JGR_KHS_003 소전선생과 주위의 인물들

서순창 (남, 83세, 1935년생)

제보자는 진도읍 동외리에서 태어나 어려서 아버지를 잃고, 어릴 때부터 참외농사를 해서 장에 내다 파는 생활을 삼십여 년을 해왔다. 논농사보다도 밭농사에 치중하여 주로 외농사를 지었고 수박도 조금 심었다고 한다. 소를 키우게 되면서 장날 장꾼들의 짐을 여러 장터에 소달구지로 운반해주는 일이 전업이 되기도 했다. 장삿꾼들의 짐을 소달구지로 장터마다 운반해주면서 하루에 3일 품삯을 받은 이야기를 채록할 수 있었다.

제공 자료 목록

589_FOTA_20170420_DWR_SSC_001	호랑이 잡고 원님한테 곤장 맞은 장사 박춘도
589_MONA_20170420_DWR_SSC_001	진도 외밭과 외 품종들
589_MONA_20170420_DWR_SSC_002	이틀이면 뚝딱 짓는 외막
589_MONA_20170420_DWR_SSC_003	외 종자 받아 외 재배하기
589_MONA_20170420_DWR_SSC_004	장터에서 외 파는 외첨지
589_MONA_20170420_DWR_SSC_005	논 갈아 주고 갈이삯 받기
589_MONA_20170420_DWR_SSC_006	소구루마로 장마다 한 바퀴
589_MONA_20170420_DWR_SSC_007	소도 구루마도 돈 들여야 좋다
589_MONA_20170420_DWR_SSC_008	왕무덤재에서 생긴 소구루마 사고

김길록 (남, 64세, 1953년생)

제보자는 진도읍 포구리 출신으로 천부적인 예능을 타고나 가요와 전통 회화에 남다른 재능을 갖고 있다. 현재 화가로 활동하고 있으며 무궁화 그림으로 유명하다. 지난 70년대 문화원 순회공연에 대한 자부심과 긍지로 그 시절을 회고해 주었다.

제공 자료 목록

589_MONA_20170904_DWR_KGR, PBW_001	70년대 문화원 순회공연 역사

박병원 (남, 72세, 1945년생)

제보자는 진도읍 성내리에서 태어나 씻김굿 등 전통 민속에 천부적 재능을 갖고 있다. 진도씻김굿 예능 보유자이고 사람들이 모여서 흥겹고 신나는 마당판에는 항상 신명나게 한바탕 판을 꾸리고 놀 줄 아는 흥이 있다.

제공 자료 목록

589_MONA_20170904_DWR_KGR, PBW_001 70년대 문화원 순회공연 역사

조재언 (남, 93세, 1925년생)

제보자는 고군면 오산리에서 태어나 일제강점기에 일본에 건너가 생활하였다. 해방 이후 고향에 돌아와 교육계에 몸담아왔으며 진도군 유도회장, 진도군 노인회장 등을 역임하는 등 지역 일에 앞장서왔다. 일본에서 겪은 우여곡절을 생생하게 들려주었으며, 진도에서 만든 육날삼신에 대한 재미있는 일화와 성동리 상여 등 진도의 생활사에 대해서 여러 이야기를 구술하였다.

제공 자료 목록

589_FOTA_20170505_SDR_JJE_001	상여를 함께 떠메던 성동리 상도계
589_FOTA_20170505_SDR_JJE_002	귀하디 귀한 상여 조립자
589_FOTA_20170505_SDR_JJE_003	동네 창고에 썩어가는 북, 장구
589_MONA_20170505_SDR_JJE_001	한복에 삼신 신고 미국 간 젊은이들
589_MONA_20170505_SDR_JJE_002	세계박람회에 출품한 진도 육날삼신
589_MONA_20170505_SDR_JJE_003	짚신 수출로 돈을 번 이천
589_MONA_20170505_SDR_JJE_004	짚신틀을 잘 보존한 며느리
589_MONA_20170505_SDR_JJE_005	짚신 엮는 틀 도투마리
589_MONA_20170505_SDR_JJE_006	공부하고 싶어 불효자가 되다
589_MONA_20170505_SDR_JJE_007	바람 방향으로 잡아낸 그림의 오류
589_MONA_20170505_SDR_JJE_008	고군지서에서 만든 여권
589_MONA_20170505_SDR_JJE_009	일본말과 영어를 배우다
589_MONA_20170505_SDR_JJE_0010	차표를 사려면 일본말을 해야 한다
589_MONA_20170505_SDR_JJE_0011	차표 한 장으로 목포에서 동경 집 앞까지 도착
589_MONA_20170505_SDR_JJE_0012	둥글둥글 돌아가는 동경역
589_MONA_20170505_SDR_JJE_0013	조선사람이 일본에서 맨 먼저 먹어야 하는 뚜부
589_MONA_20170505_SDR_JJE_0014	구기자 잎삭 담배
589_MONA_20170505_SDR_JJE_0015	나는 어째야 쓰꼬!
589_MONA_20170505_SDR_JJE_0016	동경 제일고등무선전신학교 입학
589_MONA_20170505_SDR_JJE_0017	가고시마로 가자
589_MONA_20170505_SDR_JJE_0018	사십칠 대 일의 편입시험
589_MONA_20170505_SDR_JJE_0019	관용을 배우다
589_MONA_20170505_SDR_JJE_0020	동외리 어떤 부인에게 옳게 당하다
589_MONA_20170505_SDR_JJE_0021	전시공장이라 남자 넷에 여자 칠십 명 근무
589_MONA_20170505_SDR_JJE_0022	전시 군부 명령이 최우선

허춘심 (여, 77세, 1941년생)

제보자는 의신면 초상마을에서 태어나 유년 시절을 보냈다. 진도읍 중심 마을인 성내리 군민회관 앞에서 서비스업(찻집)을 경영하며 젊은 시절을 보냈고 지금은 문화 활동을 하며 여생을 보내고 있다.

제공 자료 목록

589_FOTA_20171009_SDR_HCS_001   술을 맛있게 담그는 법

이평은 (남, 82세, 1936년생)

제보자는 진도읍 두정마을 출신으로 조선대학교를 다니다 중퇴하고 이른 나이에 공직에 입문하였다. 진도군과 읍면을 두루 거치고 전남도청과 목포시청을 거쳐 진도부군수로 퇴임하는 등 평생을 고향 발전에 힘써왔다. 진도문화에도 깊은 관심을 갖고 여러 활동을 해왔다. 진도 홍주 제조법과 진도아리랑의 유래를 알기 위해 조사한 내용을 구술해 주었다.

제공 자료 목록

589_FOTA_20171009_DJR_LPE_001   홍주와 박문주
589_FOTA_20171009_DJR_LPE_002   진도아리랑을 만든 허감찰과 동외리 박씨

김덕수 (남, 75세, 1942년생)

제보자는 진도읍 두정리에서 태어나 중학교를 졸업하고 택시기사로 직장 생활을 시작했다. 진도택시 사장을 하며 한우단지와 돼지사육 등으로 자수성가하였으며, 지방자치제도에서 진도군의원을 역임했다. 주로 자신의 인생 여정을 통해 진도에서 했던 운송사업과 그 과정을 소상히 구술해 주었다. 청등으로 만든 삼태기나 삼날신에 관한 구술을 통해 진도에서만 나오는 독특한 재료로 만든 생활용품을 구술했다.

제공 자료 목록

589_FOTA_20170918_DJR_KDS_001   박문주 제조법
589_FOTA_20170918_DJR_KDS_002   삼과 짚으로 엮는 짚신
589_FOTA_20170918_DJR_KDS_003   짚신 만드는 삼 손질법
589_FOTA_20170918_DJR_KDS_004   청등으로 만든 산태미
589_FOTA_20170918_DJR_KDS_005   무명베를 잘 짠 누님
589_MONA_20170918_DJR_KDS_001   택시회사 경영부터 지금까지
589_MONA_20170918_DJR_KDS_002   목탄차 운행기

이행자 (여, 76세, 1942년생)

제보자는 진도읍 쌍정리 출신으로 열여덟에 진도읍 강강술래팀에 들어가 진도 총각들의 관심을 한 몸에 받다가 열아홉에 성내리에 사는 박계수씨와 결혼했다. 양재학원을 나와 양장점을 열고, 빵집, 중국식당, 목욕탕, 가스업, 구기자 사업 등으로 억척스럽게 돈을 벌었다. 인생살이가 마음먹은 대로는 안 된다 해도, 지속적으로 노력하고 중요한 일이 생길 때 현명하게 판단하고, 그리고 무엇보다도 좋은 가정교육을 받는다면 좋은 결실을 맺게 된다는 소신으로 살고 있다.

제공 자료 목록

박상림 (남, 82세, 1935년생)

제보자는 진도읍 동외리 출신으로 진도서중을 졸업하였고 15세 때부터 쟁기질을 시작하였다. 군생활을 할 때 통신학교를 졸업하고 통신기기를 배웠고, 방앗간을 5년 하고 진도읍 네거리에서 잡화상을 하며 자식들을 교육시켰다. 현재는 포구리에서 농업에 종사하고 있다.

제공 자료 목록

589_FOTA_20171024_PGR_PSL_001	진도읍 최초의 동외리 서당
589_FOTA_20171024_PGR_PSL_002	흔적이 남아 있는 성터와 성 뜰
589_MONA_20171024_PGR_PSL_001	꾀를 내도 죽을 꾀를 내다
589_FOTA_20171024_PGR_PSL_003	비가 와도 달리지 않는 양반
589_FOTA_20171024_PGR_PSL_004	선산에 위패로 모신 아버지
589_FOTA_20171024_PGR_PSL_005	박참봉과 늦게 얻은 아들
589_FOTA_20171024_PGR_PSL_006	제사는 자시에 모셔야 한다

김동심 (여, 82세, 1935년생)

제보자는 진도읍 사정리 봉학동에서 태어났다. 19세에 24세의 총각과 결혼해 슬하에 3남 2녀를 두었다. 지금껏 진도읍 해창리에서 농사를 지으며 살아왔다. 17년 전 수술을 해서 건강이 좋지 않지만 하루하루를 소중하게 생각하며 살아가고 있다. 올해 마을제사 당제의 당주가 되어 당할머니 제사를 모셨다.

제공 자료 목록

589_FOTA_20171028_HCR_KDS_001 모조밥과 미역국을 길거리에 뿌리는 해창마을 거리제

진도읍

마을에 전해오는 설화

진도읍 교동리 북상마을

임방울이 소리하고 임상권이 줄타기한 진도의 포장극단

자료코드   589_MONA_20170418_BSR_PJM_001
조사장소   전라남도 진도군 진도읍 북상리 제보자 자택
조사일시   2017. 4. 18
조 사 자   박주언, 김현숙
제 보 자   박종민(남, 93세, 1925년생)

줄거리 일제강점기 말인 1940년대 전반에는 진도 전역에서 마을별로 연극을 했다. 1935년 무렵 임방울이 진도에 와서 창극공연을 했는데 한국에서 제일 줄타기를 잘하는 임상문도 함께 와서 공연을 했다. 공연장소는 유일여관 뒤 구기자밭이었다. 임방울은 그 뒤에도 진도에 와서 공연을 했는데 한번 오면 일주일 정도 공연을 했다는 구술이다.

옛날 일제 말기제. 일제 말기 시대 살아서, 일제 말기 때 각 동네마디 명절 때는 그 부락별로 그 연극을 했어. 송현도 가보면 연극을 허더라고. 그란데 우리 동네만 그런 것이 없었어. 우리 동네는 그런 것이 없었고, 송현만 가면 추석 그런 때 막(幕) 쳐놓고, 연극을 하더라고.

(조사자 : 마을 사람들이요?)

마을 사람들이 연극을 했어. 노래도 부르고 연극도 하고, 인자 그런, 오락이제. 그렇게 동네 단위로 그케(그렇게) 했어. 간단한 그런 연극이제. 신파 같은 거. 그전에 인자 일제시대는 이제 그 임상권이 줄타고, 또 저 송정서 하는 그 국악축제가, 그 누구냐, 임방울이. 임방울이 같은 이가 일제시대에 보면, 우리 에랬을(어렸을) 때제. 몰라, 국민학교 일 학년 때나 이 학년 때나 되었던가, 그런 때 진도 와서 그 연극을, 창극을 했어.

그런 때, 그 줄타는 이가 누구냐, 그 임상권인가. 대한민국에서 제일 줄 잘 타

는, 그 있어 옛날에. 그 사람들이 와서 진도서 국악을 했어. 우리 에랬을 땐께 인자 포장 쳐놓고 그케 하면, 모도(모두) 보고 그랬제. 임방울이랑 모도 노래부른다고 그라고 그라더만.

(조사자 : 읍에 어디다 포장을 쳤어요?)

그 자리가 유일여관 뒤에 그 어디여. 유일여관 뒤에가 구기자밭이 있었어. 옛날에는 맨(온통) 이런 데가 맨~ 밭이었어. 그란데 그냥 밭에다가 거그에다가 집을, 포장을 치고 굿을 하더만. 옛날에, 그런 것이 진도의 흥행사에 첫번, 그러니까, 나로 해서 아마 그전에도 없었을 거여.

(조사자 : 그러면은 연도로 치면 대개 몇 년도나 될까요?)

내가 1925년생인께, 35년 정도 될까? 한 열 살 정도 그런 때, 내가 25년생인께 열 살 먹었닥 하면 35년도, 그런 때 임상문이 줄타고 임방울이가 와서 노래하고 그랬어.

(조사자 : 임방울씨를 어떤 팀들이 데리고 여기를 왔을까요?)

모르제. 그건 내가 열 살 먹었응께 좌우간 어찌케(어떻게) 했는지 몰라도 그런 국악단이 와서 굿하고, 임상문이는 줄타고 그런 굿을 했어. 일제시대. 여러 번 왔어. 그 사람들이 한번만 와서 끝난 것이 아니라 한 두서너 번 왔을 걸, 진도. 진도가 노래부르고 그랑께 그랑가, 하여간 진도를 왔어, 좌우지간. 내가 알기로는 두서너 번 내가 기억이 나는데. 그 사람들 임방울 온 것이.

(조사자 : 우리 어렸을 때는 줄타는 사람을 임영철이라고 했던가?)

그 뒤에. 임방울이 후(뒷)의 사람들이여. 임영철이는. 후에 사람들, 임상문. 좌우간 그 당시 한국서는 제일 첫번 줄 타는 사람이었어. 아무튼 한번 오면 일주일썩 했을 거여 입장료, 받고.

(조사자 : 거기에서 하는 것은 창극이었을까요?)

창극, 노래 부르고, 진도 오면 노래 불러야지. 그런 때가 아마 진도 처음일 거야. 그 뒤에는 내가 인자 커버려서 모르고, 그 뒤에는. 그라고는 해방이 되아불었제.

일제강점기 진도읍에 있었던 명월관과 제진관

자료코드   589_MONA_20170418_BSR_PJM_002
조사장소   전라남도 진도군 진도읍 북상리 제보자 자택
조사일시   2017. 4.18
조 사 자   박주언, 김현숙
제 보 자   박종민(남, 93세, 1925년생)

줄거리 일제 때 진도읍에 여자들을 데리고 술을 팔던 요릿집 유곽인 명월관과 제진관이 있었다.
명월관, 제진관은 한국 사람이 운영했고, 일본인이 운영하던 시노노메가 있었다.

진도 신청 자리 제진관

제진관 자리가 신청 자리여. 고 근방 어디 그 빈터여. 거 제진관이 있고 명월관
이 또 있었어. 둘 있었어. 일제시대 유곽이. 제진관, 명월관. 두 군데서 여자들
덱고(데리고) 장사하고 그랬제. 그라고 일본놈 유곽은 시노노메, 지금 저 병원
하는 자리. 교육청 밑에 병원자리, 거그는 일본놈 유곽이고, 일제시대. 시노노

메라고, 거그는 일본여자도 있었어.

(조사자 : 시노노메가 무슨 뜻이에요?)

몰라. 그런데 시노노메라 했응께. 상호가 시노노메여. 제진관도 어찌케 알겄는가, 제진관 하데끼(하듯이) 시노노메라고 했어.

(조사자 : 제진관이 옛날에는 당골들이 주로 많이 가는 곳인데 그때도 그랬나요?)

아녀, 거 순전히 요릿집인데, 여자 있고, 그때는 유곽이 몸도 팔고 그랬어. 술만 파는 것이 아니라, 여자들이 유곽같이로 몸도 팔고 술도 팔고 그런.

(조사자 : 신청이 따로 있었을까요?)

신청은 모르제. 몰라, 그것이 신청이라고 다른 사람들이 불렀는 거 아닌가 몰라. 그랑께 그전에 신청 자리는 내가 모르고(예상밖으로) 좌우간 제진관 보고 일반인들은 신청이라고 부르고 그랬어. 여자들이 한 서넛이서 넷, 너이도 있고 그랬어.

해방 돼갖고 진도에 극장이 생겼제

자료코드   589_MONA_20170418_BSR_PJM_003
조사장소   진도군 진도읍 북상리 제보자 자택
조사일시   2017. 4. 18
조 사 자   박주언, 김현숙
제 보 자   박종민(남, 93세, 1925년생)

줄거리 해방 후에 전 옥주여객 자리에 극장이 생겼다. 영화도 상영하고 악극단의 공연도 했다. 그 영화관은 얼마 안 되어 폐쇄되었다. 그 전에 제보자는 군민회관 자리에서 영화관을 했다. 길삼씨가 옥천극장을 열자 곡성으로 가서 영화관을 하게 되었다.

해방 되아갖고는 옛날 옥주여객 자리 거그다가 극장을, 극장이 생겼제. 해방 후로. 거기서 악극도 하고 그랬으꺼야. 악극도 한번썩 오고 그런 기억이 나는 데. 건물 짓어서 인자 무대도 있고. 건물 짓어(지어) 놓응께 악극단도 한 두서 너 번 한 거이 기억이 나는데, 악극단 진도 와서.

(조사자 : 가서 구경하셨어요?)

응, 악극단. 기억이 나. 영화만 하는 것이 아니라 악극단 하고 그랬어. 그 지금 그 주차장 하는 그 자리여. 주차장 하는 그 자리. 거그다가 극장을 지었어.

(조사자 : 저 예재씨 사위가 땅을 사가지고 건물을 지었을까요?)

몰라. 그것은 모르는데 안 샀으꺼여. 아마 빌려서 지었는가 어쨌는가 모르겠 어. 목조나무로 큰 창고같이 지었어.

(조사자 : 해방 몇 년 후에나 그 극장이 세워졌을까요?)

거가 몇 년도에나 했을까? 해방 훈가, 해방 핸가, 해방물림 그런 때제. 객지 사 람이 와서 짓었어.

(조사자 : 진도 사람들은 누구 누구가 거기에 참여했나요?)

모르겠는데. 그건 누구누구 했는지 그건 모르겠네. 직접 직영했을 것 같애.

(조사자 : 그럼 직영할 당시에 흥식씨가 일을 도와주지 않았나요?)

몰라. 흥식이도 그때 나이로는 일 못 볼 나이제. 나이로 봐서. 흥식이 욱에(위에) 나이가 그때 누군지를 모르겠어.

(조사자 : 그 극장이 몇 년까지 있었을까요?)

몰라. 얼마 못 갔제. 폐쇄돼불었어. 얼마 못 가고. 집이 참 험한 집이여. 극장 집이. 그랑께 집이 얼마 못 가고 폐쇄되았어. 극장 간판도 못 걸었어. 앞에. 뭔, 극장도 아니고 창고도 아니고 이상한 그런 집이었어.

(조사자 : 우리가 6·25 후에 입학해갖고 초등학교 일 학년인가 이 학년 때 학예 발표회를 거기서 하는 것을 봤는데요)

좌우간 6·25 그럴 때, 그럴 때 없어졌어. 육이오 전후로 생겨갖고 그때 없어졌어. 아이 극장이 헐어갖고 극장도 아니었어. 기양(그냥) 집이 창고도 아니고 어찌케 이상한 집이여. 양철로 해갖고 기양.

(조사자 : 그러다가 옥천극장을 그 자리에다가 만들었을까요?)

아니, 옥천극장은 지금 노인회관 거기서 인자, 길삼이가, 내가 곡성 가서 곡성 극장할 때 지었어. 내가 곡성극장할 때. 내가 서른 야닯 살 땐가 지었을 것이다. 여그서 내가 저 지금 행복마튼가, 거가 군민회관이여. 군민회관인데 거그서 내가 극장을 했어. 옥천극장을 짓기 전에 진도서 군민회관을 입찰을 해갖고 그때 허정돈씨가 면장할 때여. 인자 그걸 입찰을 해갖고 거그서 영화를 했어.

(조사자 : 아, 건물 임대 입찰을.)

기양 계약을 해갖고 임대해서 입찰을 해갖고 영화를 하다가 길삼이가 인자 수입이 괜찮은께 길삼이가 돈 있고 난 돈 없고, 길삼이가 돈 있고 그랑께 거그다가 극장을 짓는다 항께 난 곡성극장을 계약하고 곡성극장을 했제 나가서. 여그는 치어불고(정리해버리고). 극장 생기는데 그것 하면 뭣 허겄냐. 여그서는.

(조사자 : 행복마트 그 자리에서 몇 년도에 거기다가 극장을 시작했어요?)

그때가 내가 서른 일곱 살이나 어찌케 그게 되(될) 것이다. 기양 극장 이름도 없고, 거그서 영화만 했어. 그때 인재가 기도를 보고. 인재, 종춘이 그렇게 덱고

(데리고) 있었제. 그 후로 내가 인자 객지서 다 망해먹고 와서, 천안서 영화하고 서울 가서 영화사 하다가 다 망해먹고, 진도 와서 로땐(노천) 극장을 했어. 그때 똥바를 덱고 있었제.

(조사자 : 행복마트에서 극장하실 때 수입이 괜찮았어요?)

응, 괜찮았어. 그래서 길삼이가 눈을 떠갖고 극장을 짓는다고 해서 극장을 짓응께, 필요가 없지, 인자. 그랑께 인자 객지로 나갔제.

(조사자 : 그러면은 길삼씨는 거기다 극장을 지어가지고 누구누구가 거기서 일을 봤으까요?)

그때에 인자 나는 곡성 가서 극장항께 잘 모르는데, 여그서 인재도 기도 보고 첫번에 옥천극장 지어갖고. 그때 건달 아니면 기도를 못 봐. 그랑께 제일 첨에 인재가 기도 보다, 좌우간 인재 밑에 있는 아그들이 봤으거여. 그것만 알어. 인재, 근환이 모도(모두) 가그들이(걔들이) 좌우간 그런 때 그 극장에서 먹고 살았으꺼여. 우리 집 아그들이 그런 때 인재 밑에가 있었거든. 근환이는 또. 가그들이 아마 극장 밑에서 먹고 살았으꺼여.

야외 영사기로 나이롱극장을 시작하다

자료코드	589_MONA_20170418_BSR_PJM_004
조사장소	진도군 진도읍 북상리 제보자 자택
조사일시	2017. 4. 18
조 사 자	박주언, 김현숙
제 보 자	박종민(남, 93세, 1925년생)

줄거리 목포극장의 기사들이 진도에 영사기를 갖고 와서 나이롱극장을 차렸는데 낯선 곳이어서 어려움이 많았다. 그래서 제보자가 그것을 인수해 진도에서 극장을 운영하게 되었다. 약 2년 정도 운영하다가 길삼씨가 새 극장을 짓자 곡성으로 이주하게 되었다.

(조사자 : 가설극장을 진도서 처음 하셨나요?)

처음 할 때는 요 전에, 요기 공회당에서 하기 전에, 공회당에서 하기 전에, 내가 목포가 안 있었냐(있었잖아)? 내가 목포가 있는데, 목포극장이 손재형씨 것 아니냐? 손재형이 아저씨거든. 그래 내가 목포극장을 자주 댕겼어. 그래서 목포극장 있는 기사, 박재룡이, 박삼룡이. 박삼룡이가 노천극장을 할 수 있는 기계를 즈그 형님을 시켜서 진도로 들여보냈어. 그래서 여그 와 놓응께 진도가 설제(낯설지). 객지고. 그랑께 나보고 그놈을 인수하라고 해서 내가 그놈을 인수했제. 즈그가 하다 못항께.

목포극장 아그들이 진도로 왔어 제일 첨에. 그랬는데 하다보니께 인자 진도가 설고, 낯도 설고 뭣이 안됭께 나한테 맽겼제. 그래서 내가 그놈을 인수했제.

(조사자 : 아, 그것이 몇 년도에?)

그것이 몇 년돈가 모르겠다. 내가 서른 여섯 살이나 되았을까? 대략 하는 말이여. 목포극장 사람들이 한 일 년, 일 년도 다 못했을 거여, 그 사람들이. 한 일년 못하고 인자 손을 들었어. 그래갖고 나한테 인계를 했제. 못항께. 저그들이 못항께 내나(애써서) 그놈 갖고 하다가, 그때보탐(부터) 진도영화가 시작되는 거여. 내가 영화사 발 디려갖고 여그서 인자 군민회관 임대해갖고 하고. 그것이 전초여. 그렇게 시작되어서 쭉 인계해오는 거여. 그래갖고 내가 인자 길삼이가 극장을 짓응께 내가 객지로 나가서 객지 가서 영화사업하다가 뒤에사 들어왔지.

(조사자 : 나이롱극장을 한 지는 기간이 얼마나 되었을까요?)

몰라. 한 2년 했는가 모르겄다. 한 2년 하다가 나갔으꺼야, 내가. 그랑께 내가 한 서른 야닯살에나 곡성, 거그서 한 거 같애.

35밀리 필름 기계 들여오려고 논도 다 팔았어

자료코드   589_MONA_20170418_BSR_PJM_005
조사장소   진도군 진도읍 북상리 제보자 자택
조사일시   2017. 4. 18
조 사 자   박주언, 김현숙
제 보 자   박종민(남, 93세, 1925년생)

줄거리 처음에는 16밀리 필름을 구입하다가 나중에 35밀리를 구입했다. 그때는 논을 팔아서 비용을 마련했다. 곡성에서는 35밀리 영화를 상영했다. 진도 옥천극장에서도 35밀리 필름을 상영했다.

(조사자 : 그때는 그런 보급하는 필름보급사가 몇 개나 되었을까요?)

그때 처음 목포극장에서 인수를 해서 할 때는 16밀리(mm). 조그만 하제. 미리 수가 그냥 적은 것이고. 인자 내가 객지로 나갈 때는 일본서 인자 기계를 가져 왔어. 새것을. 그때 논을, 논도 다 팔고 그랬어. 일제 필름을 가져올 때가. 살림

이 들어갔제. 그랑께 내가 곡성이로(곡성으로) 나갈 때는 일제 기계를 사서 곡성 극장을 가서, 인자 서울 같은 그런 기계여. 극장 같은, 35밀리 큰 놈. 그때 여그 서 내가 진도에서 사갖고 나갔제. 적은 것은 대나불고(버려 버리고).

(조사자 : 그러면은 옥천극장에서는?)

옥천극장에서도 인자 큰 필림. 극장인께 35밀리 또 사고, 거기도. 거그도 내가 적은 거 있는 것은 인재 주었제. 벌어먹고 살라 그라고, 인재 주어버리고 35밀 리 갖고 곡성극장을 가서 했제. 그것은 적은 것은 영화사가 몇 개 없어. 영화사 가. 그란데 큰 것은 극장필림은 영화사가 많애. 전라남도 하면 광주, 그라면 전 남북을 해, 판권이. 전남북. 그랑께 광주서 전주까지 전라북도하고 전라남도하 고, 합해서 판권이 하나여. 필름이 하나 나와.

(조사자 : 그러면 인재씨는 그것을 가지고 여기서 몇 년간이나 했을까요?)

여기서 내가 나가서 한 3, 4년을 하는 동안에 하다가 인자 여그 극장이 생겨붕 께 극장이 생겨붕께 그것이 안돼붕께 폐쇄해불었제. 극장이 생겨붕께.

(조사자 : 진도가 그렇게 그 예재씨 사위가 처음에 극장을 시작해가지고?)

맞아, 순천이다. 박순천이. 기억이 깜막깜막하니 그래. 인제 그 옥천극장이 생 기고, 그라고 인제 옥천극장 그 건물이 노인회관이 되면서 뜯어지면서 인제 완 전히 진도는 극장이 없어져불었제.

(조사자 : 옥천극장에 있던 그 영사기를 내가 갖고 있거든요. 그란데 그것이 렌 즈가 없어요.)

어째 없으까? 나는 갖고 가서 저그 담양극장에다 줬는데. 그 영사기를 담양극 장에서 가져가서, 주라고 해쌓길래. 담양극장 기사가 봉갑씨 매젠가 하나 있 었제. 봉갑씨 매제가 여그 옥천극장 기사로 좀 있었어. 옛날에. 옥천극장 생긴 께 기사로 있다가, 담양극장에 기계가 없응께 그놈 주라고 해서 내가 줬어. 일 제 기계를. 그란데 옥천극장 기계는 뭔지 모르겄구만. 내가 안 봐서 뭔지.

(조사자 : 옥천극장 기계도 일본에서 수입했다고 그럽디다. 35밀리.)

변사에 따라 손님이 더 들고 덜 들고

자료코드   589_MONA_20170418_BSR_PJM_006
조사장소   진도군 진도읍 북상리 제보자 자택
조사일시   2017. 4. 18
조 사 자   박주언, 김현숙
제 보 자   박종민(남, 93세, 1925년생)

줄거리 무성영화에는 음성을 들려주는 변사가 있었다. 필름에 따라 전속으로 따라다녔는데, 변사가 있는 영화는 관객이 많았다. 관객들은 변사의 말에 따라 눈물을 쏟았다. 명변사는 돈을 많이 받았다.

(조사자 : 가설극장 하면서부터 변사가 등장했어요?

적은 필름, 16밀리 할 때 그때도 무성영화가 있고 발성 나는 영화가 있어. 필름이. 그런 때만 해도. 그랑께 발성 안 나오는 필름이 있고 발성이 나오는 필름이 있응께 발성이 안나오는 필름은 변사가 맘대로야 안 하지만 뭣이가 있어. 그냥 엉터리로 하는 거지.

(조사자 : 대본은 있었겠죠?)

대본이 있을랑 거이제만은. 그전에 목포도 목포극장도 보면 변사를 하는 때가 있고 안하는 때가 있어. 목포극장도 그런 때 보면. 그란데 양영화(洋映畵) 같은 것은 주로 일제시대, 변사를 하고. 한국영화도, 그란데 이상하게 변사가 하면 손님이 더 많이 들어. [웃음]

변사가 안 하면 손님이 적게 들어. 한층 더 스릴이 있거든. 높이 말할 때 있고, 낮츠게 말할 때 있고. 변사 말 들음서 막 눈물을 칙칙 흘러불어.[웃음] 변사가 말 잘해부면 기양 눈물이 흐르제. 명변사가 돈을 많이썩 받제. 그 필름에 전속이로 따라댕기는 변사가 있더만. 그 필름만 전적으로 변사가 하고 댕기는. 얼마나 잘하겄냐? 사람을 울리고 웃기고 하는 데 아주 전문적인 변사 아녀?

그런 사람들이 있었어. 일제시대 그 필름만 따라댕기는 변사. 이짝이로(이쪽으로) 갔다, 그 필림이 저쪽으로 가면 절로(저리로) 따라가고.

유성영화도 소리 꺼불고 변사가 해

자료코드   589_MONA_20170418_BSR_PJM_007
조사장소   진도군 진도읍 북상리 제보자 자택
조사일시   2017. 4. 18
조 사 자   박주언, 김현숙
제 보 자   박종민(남, 93세, 1925년생)

줄거리 진도에서 『낙화유수』를 상영할 때 목포극장의 최봉희가 변사를 했다. 관객들이 눈물을 철철 흘릴 정도로 호응이 좋아 4일간 상영을 했다. 변사들은 낮에는 영화 홍보를 하고 밤에는 변사를 했다. 변사가 있는 영화의 반응이 좋으니 일부 유성 영화는 음성을 끄고 변사가 하는 경우도 있었다. 진도에서도 최봉희 변사에게 변사를 배우려는 청년이 있었으나 결국 성공하지 못했다고 한다.

진도도 목포극장 그 변사 밑에서 배는(배우는) 애기가 있었어. 최봉희라고. 가가(그 아이가) 여그 와서 했는데 그 필름이 딱 진도에 오면 저녁에 인자 시사회를 한번 해. 딱. 그라면 인자 딱 보더만. 우리는 캄캄하제. 제일 처음에 그 지명, 어디서 일어난 그 지명, 연도, 사람 이름, 이것은 딱 기억하더만. 적더만. 그것만 적어.

가만 보면 그 적고, 그 외는 그 〈오케목장 결투〉 같은 것은 필림이 오면 딱 비춘단 말여. 인자 극장 하기 전에 미리 시사회를 해. 〈오케목장 결투〉를 딱 비추면 그걸 적어. 연도하고 이름하고. 이름은 꼭 적대. 사람이름. 저도 불러야 됭께. 그라고는 암 것(아무것)도 적는 것이 없어. 그란데 한번 보먼 카~ 기맥히게 해설

해. 그것이 기술인데.

여그서도 그 〈낙화유수〉를 했는데 진도에서, 진도농협 그 뒤에가 옛날에 동양
척식회사 창고가 있었어. 나락 쟁이는(쌓아둔). 그 앞에가 마당이 있었어. 진도
서는 거그서 많이 했거든. 거그서 많이 했는데 보통 필림은 하루 하고 이틀 하
면 끝나. 한가지 필림인께.

그런데 〈낙화유수〉는 그때 4일인가 했어. 이놈이 어찌케 여자들을 울려제켰
는지 손님이 많애갖고. 그렇게 변사를 잘하면 손님이 더 들고 덜 들고 그런 정
도로 영향이 있어.

(조사자 : 〈낙화유수〉 이것도 최봉희씨가 변사를 했어요?)

응, 최봉희가. 최봉희가 전속변사로 따라 댕겼응께. 그랑께 웬만하면 변사를
해. 촌에 갈수록. 그래야 손님이 더 와. 울고 웃고 그라거든 이놈이 기양. 유
성영화에도 꺼불고 변사를 해불어. 그라면 손님이 더 들어불어. 이놈이 웃기
고 울리고 해분단께. 말로 해서 기양. 그라면

(조사자 : 변사가 낮에 선전을 하러 동네마다 돌아다니겠죠?)

그럼. 앰프 갖고. 변사가 그 직책이여. 변사가 앰프 갖고 선전하고 저녁에 변사

하고 그거이.

(조사자 : 최봉희 밑에서 배운 진도 사람은 없나요?)

없어. 보통 일이 아니여. 상당히 그 지식도 좀 있어야 되고. 학식도 좀 있어야 되고, 좌우간 영화 계통으로는 인자 도가 튼 놈들이여.

(조사자 : 군청에 있던 동외리 윤 누구가 배우지 않았나요?)

응, 가가(그 애가) 거그 따라댕김시로(따라다니면서) 배다가 못 배불었어(배워버렸어). 동외리 살던 이, 군청에 댕겼지. 가가 한 2,3년 따라댕겼어. 한 2, 3년 따라댕기다가 안되아. 자전차 갖고 댕김시로 앰프 갖고 댕김시로(다니면서) 선전만 했제, 못했어.

(조사자 : 유명한 변사들 이름 기억 나세요?)

몰라. 그런 때는 알았는데 이름은 다 잊어불었어. 대한민국에서 유명한 변사들, 서울서 하던 변사들, 모도 이 이춘 뭣인가 이름만 그때 들었는데 참 잘하는 변사들이 많앴어. 그 필림 전속으로 따라댕기는 변사들. 그렇게 흔한 직업이 아니랑께. 그 변사 직업이. 그랑께 필림을 따라댕긴당께. 서울서보탐(부터) 따라댕기는 변사가 있당께. 전적으로. 귀했어. 그런 변사가. 목포극장에는 있었어.

소구루마에 실린 가설극장

자료코드 589_MONA_20170418_BSR_PJM_008
조사장소 진도군 진도읍 북상리 제보자 자택
조사일시 2017. 4. 18
조 사 자 박주언, 김현숙
제 보 자 박종민(남, 93세, 1925년생)

줄거리 면 단위에서 가설극장 할 때는 다른 교통수단이 없어서 소구루마나 말구루마에 장비를 싣고 이동했다. 향동재처럼 높은 고개를 넘을 때는 고생이 이루 말할 수 없었다. 면 단위에서 공짜로 영화를 보려는 어린아이들을 막으려고 경비원을 데리고 다녔다.

(조사자 : 가설극장 하실 때 뭐 특별히 재밌는 이야기는 없습니까?)

가설극장, 그런 때는 저 장비 이동하는 것이 말구루마(말달구지), 소구루마 갖고 했어. 그랑께 향동재 같은 데 한번 넘어갈라면 기양 밀고 끗고(끌고), 그렇게 수송하는 것이 참 힘들었어. 여름에 뙤약볕에 끗고 댕긴다는 것이 보통이 아니더만.

(조사자 : 면단위에서 상영할 때 몰래 보려고 하는 아그들도 있었을 텐데요?)

그라제. 뚫고 막 들어오고 그래. 국민학교 댕기는 아그들이 뭔, 무자비하지. 그냥 금방 볼라고. 공것(공짜)으로 볼라고.

(조사자 : 경비원들은 면에서도 구했나요?)

아니, 여기서 전부 덱고(데리고) 다니지. 기도까지 전부 해서.

여러 섬에서 열린 가설극장

자료코드   589_MONA_20170418_BSR_PJM_009
조사장소   진도군 진도읍 북상리 제보자 자택
조사일시   2017. 4. 18
조 사 자   박주언, 김현숙
제 보 자   박종민(남, 93세, 1925년생)

줄거리 당시에는 진도 인구수가 십만이 넘었기 때문에 영화를 보는 사람들도 많았다. 본섬은 물론 섬에도 다녔는데, 조도, 상조도, 관매도, 가사도까지 다녔다. 조도 사람들도 영화를 좋아해서 나중에 해남에 있는 기계를 사서 주면서 조도에 영화관을 만들었다.

(조사자 : 가설극장을 하실 때 조도도 들어가셨어요?)

그렇지 조도. 조도 창리에서 하다가 조도 아그들이 사정하면 관매도도 갔었고. 관매도도 몇 번 갔었고, 강구홍이 사는 동네 상조도 맹성리 가서, 강구홍이 집이, 강구홍이 처, 진도읍 가시나(여자) 아니냐? 그래서 거그서 밥도 얻어먹고, 그라고 했제.

(조사자 : 조도 같은 데서 하면 손님이 없으니까 돈이 안 되었겠지요?)

아니, 많이 왔어. 거가. 예상외로 조도 많이 오는 데야. 그래서 손님이 많이 온께 그 조도 박종염이라고 군의원 나오고 있었제? 그 동생이 카! 한나(하나) 그 사정해서 기계를 한나 해남서 갖다, 기계를 한나 사줬어.

'조도서만 넌 해먹어라' 그라고, 조도서만. 기계를 한나 해줬어. 조도도 면사무소 옆에가 그 공회당같이 조깐하니(조그마하게) 한나 짓어났더만. 거그서 '너는 조도서만 해먹어라' 그라고 한나 그놈 줬어. 해남서 헌 기계 사다가.

(조사자 : 가사도에서도 하셨어요?)

가사도는 인자 목포 사람들 여그 와서 할 때 그때 내가 가사도 갔었어. 가사도 한번, 한 두어 번 갔었구나. 그란데 그런 때도 가사도에 다방이 있었어. 다방이 있어갖고. 다방기계 있응께 인제 꽤 멋있게 해났어, 다방을. 별걸 다. 그런 때 진도에 없던 다방이 여간 좋다 그거여. 가사도 한 두서너 번 갔으꺼여. 내가 할 때 아니고 목포 아그들이 할 때 따라갔어. 인자 가사도. 진도서는 가사도, 관매도, 조도 본도, 상도, 이케조도는 네 군덴가 댕겼어.

(조사자 : 진도에서는 면소재지 안 간 데 없이 다 돌아다니셨네요?)

그라제. 진도 면 소재지하고, 큰 동네하고. 그런 때만 해도 진도가 인구가 십몇 만이었어. 인구가 십몇 만, 그랑께 가는 데마다 뭐 많이썩 와. 살았어. 동네마다 그런 때.

곡성영화의 시작을 열다

자료코드 589_MONA_20170418_BSR_PJM_0010
조사장소 진도군 진도읍 북상리 제보자 자택
조사일시 2017. 4. 18
조 사 자 박주언, 김현숙
제 보 자 박종민(남, 93세, 1925년생)

줄거리 곡성이 고향이던 광주현대극장의 기도주임과 친분이 있어서 곡성극장을 경영하게 되었다. 당시 곡성의 구남회 등이 도움을 주었다. 약 2년간 곡성 영화관을 운영하면서 돈을 가마니로 담는다고 할 정도로 돈을 많이 벌었다. 2년 후에 천안으로 옮기면서 곡성 극장은 구남회에게 넘기게 되었다.

(조사자 : 곡성에는 어떻게 가셨어요? 곡성에 연고가 있으셨어요?)

예, 곡성은 광주 그전에 현대극장, 그 천변에 있제, 현대극장이, 광주. 천변에 현대극장 그 기도주임을 내가 알았어. 가가(그 사람이) 곡성 사람이여. 곡성극장

바로 앞에서, 그 사람 집이더만. 그란데 그 현대극장 기도주임을 내가 알아갖고 기도주임이 곡성에 극장이 없응께 오라고 그라더만. 그래서 그 뭣이로 내가 갔었지.

(조사자 : 곡성영화를 처음 시작하신 거예요?)

그라지. 곡성서 처음 극장이 생겼지. 그때 옛날에는 군 소재지에는 극장이 없었어. 그때 구례는 있더만. 구례가 있고 곡성이 없었어. 그전에. 진도도 그때 무렵에 생긴 거고. 영암도 없었어. 영암도, 아, 영암은 있던고? 내가 영암서, 아버지가 영암군청 있을 때, 영암서 살아서 영암 지리를 알거든.

그래서 영암, 이렇게 그런 때만 해도 극장 관계는 건달 아니면 못해 먹는 직업이었어. 그래서 영암도 내가 한번 극장사러 갔었제. 영광도 한번 갔었고. 목포 내가 있을 때. 그랑께 그런 무렵에 쪼깐 뭣한 데는 군 소재지에도 극장이 있고 없고 그랬어.

(조사자 : 곡성에서는 극장을 얼마나 하셨어요?)

곡성에서 일년 반이나 있었을까? 구남회라고 건달이 있었고. 기도 하던 이가 조 머시기인가 다방을 하더만. 다방을 한 아인데 그 인자 기도를, 기도를 봤어. 그란데 건달 아니면 안 된당께. 이 극장 관계는.

(조사자 : 곡성에서도 가설극장을 하신 거예요?)

곡성이 극장 있죠. 곡성도 진도군 같이 군민회관으로 좋게 지어졌대. 극장이 좋게 지어졌어. 임대차 계약을 해갖고. 구남회. 구남회가 서중 나와갖고 거그서 좀 괜찮했제. 그때가. 백화식당? 백화식당 알까 모르겄네. 백화식당 곡성서 제일 나은 유명한 식당인데. 백화식당에서 인자 거그서 하숙하고.

(조사자 : 거기서 돈 많이 버셨습니까?)

아유~ 많이 벌었제, 그때. 돈, 가마니로 담는다 그랬어. 그때 돈으로

(조사자 : 그런데 왜 2년만 하고 가셨어요?)

천안이로 갔제, 더 큰 데. 구남회가 (곡성) 극장 하고 나는 (천안으로) 올라가고 그랬제.

천안 성환읍에서 극장을 열다

자료코드   589_MONA_20170418_BSR_PJM_0011
조사장소   진도군 진도읍 북상리 제보자 자택
조사일시   2017. 4. 18
조 사 자   박주언, 김현숙
제 보 자   박종민(남, 93세, 1925년생)

줄거리 당시에 천안읍에는 극장이 있었지만 성환읍에는 극장이 없었다. 성환은 돈이 안 마르는 동네라고 알려져 있었는데도 극장이 없었다. 그곳에서 35밀리로 상영을 하니 관객들의 호응이 좋았다. 성환읍에서도 돈을 많이 벌었다.

(조사자 : 천안에 극장이 없었어요?)

성환. 천안 욱에(위에) 성환이라고, 거가 읍 소재지여. 커. 성환목장 있고. 이승만이 별장 있고. 그라는 곳이더만. 돈이 안 마르는 동네여. 성환참외, 성환배, 돈이 안 마르는 동네라고 그랬어, 성환이. 그렇게 큰 데가 극장이 없었어. 그래 내가 개척을 했제, 거그 가서.

천안군 성환읍인데, 천안은 극장이, 읍인데 하나더만. 그라고 성환은 읍인데 극장이 없었어. 극장만 조깐(쯤) 지어졌제, 운영을 못했어. 내나 옛날에 그 로뗀바리(露天張리) 그리, 갖고 댕기는, 16밀리 영화가 필림도 약하고 기계도 약하고 그랑께 맨날 싸움만 나고 그렇게 해서 황무지 되아갖고 있는 거를 내가 개척을 했는데 그때 일본서 새 기계 들여다가 그냥 영화를 비춘께 착 살아나불제. 천안이나 성환이나 비득비득하니(비슷하게) 그런 수입을 올렸어. 온양이나, 모도 천안, 온양, 성환 그라거든, 골로.

성환극장 운영에 도움 준 고향 후배들

자료코드 589_MONA_20170418_BSR_PJM_0012
조사장소 진도군 진도읍 북상리 제보자 자택
조사일시 2017. 4. 18
조 사 자 박주언, 김현숙
제 보 자 박종민(남, 93세, 1925년생)

> **줄거리** 성환읍에서 극장을 할 당시에 정시채가 충남 경찰학교 부교장을 맡고 있었다. 고향 후배를 통해 그 사실을 알게 된 후 정시채의 도움을 많이 받았다. 극장 주변의 건달들이 다 사라졌고, 성가신 일들도 덜 겪게 되었다.

그때가 정시채가 처음 행정시험 파스(패스) 해갖고 발령받을 시기였어. 그때 시기가, 정시채가 행정고시 파스해갖고 발령받은 곳이 충청남도 경찰학교 부교장, 그 발령을 받았어.

어째 내가 알았는가 하니, 극장을 하먼 천안은 인자 대전 소관이여. 충청돈께. 충청남북도에서만 판권이 하나여. 필름을 하나 갖고 충청남북도를 돌려. 큰 극장 몬차(먼저) 차근차근 이케 돌아가, 극장이.

인자 이틀 만에, 사흘 만에, 일주일 만에 두어 번썩 이케(이렇게) 필름을 짤라고, 날짜를 인자 짜야 돼. 극장 안 놀릴랑께, 날짜를 계속 계속 짤랑께, 대전을 영화사를 내려 댕겨야 되아.

그란데 대전을, 대전역을 턱 내려간께 착 헌병이 이케 절을 허더라. 그란데 누군 줄을 모르겄어. 헌병들 빠가지(바가지) 모자 쓰고 안경 쓰고 그랑께 뭔 얼굴이 몰라 그래,

"아이, 누군지 모르겄다. 안경 좀 벗어봐라."

그랑께 안경을 딱 벗고

"형님!"

그라더만. 그래서 아이, 본께 인제 십일시(십일시장: 열흘마다 장이 서면서 붙여진 이름)
허당이여.

"형님 우짠 일이요?"

그라더만. 그래서

"나 성환서 극장 한다. 그래서 일주일에 두어 번씩 여기를 내려 댕긴다."

그랑께, 그전에 극장 로뗀바리, 내 목포사람들하고 할 때, 댕길 때 다니다가 알
거든, 십일시서.

"좋은 수가 있습니다."

그라더만,

"뭔 수가 있어야?"

"시채가 지금 경찰학교 부교장으로 왔소. 그랑께 건달 사업 아니요? 시채를 써
서 경찰을 한번 우려먹읍시다."

그라더마. 그래서 그래라 그랬어.

그 뒤로 강께(가니까)

"내가 시채보고 그 말 했습니다."

그라더마. 형님들이 성환서 극장하느라고 고생하는 거 같응께 내가 말했습니
다 그라더마.

그라고는 열흘 후엔가 대전을 갔다 온께 시채가 성환으로 출장을 왔어. 성환
으로. 출장증을 천안경찰서장 3일간, 3일간 천안경찰서 출장증을 끊어갖고
왔어.

"형님들이 고생을, 고생한다 항께 왔습니다."

그라고

그랑께 그때 뭐 경찰학교 부교장 막 부임 받아갖고 뭔 일이 있었냐? 일도 없고
그랑께 왔을랑 거이제만은, 알고 그랑께 인자.

그래서 서장실로 오라하대, 시채가. 그랑께 경찰서장실에가 앉아서 그냥 얘기
를 하는데, 시채가 인자

"형님 뭣이 애로가 많소?"

그래서

"서장님이 협조를 해줬으면 좋겄는데 잘 안 해준다. 그랑께, 그것이나 좀 해주라."

그랑께는, 서장 곁에서 피식 웃다가

"아이구! 형님들 얘기항께 나갈라우."

그라고 나가버리더만. 응. 그라고 3일간 서장을(서장 역할을) 했어. 그랑께 뭐 극장 앞에 건달이고 뭣이고 그냥 깨끗이 없어져 버리더만. 사복 경찰들이 와서 그냥 콱! 치는데 앞에서.

(조사자 : 덕을 크게 봤네요.)

건달들이 하나도 없어져불어, 기양. 극장앞에가 깨끗해불어. 그란데 경찰서 직원 한나가 와서 하, 나는 뭐 그런 것이 참, 뭐 좀 써주라는 것이여. '뭣을 써주리' 그랑께 이 순경이 극장에 협조를 제일 많이 해주는 사람이다 이런 말 하나 써주라 그것이여. 극장에 협조를.

그래서 뭣도 모르고 써 줬제. 그란데 그러니 그런 때는 순사 경사 경위 그랬어. 그런 때는. 그란데 순사 경사는 경찰학교에 가서 훈련을 받아야 되아. 한 달간. 그랑께 훈련생이었던 모양이여. 시채가 부교장인께 부교장이 인사권을 갖고 있거든. 그래서 이 순경이 우리 극장에 협조를 제일 잘 해주는 사람이다 하고 써 줬어. 내가 뭣도 모르고.

아 이놈이 가서, 순사가 거그서 훈련을 받고 한 달 만에 갔다옹께 경사로 달았다. 경사로 달아 와. 그래갖고 내가 인자 고역을 치뤘는데 아이, 가는 놈마다 그걸 써 주라고 그라네. 내가 써 주겄냐, 인자? 그래갖고 시채가 인자 서울 삼판동 서울경찰전문대학 강사로 갔었어. 대전서 서울로. 그때보탐(부터) 경위가 와서 써주라고 그래. 경위가. 서울은 경위부텀 가거든. 그래, 안 써줬지. 써주겄냐 그것을. 그런 묘한 일도 젂기고(겪고) 그랬제.

뒤집힌 해남환에서 살아 나온 이야기

자료코드   589_MONA_20170418_BSR_PJM_0013
조사장소   진도군 진도읍 북상리 제보자 자택
조사일시   2017. 4. 18
조 사 자   박주언, 김현숙
제 보 자   박종민(남, 93세, 1925년생)

줄거리 목포로 가려던 진도 사람들이 100명 넘게 사망한 해남환 사고는 짐을 너무 많이 실어서 난 인재이다. 당시에 고작굴에서 출발해서 양섬을 지나던 해남환은 키가 제대로 작동하지 않을 만큼 과적이었다. 해안쪽으로 붙어서 천천히 움직이다가 개옹 벽에 걸려 배가 넘어가버렸고 배에 타고 있던 대다수의 사람들이 목숨을 잃었다. 제보자는 선실 밖에 있었고 수영에 능숙해서 살아남았다.

해남환 사고가, 그때가 우리 세단(3녀)인가 업고 댕길 때다. 지운이. 지운이가 예순 댓 넘었는가? 6·25, 6·25 후까? 해남환 까바진(뒤집어진) 것이? 6·25 후까? 그것도 기억이 안나네. 종수가 임관해갖고 소위로 있었을 때 그때 나랑 같이 해남환을 탔어. 김종수라고 저그 형님이 목포대학교 선생 하고, 서외리 살았제.

서외린데 그 이재성이네 집으로 가자면 왼쪽으로 그 질갓(길가) 밑에 거가 재민 씬데 옛날에 저그 아버지가 아편쟁이고 그랬어. 아편쟁이고. 그집 할멈은 부잣집 댕김시로(다니면서) 술 내려주고 그랬는데, 가가 임관해갖고 소위 때 와서 나랑 배 타고 갔었어. 그 땐께 6·25 후, 6·25 후, 후 같다야. 6·25 후 같애. 해남환 까바진 것이.

(조사자 : 그때 무슨 일로 목포로 가실라고 하셨어요?)

내가 목포서 장사할 때제. 목포서, 잡화 도매, 잡화 도매상 했제. 목포극장 바로 옆에서. 환대상회 요쪽 칸에서. 욱칸에서. 환대상회 있고 환대상회 점빵이 두 개여. 그란데 욱(위)칸에서 잡화도매를 했제. 그땐데

진도, 인자 진목이네 집이나, 이런 사람들 전부 외상을 줘. 그라면 인자 와서

그때가 추울 때다. 내가 시한살이(겨울살이) 할라고 옷을 가질러 왔어. 옷을. 옷을 가질러 와서 온 짐에(온 김에) 진도 점방에서 수금을 해갖고 가방에다 돈을 한나 수금을 했어. 그래갖고 가는 판이었어.

해남환 배 밑구녕이 요롷게 생겼어. 쪽발로 요롷게. 큰 바닥을 댕기는 배. 해남환배는 목포서 연허리 댕기는 배여. 해남 연허리. 개옹만 댕기는 배여. 그래갖고 나중에 배 까바져서 본께 배가 요롷게 똑바로 생긴 것이 아니라 요롷게 두통이 요롷게 있더만. 개옹을 밀고 댕기는 배여. 배 자체가 그렇게 건조가 되어갖고 있어.

그때 진도가 배가 없응께 인자 해남운수에서 진도를 내론(내려온) 것인데. 나도 그 배를 진도 댕길라고 많이 탔었제. 목포서 왔다 간께, 편리한께 목포서 왔다 올라가기 편리한께 그 배를 타고 댕기는데 자주 움직여서 인자 선장도 알고 그랬어. 뱃사람들도 알고. 말은 안 해도 얼굴은 알고 그랬어.

그때가 철나무 다 끝나고, 철나무 다 끝나고 기우른(게으른) 사람들은 아직 산에가 조금 남아 있고 그러더만. 양섬 나와서 보니까 나무가 산에가 있더라고. 그래서 어찌됐건 내가 시한(설을 전후로 한 추위) 옷을 입었응께 쌀랑쌀랑하니 음력 시월달 정도 그런 때였제. 음력 시월달 정도 되았제.

그런데 돔밖에 성주씨가 그때 그, 목포로 장사를 했어. 계란 장시(장사)도 하고, 모도 여러 가지 그런, 곡물장시도 하고 그런 판이여. 그런데 고작골(진도읍 고작리)을 내려가서 본께 그날이 장 뒷날이여. 장 뒷날인데, 날씨가 참 좋았어. 날씨가 화창하니 참 좋았는데, 배가 적어. 해남환 자체가.

거그다가 장 뒷날이라 그런 때는 곡물이 많이 나왔었다. 그럼 그 곡물을 사갖고 전부 목포로 나가. 장 뒷날잉께 전부 장에서 산 곡식을 싣고 나와서 인자 배에다 싣는데 닭이고 계란이고 뭔, 그때는 서숙(조)이 많앴제. 서숙이, 진도가 서숙 주산지였어. 차조. 진도 차조가 인기제. 그런 곡식이 많이 해놔서 좌우간 짐을 실었는데 이 뒤칸에가 물이 요롷게 양옆으로 이케 할롱할 정도로 실어버렸어. 뒤칸, 그 변소 칸, 뒤에가 변소 칸이 있었어. 요쪽으로 요쪽으로 물이 이렇게 할롱을 해, 갱물(강물)이. 그런 정도로 실었어, 짐을.

나도 인자 목포가 살라고 시한옷을, 한복하고 모도 시한옷을 싸갖고 갔는데 그때 소진춘씨 여동생이 하나 있었어. 꼽사였는데 여자가 우리 이모랑 친구제. 옷을 주라 그래서 주었어. 그랬더니 제일 뒤 객실로 잡아놨다고 들오라고 그래 쌌대.

그때 들어갔으면 죽었어. 추운께 들오라고 그래싸. 그 이모가. 에이~ 나 여가 있을란다 그라고 기양, 뱃사람들 안께 여가 있을란다 그람시로 있었는데, 거가 이케 찌드런하니(길다랗게) 객실이 있거든, 뒤칸이, 찌드런하니, 그 뒤로, 뒤로는 물이 할롱하고. 그케 많이 실코(싣고) 진도서 딱 출발을 했어.

(조사자 : 고작굴서요?)

고작굴서. 나랑 종수 그 동생이랑 선장실로 올라갔었어. 선장실이나 아니나 쪼깐 했어. 배가. 선장실도 선장하고 선장 밑에 사람 하나 하고 종수, 나, 또 어떤 사람하고 해서 한 다섯이나 타면 인자 앉을 자리도 없어.

서서 이케 기양 서서 선장실 타고 있는데, 나갈 때 선장이 치(키)를 잡더만. 나갈 때. 선장이 키를 잡는데 고작굴서 이케 배가 쑥 나가다가 해창이로 이케 돌아가는 데가 있어. 이케. 제일 처음 카부(커브), 거그를 휙 이케 돌아. 인제 카부. 거가 35도 카부나 되꺼이다. 돌아나가는 데가. 거그 휙 돈께 우덜은(우리들은) 모르는데 선장이, 그 자기 밑에 보신이라고 그라더만. 선장 밑에 사람이 '보신'인데, 직책 밑에가, 보신을 보더니 겁나게 꾸짐을 하대. 이 새끼 죽을라고 환장한 새끼라고. 왜 이케 짐을 많이 실었냐고 그랬제. 인자 치가 안 들어, 말하자면. 짐을 많이 실어놓게 치가 안 들어. 이 기계가. 방향이 안 듣는 모양인 거 같애.

그람시로 무지하니 꾸짐을 하더만. 꾸짐을 해. 그람시로 이대로 가면 죽는다, 다 대면(경유하면). 바로 목포로 직행이다, 그것이여. 소포도 안 대고 장산도 안 대고 화원도 안 대고 전부 무시하고 바로 직행을 해라. 그케 명령을 하대. 그라고는 무지하니 조심히 갔어. 치가 안 들응게.

자동차도 짐을 많이 실으면 치가 안 듣는다대. 내가 여 자동차 기사보고 물어봤어. 옥주여객 기사하다가 광주여객 기사하다가 나온 사람 있거든. 내가 해남환에서 이런저런 것을 봤는데 자동차도 과적을 하면 치가 안 듣냐 그랬더니, 예 안 들어라 그라더만. 자동차도 그란다대.

그래서 거기서 그때가 물이 진도서 뜰 때는 막 초들물이었어. 막 드는 물입(무렵). 그래야제 그놈 타고 한하고(쉼없이) 목포 올라가야거든. 들물때 따라서. 그랑께 인자 개옹이로 이케 가는 거여. 개옹으로만 해서 이케. 그란데 인자 미리 조심을 너무 해불었어 이놈이. 보통대로 갔으면 물길 따라 갔으면 가꺼인데 너무 조심을 해서 너무 갓을 붙여불었어. 양섬쪽으로다 양섬쪽을 너무 지께서(가까이붙어서) 배를 운항을 해불어. 그랑께 개옹이 요롷게 있는데 욜로 이케 가야 쓰꺼인데 짚은(깊은) 데로, 요쪽 갓에다 대갖고 인자 문질러 불었어 기양. 배를 문대분께, 막 문댐시로 감시로 이케해서 막 1분도 안가서 자빠져불었어.

감시로 문대서 넘어져붕께, 그랑께 문 잠글 새가 어디가 있어? 기양. 그대로 어어 하면서 넘어가불어, 기양. 배가. 그랑께 안에 있는 사람은 다 죽어불고 배깥에 있는 사람만 살았어. 그랑께 그때 백 십일 명인가 뭔가 죽었어. 안에서 있는 사람들은. 다 죽어불었제. 좌우간, 안에 들어간 사람은 다 죽었응께.

1분, 1분 정도나, 감시로, 감시로 물에 들어감시로 밀어붕께 갓에다 밀어서 기양 들어가붕께. 그랑께 양섬 쪽에 있는 사람들, 고 쪽에 가에 탄 사람은 바로 뛰어붕께, 여그. 갓, 요케 개옹에 문대논께. 요쪽에 탄 사람들은, 짚은(깊은) 데여그 저 요쪽 사람들은 물로 뛰어들고. 안에 있는 사람은 나오도 못하고. 언제 나올 새가 없당께. 어디서 문을 잠가. 누가 문을 잠가. 순식간에 들어가서 막 까바져 갖고. 이 돛대가 이케 앞에가 돛대가 있어.

해남환 배는 돛대도 얄찹디 야찼어(얇디얇어).

나는 그전에 해군 지원병 관계로 해서 배 까바지면 상식은 쪼깐 있었어. 요 배 들어가고 개옹 높이에서 배가 안 들어가겠다 그 생각만 했어. 그래갖고 기양 바닥에도 안 뛰어내리고, 그라고 손에가 돈가방이나 들어서 그것도 그 관계도 있었고 그래서 배 나와갖고 그 돛대, 앞에 그런거 붙잡고 이케 있었는데 사람들이 그냥 글로 달라드냐. 그래 돛대가 끊어져분다.

돛대가 끊어져서 인자 요케 잡고 있는데 물이 이렇게 든께 배가 이케 짚은 데로 미끄러지는 거여. 이 뻘등에다 탁 갈아갖고 붙은 놈이 물이 등께 이렇게 스르라니 짚은 데로. 배가 그랑께, 기양 여그 차다 여그 차다 물이 넘어불어.

팽야(어짜피) 하는 수없이 바닥이로 뛰어들었제. 그랬는데 그때는 이미 한 5분 그런 사인데 이미 물 먹어 죽은 사람도 있고, 젤로 내가 뭣하는 것이 사람한테 잽히면 죽는다는 것도 알제. 내가 헤엄을 잘 쳤어. 사람이 오면 피해서 나가고 하다가 손에 이거 돈가방을 들어놔서 시엄(수영)이 안 되대. 그라고 시한옷을 입어놔서 물에 들어강께 무거갖고 이 활동이 안 되야.

그때 승주씨가 계란, 달걀 그 하꼬(상자)를 한 오십 개 실었으꺼여. 객실 욱에로(위로) 납작한 데가 있는데 거그다 창고로 승주가 계란을 다 실어놨어. 그란데 계란이 동동 떠댕기대. 그래서 그놈을 어깨다 차고서 헤엄해서 양섬 쪽이로 나왔는데, 그때 산 이(사람)가 엄마(얼마) 안 되아.

그란데 종수 가도(그아이도) 어찌케 봉께 살아나왔대. 응. 가도 살아나왔어. 인재야! 짐을 너무 많이 실어갖고 너무 조심하다가 갓이로 너무 양섬 쪽으로 너무 붙여서 가불어서, 까바진 그 원인이야.

(조사자 : 그래갖고 거기서 양섬 쪽 뻘등으로 사람들이 걸어나왔나요?)

그렇지. 뻘등이야. 그 뻘인께 내가 시 번차(3번째로) 나와졌던가, 내가 시 번차 나와졌던 것 같애. 그랑께 나온께 경찰서에서 차가 나오더만. 쓰리쿼터 같이 생긴, 그런 차였어 그것이. 병연네 매형이 몰았어. 박병연이, 박병연이 매형이, 삼거리로 누님이 삼거리로 시집갔제. 허구라고. 경찰서 기사를 했어. 그런 때. 허구씨. 거가 그 매형이 거그 왔대. 나, 종수 둘만 타고 읍으로 왔어. 제일 첫 번째.

(조사자 : 시신은 어떻게 했나요?)

시체를 건져갖고 지금 요 어디냐, 지금 팔층자리(철마광장 남강모텔), 팔층자리가 그전에 면화소 창고였어. 거가 진도 목화 판매, 목화판매장이여. 그래갖고 그 안이로는 창고고, 배깥에는 광장이고 그랬제. 그란데 안에 목화 판매장에다 시체를 산데미(산더미) 실고 거그다 놨지.

(조사자 : 거의 진도 사람들이겠죠?)

다 진도 사람이지. 객지 사람 있었냐? 진도서, 진도 사람이 장 봐갖고 목포 나가, 폴러 나가다가 그래불었는데 전부 진도 사람이지. 몰라, 124명인가.

(조사자 : 그때는 사람들 죽으면 씻김굿을 많이 했는데 그때 많이 했겠네요?)

그라고는 내가 인자 그 뒷날 목포로 가불었응께 씻김굿을 한지 뭣했는지 모르제. 아마 했으꺼여. 응. 했으꺼여, 아마. 아직도 사람 죽으면 씻김굿 안 하냐? 아이, 몇 년 전에 죽은 사람도 씻김굿 하는데. 그때 순전히 인재고. 해남환이.

가물면 묏 파고 산에 불 피고

자료코드 589_FOTA_20170418_BSR_PJM_001
조사장소 진도군 진도읍 북상리 제보자 자택
조사일시 2017. 4. 18
조 사 자 박주언, 김현숙
제 보 자 박종민(남, 93세, 1925년생)

줄거리 진도읍 북산에는 무덤을 쓰지 못하는 풍속이 전해 내려오는데 진도읍 희재씨가 몰래 그곳에 무덤을 썼다. 날이 가물자 동외리 여성들이 모두 나서서 북산에 있는 무덤들을 파헤치기 시작했다. 그래서 희재씨는 겨우겨우 뼈를 추려서 나왔다고 한다.

(조사자 : 희재 할아버지 묏 판 사연 좀 들려주세요.)

아, 그거. 뫼 판 이야기는 간단하제. 그, 가뭄, 비 안 오면 뫼 팠다. 옛날이야기, 옛날에. 비 안 오면 뫼 파고, 남산 북산에다가 불 피고, 여귀산 불 피고, 봉오산 불 피고, 고군 사람들은 쩌기 저 큰 산, 임회 사람들은 여귀산, 진도읍에는 남산 북산, 그렇게 네 군데. 불 피고 와서 제사 지내고 그랬제.

읍에 제사는, 북상리 제사는 절 바로 옆에 거그서 내려오다가 여기 저, 그때도 여그 향교 샘 있제? 거그서 지낸 것 같더라. 내려오다가.

절 옆에, 그 저 향교 물 가져갈라고 샘 판 데 있제? 일제시대 해놓은 데 있어. 일제시대 그저 향교가 물이 귀한께. 그때 거그다 샘 파 갖고. 도가니(항아리) 묻어서 끗간(끌고간) 데. 인자 불 피고 내려와서 기우제를 모셨어.

(조사자 : 희재 할아버지 묘가 인제 북산에 있어갖고 비가 안 오면 여자들이?)

응. 제일로 그 주동자들이 돔밖에 여자들이여. 동외리. 동외리 여자들이 그 뫼 파는 데 주동, 주동역할을 했어. 다른 데 사람들은 건달이고.

(조사자 : 북산에 뫼를 쓰면 안 좋다고 알려져 있나요?)

북산, 북산 여그는 묏을 못 쓰게 되아 있어. 옛날에. 예, 옛날에, 옛날에, 명산이라 그래서 여그다 뫼 쓰면 비가 안 온다 그랬어. 그래갖고 그래도 명산이라고 부자로 살라고 몰래 여그다 묏을 썼어. 그랑께 비가 안 오면 수난을 시켰지.

(조사자 : 희재씨 그 할아버지네 묘를 목표로 하고 올라갔을까요?)

아니, 가다가 그냥 좌우간 뫼를 파분당께. 안에 있는 묏은.

(조사자 : 아, 몇 기가 있었나 보죠?)

아 몰래 써갖고 누가 알겄냐. 누군지. 여하간 향교에서부텀 너그 산 거그까지는 묏을 못 쓰는 금지구역이여. 옛날에. 그랑께 이 안에 있는 묏은 전부 누구 묏이 되았든지 앵기면(옮기면) 무조건 파불어. 기양. 지금 밭으로 있는데, 거그는 썼어. 옛날에도. 옛날에도 썼당께 돔밖에 거그는 쓰는데, 산에서보텀, 밭하고 산하고 한계가 있제.

산에는 좌우간 묏 쓴 이 한나도 없어. 묏을 못 쓰게 되아있었어. 안 써. 그란데 희재씨가 오번에 써갖고. 아무도 몰랐는데 인자 희재씨는 알 것 아니여. 자기가 몰래 써놨응께 그란데 본께 저그 뼈를 파거든. 그랑께 올라가서 그 빼닥(뼈 다귀)을 그, 몰라, 다 빼딱 다 수집했는가 어쨌는가. 카, 호무(호미)로 여자들이 긁을라 하고 그라는데, 크게 더듬더듬더듬 해서 빼딱 갖고 나오는데 빼딱도 다 못 갖고 나왔으꺼야

(조사자 : 자기 어머니 묘까요, 아버지 묘까요?)

몰라, 그때 누구 뫼인지는 모르겄구만. 어머니인가 아버지인가는, 몰라.

지리학 박사 지관이 내빼불었어

자료코드　　589_FOTA_20170418_BSR_PJM_002
조사장소　　진도군 진도읍 북상리 제보자 자택
조사일시　　2017. 4. 18
조 사 자　　박주언, 김현숙
제 보 자　　박종민(남, 93세, 1925년생)

> **줄거리** 희재씨가 뫼을 쓴다고 해서 갔는데 함평과 장성 사이에 있는 뫼자리였다. 그 뫼자리는 조선대학교 지리학 박사가 잡아준 자리라고 했다. 그런데 가보니 물이 철철 나는 자리 였다. 처음에는 좋은 자리이겄거니 하고 지켜보려고 했는데 더 이상 보고 있을 수 없어 이야기를 했다. 지리학 박사는 도망치듯 자리를 빠져나갔다.

희재씨, 희재씨가, 너그 아버지랑 나랑 종대랑, 희재씨네 뫼을 쓴다고 해서 나 주를 갔어. 조선대학교 지리학 박사가, 거그 저 풍수여. 그때 그라더만. 여그서 우리가 아침밥 먹고, 함평하고 나주하고 그 새다구대(사이였어). 함평하고 나주 하고 새다구 사이 그 산이여.

그래 인자, 그라고 이 산을 올라가는데, 진저리 밭이여, 발을 딛으면 푸석푸석

해. 그런 데는 습기가 있는 것 아니여? 푸석푸석. 그란데 거 위로 올라강께 묏을 쓴다고 오락 해서 인자 갔는데, 장성에서 그때 희재씨(유골)를 아마 가져왔으꺼여. 장성에서 묏을 파 갖고 골로(그곳으로) 옮겼어. 옮길 판이여.

그래 병연이가 오락 해서(오라고 해서) 갔는데, 묏을 팠는데 물이 출출출출 내려. 물이. 응. 구덕을 안 파냐, 거. 그랑께 묏을 이케 파갖고 물이 출출출출 낭께 갓이로 이렇게, 이렇게 또 파대. 그래갖고 여그다 모래를 깔대. 그라고는 여그다가 대롱을 요케 물받는 대롱을 이케 넣어.

그래 인자 나, 느그 아버지랑 인자, 종대하고 서니 진도에서 올라갔단 말이다. 셋이가. 우리가, 진도 사람들이 생각해서는 묏구덕이 물구덕, 물구덕이여. 그란데 묏을 쓴다고 그라고. 기양 철철할 때도 인자 말 안 하고 서니(셋이) 다 가만이 있어불고, 그런 데다 쓰는 것이다 그라고.

인자 인부들이 파서 모도 모래를 붓고, 모도 요런 대롱을 물빠지라고 묏에다가 묻어. 인자 술을 한잔 먹었다. 서니(셋이). 술을 한잔 먹응께 인자 기가 안 살아나냐. 그래 인자, 서니 인자 악을 쓰기 시작했어. 어뜬 놈이 여그다 묏을 잡았냐, 보탐 얘기가 나온 거야.

그랑께 병연이가, 조선대학교 지질학 박산데 이 사람이 이 산을 사줬닥 해. 묏을 쓰라고. 그랑께 속아불었지, 뭐. 돈을 많이 줬닥해. 이 산을 사게, 명당이라고 해서 샀다고. 병연이가 그래서. 크게 악을 씅께 묏자리를 엠게(옮겨). 거그를. 놔두고 요짝으로 한 5메타 정도 옆으로 이케 엠기더만. 엠겨서 인부들이 잠깐 파대. 거그서 파도 물 나. 거그도 파도 물 나. 그랑께 인자 종대가 썩 나가더니, 지관이 어떤 놈이다 그랑께 그 소리를 해. 조선대학교 지질학 박사가 여그 지관인데. 개 쌍놈으 새끼 쩨려죽일란다고, 그래 내빼불었어. 내빼 불었어. 거그 있다가. 그래 갖고 밤은 어두워지는데 어찌케 하겠냐? 할 수 없이 거그다 묻어야지, 물구덕에다가. 그래 인자 묻어갖고 가묘를 써 놨어. 그라고는 인자 진도로 왔는데 그 뒤로 다른 데로 엠겼다고 그라더만.

"다른 데로 엠겼습니다(옮겼습니다)." 그라더만. 병연이가.

"옮겼습니다."

그라대. 속았다고. 그란데 그런 나쁜 놈의 지질학 박사가 있다고. 그때 희재씨를 장성다(장성에) 모셔갖고 일로(이리로) 모셔올 때여. 그때가.

시제 모시는 데 나락이 일곱 가마니

자료코드   589_MONA_20170418_BSR_PJM_0014
조사장소   진도군 진도읍 북상리 제보자 자택
조사일시   2017. 4. 18
조 사 자   박주언, 김현숙
제 보 자   박종민(남, 93세, 1925년생)

줄거리 시제를 모시려고 장만한 제물을 소에 싣고 산으로 갔다. 그때는 쌀이 아주 귀할 때인데도 문중에서 시제 지내라고 나락 일곱 가마니를 주었다. 당시에는 쌀 한 되에 15전, 성냥 세 곽에 1전 하던 시절이었다.

[시제 지낼 때는] 음식 장만해갖고 인자 제기랑 모두 다부 실코(싣고), 그라고 인자, 집에서 보면 소에다 싣고 나가더만, 소에다가. 소에다가 실코, 도동막동 주고 큰 산이로 올라가. 그것만 알어. 나 국민학교 댕길 땐데 그런 때 모셨어.

그런 때 제각 짓기 전잉께, 우리 집안이 부잣집안이여. 논이 많았어. 사반(사방)데가. 그런데 그랑께 그 수곡을 받았는데 옛날에는 쌀이 그렇게 귀했어. 쌀이. 그래갖고 나락이로 몇 가마니, 그렇게 저 시앙(시제) 모시라고 주더만. 문중에서.

나락이로 여섯 가마닌가 일곱 가마닌가 줘. 한번 지내는데. 그케 주면 우리는

인자 정미해서 팔아가지고, 그것을 인자, 너그 작은 할압시가(할아버지가) 주로
그 일을 잘 보았어 회계를. 우리를 주면 너그 작은 한아버지가 그 나락갖고 팔
아가지고 쌀로 해서 내갖고 돈이로 해서 인자 물건 사고 그라더만. 그라는 거
같애. 내가 에랬을 때 보면.

쌀이 그냥 카, 귀 했냐. 쌀밥 못먹고 죽는 사람도 많았다. 우리 읍내서도. 논이
그케 없었거든. 그래서 쌀이 그케 비쌍께, 시앙은 나락 일곱 가마니, 요새 같으
면 쌀 한 가마니 오만 원인데, 시앙 모시자면 고기 하나도 못 샀으꺼인데, 그런
데 그때는 쌀 한 되 십오 전을 했어.

그런 때 성냥이 일 전에 세 곽. 그라고, 일본 고베서 맨드는 성냥이 있어. 날개
표라고. 사심(사슴)에가 날개가 달렸어. 그 날개표 성냥은 일 전에 두 개, 두 곽.
한국서 맹기는(만드는) 성냥은 일 전에 세 곽. 그케.

풍선 항로권을 뺏은 진도환

자료코드   589_MONA_20170418_BSR_PJM_0015
조사장소   진도군 진도읍 북상리 제보자 자택
조사일시   2017. 4. 18
조 사 자   박주언, 김현숙
제 보 자   박종민(남, 93세, 1925년생)

줄거리 진도에서 목포까지 운항하는 진도환의 운임이 팔십 전이었다. 그 이전에는 풍선을 타고
다녔는데 일제가 항로권을 빼앗아버렸다. 풍선을 타고 다닐 때는 바람이 좋으면 목포까
지 하루가 걸렸고, 바람이 좋지 않으면 이틀이 걸렸다.

여그서 목포 댕기는 진도환이 팔십 전이었어. 그라고 아그들은 육십 전. 그라고 일등실이 있었어 그전에. 진도환이가. 일등실은 일 원. 일 원을 주면 일등실 들어가면 일본놈 앙코빵이라고, 앙코빵에다가 오차 한 잔을 줘. 일본놈들이. 일등실은. 삼등실은 팔십 전.

(조사자 : 진도환은 맨처음에는 일본 사람들이 만든 회산가요?)

한하고(계속해서) 일본 사람이 만들었지. 일본 사람들 가고 없응께 병완이가 그놈 추켜들었제. 목포서 진도 댕기는 정기 여객선이 있었어. 진도환이 없고, 우리 조선사람이 댕기는 여객선은 여, 처음에는 우리 처갓집, 금준네 할압씨가 그 항로권을 갖고 있었어. 풍선(風船). 목포 댕기는 그 배는. 그란데 이목이가 그놈을 뺏아불었제. 일본놈 이목이가 먹고, 진도환을 짓어갖고 진도를 댕겨불었지.

그랑께 풍선 없어져불지. 한국 사람이 뭐 맥이 있냐, 그때. 항로권 주장해서 뭣을 한다 말이지. 그런 때야 뭐, 일본놈 시상(세상)인데.

(조사자 : 풍선으로 가면 하루 더 걸렸으께 아닙니까?)

바람이 좋으면 하루에 가고, 들물 차고 올라가면 바람 좋으면 하루에 가. 목포를. 바람이 나쁘면 이틀도 가고 그라지. 노 젓어서 가고 그라지.

(조사자 : 가다가 못가면 배, 바다에서 자고요?)

그라제, 못 가면. 한피짝(한쪽) 구석진 데다 댈랑(대려는) 거이제. 바닥 가운데는 물이 올라갔다 내려갔다 떠내려가제. 그란데 인자 육지 갓 같은 데다 대놓고 닻을 내려야제.

고작굴 뻘등 준공식과 진도환 취항식을 같이 했다

자료코드   589_MONA_20170418_BSR_PJM_0016
조사장소   진도군 진도읍 북상리 제보자 자택
조사일시   2017. 4. 18
조 사 자   박주언, 김현숙
제 보 자   박종민(남, 93세, 1925년생)

> **줄거리** 진도환이 처음 항해하는 날이 고작굴 뻘등 준공식을 한 날이었다. 그 날이 제보자의 생일이기도 하다. 진도환을 일본인 소유였는데 진도 병완씨가 한 주를 갖고 있었다. 해방 이후 한 주를 갖고 있던 병완씨가 진도환을 운영하게 되었다.

정이목이라는 사람이 진도환을 해서 진도환이 진도에 제일 처음 항해하는 날, 고작굴 뻘등 막은 날, 같이 준공식을 했다더만. 한날에. 진도환이 처음 오는 날하고 뻘등 준공식하고 같은 날, 요 뻘등, 저 송현 앞에 뻘등, 그 막았응께 인자, 그 뻘등에서 준공식을 같이 했다는 게야.

고작굴 뻘등 막은 것하고 진도환 첫 번째 온 것하고 한날 행사를 했닥 해(했다고 해). 그란데 그때가 어머니가 나를 낳아놓고 있던 날이다 그것이여.

(조사자 : 생일날이요?)

아이, 너를 낳아농께 그랬다고 그랑께 생일날인가 그것은 내가 안 물어봤어. 어머니가 그케 표현하더만.

"그날 너를 낳아놨는데 그 행사를 했다."

그 말을 하더만, 어머니가.

(조사자 : 그럼 1925년에?)

그람, 준공식을 했제. 진도환이 처음 들어왔다 그것이여. 그랑께 이봉희가 진도환 들왔는데 일본놈 것이었는데 어째 병완이가 그 배를, 인자 진도환을 움직였냐 그라면, 그때 일본놈이 한국 사람한테 주를 한 주를 줬다 그래 한 주단 한 주여 한 주. 많이 준 것도 아니고 한 주를 줬는데 이제 일본놈들이 가분께 한 주 갖고 있는 사람이 왕이제. 그래서 병완이가 치켜들었제. 그라고 병완이가 진도환을 치켜들었어.

(조사자 : 병완씨 아버지가 처음에 거기 그 주를 갖게 되었죠?)

그라제. 병완씨 아부지. 병완씨 아부지가 부자였어. 우리 박씨들도 병완씨 아부지가 다 키워줬다더만. 병완이 형이 우덜(우리들)보다 댓 살이나 더 먹었으까? 그랑께 그런 나이는 아니고 그 주가 병완씨 아부지, 아부지가 했던 거이제.

한 주 갖고 진도환 운수회사를 일본놈 가고 없응께 맨들았어(만들었어). 그 말을 너그 아부지가 그라더라. 다 너그 아부지 말 듣고 그라는데, 너그 아부지가 그 말을 하더만. 병완이가 한 주 갖고 행사를 했다고.

목포서 한 달간 준비한 인민군 진도 점령

자료코드   589_MONA_20170418_BSR_PJM_0017
조사장소   진도군 진도읍 북상리 제보자 자택
조사일시   2017. 4. 18
조 사 자   박주언, 김현숙
제 보 자   박종민(남, 93세, 1925년생)

줄거리 목포 환대상회에서 인민군들이 진도 점령 작전을 짜자 제보자는 목선을 타고 진도로 건너왔다. 오는 도중에 고하도에 들르기도 했다. 그 인민군들이 다시 진도로 들어왔는데 대다수가 진도 출신 좌익이었다.

(조사자 : 6·25 때 인민군들이 진도 오기전에 한 달쯤 환대상회에서 진도 점령

작전을 했다고…?)

점령 준비작업을 거그서 했다는구만. 목포 인민군들이 들옹께 진도로 와불었제. 나는 그날, 인민군 들오는 날, 나 혼자 미리 와불었어. 나도 처음 왔제. 목포서 선창 옹께 배가 없대. 그래 목선을 탔어. 떠 있는 목선을. 그래갖고 바람에 날려서 목포, 고 앞에 그 용당리 섬, 고하도, 고하도. 거기다 배가 다 타면 바람에 밀려서 사공도 없고, 배 주인도 없고

그때 누구누구 탔는가 하니, 양주사라고 있제. 우체국 댕기턴, 저기 저 교회 바로 욱에(위에), 중앙교회 바로 욱에. 거가 의신면 사람들이여. 거가 목포우체국에가 있었어. 배를 타고 낭께 그 사람들 타 있더라고. 그란데 그 사람이 막 결혼해갖고 얼마 안 된 때여. 양주사 각시, 기양 같이 그렇게 탔었어. 그래갖고 고하도 내레갖고,

그때 처음 안 일인데, 물이 쓰께, 지금 삼호조선소, 거가 그 섬이 이케 있더만. 모도 섬들이여. 그란데 거가 물이 쓰께 뻘바탕이더만. 물이 쓰께 뻘바탕이여, 거가. 난 거가 갯부닥인 줄만 알았더니.

그때 처음 진도로 올 때 이야기여. 피난을 오는데 물이 쓰께 하 뻘바탕인데 뻘바탕이로 걸어서 지금 삼호조선소 거기 있는 데 섬인가? 그 섬에서 인자 저 해남 댕기는.

요쪽 땅끝이여. 그 전에 목포 댕기는 배가 거기로 댕겼거든. 거그만 건네왔어. 거그만 건네와서 밤새 내 걸어갖고 우수영우체국에서 잤어. 그 사람이 목포우체국에 있으니까 우체국을 알대? 그 사람 각시랑 아직 신혼이었어. 양주사가. 그래서 거그서 자고 인자 그 말을 했제. 우체국 직원들 보고. 목포서 이케 인민군들이 총 쏙고 들와서 인제 피난왔다. 그랬는데 아 새북(새벽)둥께 아이, 우체국 직원들이 다 없어. 피난 가붕께 우수영이.

녹진으로 해서 건너서 진도 들어왔어. 그 뒤로 목포 봉옥씨랑은 일주일 후에 배 하나(하나) 빌려서 점방 물견(물건), 창고 있는 것은 못 실코(싣고) 앞에 있는 물견만 배로 하나 실고 와서 진도로 피난해 왔었어. 일주일이나 후에 왔으꺼야.

배 한나 독선해갖고 왔더만. 그래갖고 인자 여가 있다가 갔제. 그랑께 인자 집이 비어불었제. 집이 점방 둘이고, 이층 있고, 창고 있고, 또 뒷 창고 있고 그래. 창고가 둘이여. 뒷 창고가. 전부 비어 불었응께. 진도 사람이고 그랑께 진도아 그들이 거그서 점령해갖고 먹고 삼시로(살면서) 즈그도 올 준비를 거그서 전부 했다고 그라더만. 신재가 인자. 신재가 와서 그랑께.

(조사자 : 그때 온 사람들이 몇 명이나 되었을까요?)

그것은 안 물어봤지만 암시락도(아무래도) 한 사오십 명 되았던 모양이제. 솔찬히(제법) 많이, 솔찬히 총 쏘고 들올 때, 이상 일 개 소대는 되는 거 같이 그래. 어짠지 몇인지는 실(셀) 수는 없제, 거이. 이불 쓰고, 내. 총소리 난께 들와서 이불 쓰고 식구대로 이불 쓰고 들와 불었응께. 멫(몇)이가 있었는지는 몰라.

그란데 아마 그때 요쪽에서 좌익하던 사람들이 나가서 인자 목포서 거그서 준비했던 모양이제. 그랑께 사오십 명 되었을랑가 어짤랑가. 일개(한개) 소대는 되었을랑 거이제.

조도학살서 살아남은 사람

자료코드	589_MONA_20170418_BSR_PJM_0018
조사장소	진도군 진도읍 북상리 제보자 자택
조사일시	2017. 4. 18
조 사 자	박주언, 김현숙
제 보 자	박종민(남, 93세, 1925년생)

줄거리 조도에서 집단학살이 일어났을 때 한 사람이 다른 사람들 속에 묻혀 쓰러져 있다가 가까스로 살아남았다.

그란데 조도도 인민군은 안 들어갔어도 지방 폭도가 일어났었어. 조도도 그 종천이 매형, 목포 신라약국, 거기도 삼십 명인가, 국제약국 가를 해변갓에다 총쏴 죽이는데, 묶어갖고. 총 싸 죽이는데 그 중에 들어갔었어, 묶여갖고. 그 란데 총 쏭께 막 씨러징께 (쓰러지니까) 같이 씨러졌던 것이여. 기양.

그때가 막 조준도 있었냐. 묶여갖고 인제 총을 쏭께 앞에서 팍팍팍팍 씨러지는 데. 씨러져갖고 아침에 새북(새벽)에 봉께 눈이 떠서 깜빡깜빡 씨러져갖고 있더 라 그거여. 그래갖고 살아 내뺐어. 그래갖고 나중에 조도면장도 하고 목포 신 라약국, 재판소 밑에 신라약국도 하고. 지금도 하고 있지, 그 집 아들이?

조도도 지방 폭도들이 들어갔었제. 동생따미(때문에) 죽었지. 득재가. [동생 준 재가 조도에 숨어있던] 경찰, 경찰잉께 좌익들이 죽였냐. 인민군이 간 뒤로 인 자 그랑께

"동생 왜 죽였냐?"

그라고 소리지르고 그랬어. 그랑께 죽여불었제. 죽은, 죽은 발단이 거그서 났 어. 그 동생따미. 준교네도 글안했냐? 준교 죽응께 그 준교 사촌동생 그 기운 신(센)놈 있었어. 풍풍하니. 가도(그아이도) 준교

"왜 사촌 죽였냐?"

그랑께

"에이 두먼 못 쓰겄다."

그라고 그때 죽여불었냐.

독립운동가가 공산주의자가 되았어

자료코드 589_MONA_20170418_BSR_PJM_0019
조사장소 진도군 진도읍 북상리 제보자 자택
조사일시 2017. 4. 18
조 사 자 박주언, 김현숙
제 보 자 박종민(남, 93세, 1925년생)

줄거리 일제 때 독립운동을 했던 사람들이 해방 이후에 공산주의자가 되었다. 봉갑이 형님은 오사카 형무소 출소 당일 날 죽었다. 일제가 일부러 내보내기 전에 죽였을 것이라는 의혹이 있다.

좌익, 그때는 독립운동이여. 그때는 공산주의자가 아니라 독립운동인데 그때는 독립운동인데 해방이 됭께 그것이 공산주의자가 되았어.

(조사자 : 진도에서도 고군면 조규선이나 이런 사람들은 두재씨 때문에 독립운동을 했지요?)

응, 독립운동. 옛날 인자 쪼깐 그런 기색이 있었어. 그런데 기양 길게는 못하고 잠깐 했던 모양이여. 아직 두각도 못 내놓고. 저 봉갑이 형 봉석이 같은 이는 두각을 내놓고 독립운동하고. 창구네 아버지 같은 이, 윤규네 아버지 그런 사람들은 이름을 내놓고 하여튼 사생결단해서 하고. 두재씨는 숨어서 하다가 말았어.

봉갑이 형님은 대판(오사카) 형무소에서 안 죽었냐(죽었다). 내일, 내일, 일주일, 일주일이면 출소한다 하는 날에 죽었어. 일주일이면 인자 형 다 마치고 출소한다 했는데 일주일 전에 죽어불었어. 그랑께 일본놈들이 죽여버렸는지 모르제. 골치 아프제. 거 내보냈다가는.

(조사자 : 그런데 박종협 씨가 같이 오사까 형무소에 있었다고?)

종협씨가 기여(맞아). 응, 종협씨가 윤규네 아부지여. 거가 여귀산이로 숨었다가, 여귀산에가 숨었다가 ○○네 아버지가 갈쳐줘서 잡아서 죽었어.

동네 사람들 모두 살리고 죽은 박득재씨

자료코드   589_MONA_20170418_BSR_PJM_0020
조사장소   진도군 진도읍 북상리 제보자 자택
조사일시   2017. 4. 18
조 사 자   박주언, 김현숙
제 보 자   박종민(남, 93세, 1925년생)

> **줄거리** 득재씨가 산으로 숨었는데 순사들이 득재씨가 자수하지 않으면 무고한 사람들을 죽이겠다고 했다. 그 말을 듣고 득재씨 어머니가 득재씨를 설득했다. 득재씨는 결국 산에서 내려와 처형되었고, 다른 사람들은 목숨을 구했다.

(조사자 : 득재씨 이야기 좀 해주세요.)

그때 산이로(산으로) 숨었는데 안 나오고 숨었어. 그랑께 그때 내가 여그 없었는데 그때 각 부락이로 그 자치대가 있었다 그라더만. 뭔 일이 나면 협조하기로 서외리하고 북상리하고 계약이 맺어졌닥 해. 위험하고 사람들도 막 밤에 죽고 그랑께. 그때 끄떡하면 사람 안죽였냐? 그랬는데 그때 북상리로 내무서원들이 뭔, 뭔 사건이 나서 잡으로 왔는데 그 사람들을 묶어갖고 순천 냇고랑이로 뎃고 가서(데리고가서) 죽일라고 했다더만.

득재가 야물아(야무져), 좌우간. 야문 사람이여. 보통 사람하고 달라. 내무서 직원들을, 온 놈을 묶어갖고

"순천 냇고랑이로 죽일라고 왔다"

고 말은 그라는데, 좌우간 묶고, 그래가 한 놈이 튕기쳐 나가서 내무서에서 그 말을 했어. 그랑께 총 쏘고 득재 잡으로 올라옹께 내빼불었제. 말이 그래.

그란데 그것이 원인은 동생 준재를 순사라고 죽여놔서 그 앙심을 품고 했다 그것이여. 그 원인은. 그래갖고 인자, 북상리 어른들을 갖다 잡아다 유치장에 집어였었어. 그라고 조건부로 득재를 뎃고 와야 내준다, 글안하면 죽인다 그랬어.

그랑께 득재가, 그라고는 있다가 득재네 어머니가 득재를 만나서 설득을 했어. 동네 사람들이 다 죽게 됭께 자수를 해라. 그래서 득재가 자수를 했어. 그랑께 자수항께 동네 사람은 내주고, 득재는 실형시켜불었지.

만주로 간 진도 사람들

자료코드   589_MONA_20170418_BSR_PJM_0021
조사장소   진도군 진도읍 북상리 제보자 자택
조사일시   2017. 4. 18
조 사 자   박주언, 김현숙
제 보 자   박종민(남, 93세, 1925년생)

> **줄거리** 진도 사람들이 일제 때 만주로 많이 갔다. 그곳에서 배급물자 타 먹고 잘살다가 일본인
> 들 생체실험의 희생양이 되었다는 말이 전해온다.

그때 진도 사람들이 만주로 살러 많이 갔어. 내나(결국에 가서는) 상대도 만주 가
고. 영구, 창구, 모도 가그들도 가고, 우리 친구도 만주 가서, 이상설, 상대 형
상설이라고 있어. 가도 만주 가서 내나 국적이로 몰렸지.

진도 사람들이. 일본 말로 국적. 진도면장 도장 위조해갖고 찍어서 배급물자
타갖고 팔아먹고 살아서 다들 편하게 살았닥 해.

가들 잡혀갖고 형무소 들어가서 형무소 살았는데 옴이 오르더라라먼. 옴. 그
래갖고 이 같은 것, 거시기 해서 옴이 오르더라 게. 그래갖고 죽었어야 그라더
만. 그란데 모르겄어, 지금 우리 생각하먼 마루다라고 일본놈들이 화학실험
을 했는가, 국적으로 몰려놓께. 그 사람들 많이 죽었어.

만주는 일본놈들이 옛날에 일러전쟁 때 만주를 번 거여. 일본놈들이. 일러전
쟁 때 만주를 벌어갖고 만주를 일본놈들이 가져갔어. 나는 만주는 안 갔는데
일등 국민은 일본 사람, 이등 국민은 한국 사람, 삼등 국민은 만주놈 그렇게 세
가지로 등급을 해서 배급도 그게 줘.

배급도 일본 사람들은 근대도, 사탕도 주고 배급이 많다더만. 한국 사람도 많
닥 해. 쌀도 주고, 사탕도 주고. 만주 사람은 쌀 안 주고, 꼬랑주, 잡곡만 배급

준다는 것이여. 만주 사람들은. 사탕도 없고 옷감 같은 거 이런 것도 없고. 그랑께 한 사람이 보통 한 오십 사람 것. 만한(많은) 아이들은. 보통 삼십 명, 오십 명 그 유전, 그 카드를 갖고 있었닥 해.

박보아·박옥진 자매의 진도 공연

자료코드   589_MONA_20170418_BSR_PJM_0022
조사장소   진도군 진도읍 북상리 제보자 자택
조사일시   2017. 4. 18
조 사 자   박주언, 김현숙
제 보 자   박종민(남, 93세, 1925년생)

줄거리 박보아·박옥진 자매가 빚 때문에 장성에 붙잡혀 있다는 소식을 듣고 가서 빚을 탕감해주고 진도로 데리고 내려왔다. 진도에서 일주일간 연속 공연을 해서 수익을 냈다.

종수, 재민이 아들이 와서
"좋은 수가 있습니다."
그래.
"뭣이 그렇게 좋아야?"
그랑께는
"지금 장성에가 오도가도 못하고."
그때 우리 국악단인가, 삼성인가 좌우간 뭣인가 국악단이여.
"빚이 걸려갖고 발이 묶여서 오도가도 못항께 우리가 그놈을, 형님이 그놈을

갖다가 설에 여그서 대목에 한번 우려먹읍시다."

그라드만.

그래서 가만히 생각항께 그거이 좋겄어. 대목에, 설 대목에. 그래서

"그래라."

그라고는 인자 장성을 갔제. 장성 강께 모도, 옥진이만 알겄더만. 옥진이만 알겄어. 다른 아그들은 잘 모르고 옥진이는 내나(결국에는) 정면장하고 살아서. 의현씨랑 살았거든. 양섬, 양섬 아니라 염장, 염장이 십일시 가는데 거기 염장이제? 염장 앞에서 염전했거든. 의현씨가. 옥진이랑 살 때여. 염장 앞에. 그래서 옥진이만 알어. 뺏뺏하니(마른 체형이라). 그래서 옥진이만 알고 다른 사람은 잘 모르겄대? 아, 계만이 알고.

거그서 흥행하고 빚진께 못 나오고 잽힌 거여, 장성서 공연하고. 돈을 벌었어야 쓰(할) 것인디. 빚진께 극장에서 잡어놓고 못 나오게 하는 거여. 그래서 가서 돈 주고 내가 덱고 왔제.

(조사자 : 돈 많이 들었겄는데요?)

아니, 그케 큰돈도 아니고, 흥행해서 빚진 거 엄마나(얼마나) 빚질 것이여, 빚지는 것이. 그래서 인자 극장 주인은 돈 받을랑께 잡고 있어야제. 그래서 돈 주고 덱고 와서 여그 와서 이틀인가 쉬었어. 섣달, 섣달 그믐날인가, 흥행하믄 안 됭께, 정월 초하룻날보탐 했제. 그래갖고 일주일을 했당께. 여그서 밤낮이로(밤낮으로). 하루에 세 번. 그케(그렇게).

(조사자 : 그럼 몇 년도쯤 될까요?)

그때가 내가 설흔 여섯 살 때나 되끼시다. 서른여섯 살 때나 될 것 같애.

그래서 인자 덱고 와서 이틀 쉬어갖고 그 사람덜 되아지(돼지) 잡어서 주고 진도 여관에다 딜예놓고(들여놓고) 아주 한 일주일 동안 잘살다 갔제. 여그서 돈 벌어갖고 갔어.

그랑께 그때도 신랑이 이향(김향이)이라고 내가 들은 거 같은데 이향이, 눈깔이 이케 톡 볼가졌더만. 아마 그 사람이 연출가였든가 몰라, 이향이라고, 내나 옥

진이 신랑.

(조사자 : 그때 그라면 박옥진하고 그 언니 박보아씨하고 같이 왔던가요?)

같이 왔어 같이.

홍갑수·안채봉 주연으로 명창대회를 붙였어

자료코드   589_MONA_20170418_BSR_PJM_0023
조사장소   진도군 진도읍 북상리 제보자 자택
조사일시   2017. 4. 18
조 사 자   박주언, 김현숙
제 보 자   박종민(남, 93세, 1925년생)

줄거리 박보아·박옥진 자매 공연이 성공리에 끝나자 진도에서 명창대회를 열었다. 명창대회는 경연이 아니라 공연이었다. 당시 광주에서 국창 대접을 받던 홍갑수와 안채봉을 주연으로 계약을 했다. 안채봉의 남편이 반대했으나 설득해서 결국 공연을 했다. 진도 사람들은 소리를 좋아해서 이런 대회를 하면 성황을 이뤘다.

그래서 그걸 하고 재미를 봐서 창극을, 아 명창대회를 했다. 명창대회를 한번 붙였어, 인자. 그 창극을 해서 인자 이상 돈을 좀 썼어. 그래갖고 광주를 강께 영화사 주인이,

"박형, 박형, 진도는 노래를 좋아항께 명창대회를 한번 하면 어짜까?"

그라더만. 그래서 살굿하대(솔깃하대)! 그라자고. 언제 올라오라고 그라더만. 그래서 광주를 올라강께 그때 국창 홍갑수라고 있어. 홍갑수.

국창, 명창. 그런 때 대한민국에. 홍갑수가 지금 광주서 놀고 있응께 이 사람을 데려다가 명창대회를 하쇼. 사람도 많이 필요 없고 간단하니. 돈 버는 수단으

로 명창대회를 한다고. 그래갖고 그라면 여자는 누구를 내줄래? 그랑께 안채봉이를 붙여주더만. 안채봉이.

(조사자 : 안채봉씨?)

안채봉이. 광주 안채봉이. 그래서 계약을 했는데, 주연은 국창 홍갑수하고 안채봉이하고. 둘을 딱 계약을 했어. 저녁에. 여관에 데려다놓고 계약을 딱 했는데. 며칟날 가기로 되았는데 안채봉이가 못 간다고 그라네. 여자 주인공이 안 간다 그것이여. 못 간다 그것이여.

가고는 잡은데(싶은데) 묘하니 내가 카, 진도가 노래를 좋아하고 나를 알어중께, 그전에 진도를 왔었어. 손재형씨가 데려다가, 안채봉이를. 진도를 두 번인가 한번인가 왔었어. 그래서 진도를 가고 잡은데 신랑이 안 된단다 그것이여.

자고 오는 데는 못가. 하! 이 나 환장하겄어. 자는 데는 못 가. 안 자는 데로만 보내주는데 자는 데는 안된다 그것이여.

그래 인자 그리고는 남재기는 광주국악원에서 짜주더만. 무용하는 여자나 모도 인자 그런 사람은 광주국악원에서 이름난 사람으로 해준다 그것이여. 둘만 해준께.

그때 안채봉이 신랑이 철공소 주인이었어. 아이, 절대 못 보낸다고 악을 쓰니, "허허, 알아서 해라, 계약금 받었응께 알아서 해라." 그래도 안 된다 그것이여. 그래갖고 하루를 연기를 했어. 못 간다는데. 그래 진도로 전보를 쳤제. 연기해라. 포스타는 진도 자체에 전부 때려(마구) 붙여놓고 인자.

그래갖고 안채봉이 즈그 신랑한테 찾아가서 사정을 했어.

"그전에도 진도 왔고, 느그 각씨가 이렇게 진도서는 명물이다. 소리 잘하고 명물인데, 임마, 진도서 알어주는 사람 안 보내면 쓰겄냐" 하고 사정 사정 했어. 그래갖고 진도 내레와서 3일을 했어. 명창대회를. 참 고맙다고. 단막극 함시로 (하면서)

인자 소리만 들으면 또 안 되제. 또 단막극 한 대목 옇드만(넣더구만). 그람시로 3일을 했당께 명창대회만. 둘이 붙여놓고. 그렇게 진도가 소리를 좋아하는 데

여. 그때 돈 많이 들어왔어. 차암, 진도 사람들 그런 거 보면 좋아해.

(조사자 : 명창대회 하면 진도 사람들이 출전을 하는 것이 아니었나요?)

아니! 거그서 와서 내나 안채봉이하고 홍갑수가 둘이 남녀주연이고, 그 대미는 광주서 국악원에서 잘하는 사람들이 와서 인자 춤도 추고, 인자 무용도 하고 그런 것도 하고, 인자 막간으로 해서 그런 것하고 시간을 때우더만. 두 시간을.

(조사자 : 그러면 1등 2등 3등, 뭐 뽑는 것이 아니고 그냥 공연이에요? 대회가 아니고?)

아, 명창대회가 돈 받고 흥행이지. 공연, 거그서 와서 돈 받고 입장료 받고 굿하는 것이여. 간판은 명창대회, 국창 명창대회 해서, 국창이었어, 홍갑수가. 그란데 이렇게 약 먹고 죽어불었제. 약 먹고 자살했어.

(조사자 : 왜 자살했을까요?)

몰라, 그 사정은 모르제. 그란데 예술인들이 상당히 복잡한 관계가 많아. 많애. 예술인들이. 젊은 나이에 죽었어. 홍갑수가.

진도서는 그 기록이 두 번 기록 밲에는 없어. 내가 한 것이. 이 군 소재지 이런 데는 그런 행사를 하기 힘들어. 진도같이 독특하니 노래를 좋아하는 독특한 이런 지역이 아니면 그런 행사를 할 수가 없어. 다른 지역에 그런 지역에, 가서 명창대회를 한닥 해봐라 손님이 오는가. 안 와불어!

약장시 하던 우리국악단 계만씨를 삽교서 만났어

자료코드   589_MONA_20170418_BSR_PJM_0024
조사장소   진도군 진도읍 북상리 제보자 자택
조사일시   2017. 4. 18
조 사 자   박주언, 김현숙
제 보 자   박종민(남, 93세, 1925년생)

줄거리 삽교에서 순회 영화를 할 때 우연히 진도 출신 예인 채계만을 만났다. 그때 채계만은 창극단이 망한 후 약장사와 함께 공연을 하고 있었다. 채계만은 제보자에게 술을 사주며 영화 대신 약장사를 해보자고 제안했으나 실행에 옮기지는 못했다.

계만이는 인자 삽교서 또 한번 만났다. 충청남도 삽교라고, 수덕사 들어가는 기차역 삽교역이라고 있어. 삽교서 내가 가설극장을 했어. 삽교서도. 서울서 영화사 하다 망해갖고, 그 기계 갖고 대한민국 순회 영화를 한번 시작해봤어. 그래서 삽교서 하는데, 그때 '우리국악단' 그 창극단이 사양길에 들어 망해갖고, 첫번에는 '여성국극단'이 잘되았어, 대한민국에. 그래갖고 그것이 사양길에 들어서 망했어. 거의 다 망했어. 그래갖고 그 사람덜이 약장시를 하더만. 약장시하는 데 가서 노래 부르고, 인자 약국 주인이 약을 폴아(팔아). 그래서 촌이로(촌으로) 돌아댕겨. 촌이로. 아, 삽교서 영화를 하는데 그 약장시를 해. 그래서 가봉께 아 계만이가 아쟁을 치고 있더라고.

그래, '형님 어짠 일이요', 그랑께는 '어, 그렇게 되았다' 그람시로 술을 좋게 한 잔을 사주대, 술을. 그람시로 인자 그런 말을 하더만. 삽교 뒤에 광천이라는 데 가 있는데 광천. 저 장항선 내려가면 광천이라는 데가 있거든. 광천이라는 데 가 대한민국에서는 장이 안 빠지꺼이다. 그케 커. 그케 큰 덴데, 거그서 해갖고 돈을 무쟈게(엄청) 벌었다 그것이여. 약장시해갖고.

그때 삼성인가 우리국악단인가 깨진 그사람덜이 인자 거그를 왔어. 그래갖고 거그서 인자 굿을 하고, 인자 약을 폴고, 그래갖고 많이 벌었는데, 그 쥔네(주인네)가 잭기(도박)를 해갖고 망해불었어. 쥔네가. 그래갖고 삽교로 와서 또 하는 판이여. 그래서 삽교서 아, 봉께는 거가 술 한잔 받어줌시로, 거그서 약장시 내력을 갈쳐주드만. 박형, 꼭 그 나보담 열 살 이상 더 먹었제만은 진도가 있을 때도 꼭 하소(예사높임말체)를 해. 우리하고, 우리 집안, 거가 당골 아니냐.

(조사자 : 북상리 단골이었어요?)

응, 북상리. 계만이가. 계만네 어머니가. 계만네 어머니도 꼭 우덜(우리들)보고 하소를 하고, 계만이도. 계만이 둘짜 동생 찬신이, 나하고 동창만 '너 이시끼' 나보고 그라제, 전부 글안했어. 그란데

"박형, 이 굿하지 말고 약장시를 합시다. 나하고 같이 약장시를 합시다."

그래.

(조사자 : 채계만씨가?)

응, 채계만씨. 그라면 우리국악단인가 삼성인가 나와서,

"그 주연배우를 하나 쩌매줌시다(묶어줄게요)."

그것이여. 그래 삼시로 약장시 함시로 나보고 물주를 하라고 그라더만. '좋다고, 틀림없이 된다'고.

하, 이해가 가냐? 극장하는 사람이 뜽금없이 그 짓을 하락 하니. 그람시로 돈은, 저 서울 종로 가면 그 굿을 하로 댕기는 약국이 있다고. 약국에서 등록만 해서 합격만 하면, 일절 그 국악단에 들어가는 사람까지 모도 쩌매서 서울서 다 대준다 그것이여. 다 대중께, 틀림없이 되끄싱께, 서울로 가자고. 술 사줌시로. [웃음]

그래서 술만 한잔 야무지게 얻어먹고, 그 배우 주연배우 데레다놓고 술을 한잔 사주대, 갔더니. 그래서 술만 한번 그때 삽교서 얻어먹었구만, 계만이한테. 그라고는 진도 와서 한번 보고 죽어불었어, 계만씨가. 참 얌잔해.

(조사자 : 채계만 선생님이 아쟁을 많이 하셨네요.)

옛날에, 옛날보탐(부터)도 계만씨가 여그서 아쟁을 했어. 그래갖고 여성국극단

이 생김시로 서울로 가불었제. 옥진이랑 모도. 아쟁을 잘 탔제. 계만이 아쟁
아주 잘했어.

인민군 선전에 동원된 악단장 채다인

자료코드   589_MONA_20170418_BSR_PJM_0025
조사장소   진도군 진도읍 북상리 제보자 자택
조사일시   2017. 4. 18
조 사 자   박주언, 김현숙
제 보 자   박종민(남, 93세, 1925년생)

줄거리 진도에 채다인이라는 인물이 바이올린을 잘 켰다. 인민군들이 악대를 만들어 동네마다
돌아다니며 인민군 선전을 하고 인민군 노래를 가르쳤는데, 채다인이 동원되었다.

계만이는 아쟁 잘 타고, 또 다인이라고 있었어. 다인이, 채다인. 거그는 서외리
서 살었제. 거그는 이케(이렇게) 이케 미는 것이 뭣이냐?

(조사자 : 바이얼린?)

바이어린. 다인이는 바이어링을 여그서 잘했제. 옛날에. 계만이는 이거 이거
[아쟁타는 시늉을 하며] 하고, 다인이는 이거 이거[바이올린 켜는 시늉을 하
며]하고.

(조사자 : 채다인씨는 굿판에 안 다니셨어요?)

안 다녔어. 진도서 악장 놀이(노릇)만 했제. 진도서 하다 진도서 죽었어. 그때 해
방 후로, 그때 키타 치는 이도 있었고, 멫(몇)이 있었어.

(조사자 : 해방 직후에 진도 악단이 있었죠?)

인민군 찬양하로 댕기고 모도 그랬어. 그때 다인씨가 이거 이것이로 악장놀이를 했어. 계만이도 이거 미는 것 했응께 안 댕기고. 인민군 찬양, 그라고 선전하로 댕김시로 댕겼제. 다인이는.

(조사자 : 그때 인민군들이 악대 만들어서 선전을 했겠죠?)

크람, 크라지. 선전용이로 했제. 그때 백두산 머 어짜고 갈치고 모도 그랬어. '백두산 줄기줄기' 머 어짠다고 고런 거 갈치고 그랬어. 동네마디 댕기고 그랬어. 갈치러. 인민군 노래. 이북 노래. 갈치고 돌아댕겼제.

정의현과 국악인들

자료코드	589_MONA_20170418_BSR_PJM_0026
조사장소	진도군 진도읍 북상리 제보자 자택
조사일시	2017. 4. 18
조 사 자	박주언, 김현숙
제 보 자	박종민(남, 93세, 1925년생)

> **줄거리** 정의현은 부잣집에서 태어나 국악에 심취했다. 가야금을 잘 탔다. 본처가 있었지만 예능인을 후처로 맞이했다. 그런데 정의현의 집안이 몰락한 후 예능인을 언니가 서울로 데리고 올라갔다.

정의현씨네 집안이 본래 부잣집안이다

(조사자 : 서외리 자기 기와집에서 국악원처럼 안 했습니까?)

국악원이 아니라 정의현씨 집이 자체에서 했제. 집이서. 지가, 자기가, 가야금을 정의현이가 잘했어. 정의현이가 가야금을 자~알 탔어, 가야금을. 부잣집 아들이라 앙곳(아무것)도 안 하고 국악에 전공을 했었어. 가야금은 잘 쳤제. 그람시로 옥진이랑 살았어.

(조사자 : 아, 그러면 정의현씨가 쪼금이라도 이케 산 여자들이 누구누구겠습니까?)

본처가 있었제. 본처가 있음시로 살았제. 본처는 살고, 옥진이는 옥진이대로 쩌그 저 사업장, 염전, 염전함시로 거그서 살았당께. 좌우간 옥진이를 머리를 연져주었던 것까지는 내가 알어. 옥진이를 머리 언거(얹어) 주었어. 쩌그서 삼시로. 머리를 연거 주었어. 그러다가 살림도 몰락을 하고, 집도 팔아먹고, 정의현이가. 몰락을 하고, 또 인자 서울서는 여성국악단이 생기고, 그렇게 해서 갈라졌어. 보아가 데려가불제. 여성국악단.

(조사자 : 보아씨가 먼저 서울에 가 있었나요?)

보아가 몬야(먼저) 갔고, 그라고 데려가불었당께. 그란데, 젤 첫번에 여성국악단 생겨갖고, 내가 서울가 있을 땐데 한번 가봤어. 그란데 여자들만 해서 하더만. 그란데 그때는 잘 되았제, 국악이. 여성국악단. 어디 가든지 아주 대만원이고, 돈 잘 벌었제.

(조사자 : 그때 보아씨 아버지 동준씨라고 보셨어요? 서울서?)

응, 키 째깐하니. 동준이 알제. 키 째깐해갖고 똥똥하니 예쁘장하니 그케 생겼어. 얼굴도 쪼깐하니.

곡성극장 할 때 신영희도 만났어

자료코드   589_MONA_20170418_BSR_PJM_0027
조사장소   진도군 진도읍 북상리 제보자 자택
조사일시   2017. 4. 18
조 사 자   박주언, 김현숙
제 보 자   박종민(남, 93세, 1925년생)

줄거리 곡성에서 극장을 할 때 그때 신영희는 남원국악원에 있었다. 목포에 있을 때부터 친분이 있었기 때문에 신영희를 만나러 남원국악원에 간 적도 있다.

내가 곡성극장 할 때 신영희 그때 남원국악원에가 있더만. 신영희가. 목포서 살다가, 목포 살 때는 참말로 비참하게 살았어. 그라다가 내가 곡성극장 할 때 남원국악원에가 있었어. 그래서 나랑 잘 알제, 내가. 같이 술자리도 앉었고, 그라고 곡성에서 잘 알었어. 내가 성환서 극장할 때 신영희 땀에(때문에) 남원 한번 내가 가본 적도 있고 그래.

시골돈하고 서울돈하고 틀려

자료코드   589_MONA_20170418_BSR_PJM_0028
조사장소   진도군 진도읍 북상리 제보자 자택
조사일시   2017. 4. 18
조 사 자   박주언, 김현숙
제 보 자   박종민(남, 93세, 1925년생)

> **줄거리** 시골돈과 서울돈의 가치가 다르다. 시골에서는 일억만 가져도 호화롭게 살지만 서울에
> 서는 궁핍하게 산다. 협률사는 들어보지 못했지만 강준섭이 극단에 따라다닌 것은 알
> 고 있다.

(조사자 : 서울에서 영화사는 잘 안 되었어요?)

인자 그것이 시골돈하고 서울돈하고 틀리다는 것이 거가 있어. 시골돈하고 서
울돈하고 틀려. 시골돈 가령 여그 일억이면 진도서 호화롭게 산다. 서울서 일
억이면 먼 호화로워야? 어디 셋방에로 해서 쪼굴시고(쪼그리고) 살제. 돈 가치가,
여그서는 만 원짜리 밥도 못 먹어도 서울 가면 오만 원짜리 먹는다. 그렇게 안
되거든!

(조사자 : 협률사는 못들어보셨어요?)

협률사는 못들어봤어.

(조사자 : 어르신이 데리고 와서 인제 삼성창극단 그 사람들 좀 공연도 했고,
또 명창 국창대회도 하셨고 했는데 그 외에도, 외지에서 이렇게 사람들 불러
다가 하는 그런 행사들이 있었을까요?)

나 아닌 사람은 그런 것은 한나(하나)도 기억이 안나. 안 했으꺼야. 없었고.

(조사자 : 강준섭이라고 모르세요?)

강준섭은 내가 알제, 우덜 밑에다. 준섭이는 우덜 밑엘 거여. 준섭이가 당애(아
직) 아흔 살 못 되았을거여? 아직 어리제, 준섭이도 거 악단에 따라댕겼제.

(조사자 : 어떤 악단 따라다녔어요?)

국악, 그런데 댕겼으꺼여, 인자 늙어불었더라. 말소리도 인자 힘도 없고 그랑거 같드만, 심히. 연예계 있는 사람덜이 그케 늘그면 힘이 없대, 더, 더 얼른 늙는 거 같어야. 더 얼른 못쓰게 되는가.

용샘에 도굿대를 넣으면 우수영 울두목에서 솟구친다

자료코드 589_FOTA_20170418_BSR_PJM_003
조사장소 진도군 진도읍 북상리 제보자 자택
조사일시 2017. 4. 18
조 사 자 박주언, 김현숙
제 보 자 박종민(남, 93세, 1925년생)

줄거리 북산에 있는 용샘에 절굿대을 넣으면 우수영 울두목에서 절굿대가 솟구친다는 말이 전해왔다.

(조사자 : 이 뒤에 북산에 대해서 전해지는 이야기는 없어요?)

그 북산에서 전해지는 이야기는 까마득한 이야기고. 그런 전설은 없어, 이.아, 용샘. 도굿대, 용샘에다 도굿대(절구대) 옇으먼(넣으면) 우시영(우수영), 우시영 거서 나온다고 그랬어. 우리 에렸을(어렸을) 때.

(조사자 : 별로 깊도 안 했는데, 왜 그러죠?)

깊도 아니라, 옹돌(옹달), 옹돌샘이제.

(조사자 : 뭔 도굿대를 거기다 넣었어요?)

그란데 그 전에는 짚었는가 모르제. 옛날 사람들이 그랬응께. 용샘에다 도굿대를 집어 옇으먼, 저 우시영 울두목에서 솟구친다고 그랬어.

철마산에서 나온 철마들

자료코드	589_FOTA_20170418_BSR_PJM_004
조사장소	진도군 진도읍 북상리 제보자 자택
조사일시	2017. 4. 18
조 사 자	박주언, 김현숙
제 보 자	박종민(남, 93세, 1925년생)

줄거리 산성 안 꼭대기 철마산에 기와로 만든 건물이 있었다. 그곳에서 나온 철마를 군청에 갖다주었는데 또 다른 철마가 있다는 이야기가 전해 왔다.

(조사자 : 철마산이라고 하는 철마 얘기는 혹시 안 전해지나요?)
철마산은 잘 아는데 그 철마 하나만 나오제, 하나 못 찾았제?
(조사자 : 우리 큰 외숙 정승환씨 얘기를 들으니까 그 이쪽 산성 안 꼭대기 철마산, 거기가 말을 이렇게 모신 건물이 있었다, 그러대요.)
기와는 있어. 깨진 기와. 그때 나는 군(군청)에다 갖다 줬는데, 말이 또 한 마리가 있을 것이다. '두 마리가 나와야 된다.' 그란데 한 마리가 나왔응께 또 한 마리가 쩌그가 있다. 내가 그 소리만 들었어, 그때.
(조사자 : 그 종명이가 말 캐기 전에 누군가가 거 해갖고 군에가 또 있었던 것입디다.)

그랑께 내나(말했듯이) 군에가 하나 갖다줬다고. 또 한 마리가 쩌가 있다고 그라는데 못 찾았다고 그래서.

북상리가 원래 오씨 촌이었다고 그래

자료코드   589_FOTA_20170418_BSR_PJM_005
조사장소   진도군 진도읍 북상리 제보자 자택
조사일시   2017. 4. 18
조 사 자   박주언, 김현숙
제 보 자   박종민(남, 93세, 1925년생)

줄거리 북상리가 박씨 촌이라고 하지만 어른들 말로는 원래는 오씨 촌이었다고 전해 온다. 박씨들 수가 많아지자 오씨들이 쫓겨나듯 마을을 떠났다고 한다.

여가 우리, 여가 우리, 옛날 우리 박씨 촌이라고 그랬제? 그란데 이것이 그때 어른들 말로는 오씨 촌이라고 그라대.

(조사자 : 여기가요?)

오씨들, 오씨들이, 오씨들이 살던 집안이여. 오윤명이나 여그 섬 밖에 성냥간(대장간)한 오, 누구냐 거? 서, 서외리서 성냥간 한, 오, 오창수? 그 집 사람들이 전부 여그 사람한테 쫓겨, 우리한테 쫓겨나갔다는, 그라더만. 어른들, 그때 어른들 말이. 그랑께 원래 오씨 촌이라고 그래.

(조사자 : 그러니까 나중에 무슨 일이 있어갖고 지산면으로 갔다고?)

그랑께 인자 박씨들한테 쫓겨났다고 그러더만. 수가, 수가 적으면 쫓겨났다고

그렇게, 그렇다고 그란 것이제.

아마 큰 부락 가면 얘기꺼리가 많이 나올 거야. 옛날, 옛날 얘기꺼리.

씻김굿 하고 뇌졸중 나았어

자료코드	589_FOTA_20170418_BSR_PJM_006
조사장소	진도군 진도읍 북상리 제보자 자택
조사일시	2017. 4. 18
조 사 자	박주언, 김현숙
제 보 자	박종민(남, 93세, 1925년생)

줄거리 65세에 뇌졸중으로 쓰러져 광주 한방병원에 입원해 있었다. 제수씨가 씻김굿을 해야 병이 낫는다고 해서 진도에 내려와 씻김굿을 했다. 저녁부터 아침까지 굿을 했다. 그 덕인지 좋아져서 지금까지 살고 있다.

씻김굿을, 나도 한번 했는데, 내가 풍에 쓰러져갖고, 뇌졸중으로 쓰러져갖고 광주 한방병원에가 있을 때, 내가 예순, 내가 예순 다섯 살에 쓰러졌다. 예순 다섯에 쓰러졌는데, 그때 한방병원에 있는데 '굿을 해야 낫는다'고 그라대. 한방병원에 입원해갖고 있는데, '그람 뭔 굿을 해야?' 하니까 인자 큰굿을 한다고 그라더만. 씻겨야 한다고.

(조사자 : 누가 씻겨야 한다고 그랬어요?)

그것을 누가 주관했는가 하니 종호처, 군 박물관장 하던 종호씨 처. 종호처가,

"우리 시아재는 큰굿 씻김굿을 해야 낫는다!"

그라고 인자 광주로 올려 보냈어. 그 소리를 나한테. '굿을 해야된다' 그것이여.

그래서 아프면 뭐이든지 해야 낫을랑께 '그라자' 그랬제. 그래서 굿을 할랑께 내로라(내려오라) 그것이여. 그래서 내로왔어. 병원에서는 굿한다고 내려간닥 항께 웃어쌌더만, 의사들이. 내로와서 여그서 초저녁부텀 해갖고 아침까지 하대.

(조사자 : 누가 했어요?)

아침까지 했는데. 서외리서 농 짜던 사람 있어. 그 사람이 장구 치고

(조사자 : 한영화씨라고 있어요. 김화영씨 남편.)

몰라, 난 이름, 그 사람이 장구 치고. 감시로(가면서) '오래 사시라'고 그람시로 인사함시로 그러고 가더만. 아침까지 했어, 좌우간.

뭔 대도(대나무도) 이케 달아매놓고, 뭔 쩌그서 보닝께(보니까) 뭔 멍석 이케 개서 묶어놓고, 소두랑뚜껑(솥뚜껑) 덮어놓고 뭐 해쌓더만. 아침까지 했어.

(조사자 : 당골은 누군지 모르겠어요?)

몰라, 그 여자도 텍고(데리고) 왔응께. 텍고 왔어. 너닌가(넷인가) 되던데? 키 쪼그만 하고 그래. 키 쪼깐하니. 아침 새북에. 끝판에는 뭔 '맥이 한다'고 또 닭을 한 마리 사갖고 오라고 그러대? 생닭을. 생닭을 사중께, 그걸 놓고 어치게 고사 지내는가 뭣하는가 굿치고 하더니, 다했다고 그람시로 '안녕히 계시라'고 그러고 가더만. 아침 훤하니 될 때까지 했어.

(조사자 : 굿하고 나서 좀 좋아졌습니까?)

그라니까 이케 살아난 거이제? 좌우지간에 진도서 뇌졸중으로 쓰러진 사람은 다 죽었다. 내 뒤로 쓰러진 사람은 다 죽었어. 좌우간. 그랑께 그 덕인가 그렇게 생각을 해야 좋제. 그렇게 생각해야 좋제. '진도서는 내가 최고, 뇌졸중으로 쓰러져갖고 장수한 사람이여.' 진도서는.

(조사자 : 지금 완치되었잖아요?)

아니, 오른쪽 절반은, 마비 되아서. 이제. 풍이 오른쪽으로 와서, 감각은 있긴 있어도 이녁(자기) 뭣이 아녀. 그랑께 걸음도 잘 못 걸고, 그래.

돈이 많이 들더라. 돈을 많이 주락 하대. 첫번에 계약금 받대? 얼마 해갖고. 그 라고 인자 굿함시로(굿하면서) 나오는 돈이 또 상당히 많이 나오더라고. 막, 안 나

오면 막, 징!징!징!징! 두드리고, 돈 내라고 막! 막! [웃음].

(조사자 : 사람을 봐갖고 대금도 그렇게 대개 정하니까. 예, 돈이 많은 사람한 테는 비싸게 받고.)

계약을 하더만. 얼마 주라고. 그라고 굿에 나오는 돈은 따로 하고. 그케(그렇게) 하대. 돈 많이 줬어. 그랑께, 그랑께 이렇게 살았제.

애기가 죽으면 동우에 넣어 묻었어

자료코드	589_FOTA_20170418_BSR_PJM_007
조사장소	진도군 진도읍 북상리 제보자 자택
조사일시	2017. 4. 18
조 사 자	박주언, 김현숙
제 보 자	박종민(남, 93세, 1925년생)

줄거리 송현가는 곳에 진도 공동묘지가 있었다. 예전에 아기가 죽으면 동우에 넣어서 그곳에 묻었다.

(조사자 : 애기 죽으면 뭐 특별한 의식 같은 것 없이 묻지요?)

나는 그런 거는 한번도 못 봐서 모르는데 그전에 말 들으면, 애기가 죽으면 그 동우(항아리) 안있냐(있잖아)? 동우에다 옇어서(넣어서) 묻었어. 동우에다. 적은 애 기인 거이제. 적은 애기. 큰 놈은 거그다 묻겄냐, 어찌케(어떻게) 해서.

여그 인자 추장골, 송현 가는데. 거그 일본놈 꼬슬리는데(화장하는데), 움먹하니 (우묵하니), 거그 집 짓어불었더만. 그 옆에 그 동산이 진도 공동묘지여, 옛날.

그것을 우리 에렸을(어렸을) 때 개간을 해불었어. 우리 에렸을 때. 국민학교 댕길 때. 거그가 아주 소나무도 많고, 묏도 많고, 한데 그때 봉께 동우가 나오대. 우리 에렸을 때. 그때 그것이 손재형씨네, 그때 우리 내가 듣기로 손재형씨네 산인데 개간을 했어. 그라고 밭을 맨들아(만들어) 불었어.

우리 에렸을 때까지도 일본놈이 죽으면 그 꼴창(골짜기), 거그가 일본놈 화장터거든. 거그다 꼬실러 일본놈 죽으면.

죽은 딸을 신작로 가운데다 묻은 서외리 사람

자료코드 589_FOTA_20170418_BSR_PJM_008
조사장소 진도군 진도읍 북상리 제보자 자택
조사일시 2017. 4. 18
조 사 자 박주언, 김현숙
제 보 자 박종민(남, 93세, 1925년생)

줄거리 집안 형편이 넉넉지 않은 서외리 사람의 과년한 딸이 죽었는데, 신작로 가운데에 묻으면 액이 없어진다고 하여 밤에 몰래 묻은 경우가 있었다. 제보자는 그 길이 무서워 일부러 멀리 돌아다녔다고 한다.

그라고 해방 후로 서외리 어떤 사람이 딸이 죽었는데, 딸이 죽응께, '딸이 죽으면 그 신작로에다 묻으면 복이 온다'고. 그래서 거그 서외리 가는 신작로 가운데다 묻어놨어 딸을.

그때 일제시대. 기억나지. 그랑께 내가 송현이로 장개갔지만은, 밤에 글로 갈라먼 무섬증 달라등께, 글로 못 가고 지아굴로 돌아댕기고 그랬어. 크나큰 딸을 묻었어. 신작로에다가 묻었어. 서외리, 서문으로 가는 신작로 가운데다.

(조사자 : 몇 살이나 되는데요?)

큰 딸이여. 시집갈 정도로 큰 딸을 묻었어. 밤에 처갓집을 갈라면 글로 못가고, 그래서 고작굴로 돌아가고 그랬당께. 좌우간 내가 어디 위치를 확실히 모르는데 송현, 그 가는 길, 지금 아파트 지은 데, 고 대목 어디에다 묻었다 그라더만.

(조사자 : 왜 길가에 묻어야 복이 온다고 생각했을까요?)

액운을, '액운을 없애는가' 어짜는가, 좌우간 그런 뭣이로 해서 묻었다고 그래서, 거그 갈라면 꺼렸당께. 거그를. 잘사는 사람이 아니고, 못사는 사람이었어.

(조사자 : 몰래 묻었을까요?)

응, 몰래. 밤에 묻어불었제. 큰애기라 했어.

군인들이 애 낳았다고 안 죽이고 그냥 가불었어

자료코드   589_FOTA_20170418_BSR_PJM_009
조사장소   진도군 진도읍 북상리 제보자 자택
조사일시   2017. 4. 18
조 사 자   박주언, 김현숙
제 보 자   박종민(남, 93세, 1925년생)

줄거리 제보자 어머니의 이모가 애기를 낳았을때 군인들이 집으로 들이닥쳐 사람을 다 죽였는데, 애기 낳은 것을 보고 그냥 가버렸다는 말을 들었다. 시기로 봤을 때 동학전쟁 때였던 것으로 보인다.

(조사자 : 혹시 동학에 관한 이야기는 못 들으셨어요?)

응, 못 들었어. 동학에 대한 얘기는. 동학이 몇 년도이던고?

(조사자 : 1894년.)

120년 되면 동학 때 손선전 두째 딸 허귀네 어머니, 허귀네 어머니가 애기를 낳았는데, 그게 동학란인 것이구만. 애기를 낳았는데, 쳐들어와서 사람을 죽이고 그라는데, 애기 낳았응께 기양 가더라고 그라더만.

그랑께 어머니 이모여. 어머니가 지금 백 열 살. 그란데 이몽께 그랄 나이제? 그때 애기를 낳아놨는데, 그 난리가 나서 들와서(들어와서) 애기 낳응께, 애기를 낳아났응께 그냥 가더라고 그 말을 내가 들었어. 그 할마니가 애기를 낳았는데.

(조사자 : 예. 진도 동학운동하던 사람들이 허씨들도 있거든요.)

거그 남편이 허씨여. 거그 남편이 허씬데 장개만 가갖고 아들하고 딸, 딸은 낳고, 아들은 유복자로 놔두고 미국이로 가불었제. 미국으로 가서 살다가, 해방 후로사 왔다가, 미국서 기양 살었겄냐? 거그도 아그, 아그들 있제.

(조사자 : 그럼 미국 가신 그 분 이름을 알 수가 있을까요?)

치국이는 아꺼여. 해방되아갖고 한번 나왔다가 다시 들어갔으니까 치국이는 아꺼여. 치국이네 집안사람들이여 허씨들.

(조사자 : 예. 진도 동학 한 사람들 중에서 허영제라는 사람이 있는데 허영제, 어디 누군지는 잘 지금 확실히 몰라요. 모르고 또 미국에서 여기 한국의 동학도들이 미국으로 갔거든요. 그 미국에 군사훈련을, 동학하던 사람들이 군사훈련을 지도를 했어요.)

그랑께 몰라 여그서 거그 하다가 미국에 그때 가불었는지, 그건 내가 모르는데, 동학사건에 걸려서 가불었는가 그건 내가 모르겄어. 그란데 그 물림 사람이여 좌우간.

어머니가 백 열, 백 열 몇 살이면 그 이몽께 백 한 서른 살 되었응께, 서른 살 넘었응께, 애기, 애기, 애기 낳을랑께 그런 물림이제? 그 할머니가 해남환 까바쳐서(뒤집어져서) 죽었을 거 같애. 그 집 아들이 허귀라고 알랑가 모르겄는데? 대한민국 럭비 선수여. 양정, 양정 나왔어 서울서.

일제강점기에 벌어졌던 해남·진도 축구시합

자료코드   589_MONA_20170418_BSR_PJM_0029
조사장소   진도군 진도읍 북상리 제보자 자택
조사일시   2017. 4. 18
조 사 자   박주언, 김현숙
제 보 자   박종민(남, 93세, 1925년생)

줄거리 제보자가 열 살 정도 였을 때, 즉 1935년 경 여름에 진도초등학교에서 해남·진도 축구시합이 열렸다. 해남팀, 진도팀, 우수영팀, 군내면팀 이렇게 네 팀이 축구를 했다.

언제 축구하는 거 조사한다고 복지회관서 누구 하나 적대. 그란데 해방 후로 강진, 완도, 모도 그런 데, 그때 시절 것을 묻대?

(조사자 : 1948년도 대회라고 그럽디다.)

내가 25년생잉께 내가 갈쳐준 것은 내가 국민학교 댕길 때여. 내가 국민학교, 25년생잉께 열 살 먹으면 35년이제? 35년, 35년 그런 때 한 것을 내가 갈쳐줬는데, 그 얘기는 안 하고, 고 사진 보고 그 후로 양환이, 인옥이 그 사람들 한 얘기를 편중적으로 가그들, 그 얘기 하더라고.

내가 학교 댕길 때 안 것은 정돈씨 동생, 정권이라고 있어. 서울서 유학생들이여, 전부. 그리고 저, 소진봉이? 진봉이 큰 형이 있어. 진권이라고 여그 영어 선생도 하고 그랬제. 그 사람들이 서울서 학교 댕길 때 꽁(공)을 찼어. 그 사람들이. 그때 인자 그 진권이하고 정권씨 동생하고 둘이가 유학생이 서울서도 꽁을 찼던 모양이여.

그 사람들이 오면 여름방학에 해남·진도 축구시합(축구시합)을 해 그런 때. 그라면(그러면) 해남서 두 팀, 진도팀 두 팀 이렇게 네 팀이 하거든.

그라면 해남팀 진도팀 우수영팀 군내면팀 이렇게 꽁을 찼어. 네 팀이. 그란데 진도군내면 팀은 군내국민학교 입구에 들어가자면 왼쪽이로 집이 있었어. 그 사람이 아마 총도 갖고 있고 그랬으꺼여. 포수진도 하고. 그 사람 딸이 우체국에 있었던가? 그 사람 아부지가 꽁 찼어. 군내면 팀에서는. 그걸 갈쳐주고 그랬는데…. 그때는 대학교 없었고 전문학교. 그랑께 그 사람들이 한 열 한 일곱 야달 살, 그런 때 한참 때 아니여. 그런 때 인자 꽁을 찼었어.

그때는 진도국민학교 교정이, 지금 쩌기서 올라오자면 교문? 교문이로 거가 담이여, 쭉. 그케 운동장이 좁았어. 쩌기서 올라오면 교문 거가 한계여. 그라고 지금 여 내려가는 길? 그것이 교정이여. 그랑께 인제 길삼이네 아부지가 꽁 차면 여 쩌그서 차면 욜로(여기로) 넘어가불었어, 기양. 크~ 좋단다고 웃어싸.

5, 6학년 때 농사 실습하고 졸업 때 통장 줘

자료코드 589_MONA_20170418_BSR_PJM_0030
조사장소 진도군 진도읍 북상리 제보자 자택
조사일시 2017. 4. 18
조 사 자 박주언, 김현숙
제 보 자 박종민(남, 93세, 1925년생)

줄거리 일제강점기에 학교를 다녔는데 5학년과 6학년에게 논과 밭을 두 배미씩 배당해주었다. 그곳에 농사를 지어 수익이 나오면 졸업할 때 통장에 넣어주었다.

그랑께 내가 말했제만은, 5, 6학년 되면 논하고 밭하고 주고. 배당이 되아. 논 두 배미제? 5학년 두 배미, 6학년 두 배미. 그라고 인자 밭이 또 있어. 그 밑으로. 밭이 있고 그랑께 거그서 인자 실습 뭔가 하제. 그라면 그 폰(판)놈 갖고 전부 학생들한테 배당해 주고 그래. 학교 졸업 탈 때는 통장에가 옇어(넣어) 딱! 주더라고.

(조사자 : 몇 년간 그렇게 경작해갖고요?)

2년간. 5, 6학년들만 해. 1, 2, 3, 4학년은 그것 안 해. 농사 안 짓고. 5학년하고 6학년만 논하고 밭하고 줘. 그람 거그서 시금치도 심고 모도(모두) 논에다 나락 심고, 그래갖고 인자 수확을 하면 돈이 나올 거 아녀? 그럼 그놈을 가령 백만 원이 나오먼 학생들이 백이라 하면 만 원씩이여. 그래 통장에다 딱, 해서 일본 놈들이 딱, 해서 졸업 탈 때 그 통장을 줘.

(조사자 : 담임 선생님이 통장을 만들어줘요?)

그라제. 담임이 해중께. 졸업 탈 때 그걸 딱딱 줘.

(조사자 : 학교에서 했겠죠? 교장선생이 하라 하니까 했겠죠?)

그라제, 그럼.

학교 교장, 경찰서장, 군청 내무과장은 일본인

자료코드   589_MONA_20170418_BSR_PJM_0031
조사장소   진도군 진도읍 북상리 제보자 자택
조사일시   2017. 4. 18
조 사 자   박주언, 김현숙
제 보 자   박종민(남, 93세, 1925년생)

줄거리 일제강점기 때 국민학교에서 일본어를 사용하게 하고 조선어는 5학년, 6학년이 되어야 가르쳤다. 당시에 학교 교장, 경찰서장, 군청 내무과장은 반드시 일본인에게 맡겼다. 군수는 조선 사람이 맡았지만 실질적인 힘은 내무과장이 갖고 있었다.

조선어도 5학년, 6학년만 갈쳐. 1학년 2학년 요맘 때는 조선어 안 갈쳐. 5학년 되아야 인자 조선어를 갈쳐. 역사도 갈치고.

(조사자 : 저학년 때는 일본어로?)

응. 일본어로. 우리가 학교 나간 뒤로붐 조선어 없어져불었제.[조사자를 가리키며] 너, 조선어 안 뱄제(배웠지)? 일본어만 뱄제?

(조사자 : 우리는 저, 해방 후에니까요.)

아, 해방 훙께(후이니까) 그렇구나.

그라고 학교 교장은 반드시 일본놈, 그때 일본놈이 학교교장 일본놈, 경찰서장 일본놈, 군청 내무과장 일본놈, 요건 세 개가 아주 전부 일본놈. 군수는 조선 사람, 내무과장은 일본놈. 그 일본 침략, 거그 적어져 있는 모양이여.

(조사자 : 군수는 간판만 갖고 앉아 있고요?)

내무과장이.

(조사자 : 내무과장이 다 하고…)

진도국민학교에 있었던 일본 선생들

자료코드   589_MONA_20170418_BSR_PJM_0032
조사장소   진도군 진도읍 북상리 제보자 자택
조사일시   2017. 4. 18
조 사 자   박주언, 김현숙
제 보 자   박종민(남, 93세, 1925년생)

줄거리 지금 군청 자리에 심상소학교가 있었는데, 그 학교는 일본 아이들만 다녔다. 일제강점기 때 진도국민학교는 남학생 반이 여섯 반, 여학생 반이 두 반, 총 8학급이 있었다. 일본인 선생님이 여섯 명 정도 있었고 여자 선생님도 한 명 있었다.

(조사자 : 일본 사람들은 주로 읍에 살았겠죠?)

요기, 저그, 요 군청 자리가 일본 학교여. 일본, 그래갖고 심상소학교라고 그랬어. 일본 아그들만 댕겨. 멫(몇)이 안 되았제. 쪼깐 했어. 멫이 안 댕겼어.

(조사자 : 한 50명 다녔을까요?)

50 명 못 되았어. 그케 많이?

(조사자 : 하하하. 그럼 일본 사람들이 진도에 몇 명 정도 있었을까요?)

일본 사람들이, 요 국민학교 선생들이 한 대여섯이 되았어. 우리 학교 대닐(다닐) 때는 한 학년에 한 반썩(씩). 그랑께 여섯 반이제? 여자가 두 반이여. 1, 2, 3학년 한 반, 4, 5, 6학년 한 반, 그래서 8학급이었어. 전부.

(조사자 : 여자만 따로 했네요?)

거가 일본, 일본 여자 선생이 한나(한 명) 있었고 남자 선생이 둘인가 있었고 그랬으꺼여. 그래갖고 교장하고 너니(넷이). 쓰까꼬니 선생이라고, 일본 여자 선생이 있었어. 아주 야무졌어.

(조사자 : 우리 작은 할아버지 노트 보니까 일본 처녀 선생이 있었다고?)

응, 여자 있었어. 이름이, 성이 스까꼬씨여. 스까꼬니 선생 있었고.

교장은, 교장은 도요다 교장이고, 고개 꺄우뚱하니 여가 까만 점 있어갖고 여기, 시염(수염)이 돋았제. 생생하구만.

5, 6학년 되면 진도읍으로 편입하다

자료코드   589_MONA_20170418_BSR_PJM_0033
조사장소   진도군 진도읍 북상리 제보자 자택
조사일시   2017. 4. 18
조 사 자   박주언, 김현숙
제 보 자   박종민(남, 93세, 1925년생)

줄거리 군내면, 임회면, 조도면 학생들은 고학년이 되면 진도읍으로 편입을 해야 했다. 4학년까지 마치고 나면 진도읍으로 와야 했다.

그 뒤로는 인자 선생들이 많아졌제. 사람들이 너무 많아징께, 학급 수가 많아징께, 뭔 열 몇 학급, 이십 학급 막 그랬응께, 인원 수가 많아졌제.
(조사자 : 왜 이렇게 많아졌지요?)
우리 학교 대닐 때 야닲(여덟) 학급. 야닲 학급에 65명일 때잉께, 그럼 500명. 그때 65명 그게 되았어. 한 학급에.
그라고 군내, 십일시, 조도, 여기서는 거그서 4학년만 댕겼어. 그럼 인자 5, 6학년 되면 진도읍이로(진도읍으로) 편입을 해야 되아. 군내면, 우리 동창은 군내면 아그들, 조도 아그들도 있어. 4학년까지만 댕기고 5, 6학년에 진도읍이로 와야 되아. 학교를.

(조사자2 : 선생이 모자라서 그랬을까요?)

(조사자 : 그런 점도 있고… 중학교 때 관매도 사람이 우리 집에서 자취를 했는데, 진도중학교 학생이 우리 집에서 자취를 했어. 자기 조카하고.

손재형씨 국회의원 갈 때 그럴 땐가, 그럴 때 같제?

(조사자 : 아마, 예, 그럴 때….)

진도 교장들을 청와대에 데리고 간 박정희의 동창

자료코드   589_MONA_20170418_BSR_PJM_0034
조사장소   진도군 진도읍 북상리 제보자 자택
조사일시   2017. 4. 18
조 사 자   박주언, 김현숙
제 보 자   박종민(남, 93세, 1925년생)

> **줄거리** 관매도 국민학교 교장이었던 임보갑은 박정희 대통령과 대구사범학교 동기였다. 사범학교 재학시 임보갑은 일등을 도맡아 했지만, 박정희는 공부를 그다지 잘하지 못했다고 한다. 대통령을 친구로 둔 인연으로 임보갑은 청와대에 자주 드나들었으며, 진도의 교장들도 청와대에 데리고 갔다고 한다.

그때 우리 이숙이 관매도 교장을 했어. 그, 저 박정희하고 동창. 그랑께 그 이숙은 그 이후랑은 일 년에 몇 번씩 정기적으로 청와대 초청을 해 가고 그랬는데. 대구사범학교 동기동창이더만. 4회.

(조사자 : 이숙이 누구였어요?)

임보갑이라고, 장수 사람인데, 전라북도 장수 사람인데, 대구사범을 나왔어. 그래갖고 지금 저 의신면 초등학교로 발령이 나불었어. 일제시대. 그래갖고 행정이 강께(가니까) 그것이 알았는데, 우리 이숙은 공부를 잘했고 반에서 일등을 하고. 대구사범에서 일등을 하고, 또 한 책상에서 같이 나란히 공부했대. 앨범에가, 앨범 봬주고.

그란데 박정희는 공부가 절반뺵에(절반밖에) 안 갔어. 안 갔더만. 못했닥해.

"나보다 저 새끼 못했다고, 공부도 못했다고!"

그란데 대통령 되아갖고. 청와대를 가면은 우리가 생각할 때, 청와대 하면 기양(그냥) 청와대가 전부 한 구역인 줄 아는데 구역마디(구역마다) 철조망이 시웠닥해(세워졌다고해). 철조망이 다부(많이) 쳐졌닥 해.

제일 불쌍한 것이 아그들이라고. 친구가 없응께 현관에서 흙놀이하고 놀고 있다고. 그곳밲이(그곳밖에) 갈 데가 없응께. 그것이, 가면 제일 불쌍하다고. 그라고 그 말을 자꾸 해쌌더만.

(조사자 : 박정희 자녀들이요?)

갈 데가 없응께 현관에 나와서 흙놀이 하고. 그래갖고는 진도국민학교 교장들 덱고(데리고) 청와대 덱고 대니고(다니고) 그랬제.

도깨비의 정체

자료코드 589_FOTA_20170418_BSR_PJM_0010
조사장소 진도군 진도읍 북상리 제보자 자택
조사일시 2017. 4. 18
조 사 자 박주언, 김현숙
제 보 자 박종민(남, 93세, 1925년생)

줄거리 예전에 진도읍에는 논이 거의 없어서 북상리 사람들은 서부까지 가서 농사를 지었다.
북상리 박종평 군수의 할아버지가 서부에서 일을 하고 저물어 돌아오다가 도깨비를 만
났다. 한참 실랑이를 하다가 나무에 단단히 묶어 놓았는데 다음날 가 보니 빗자루였다.

(조사자 : 어르신은 도깨비 같은 거 보신 적 있으세요?)

또깨비? 또깨비는 본 적은 없제. 얘기만 들었어. 그란데 종팽(평)이네 할아버지
얘긴데, 그전에 에렸을(어렸을) 때 인자, 종팽이 박군수, 우리보다 한 해 후밴데,
그 집 할아버징께 백 한 삼사십 세 되냐?

(조사자 : 예.)

그란데 그런 때는 우리 북상리 사람들이 서촌, 서부(에서) 다 전부 논 벌었어. 논
이 없응께 여그는. 그랑께 전부 북상리가 논도 서부가 있고, 산도 서부가 많고
그랬어. 옛날 할아부지들은 모도 서촌가 논이 있거든.

그때 얘긴데, 그 할아부지가 논 벌고 서부에서 오면 해도 저물고 그라겠냐? 저
물어 오는데, 도깨비가 홀렸다고 그라더만. 그 얘기여. 그 할아버지 얘기여.

또깨비하고 한참 실렝이를 쳐서 단단히 이놈을 묶어놨다 그것이여. 묶어놓고
왔다고. 또깨비를. 그 뒷날 아침에 나무에다 가봉께(가보니까) 빗지락(빗자루)을
묶어놨더라 그것이여 빗지락을.

그 얘기를 인자 그 종팽이 할아버지가 한 얘기여.

도깨비로 보인 바윗독

자료코드   589_FOTA_20170418_BSR_PJM_0011
조사장소   진도군 진도읍 북상리 제보자 자택
조사일시   2017. 4. 18
조 사 자   박주언, 김현숙
제 보 자   박종민(남, 93세, 1925년생)

줄거리 예전에 둔전리에서 영화 상영을 마치고 나니 비가 내리고 있었다. 종춘이라는 직원이 녹진에서 살고 있었는데 혼자 있는 부인을 걱정해 사람들의 만류에도 불구하고 집에 간다고 했다. 그런데 얼마 후 땀을 비오듯이 흘리며 되돌아왔다. 그 이유를 물으니 녹진 가는 길에 도깨비가 열 명 넘게 누워 있는 것을 보고 놀라서 돌아왔다고 했다. 사람들을 데리고 그 장소에 가보니 넓적한 바위가 깔려 있었다고 한다.

요 근래 이야기여. 쩌 어디냐? 저 둔전리? 종춘이하고 인자 영화, 둔전리서 영화를 했어. 둔전리 남복, 남복이네 집에서 마당에서 영화를 했어.

그란데 그날이 비가 이케(이렇게) 오더만. 영화가 다 끝낭께. 그런데 종춘이가 그때 큰애기 한나를 데려다가 녹진따(녹진에다) 살렸어(살림을 살았어). 저 충청도 가시난데(여자인데). 영화가 끝나고 인자 거그 갈란다 그것이여. 그래

"비옹께 가지마라, 마라."

그래도 꼭 간다고 가더만.

한 시간이나 있다가, 그때 실지여, 야가 이케 땀이 아주 비오듯 해갖고 왔어.

"어째 가다 왔냐?"

그랑께는

"형님 형님 저그 도깨비가 있어서 나온다."

그것이여.

그랑께 둔전서 큰 들 학교 거그서 가이나 두고 살았거든. 거그를 가다가 못 가고 와버렸다 그것이여. 또깨비가 있어서. 그래

"어찌 그랬냐?"

그랑께, 지금 그 자리가 어디냐면, 녹진서 들올라먼 제일 첫번 그 육교로 올라가는 질(길) 낸 데 있제? 녹진서 이케 읍으로 들오자먼 산, 막 넘어서 그 육교로, 육교 난 데가 있어.

그전에 그런 육교가 없었응께 거그 질 있는데 그 옆에가 저 바오(바위)가, 여가 신작로 냄시로(내면서) 길 짤른 데가 요로케 넙바오(넓적한 바위)가 깔려 있어. 하여가니(하여간), 그 대목인데 거가 또깨비들이 카아! 여나므 놈이 누워서 있더라 그것이여.

그래, 땀을 뻘뻘 흘리고 왔다 그것이여. 그래 인자 아그들 시켜서 덱고(데리고) 가 봤어. 그랬더니 거그가 인자 바오독(바윗돌)이여. 바오독(바윗돌). 그것이 인자 또깨비로 뵈인 모양이제. 바오(바위)가. 거그서 기양 정신이 없어갖고 무서워서 못가고 땀을 비오듯 하고 도로 왔어. 그건 내가 실지로, 내가 그래 인제 경험을 했응께.

무서운 마음이 들면 바를 정자, 마음 심자를 써라

자료코드   589_FOTA_20170418_BSR_PJM_0012
조사장소   진도군 진도읍 북상리 제보자 자택
조사일시   2017. 4. 18
조 사 자   박주언, 김현숙
제 보 자   박종민(남, 93세, 1925년생)

줄거리 예전에 희재씨라는 분이 말하기를 "길을 가다가 무서운 마음이 들 때에는 바를 정자와 '마음 심자'를 써서 손에 꽉 쥐고 있으면 기분이 없어진다."고 했다. 실제로 제보자는 벽파에서 진도읍까지 걸어오는 길에 무서움증이 들면 그렇게 했다고 한다.

그 전에 희재씨가 그라더만.

"종민아, 종민아."

"예!"

그랑께, 어디 가다가 무서운 데가 있다 그거여. 있어. 이렇게 가다가 머리끝이 이케 쓰~윽 올라가는 데가 있어. 같은 질(길)이어도 가다가 그런 데가 있어. 그런 길이.

그전에 나는 밤에 목포서 그 제주 댕기는 배를 타고 한 번썩(한번씩) 오면, 벽파에서 걸어오면 석현 앞에 그 큰 나무 있는데, 거그 집도 있고 거그 오면 머리가 이케 쓱 솟구아지대. 그런 데가 있다고 그래.

"그런 데를 갈라먼 여기다가 '바른 정(正)'자를 쓰고 '마음 심(心)'자를 써라!" 그것이여.

"그라고 꽉 쥐고 한참 섰다가 가거라. 그라면 그런 것이 없어지느니라."

그라더만. 희재씨가. 그것이 맞는 거 같애. 정신 통일을….

'또깨비란 것이 어디가 있겠냐.' 그래 내가 나도 인제 그런 것이 헛것 돼서 또깨비로 뵈제. 그래갖고 내나(일껏, 애써서) 군수 저그 하랍씨(할아버지)도 싸움을 해

서 맨 새내끼(새끼줄)로 묶어 놓고 왔다는데, 가서 봉께(보니까) 빗지락을 묶어놨
다고 그라는데. 도깨비라는 것이….

혼불 나가더니 죽어불었어

자료코드   589_FOTA_20170418_BSR_PJM_0013
조사장소   진도군 진도읍 북상리 제보자 자택
조사일시   2017. 4. 18
조 사 자   박주언, 김현숙
제 보 자   박종민(남, 93세, 1925년생)

줄거리 제보자는 도깨비가 사람의 마음이 만들어낸 착각이지만 혼불은 있다고 믿고 있다. 예
전에 집안 동생이 혼불 나가는 것을 봤다고 했는데, 실제로 할머니가 돌아가셨기 때문
이다.

그전에 보면 또 여그서 남산을 보면, 비올락 하면 불이 화~악 날아가. 불이. 그
런 것은 있는데 그런 것이.

(조사자 : 보셨어요?)

응, 그런 것이 저 그, 인이라고 그라는데 뭐다냐? 그런 것이 있다고 그라는데,
도깨비가 없제. 그 마음, 내나(결국) 희재씨 말이 맞어. 마음 심자' 하고 '바를
정'자를 쓰면 그런 것이 없다고.

그란데 '혼불은 있다'고 그라대 또. 혼불은 어째 있는고 하니,

[박주언 조사자를 가리키며]

너그 할마니 죽을 때, 여그 여그, 저 여그 여그 누구냐, 가가(그 아이가)? 어업조

합 댕기고. 가 이름이 뭐냐. 여그 사는 이, 송현서 여그 와서 사는 이.

(조사자 : 우성씨 누나)

우성이지? 우성이(누나) 그 동숭(동생)이 그래.

"오빠 오빠, 오빠네 집이서 불이 나가라~."

그래.

"오빠 집서 불이 나가라우~"

그라더니 기양 죽어불었어.

그랑께 그것은 타당성이 있는가 어쩐고? 그걸 혼불이라 그라대. 혼불이라고.

그란데, 그 죽을 때 그런 불이 나가더라 그것이여. 그 동생이 그라더만.

"오빠, 오빠 집서 불이 나갔어. 나갔어."

그라더만.

도전할 사람이 없어야 이겼던 씨름대회

자료코드   589_MONA_20170418_BSR_PJM_0035
조사장소   진도군 진도읍 북상리 제보자 자택
조사일시   2017. 4. 18
조 사 자   박주언, 김현숙
제 보 자   박종민(남, 93세, 1925년생)

줄거리 제보자의 작은아버지가 열일곱 살에 진도 씨름대회에 나갔다. 당시에는 씨름대회에서 이기려면 도전할 사람이 더 이상 없어야 했다. 그래서 다른 사람이 무섬증이 들도록 싸워야 했다는 이야기이다.

그때가, 그때가 저 금재 작은아버지, 열입곱 살에 진도서 상씨름했다~ 열 일 곱 살 때여. 진도 씨름대회.

그때는 씨름대회가 나올 사람이 없어야 이겨. 지금 같으면 이케(이렇게) 한나, 한 나 붙어서 올라가지만은, 그때는 나올 사람이 없어야.

그랑께 작은아버지가 뭐라 하는고 하면,

"이거 죽여야 된다."

이거여. 사람을. 무섬증이 달라들어야 포기를 하고 안 나온다 그것이여. 그런 씨름이었어. 그란데 열일곱 살에 진도서 상씨름(결승을 다투는 씨름)을 했어.

국악인 오갑순과 살았던 북상리 박금재

자료코드   589_MONA_20170418_BSR_PJM_0036
조사장소   진도군 진도읍 북상리 제보자 자택
조사일시   2017. 4. 18
조 사 자   박주언, 김현숙
제 보 자   박종민(남, 93세, 1925년생)

줄거리 상씨름 대회에 나갔던 박금재라는 사람은 유명한 한량이었다. 서울에서 금광 브로커를 하면서 돈을 많이 벌어 국안인 오갑순을 데리고 살았다는 이야기다.

(조사자 : 씨름 잘하기로 누가 유명한가요?)

종순네 아부지가 유명하제. 멋있고 잘생기고 건달이고. 우리 작은아버지제. 아부지 바로 밑에 동생. 말도 기맥히게 잘하고.

서울서 그 금광, 금광 브로커(중개인)를 했어. 일제시대. 금광산, 큰. 그란데 (국악인) 오갑순이 텍고(데리고) 살았어. 서울서 젊었을 때, 일제시대에.

(조사자 : 오갑순씨를요?)

오갑순이를. 일제시대에. 그랑께 한량이여. 대한민국의 한량이여. 돈도. 차암. 거, 그랑께 다 안 먹어불었냐? 작은아부지가.

(조사자 : 상씨름 하시던 이요?)

젊어서 서울서 금광, 금광 소개하고 댕김시로(다니면서) 오갑순이하고 살았제.

함경도에 코르크 공장을 차린 북상리 박국재

자료코드   589_FOTA_20170418_BSR_PJM_0037
조사장소   진도군 진도읍 북상리 제보자 자택
조사일시   2017. 4. 18
조 사 자   박주언, 김현숙
제 보 자   박종민(남, 93세, 1925년생)

> **줄거리** 박금재의 동생 박국재가 오사카에서 살 때 사귄 친구가 한국 정무총감으로 오게 되었다. 그 친구의 도움으로 박국재는 함경도 길주에 코르크 공장을 차렸다. 공장에서 만든 코르크는 해군 군납을 했는데, 군함에 물이 새지 않도록 하는데 쓰였다.

(조사자 : 어떻게 서울서까지 금광을?)

그 밑에 동생 덕분에 했제. 저 종호네 아부지가 거그도 유도 2단이나 된다. 일제시대에. 그래갖고 조선총독 밑에가 총감이라고 있어. 정무총감. 정무총감이 친구여. 일본놈인데 대판(오사카)서, 일본가 대판서 살 때 정무총감하고 친구가 되아 있어.

그래 정무총감이, 다나까, 그 다나까여. 다나까 정무총감이 한국 정무총감이로(정무총감으로) 옹께(오니까) 작은아부지를 데려왔어.

그래갖고 길주에다가 군수공장을 차렸는데, 해군 군수공장을. 저 함경북도. 거그다, 거그다 고르꾸 공장을 차라줬어. 국가, 일본 국가에서.

(조사자 : 고르꾸라니요?)

맥주병 욱에(위에) 김 안 나가게 막고, 군함덜 물 못 새게 막고, 하는 그런 고르꾸(코르크) 공장. 길주 가면 그 고르크나무가 있더만. 그 나무에서 그것을 뜯어 갖고 고르꾸를 맨들어서 그 해군 군납을 했어. 비행기에도 옇고(넣고) 군함에도 옇고. 김 안 새고 물 안 새고 하는 그런 빠킹(패킹) 역할을 해. 그 공장을, 군수공장을 했어.

장수마을 북상리의 비결은 구기자

자료코드   589_FOTA_20170418_BSR_PJM_014
조사장소   진도군 진도읍 북상리 제보자 자택
조사일시   2017. 4. 18
조 사 자   박주언, 김현숙
제 보 자   박종민(남, 93세, 1925년생)

줄거리 일제강점기 때부터 진도 북상리 구기자는 특산품으로 알려졌고, 구기자나무 밑에 샘이 두 개나 있어 그 물을 먹는 북상리 주민들이 장수한다고 해서 장수마을로 소문이 났다.

북상리는 구구자(구기자)가 제일 특산품이제 일제시대부터. 언제부터 북상리에 심은 지는 몰라도 좌우간 우리가 에랬을(어렸을) 때, 항무네 집 밑에, 봉기가 집 짓은 데, 그 밭이 손재형씨네 밭이었어. 그란데 그것이 전부가 구구자 밭이었어. 일제 때 북상리가 하먼 크게 했제. 다른 데는 뭐 없었어.

그랑께 누가 기렸는고(그렸는지) 군에서 기렸는고, 저기 담에다 구구자 안그려놨다고(그려놨잖아). 누가 구기자도 기리고 장수마을로 해놨는고?

지금만 있는 것이 아니라, 내가 이장할 때 도에서 그것을 알고 왔더라. '북상리가 어째 장수마을이냐'고 그것을 알고 싶다고. 그때도 우리 마을이 장수마을인 것을 알았던 모양이더라. 구구자 땀씨(때문)라고도 알고, 도에서 와서 북상리가 구구자로 해서 장수마을이라고 소문이 났는데 그 구구자나무가 어디가 있냐, 구구자나무 밑에가 샘이 있다는 것도 알대.

그때 도에서 와서 저기 북산 올라가는데 샘 안있는가, 서외리 쪽으로 정동이네 밭 그 샘, 그 샘하고 정동이네 요쪽 논 있어. 요쪽 논, 또 샘이 하나 있거든. 그 욱에도(위에도) 구구자나무 있어. 그 두 개만 뵀제(보여줬제). 이것 밲에(밖에) 없다. 샘 욱에 있는 데가 이거 밲에 없다. 두 군데 뿐이라고 했더니, 거그만 보고 사진 찍으라고 올라갔지 그때. 거기 두 군데 덱고(데리고) 가서 뵈고. 그라고 적어갖고 그때 올라갔어.*

---

*북상리 샘에 따른 구기자전설이 옛날부터 전해온다. 샘에 구기자 나무 뿌리가 얽혀 장수원인이 되었는데 그것을 없애버리자 장수자들이 사라졌다는 것이다.
제보자의 이야기와는 달리 마을 안 굴샘 주위에 구기자나무 고목 뿌리가 샘 안까지 얽혀있어 이 샘물을 먹는 북상리 사람들이 장수했다는 이야기도 전한다. 지금도 그 샘이 있다.

물 좋고 마르지 않는 북상리 마을샘

자료코드   589_FOTA_20170418_BSR_PJM_0015
조사장소   진도군 진도읍 북상리 제보자 자택
조사일시   2017. 4. 18
조 사 자   박주언, 김현숙
제 보 자   박종민(남, 93세, 1925년생)

줄거리 북상리 주민들이 이용하던 샘은 아무리 가물어도 물이 마르지 않고, 옛날 많은 가족들
이 한집에 살면서 다 떠다 먹어도 부족하지 않은 샘이었다.

(조사자 : 북상리마을 사람들이 가장 많이 이용한 샘이 어느 샘인데요?)

이거 하나제, 이거. 그 샘이 안 모르는(마르는) 샘이여. 명절 때만 인자 때려(바닥
이나). 물을 많이 쓰께(쓰니까). 식구는 많제. 한집이가 식구들이, 우리 요 집이서
도 열너이(열넷이) 살았어. 열너니 머슴까지. 머슴까지 요 쪼깐한(작은) 집에서 열
너이 먹고 자고 그랬어. 요 집서도.

그렇게 사람덜이 많앴는데(많았는데) 그 샘 한나 갖고(하나로) 다 먹었거든. 그랑
께 명절 때면 딸려(물이 부족해). 그란데 물이 귀한 동네여. 저 밑에 북상빌라, 그
앞에다가 샘 한나(하나) 팠거든. 그거 파도 못 먹어불었어. 쩌 구역에다 또 팠거
든. 그것도 못 먹어불어. 그랑께 하여간 물이 귀한데, 이 샘만 그케(그렇게) 물이
잘 났어(나왔어).

이 샘은 그때 도에서 수질검사도 해가고 그랬어. 일제 때 샘물 좋다고. 일제 때
도. 그라고 저 큰 샘, 행자네 집 밑에. 그 샘하고 이 샘하고 도에서 조사해가고
그랬제. 일제 때도.

육백 평이 아홉 마지기

자료코드   589_MONA_20170418_BSR_PJM_0038
조사장소   진도군 진도읍 북상리 제보자 자택
조사일시   2017. 4. 18
조 사 자   박주언, 김현숙
제 보 자   박종민(남, 93세, 1925년생)

줄거리 일제시대 금융조합은 산 가까이에 있는 토지는 한 마지기 기준을 80평에서 100평으로 삼고, 아래쪽 토질이 좋은 땅은 60평을 한 마지기로 해서 가격을 매겼다.

우리 국민학교 댕길 때 보면 우리 집 욱에(위에) 저 민철네 할압씨가(할아버지가) 구구자를 백 근 쓰고 죽어불었다고. 술을 그케 많이 마셔대갖고 죽어불었어.

(조사자 : 예. 몇 마지기나 되는데 그랬을까요?)

몰라, 그것이 일곱 마지기나 되는가? 이 밑으로 내려오면 60평이 한 마지기여. 욱에로 올라가면 80평이 한 마지기고, 더 욱에로 가면 90평, 100평을 한 마지기로 치제. 그렇게 이게 틀려.

그란데 어째 그랬냐면 일본놈들 척식회사, 금융조합 있을 때 사람덜이 마지기로 해서, 수로 해서 저당을 잽혀서 돈을 썼더만. 한 마지기당 얼마, 이케(이렇게) 줬어. 돈을 대부할 때 일본놈들이. 그랑께 동네 밑에, 우리 밑에 쩌그 저 아홉 마지기 받은 60평이 한 마지기여. 600평인데 아홉 마지기라고 그래. 나도 아홉 마지기라고 해서 팔아먹고. 근디 여기 올라가면 80평, 90평, 그래.

(조사자 : 아래쪽이 토질이 더 좋으니까 그런가요?)

그러, 그렇게 해서 일본놈들이 토지 관리를 했어.

진도 구기자 갖고 대구 약재상에 가다

자료코드 589_MONA_20170418_BSR_PJM_0039
조사장소 진도군 진도읍 북상리 제보자 자택
조사일시 2017. 4. 18
조 사 자 박주언, 김현숙
제 보 자 박종민(남, 93세, 1925년생)

줄거리 서천 구기자는 씨만 있고 과육이 적은 데 비해 진도 구기자는 과육이 차 있어 약재로 유명하다. 또 약방을 운영하던 노인 분이 진도 구기자를 대량 구매해서 대구 약령시로 가져가 팔고 그 돈으로 다른 약재를 구입해 온다는 이야기다.

서천 구구자? 내 생각은 서천 구구자는 구구자가 씨뺑에(밖에) 없어. 안에가 이렇게 뒤집으면 파삭파삭해, 씨만 나와. 진도 구구자는 알이 있고 또 찐득찐득한 살이 있어. 말하자면 진도구구자는 살이 있다. 안에가 살이 있어. 씨 있고 살 있고, 그거이 다르거든.

그전에 동밖에(동외리에) 약방 할아버지가 있었어. 거가 일 년에 한 번썩 대구로 약을 사러가. '대구 영 보러 간다' 그라더만. 영 보러 대구 가.

(조사자 : 아, 대구 약령시장 간다고요?)

영 보러 간다고 그랬어. 그라면 진도 구구자를 사갖고 가. 모태서(모아서) 구구자를 몽땅 갖고 대구로 가서 팔고, 또 대구서 약을 사갖고 와. 그런 것을 적어도 되는가 모르겄다. 내가 에랬을(어렸을) 때부터 그랬응께 그 전에는 모르겄다만은, 일제시대 때 그 할아버지가 진도 구구자를 사갖고 영 보러 갔거든. 그 전에는 모르겄다만은.

청양에서 사간 진도 구기자순

자료코드   589_MONA_20170418_BSR_PJM_0040
조사장소   진도군 진도읍 북상리 제보자 자택
조사일시   2017. 4. 18
조 사 자   박주언, 김현숙
제 보 자   박종민(남, 93세, 1925년생)

> **줄거리** 일제시대 진도의 생약조합에서 진도구기자 순을 모아서 곳배로 실어 청양에 팔 만큼 진
> 도 구기자가 유명했고 최근에도 순천에서 구기자순을 사가는 사람이 있을 만큼 예나 지
> 금이나 진도 구기자가 다른 지역에서도 각광받는 약재이다.

그란데 지금 생각항께 일제시대 생약조합이란 것이 진도가 있었어. 생약조합,
돔밖에 선규씨가 조합장을 했어. 내가 에랬을(어렸을) 땐데, 생약조합에서 한 핸
가 두 핸가 진도 구구자 대를 수집을 해갖고, 곳배(멍터구리배)로 실어갖고 육지
로 폰(판) 때가 있었거든. 선규씨 조합장 할 때. 아마 그때 진도 구구자가 청양으
로 간 게 아닌가 하고 내가 생각을 하제. 아마 그것이 맞을 거 같애.

금년에도 순천서 진도 구구자를 가져간 사람이 있어. 구기자 순 6,000개를 가
져갔어. 한나(하나)에 팔백 원썩 주고 순천서. 금년에 구구자 끔이(가격이) 좋응께
그란 거이제. 순천서.

그랑께 아마 청양 구구자도 일제시대 때 여그서 간 구구자 씨가(구기자씨) 아닌
가, 내가 그런 감을 잡았제. 아마 그것이 긴 거(맞은것) 같애. 일제시대 선규씨가
생약조합장을 했어. 돔밖에 선규씨가. 그때 곳배로 실어다 고작굴서 실어 뺐
어. 구구자 대를. 그라먼 어디로 갔겄냐? 그것이. 그랑께 청양가(청양으로) 구구
자 갔제. 거기 바닷가거든.

장항선 올라가먼 청양 있어. 장항, 장항선 골로(거기로) 가먼 광천, 서천, 골로 해
서 일제 때 가져갔당께. 그 구구자 순을 일제시대 진도생약조합에서 모아서 팔

앗다 그것이여. 그런 때 그런 것이 서천이로 안 나갔는가 그라제. 그란데 구구
자가 토질이 달라서 인자 청양꺼랑 진도꺼는 질은 다르제.

(조사자 : 지금 진도 구기자가 수익이 좋으니까 다른 면에서도 구기자 농사를
하고 싶어합니다.)

구구자 저것이 어쩌케(어떻게) 심어도 사는 물견(물건)이여. 잘 사는 물견이여. 암
케(아무렇게나) 암데다 (어디에나) 심어도.

시신이 밀려온 시시밤골과 생쪽

자료코드   589_FOTA_20170609_BSR_JGS_001
조사장소   진도군 진도읍 북상리 30번지 제보자 자택
조사일시   2017. 6. 9
조 사 자   박주언, 김현숙
제 보 자   조규식(남, 67세, 1951년생)

> **줄거리** 왜덕산에서 마산 가는 쪽까지 옛날 무덤이 많다. 옛날부터 전쟁이나 이유 모를 시신들
> 도 바닷물을 따라 매실리 포구(시시밤골)로 밀려오,고 그너머 군직기미까지는 가지 않
> 았다.

(조사자 : 어제 왜덕산 같이 갔었는데 2천평 정도가 조규용씨 것이고 거기하고
붙어있는 거?)

160번지? 162가 정○○씨, 거기가 한 4천 몇 백 평 될 것이요. 토지대장 보면
나올 것이요. 왜덕산을 옛날에는 와닥밭이라고만 그래요. 와닥밭 그까지만.
족보상에는 '누울 와(臥)' 자를 써갖고 와덕밭이라고 와덕이라고 되았는데. 와

딕이 아니라 와덕산.

(조사자 : 이귀수씨를 통해서 알기로는 162번지 그 일대인 걸로 생각을 했는데, 어저께 현장 가보고얘기를 들어보니까 거기서 마산 돌아가는 그 쪽까지도 전부 옛날 무덤이 있고, 그래서 그때 당시에 엄청 시체가 밀려왔으껏인데 161번지 거기만 했을 리도 없었다 그런 생각했더니 알고 보니까 그 일대가 전부 그럴 수 있겠대.)

아까 그 샘 끼미(지명) 넘어가갖고 거기서도 또 그럴 수가 있겠고. 거기서 시신을 실코(신고) 여기까지 왔었어요? 거기다 바로 묻어버리지. 친척이나 한국 사람 같으면 몰라도. 매실리 포구. 매실리 포구는 사실 시체가 거그로(거기에) 제일 많이 모일 수도 있겠는디, 옛날에 아마 그랬을 수도 있고 전쟁할 때.

거그를 동네에서나 일반적으로 옛날 사람들, 마산 사람들은 거그를 매실리라고도 하는 사람도 있고 시시밤골이라고도 하는 사람도 있습니다. 시시밤골. 시시밤골이 뭔 말인지 모르겠습니다.

(조사자 : 시시밤골. 시신 버림골일까? 시체 버림골일까?)

시시밤골이라고 나는 그게 알고 있었는데, 지도책에 봉께는(보니까) 매실리 포구로 되었더라고. 거그를. 아니 근자에 만든 책이 아니지라. 아주 오래된 책. 고군면이라 해갖고 군지 같은 데 최초의 군지 만들 때 당시의 지도에 보면 '매실리 포구'라고 되어 있어요. 그런데 지명을 많이 아는 사람은 마산서는 김상명씨 하고 김상돈씨 그 두 분이 제일 많이 알 거요. 이 사람들한테 물어보면 알겠죠.

시시밤골, 매실리 포구 지나갖고 저쪽으로는 그런 것이 없고, 시체가 밀렸다는 것은 없고. 이 안으로 들어와서부터제. 그 너메로 군직기미 아니요? 군지끼미에서는 별로 그런 것이, 시체가 밀린 일이 없었어요. 내가 근무할 때는 한번도 그런 적이 없고 주로 시시밤골, 매실리 포구 거가 많이 밀렸어요. 거그서 네 사람이 밀렸어요.

쩌그(저기) 면사무소 앞까지 바닷물이 들었을 때는 시신이 내동 거가(거기에) 많이 밀렸다고 봐야죠. 귀수씨가 살아계실 때 쪼끔 관심 갖고 그랬으면 어째 거기 보고 생꼭이라 했는지 '생꼭'이라 해. 저 오산서 내동 들어가기 전에 약간 카브진(모통이돌아가는) 데 있지라? 바로 거그 보고 생꼭이라 해. 샘꼴이 아니라 생꼭이라 합디다. 생꼭.

산소 있는, 아까 와닥밭 거그도 옛날 저수지 막아갖고, 거가 1차 막은 데요. 쌩꼭이라는 데가. 거기도 쪼끔 내려가면 바로 밑에서부터 바다 아니었겄소? 저수지 바로 뚝(둑) 있는, 거그 바로 밑에요. 저수지까지도 바닥 아니었는가 모르겄소. 내가 알기로는 그래요.

그리고 형님이 말씀하신 초가집 한 채 있었던, 우리 재실 옆에 조산. 그런 데는 우리가 알기로도 꿀쩍(석화껍데기) 같은 것이 많이 재여져(쌓여) 있었고. 그리고 내동 앞에는 전부 간척지 아닙니까?

바닷가로 떠밀려온 시신에 대한 대처

자료코드   589_MONA_20170609_BSR_JGS_001
조사장소   진도군 진도읍 북상리 30번지 제보자 자택
조사일시   2017. 6. 9
조 사 자   박주언, 김현숙
제 보 자   조규식(남, 67세, 1951년생)

> **줄거리** 황조뚝방 앞에 계단식으로 돌 쌓아 둔 곳에 시신이 밀려와 황조 주민이 신고를 해서 일곱 명이 달려가 공동묘지에 매장을 했다. 두 번째, 세 번째 시신은 마산 사는 주민들이 면에다 신고했고 그 중, 상북씨가 신고한 시신은 면에서 해경에다 연락하여 해경이 가져갔다.

(조사자 : 맨 처음에 나온 시체는 신고가 들어왔던가요 어쨌던가요? 누가 발견을 어떻게 했는지요?)

그런데 그런 때는 주로 이장들이 하지라. 맨 처음에는 뚝방, 거그 황조뚝방 거 앞에서 바닥 갓이로(바닷가로) 계단식이로 이렇게 돌 놔둔 데가 있어. 석축 싸데끼(쌓은 것처럼). 거가 걸친 시체를 발견했고 그것을 신고가 들어와서 갔어. 그때는 황조 분이 신고를 했어. 내가 이름을 기억은 못하겠어. 내가 직접 업무를 보던 것이 아니라.

(조사자 : 거기로 시체가 밀리니까 황조에서 처리했을까요?)

아니, 면 직원들이 가서 해야죠. 그때는 뭐 주민들도 협조를 해야하니까, 약 일곱 명이 갔으껏이요, 맨 처음에는. 그래갖고 매장까지 다 해주고. 마을공동묘지로.

두 번째 시신 발견은 매실리 포구에서 마산 사람 상북씨가 발견해가지고 면에다가 연락을 해갖고 면에서 군유지 산에다가, 아니 그 거는 해경에서 가져갔어요. 상북이가 얘기한 사람은. 면에서 해경에다 연락했죠.

(조사자 : 해경은 그 시신을 어디로 갖고 갔을까요?)

그것은 모르지라. 신고 가불었지.

세 번째는 그것도 매실리 포구에서 발견돼갖고 군지끼미 매실밭 앞에 바닷가라. 마산 사람 재원이가 신고를 했어요. 아까 김상북씨도 마산 사람이여. 내가 바로 그 바닷가 옆에 여그 상북씨 집이라고 가르쳐줍딘쟈? 저 조씨 문중 산지기 옆엣집.

바다는 해경, 육지는 경찰 소관

자료코드   589_MONA_20170609_BSR_JGS_002
조사장소   진도군 진도읍 북상리 30번지 제보자 자택
조사일시   2017. 6. 9
조 사 자   박주언, 김현숙
제 보 자   조규식(남, 67세, 1951년생)

줄거리 바닷가에서 건진 시신은 해경이 담당하고, 바닷가 마을 육지의 논과 밭에서 발견되면 경찰이 조사한다. 한 경찰이 승진을 하기 위해 바다에서 건진 시신을 수습하려 과욕을 부렸지만 결국 해경에서 가져갔다.

네 번째 시신도 매실리서 발견했는디, 저 군유지 산 공동묘지. 공동묘지가 아니라 군유지. 네 번째를 내산리 산6번지 옆이라고. 저기 군직기미 막 돌아가는데 돌아가면 곽씨, 현풍곽씨들 문중 산입니다. 그것이 육만평짜리였어. 문중산 그 옆의 산이제. 세 번째 시신은 매실밭 앞에다 묻었다는 것이 그랑께(그러니까) 그것이 논에다여. 논이 아니라, 바다는 공유수면은 공유수면인데, 논 앞에, 차○○이 논 앞에 묻어줬어요.

매실리 글로(거기로) 시체가 밀쳐 들어오는데 전부 남자여. 아니, 물에 떴을 때는 거그는 아무 손상이 없는 싱싱한 사람이었고. 거가 두 번째 싱싱한 사람이었고. 그랑께 그 경찰관이 내나(기껏) 여그서 사건 본부를, 수사 본부를 여그다 차려갖고,

"나도 승진을 해야할 것 아니냐?"

전날 저녁에 근무하는데 봉께 죽이네 살리네 함시로 전화로 싸움하는 것을 야간 근무하는 놈들이 도청을 하는 모양이여. 그래가지고 동네서 하는 것을 들었다 그랑께, 그 사람을 찾을란다 이거여,

"당신이 시신 가족을 찾을라면 찾제, 왜 나한테 그라냐?"

함께로,

"어째 봤음시로 안 봤다 하냐?"

그 소리여. 그라길래,

"아니, 동네 사람 외삼촌 같길래 봤더니, 저그 친사돈이 보고 아니다 하는데 내가 뭐이라 하겠냐?"

 했더니, 면사무소 앞에 ○○○이라고 신광식당 있어요. 그 주인이 저그 친사돈(親査頓)인데, 아니다 그라길래, 전화해보고 저그 사돈은 지금 동네가 있다네. 그란데 경찰관은 시신이 누군지를 밝혀내서 승진해야 씨겠다는(쓰겠다) 그것이 눈에 콱 백혀갖고(박혀서) 해경에다 연락했을 때 이 경찰은 저그가(자기가) 수습할 것인데 왜 해경에 연락해갖고 줘버렸냐 이말이요.

그란데 실무자 사회담당이 말 들응께, ○○○이 말 들응께, 그리고 경찰서서 처음에 신고할 때 그 사람이 현재 발견된 위치가 어디냐 항께는 마산 매실리 바로 앞에 해안가라 항께, 거가 그라면 바닷물이 철턱철턱 닿았을 때 죽었든? 물이 빠진 뒤로 죽어갖고 있든? 항께는 물이 빠져갖고 있더라고 그랬제. 우덜이 그 현장에 있었응께.

그란데 진짜로 아무 맞은 태도(흔적) 없고 뭣도 없고, 여그 눈 위에 살짝 여그가. 그란데 보건소 의사가 와서 보고 24시간이 안 되었습니다 그래. 24시간이 안 되았닥 해. 그랑께 갑갑해불제.

그란데 어디 사람인지, 우덜은 처음에 경찰관하고 나하고, 나도 꼭 정봉섭이라고 그 집 사돈, 가하고 정길수네 사돈 되고, 지금 면사무소 근무하고 있는 가가, 가는 인자 면에 들오도 안 한 땐께 없었고. 소방대장하고 있으니까, 식당주인이, 거그를 오라 했제.

"혹시 여그 상점에서 옛날에 윷바탕을(윷마당) 많이 안했소. 그랑께 여그서 혹시 본 사람 같으요?"

그랑께는 생긴 것은 우리 사돈하고 똑 같이 생겼구만 그래. 나도 가계 사람이라 우리 동네서 그 집 아들보고 가계바라 해. 그란데 그 집 누나네 아들이 그

라는데, 나도 가계바네 삼촌인 줄 알고 어디서 많이 본 것같다 그랬는데, 아, 이 양반이

"저 사람이 모를 사람이 없다. 고군면 사람 중 저 사람이 모르는 사람은 간첩이다."

그람시로(그러면서) 암시로(알면서) 안 갈쳐준다고 막 저렇게 성가시게 하네. 하이고~ 나 그때 혼났어. 거그는 해경에서 실코(신고)가 불었고. 그랑께 일반 행정경찰하고 해경하고 기준이 틀린(다른) 것이, 바다에서 사망자가 발생되었을 때는 해경에서 처리를 하는구만. 그라고 육지, 육지에서 농촌에 들녘이나 이런 데서 죽은 것은 진도 경찰에서 하고.

(조사자 : 그러면 바단데 물이 빠져갖고 뻘에 시체가 있다 하면 어디 책임인가요?)

그럼, 인자 해경 것이제. 그랑께 공유수면이라 해도, 미등기라도 등기가 있으면 그거는 일반 경찰에서 해야제. 그랑께 내나(기껏) 지서장이 승진 시험 봐갖고 합격했는데 거그다(거기에) 사고 수사 본부를 채린다면(차리면) 나는 어찌케 하리 그라고. 이것은 원칙이 해경이다, 그라고 해경에다 하라고.

진급해갖고 다른 곳으로 가껏인데(것인데) 수사 본부 차려불머는 못 가니까, 못 가고 끝날 때까정(때까지) 승진도 못하게 되니까. 긍게(그래서) 그 시신을 해경이 갖고 가버려야 되니까.

그랑께 정신이 정상적인 놈 같으면

"여기다 하세!"

그래도

"앗다! 뭣할라 여기다 해라? 해경한테 가져가라 합시다."

이케 얘기하제, 그 잘난 승진 하나 땜이(때문에) 꿋꿋하니 혈안이 돼갖고 기양.

소주잔 올리자 팔을 짝 편 시신

자료코드	589_MONA_20170609_BSR_JGS_003
조사장소	진도군 진도읍 북상리 30번지 제보자 자택
조사일시	2017. 6. 9
조 사 자	박주언, 김현숙
제 보 자	조규식(남, 67세, 1951년생)

줄거리 마을 앞까지 밀려온 시신을 건져서 노제를 할 때, 그 앞에 소주 한 잔을 바치고 명복을 빌었더니 굳은 팔이 곧게 펴져서 해경에게 잘 인도했다.

(조사자 : 그러면 네 시신 중에 진도 사람은 한 사람도 없고 객지사람들이 시체로 그렇게 왔고, 전부 남자들이고, 모두 물이 빠졌을 때 뻘에서 시신을 발견했나요?)

쩌그(저기) 해경으로 간 사람은 물이 들었을 때고 그리고 내나(기껏) 상욱이가 녹진 다리 욱에까지(위까지) 시체를 끅고(끌고) 올라갔다더랑께. 훼손이 안 됐어. 거그는 훼손 안 되고, 내가 막 갔을 때 죽은 지 모르게 피가 응고돼 갖고 안 보이제.

머리 욱에가(위에) 피가 삐쭉삐쭉 이케 나왔더랑께. 눈 욱에가 여가. 그라고 팔 여가 이케 [손으로 다른 손 손목을 잡으면서] 뭣이로 묶은 거, 반창고 같은 것으로 묶은 것으로 돼 있고 자세는 요케 [모습을 흉내 내며] 되았어. 요케. 꼭 요라고(이렇게) 있어.

해경에서 온 놈들이, 우덜은 손댔다고 뭐라 할까 무서웅께(무서워서) 손도 안대고 인자 물이 빠진 뒤로 논두렁 욱에다 올려놨제. 그란데 와서 노제를 할 때,

"어르신네, 내가 가진 것은 없고 좋은 명당으로 보내줍시다!"

그람시로(그러면서) 술 한잔, 그것도 맨 술로 소주 한 잔, 암 것도(아무것도) 안 놓고

소주나 두 홉들이 한나(가득) 붓어놓고 절하고는 기양(그냥) 팔을 짝짝 핑계(폈더니) 뚜두뚝 그람시로(그러면서) 쫙 펴지더랑께. 그란데 묶어갖고, 바로 강가로 실코 가서(싣고가서) 엠브란스에다 실코 갑디다.

매실리 자갈밭 옆 묘지

자료코드   589_MONA_20170609_BSR_JGS_004
조사장소   진도군 진도읍 북상리 30번지 제보자 자택
조사일시   2017. 6. 9
조 사 자   박주언, 김현숙
제 보 자   조규식(남, 67세, 1951년생)

> **줄거리** 마산에서 건진 시신은 오래되어 훼손이 심해 뼈만 남았어도 잘 수습하여 매실리 자갈밭 옆 밭에 묻어주었다.

거그는(거기는) 매실리 자갈밭이 쭉 안있습디여. 우리 농장 밑에 자갈밭이 있제. 자갈밭이라 할 수 없고 돌이 부서진 거 그런 것이 많이 깔려 있고, 저쪽은 맨질맨질한 자연석 자갈이 짝~ 깔려있어.

그란데 우리 농장 밑에서 시신을 묶어갖고 한하고(끝없이) 저 끝에까지, 엊그저께 갔을 때 저 선창 만들어 낚시질 한다는 데 안있소? 그까지(거기까지) 가갖고 위로 올라가는데,

(조사자 : 시신을 왜 그렇게 묶어갖고 끌고 갔을까? 버릴라고 그랬을까요?)

앗다, 묻을라는데. 바로 그 옆에가 묻는 데여. 묻을라고 갖고 올라가는데, 그

케 시체가 썩어갖고 암치케도(어떻든지) 죽은 지가 5년 이상은 된 것 같애. 꼭 그 때 그랑께 그전에 죽은 놈을 버려불었던가, 땅속에 묻어났다가 파서 던져불었 는가 모르는데 완전히 썩어갖고 빼딱만(뼈만) 남아갖고, 모가지 뒤에 거그만 살 이 붙었더락 해(붙었다고해).

그란데 그것도 올갱이(올가미)를 쳤는데 그게 끅고(끌고) 가도 모가지는 붙어있더 랑게. 배는 남산같이 물 먹어서 허게(하얘)갖고 느그적느그적 해갖고.

그랑께 배, [팔을 가리키며] 요런 데 까지는 살이 좀 있어. 그라고 [정수리를 건 드리며] 이런 데 암것도 없고 빼딱만 있더락 해. 그랑께 그랬는가 어쨌는가.

등을 보인 여자 시신

자료코드   589_MONA_20170609_BSR_JGS_005
조사장소   진도군 진도읍 북상리 30번지 제보자 자택
조사일시   2017. 6. 9
조 사 자   박주언, 김현숙
제 보 자   조규식(남, 67세, 1951년생)

> **줄거리** 시신이 물에 떠오르면 여자는 하늘을 보고 남자는 엎드려 있는 자세라고 한다. 그런데
> 황조에서 발견된 시신은 등을 보이고 엎드려 있어 남자 인줄 알았는데 여자였다고 한
> 다. 실수로 발을 헛디뎠는지 풀을 잡고 나오려고 몸부림친 흔적이 많이 보였다고 한다.

(조사자 : 그런데 흔히 얘기가 물에 떠 있으면 여자는 하늘을 보고, 있고 남자
는 뒤로 엎어진다고 그러는데, 시체는 전부 그렇게 돼있던가요?)

아니, 물에 떠 있으면 바다에 떠 있건 민물에 떠 있건 그란다고 그랍디. 여자

는 하늘 보고, 남자는 밑에 보고 엎어지고.

쩌그 ○○네, 안있소. ○○네 어머니가 돌아가셔갖고, 집 나간 지 6개월 만에 찾았거든. 그란데 시체가 여잔데 엎어졌더라요. 그래서 그런 생각이 들더라니까. 그랑께 회색 잠바를 입었던 모양이제.

거그도 새벽 ○○○이라는 사람이 투망을 하러 갔어. 투망하러, 황조 개옹이로. 투망하러 와갖고 투망을 던질라고 봉께, 등어리가(등이) 보이거든. 사람 등어리가 뵈는 것이 아니라, 옷 덩어리가 바람에 물 찬 것같이 보여. 그랑께 투망대 갖고 요케 해 봤던 모양이여. 그랑께(그러니까) 사람이 뜨거든. 그랑께 바로 근처 사는○○○씨라고 있어. 그리 연락을 항께 ○○씨가

"아하! 우리 조카며느리가 여그서 죽었다. ○○네 엄매가 나가서 죽었다는데, 여가 있었구나!"

살라고 풀을 얼마나 잡고 나올라고 그랬던 모양이여. 풀이 많이 자빠지고 뜯어지고 그랬는데,

"○○네 엄마가 맞다."

그라고, 잘못 실수로 물에 빠져갖고 나올라고 그랬겄제. 한데 하율서 뭣 한다고 그까지(거기까지) 갔을까? 아마 치매에 걸리면 밖으로 나갈라고 그런다더만. 그래갖고 고군면 중대본부 방위들이 한 달포(한 달 조금 넘게) 돌아댕겼으껏이여(돌아다녔을 것이다). 그분 찾는다고. 그란데 누가 거가 들어가서 죽을 줄 알았겄소. 거가 깔대밭(갈대밭)인데.

새끼미, 매실리까지 포함하는 왜덕산

자료코드   589_FOTA_20170609_BSR_JGS_002
조사장소   진도군 진도읍 북상리 30번지 제보자 자택
조사일시   2017. 6. 9
조 사 자   박주언, 김현숙
제 보 자   조규식(남, 67세, 1951년생)

줄거리 매실리에서 발견된 시신은 새끼미까지 포함해서 모두 내동 너머 군직기미 공동묘지에 묻어주었다는 이야기다.

(조사자 : 옛날 임진왜란 때 시체가 이렇게 밀려와갖고 매실리 쪽으로 모두 떠밀렸다 그라면 마산 사람이 내동 사람이랑 같이 저걸 묻어줘라 하고 누군가가 얘기하고 그러면 시체를 바로 거기다 묻었겠지요?)

그렇다고 봐야제. 시체를 뭣할라고 좋은 것도 아닌데 시체를 갖고 이리 넘어오겠소. 그라고 동네 앞으로 그것도 못 댕기게 하는 동네도 있어라.

(조사자 : 그러니까 왜덕산이 현재 162번지니까 거기에서부터 쩌그(저기) 새끼미 고개 넘어서 아까 매실리 있는 거그까지 그 일대 전체로 포함해서 봐야겠네요.)

그렇죠. 내가 볼 때는 그래. 새끼미 매실리까지는 포함을 시켜서 보는 것이 맞지라. 그라고 매실리 바로 거그서 ○○이네 약초했다는 거기, 군직기미, 군직기미가 공동묘지가 있어. 쩌(저) 안짝(안쪽)이로. 그랑께 내동 너메지(너머). 연동하고 오히려 가깝지. 그랑께 그런 데는, 그런 때만 하더라도 사람 묻은지 어치케(어떻게) 안다?. 아무나 죽어갖고 있으면 갖다 묻어주면 되는 거이제. 그냥 뭐.

많은 성씨가 모여 사는 하율

자료코드   589_FOTA_20170609_BSR_JGS_003
조사장소   진도군 진도읍 북상리 30번지 제보자 자택
조사일시   2017. 6. 9
조 사 자   박주언, 김현숙
제 보 자   조규식(남, 67세, 1951년생)

> **줄거리** 하율은 한 마을에 여러 성씨가 모여 산다. 여섯 성씨가 각자 열 집이 넘게 살고 있고, 나중에 들어온 정씨들도 자손을 이어 많은 수가 살고 있다. 하율은 행정구역으로 원포리인데 애초에는 상율이었다. 예전에는 재를 넘어 다니며 바다에서 김발을 많이 했는데 한 300년 전에 하율로 왔다고 한다.

그리고 우리 동네같이 성씨가 여러 사람이 많이 사는 동네가 없어, 하율같이. 여러 성씨들이 모여 살아. 그전에 여섯 성씨가 열 집 이상씩 살고 있제. 김씨, 조씨, 곽씨, 밀양 박씨, 무안 박씨, 그리고 한씨까지. 또 정씨가 두 사람이 와서 씨를 뿌렸는데, 두 사람이 아들을 여섯 낳고 넷 낳고, 그런데다가 딸도 동네서 결혼해갖고 정씨가 많애.

그랑께 하율도 당초에 행정구역이로(행정구역은) 원포리여 원포린데,

"어째 하율이 원포리하고는 너무 멀고, 지막리는 코 닿을 덴데 어째 원포로 되았냐"

그랑께, 어르신들 말씀이,

"지금 하율로 온 것은 한 250년이나 300년 백에(밖에) 안 된다."

안하요. 그리고 당초에 상율이었어, 상율. 상율로 해갖고 원포 넘어 재 안있습딘쟈(있지요)? 바로 그 재 넘어서 바로 바다 일하러 댕기고 그랬거든. 김발 하고. 하율도 김발 많이 했어요, 옛날에는. 지금은 안 하지.

그란데 거가 상율인데, 지금 남은 것은 서당터 같은 것은 있어. 그리고 그 옆에가 ○○○씨 개간한 데 공동산, 거그도 시체 겁나게 묻었제. 그래갖고 개간함

시로(개간하면서) 그케 하고.

석장 근처에는 유물이 꼭 있어

자료코드 589_FOTA_20170609_BSR_JGS_004
조사장소 진도군 진도읍 북상리 30번지 제보자 자택
조 사 자 박주언, 김현숙
조사일시 2017. 6. 9
제 보 자 조규식(남, 67세, 1951년생)

줄거리 밭에서 석장이 나와 제보자에게 사라고 권했지만 산 정상에 있는 곳이고 별 관심을 갖지 않았으며 석장이 무너지면 마을에 해롭다는 말까지 들었다.

그러니까 거기서 고려자기 같은 거 많이 나와갖고 ○○이 부자가 안되았소. 월가 ○○이, 그랑께 지금 ○○이라고 여기 놀러댕기는 ○○이, ○○이하고, ○○이 하고 거그 맡아놓고 했지. 그란데 지금 거가 석장이 있다고 나보고,

"아야, 그놈 잔(쫌) 파꺼나(파낼까)?"

그라길래

"어째 하필 날 잡고(나한테) 거그 파꺼나 그라요? 나는 거그서 좋은 것이 나오며는 문화재 법에 의해서 땅 주인하고 발견한 사람하고 똑같이 국가하고 삼등분합니다."

그랬어. 그랑께는

"니가 어째서 그것을 아냐?"

"형님은 그거 땅꿀쟁이(포크레인기사) 했어도 그거 모르지라."

"우덜은(우리는) 기양(그냥) 뭣을 팠다고 얘기한디야? 암말도 안 하고 파불제."

그라는데 짚어보는 거(짚이는 데가) 안있소? 분명히 석장이 있는데, 거기에는 유물이 꼭 있다는구만. 고려장 하데끼(하는 것처럼) 그케 안 했소? 그랑께 밥그릇 국그릇 이런 물그릇 그런 것을 항상 거그다 갖다 놓고, 고놈 식량 떨어지면 죽으쇼 그라고 그케 한대.

그랑께 나보고 ○○이가 사라더랑께. 사불어라 그랬어. 사는 거는 둘째 문제지만은 그 몇 푼이나 간다? 천상(틀림없이) 만 원 준다면 얼씨구나~ 하고 포껏이여(팔 것인데). 내가 그랬어. 그라고 정상이요, 거가. 최정상. 거 가보면 한 6, 7미터 파져갖고 길이 났어. 그랑께 길도 없고 지금 나무 서갖고 있고, 밭이어도.

지금 그 밭주인은 전주에 살아. 그란데 ○○형님이랑은

"야, 가가 돈 성가시더라. 그놈 사거라."

그래. 그라고 ○○씨가

"그거 사지 마라. 그거 해갖고 재미 본 사람은 한나도 없단다, 그라고 우리 동네로 봐서는 그것이 무너지면은 아주 해롭다." 그라더만. 그 ○○간첩사건 잡혀간 사람.

여우샘 때문에 하율로 이사한 사람들

자료코드   589_FOTA_20170609_BSR_JGS_005
조사장소   진도군 진도읍 북상리 30번지 제보자 자택
조사일시   2017. 6. 9
조 사 자   박주언, 김현숙
제 보 자   조규식(남, 67세, 1951년생)

줄거리 처음에는 중율에서 집들이 다섯 채 이상 모여 살았다. 마을샘에서 물이 나와 공동샘으로 쓰다가 여우가 빠져 죽었다는 말이 돌자, 재수없다고 생각한 마을 사람들이 하율로 내려와 살게 되었다는 이야기다.

향동 가는 큰길에서, 주유소에서 좌회전하면 거기 주유소 안있소? 하율 내려가는 주유소. 주유소 가고, 여기 쭉 내려가면 회동, 회동으로 가는 길이고. 거그서 좌회전해가지고 가면 일로 다시 원포 가는 샛길이 하나 있다고. 포장이 됐어요.

그라면 원래 상율이 어디냐면, 중율이라는 데는 지금 황조로 가는 길 안있소? 원포가는 길하고 황조로 가는 길하고 갈라집디여? 황조로 가는 데서 첫 카브트는 데(모서리 도는데), 옛날에 거가 정자가 하나 있었어.

거가 여우샘이라고 거그서 중율을 이루고 살았죠. 한 삼, 사십 년 전까지도 거가 한 댓 채 있었어. 예, 그란데 그때까지 거가 있다가 어째 그라고 거그서 마을이 중율에서 하율로 오게 되았냐 하믄.

내가 볼 때는 하율 그것이 저거 원래 산도 아니고 섬도 아니고 당산 같은데, 저것이 어째 거시기 함께는 중율가 있을 때, 그런 때는 공돌로 막아진 샘 그런 것이 없고, 자연 샘 안있소? 쬐그만 옆에 맹감 줄로 목마르면 먹데끼(먹듯이) 그런식으로 샘, 들샘, 그것 보고 여우샘이라 했었어.

우덜이 에렸을 때 여우샘이라 했는데, 아버지랑 얘기 들응께 거가 무지개가 잘

선다요. 그란데 '여우가 그리 빠져 죽었다' 하요. 그래갖고 메꾸어불었는데도 지금 물이 등께(나오니까) 그놈 먹는다 그래갖고 '여시둠벙'이라 말이 그란다. 그래갖고 재수때가리(재수) 없다, 그래갖고 하율로 왔다 그래.

제각을 복원하고 다시 모신 당산제

자료코드   589_FOTA_20170609_BSR_JGS_0006
조사장소   진도군 진도읍 북상리 30번지 제보자 자택
조사일시   2017. 6. 9
조 사 자   박주언, 김현숙
제 보 자   조규식(남, 67세, 1951년생)

줄거리 예전부터 하율 마을 앞 동산에서 당산제를 지내왔는데, 도로공사하면서 제각을 없애고 제도 모시지 않자, 마을에 좋지 않은 일들이 연달아 발생했다. 그러자 동네 주민들이 나서서 제각을 복원하고 지금은 다시 당산제를 지내고 있다.

하율로 또 들와갖고(들어와서) 바로 그 동산 안있읍딘쟈? 바로 우리 집 앞에 정면이 동산이제. 그란데 동산, 거가 당산이라 그래. 어른들 말이. 그란데 거그 굿치다가 바로 현장에서 급사해갖고 죽어분 사람도 있고. 그래서 해마다 거그서 설에 제를 모시제. 지금도 하제.

그란데 제를 안 모실 때는 맨날 죽고 죽고, 젊은 사람들이 다 죽었어. ○○만 해도 둘이나 안죽었소. 그랑께 젊은 사람들이 좀 저그(자기) 집안에서 제일 잘생겼단 놈은 죽어불어. 그랑께 창진네도 그래불고. 왠만한 집은 다 그랬어. 그래서 동네 사람들이

"제를 좀 지내자. 어째 지내던 것을 안 지내냐."

그라고 제를 지냄시로(지내면서) 그 앞에 길을 냄시로(내면서) 제각을(제터를) 없애불었어. 그래갖고 우리 사촌동생하고 집안 어르신 아들하고 둘이 처창이네 공장 앞에서 오토바이 사고로 안죽었소. 그란 뒤로 다시 쭉~ 지금까지 제사를 모시제. 다시 제각을 만들어 놨어.

(조사자 : 그 제사 이름을 뭐라고 합니까?)

그냥 '제 올린다' 그라제.

그리고 우리가 생각할 때는 그 전에 마을번영회라던가 요런 것을 해갖고, 지금도 그라지만 우리 동네가 공직자가 많애. 경찰, 면서기, 학교 선생 이런 사람들이 많애. 그랑께 또 그 사고가 나기 전에 동네 이장들하고 새마을지도자하고 같이 점을 보러 갔던 모양입디다. 그래갖고

"왐마, 하율이 한 이십 년 조용하더니 또 다시 징조가 벌어졌다."

그라더락 해. 그랑께 그것(당산제)을 하자 항께 '돈 든다'고 '뭔 쓰잘 데 없는 소리 하냐'고, '그런 거 뭣하러 하자 하냐'고 그랬는데. 바로 그때 사고가 나갖고 하루에 생이가(상여가) 앞뒤로 나가고 요렇게 일이 난 뒤로부터는 인자 제사를 쭉 모셔.

그라고 산꼭대기에다가 제를 모실 때, 저 앞산 동네 앞산 쩌 멀리 보이는 무안 박씨들 산 거그는 가물거나 멸우(멸구) 같은 것이 막 끓면(많이 생기면) 충제를 모셨지라. 그란데 지금은 충제는 그 자리도 없어져불었어. 안해불어.

그믐날 열두 시 넘으면 제를 지낸다

자료코드   589_FOTA_20170609_BSR_JGS_007
조사장소   진도군 진도읍 북상리 30번지 제보자 자택
조사일시   2017. 6. 9
조 사 자   박주언, 김현숙
제 보 자   조규식(남, 67세, 1951년생)

줄거리 마을에서 부정 타지 않은 사람들을 제관으로 뽑아 섣달 그믐에 산으로 올라가 밥을 짓고 밥 12시가 되면 농악을 치면서 제를 지낸다. 객지에서 고향에 온 사람들까지 마을 사람들 모두 참여한다.

(조사자 : 언제 당산제를 모십니까?)

좌우지간 설 쇠는 아침이 초하룻날이요? 부정 없는 사람들만 골라서 선정해. 그라면 그믐날 올라가갖고, 그분들이 밥을 해갖고, 인자 열두 시 넘으면 제 내린다고 농악을 침시로(치면서) 서울서 살던 사람이고 뭐고 전부 다 참례(제례에 참여)를 하제. 암만 밤 열두 시 넘으면. 그것보고 '제 내린다'고 그래.

(조사자 : 설 쇠러 온 사람들이 다 와 있는 상태라 숫자가 많겠네요.)

그전에 옛날에도 그 제를 모셨었지라. 당산이라 해갖고 옛날부터 해왔제. ○○네 엄마라 하면 알어. ○○네 아배가 거그서 죽었어. ○○네 엄매는 여기 욕실, 욕실이 친정일 것이여. ○○가 지금 나이가 팔십 되았응께 ○○네 아배는 우덜이 잘 몰라. 그 사람이 죽었다 그래.

(조사자 : 옛날에 쭉 제사를 모시면 동네서 흔히 거리제 모신다 또는 동제 모신다 그라는데 거그는 제 이름 없이 그냥 모셨습니까?)

예? 거리제? 그거 보고 거리제라고 하는가 모르겠소. 바로 길 옆이여. 그 제 모시는 터가. 그랑께 거그를, 그 앞으로는 잘 안 댕겨야 되아(다니지않아야한다) 성묘 가는 사람도 그 앞으로 안 가고, 이쪽 좌측이고 우측이고 다 갈 수 있는 길

이 있어. 하율같이 도로가 잘 된 데가 없습니다. 그라고 주차장 잘 돼 있고.

백하고도 여덟 살을 더 먹은 복길네 할머니

자료코드	589_FOTA_20170609_BSR_JGS_008
조사장소	진도군 진도읍 북상리 30번지 제보자 자택
조사일시	2017. 6. 9
조 사 자	박주언, 김현숙
제 보 자	조규식(남, 67세, 1951년생)

줄거리 하율에 108세 된 복길이 할머니 바늘귀도 척척 꿸만큼 정정하고 정갈하신 분이다. 할머니의 남편과 아들이 지독하게 속을 썩였는데도 장수하시는 모습을 보고 마을 사람들은 남자가 속썩이면 여자가 뒷수습 하느라 더 오래 산다는 말을 하기도 한다.

지금 진도에서 최고령자가 몇 살이나 된다?

(청중 : 백 여섯 살, 우리 동네 정원네 할머니.)

백 여섯 살? 그라면 우리 동네, 나로 해서 집안 형수 되는데 백 일곱인가 야달(여덟)인가 될 것이요. 그래도 정정해. 혼자 살아요. 아들도 죽고 남편도 죽고 아들 하나 살고 딸 하나 살고.

이 할머니는 친정이 고성이여. 성씨는 이씬가 한씬가 모르겠소. 자기 친정집에 친척들도 있고, 그란다고 봐야지라. 지금도 대화가 가능하지라(가능해요). 그란데 지금 딸네 집에가 더러 있다고 그래.

(조사자 : 그럼 이 할머니를 동네서 찾아볼라먼 누구네 할머니라고 해야 됩니까?)

이장네 큰어머닌데, 지금 이장네, 복길이네 할머니라 그라면 알 거여. 조복길. 그란데 그 사람(복길네 할머니) 남편이, 그랑께 남편이 그렇게 속 썩이고 그라면 여자가 오래 사는 줄 아는구만. [웃음]

아니, 우덜이(우리들이) 애간장을 녹이면 빨리 죽어야 할 거 아니요? 우덜 친구 김○○이라고 가는(그 사람은) 맬쩡 없이(이유 없이) 술만 먹으면 지나가는 사람을 두드러. 키할라(까지) 쬐깐한(작은) 것이.

우덜이 한나나(한 대나) 때려불면 죽어불까 무성께(무서워서) 못 때래. 그란데 술을 날마다 마셔대. 그래갖고 결과적으로 지금 가는 죽은 지가 한 7, 8년 되아. 그래 죽었어. 그란데 가네(그의) 엄매는 지금 아흔이 넘었어. 그란데 정정해갖고.

그란데 지금 복길네 할머니라는 사람, 그 영감이, 영감 술 사러 댕기는 것이 일이여. 그라고 또 그 집 아들도 그렇게 술을 똑같이 잘 먹어. 귀알라(귀까지) 어두워갖고 그란데. 영감이 먼저 죽고 아들이 나중에 죽었구만.

그란데 쪼깐(좀) 술이 많이 되고 그라머는(그러면) 망치나 소죽 할 때 깍꾸같은(뒤적이는 작대기) 거 안있소. 고것으로 머리팍을 팍 쳐. 지 머리팍을 지가 쳐. 그람시로

"마음쩍이여(마음탓이다). 맘이 좋아야 되아."

그람시로 머리를 친다니까. [웃음] 막 칼로 지 배를 찢어갖고 병원에도 댕기고 그랬어.

그래도 그 할머니 사는 거 보면은(보면) 좌우지간 백살 넘어서, 면에서 군수가 한 번 왔어. 그래갖고 그, 얘기할 때 얘기도 잘하고, 그라고 집을 깨끗하게 해놓고 살아. 아주 밥티 하나까정 줏어먹게 깨끗하게 만들어났어.

그케 해놓고 그라고 눈이 지금도 밝아. 그래갖고 바느질을 한다니까. 바늘귀도 끼고. 영감이 몇 살에 죽었을까? 글쎄, 죽은 지가 오래되지라. 그 할머니가 한 팔십이나 일흔 다섯 되았을 때 죽었으께요. 아, 그 집 할아버지도 오래 사셨지라. 그러니까 인제 남편이고 아들이고 문제를 하도 일으키니까, 그 뒷수습하

고 뒷감당하고 자기 정신 바짝 차리고 살다 보니까 정정하신 거여.

그란데 키가 적어. 쪼깐해. 그 아들은 부산서 살제. 자식들이 모셔갈라 해도 엄마가 안 갈락 해. 혼자 사는 것이 편하다고, 딸이 가자 해도 안 가.

그란데 백살이 다 됭께 인자 도저히 안 되겄는 모양이제. 그랑께 지금 목포 어디 요양원에 있으꺼여.

임금님께 진상했다는 명품 진도김

자료코드 589_MONA_20171110_BSR_CSH_001
조사장소 진도군 진도읍 성북길 12
조사일시 2017. 11. 10
조 사 자 박정석, 박영관
제 보 자 차상행(남, 69세, 1948년생)

> **줄거리** 김은 '해'의 또는 '해태'라 하며 예부터 진도의 김은 궁중에 보내던 진상품이었다. 지산면 갈두리를 중심으로 김양식을 보급하여 군 연안 일원에 김을 재배하게 되었다고 한다. 지산면 보전 해안 김이 맛이 뛰어난 것으로 평가받고 있다. 일제강점기에 김은 전량 일본으로 수출되었는데 '해태조합'에서 검사를 까다롭게 했다. 김의 등급은 송, 죽, 매, 동의 순서로 매겨졌다. 해태조합은 어업조합으로 현재는 수산업협동조합으로 변경되었다.

지금 현재 진도군 수협이 있기 이전에, 그 왜정 말기부터 진도에 지금 '수산업협동조합'에 전신인 '해태조합'이라는 기관이 있었습니다.

그 '해태', 제가 해태조합에 근무를 하지 안했지만은 당시 우리 부친께서 해태조합에 대표이사로 계셨기 때문에, 어렸을 적에서부터 제가 중학교 졸업할 때까지 거의 같이 아버님 근무하는 데서 따라가서 살았기 땜에 대충 그 얘기를 들었고, 제가 또 아버지 뒤를 이어서 72년도부터 수협 생활을 하면서 그 과정에 대해서 들은 바가 있어서, 해태조합에 주로 그 관한 그 부분을 제가 말씀 드리고자 합니다.

해태조합에 그 주 업무는 그때 당시에 해태조합 해태, 해태 명칭에 대해서부터 인자 제가 말씀을 드려야겠네요. '해태'라는 것은 일본식 표기로 해태 또는 해의, 지금에 표준어로 김이라고 그럽니다.

그래서 그때 당시 김인 해태는 예, 전량 일본으로 수출이 됐어요. 그리고 해안이라 해서 어촌이라 해서 어느 곳이나 되는 것이 아니고 또 해태가 생산되는 어촌이라 하드래도 아주 그 양식도 어려웠고, 또 특히 그 제조 방법 기술이 엄청나게 어려워서 웬만한 어민들은 김 생산을 거의 포기할 정도로 그렇게 어려웠든, 그런 품목입니다.

이 김이. 그래 전량 수출함과 동시에 그 대신에 김 값이 굉장히 고가가 형성이 되어서 그래서 어민들이 인제 그 김을 만들려고 시도를 하지만은 그 중에서도 성공을 한 사람들은 그렇게 많지를 않습니다.

그래가지고 진도조합에서 해태조합에서 인제 김 검사를 요청을 합니다. 일본으로 인자 보낼 양이 배정이 되면은 진도조합에서 목포검사소에다가 검사를 의뢰를 하면은 해태, 그 검사원들이 산지까지 나와서 거기서 인자 와서 검사를 하고, 이렇게 그 등급을 매겨가지고 인자 수출을 하게 되는데, 그게 일정한 그 장소가 고시되어 있어요.

김, 그 검사 장소가 면별로 고시가 되어가지고, 의신면에서는 금갑리에서 또 고군면에서는 벌포에서, 임회 지산은 지산면 보전에서, 이 세 군데에서 집합해가지고 판매를 하는데, 그때 당시 인자 그 검사원들을 대동하고 수협 직원들이 나가서 판매를 주관을 합니다.

그런데 그때 그 검사에 품격이 엄청 까다로워가지고, 그 검사 맞기가 아주 어려웠습니다. 근데 지금으로 그 검사 등급에는 참, 그 김 검사에 등급이 참 그 특이합니다.

우리는 지금은 보통 그 저 상품을 그렇게 등급을 매길 때는 일, 이, 삼등, 등외

이런 용도로 하는데, 그런 때 당시에는 지금에 일등에 해당되는 그 김을 '송'이라 그럽니다. 송. 소나무 송(松)자 써서 송. 그리고 이등에 해당되는 등급을 매라 그럽니다. 매화 매(梅), 아! 죽이라 그럽니다 죽, 대나무 죽(竹). 그리고 삼등을 매, 송, 죽, 매, 그다음에 동백 동자를 써 가지고 등외를 동이라 그럽니다. 예, 그 외에도 등외에도 여러가지 종류에서, 같은 등이어도 굉장히 많은데 송, 죽, 매, 동, 추, 풍, 동, 동, 쭉~ 이런 식으로 인자 또 등외도 나가는 데요.

주로 그 진도에서 생산되는 어촌 중에 김 생산지에서 가장 김이 우수한 김이 나온다는 지역이 지산면 보전 지역입니다.

보전 지역인데 그곳에서 딱 한번 제가 들은 이야기입니다만은 일등인 예, 송이 나왔다고 그럽니다. 그래서 그 송을 일본, 그때 당시 그 임금님께 그 우리 그 이조 말기 그 임금님께 진상을 했다는 그런 김이라 해서 지금도 진상한 품이 나왔다는 보전치도 있고.

주로 그러고는 인제 예, 지금 죽이나 매, 이등, 삼등에 해당하는 죽이나 매가 이렇게 주로 생산이 되었는데, 그런 때만 하드래도 그, 그 등급에 판매하러 와 가지고, 그 합격이 된 어민들은 상당히 그 먼 길을 김을 판매 장소까지 운반 할 때는 교통수단이 없어가지고 전부 등에다 메고, 눈 펄~ 눈이 이렇게 쌓이는 데를 걸어서 한 시간 이상을 짊어지고 와야 됩니다.

그래 와가지고 거기서 합격이 되면 다행이지만은 또 불합격이 된 사람들은 밥도 제대로 못 먹고 다시 그 놈을 짊어지고 다시 집으로 돌아가야 되는 이런 큰 고역을 겪고 아주 했다 그러는데, 그런 때 그 사람들은 합격된 사람들은 술 한 잔씩 먹고 친구들하고 밥도 먹고 좀 하는데, 그 되돌아오는 사람들은 그 심정이 어떻겠습니까?

그래서 인제 그 김을 일회에 판매를 해가지고, 좀 잘 판매를 한 사람은 한번 판매 본 돈 가지고 논을 한 서너 마지기씩 살 정도로 그렇게 고가였다고 그럽니다. 그래서 이런 농가에서는 그 어가(漁家)를 굉장히, 그 김하는 사람들을 부러워했는데, 그 어가에서도 인자 김을 만들기 힘드니까 그 뭐냐 몇 몇 사람들만 자신있는, 이런 사람들만 그 해서 한정되기 때문에 많은 수량이 나오지도 않고 그래서, 인제 상당히 귀하게 취급이 되어서, 그럼으로 인해서 인자 김 값도 고가가 되었고.

그런 때만 하드래도 그 김을 할라는 어가들이 별라(별로) 드무니까 인제 그 정부에서는 전부 선금이라 해가지고 선급금이라 해가지고 일년 전에 전부다 김, 저 저 수출품을 만들겠다고 신청한 어가에다가 선급을 해 줍니다. 그래 지금 전도금이라 봐야지요. 전도금, 선급금이라고도 하는데, 그래 그것을 주어가지고 판매하면은 수협에서는 그 판매 대금에서 공제하는 그런 정도에 혜택도 주고 그랬습니다.

그래서 그렇게 쭉~ 인제 해태조합이 그런 과정을 지켜 오다가, 인제 일본에서 수출이 인자 중단되니까 그 중단된 협동조합으로 인자 바뀌게 됩니다. 그 일본으로 전량 수출된 시기에 인제 주로 일본에 의존하다가 진도군 수산업 협동조합으로 개칭이 되면서, 일본으로 수출 했던 김이 인자 국내 내수용으로 인자 전환이 됩니다.

그래 내수용으로 전환이 되니까 제품 만들기가 한결 쉽죠. 일본으로 수출할 때 그 까다롭던 그 검사 과정을 거치지 않고도 검사를 마치지도 않고도 자유롭게 판매를 할 수 있기 때문에, 인제 김 어가가 늘어나고 또 그때만 하드래도 생산 기술도 인제 발전이 되고 또 인제 기계에 발달로 대량 생산이 인제 가능해 가지고, 지금 오늘날에 김이 인자 되었고요.

그렇게 해가지고 해태조합에서 어업조합으로, 어업조합에서 인자 최근에는 수산업협동조합으로 해가지고 주로 해태조합에서는 해태를, 어업조합에서는 해태와 약간에 어류를 이게 취급을 했지만은 수산업 협동조합으로 인자 발전이 되면서 수산업협동조합에서는 방금 얘기한대로 김 또 해조류 이외에 선어나 활어 이런 것까지 하다가, 종국에는 금융업까지 취급하게 되어서, 지금은 전 업무를 어민에 관한 전 업무를 수산업협동조합이라는 그 단체에서 생산자를 대표해서 인자 취급을 하고 있구요.

그래 지금에 진도수협이 전국에서 91개 회원 조합 중에서 3위를 차지하는 위판고 1천 3백억을 달성을 해가지고 작년에는 전국에서 3위에 오르는 그런 큰 수협으로 이케 발전하게 인자 되었습니다.

(조사자 : 그런 때는 전부 지주식 김이었죠?)

예, 김 방식도 옛날에는 전부 그 소나무나 대나무를 이용해가지고 전부 지주식 기둥으로 박어 가지고 인자 했지만은 지금 그 대일 수출 시기가 끝나면서 어업조합으로 인자 바뀌는 과정에서 김 방식도 또한 인자 바뀝니다.

바뀌어가지고 부류식이라 해가지고 그 뜬 발, 뜬 발로 해가지고 그 지주 항목을 없애고, 그 대신에 인제 부통을 띄워가지고 부통 위에다가 인제 그 설치를 해 가지고 이 김이라는 것은 항상 수면에 잠겨 있으면 안 됩니다.

그래 지주식일 때는 보통 한 하루에 네 번씩 네 시간씩 해서 여섯 번, 사육은 24. 24시간을 이렇게 인자 노출했다가 담갔다가 하는데, 그 저 지금 부류식은 그렇게 인자 할 수가 없습니다.

대량으로 시설을 많이 했기 때문에, 나무를 쓰지 않기 때문에 전부 부통을 이용해 갖고 부통 위에다 올려가지고 한 서너 시간씩 건조 했다가, 다시 엎어서 물에다 담가놓고, 또 인제 그 물때에 따라가지고 인자 다시 뒤집고 하는 이런 식에 그걸 부류식이라 그러는데, 그런식으로 지금 됐고, 옛날에는 전부 그 지주식일 때는 김 제조 과정도 간단했어요.

그라믄 김을 이렇게 해 가지고 기계가 없을 때는 전부 수작업으로 하기 때문에 인제 그 '발장'이라는 것이 있습니다. 발장, 김을 한 장씩 낱장씩 해갖고 만들으는 발장이라는 것이 있는데, 주로 인자 그 띠 발장이라 해갖고, 저 보면은 저 산에 나는 띠 있습니다. 띠. 그 띠를 갖다가 엮어가지고 해태, 그 저 한 장씩을 만들어가지고, 그걸 마른 건장이라 해가지고, 마람을 이용해가지고 너는 장소를 건장이라 그럽니다.

그 건장에다가 전부 손으로 해서 말려가지고, 그것도 인자 날이 좋은 날이여야 되는데, 말리는 과정에서도 비가 오면 전부 다시 거둬들여야 되고, 또 눈이

나 오면 다시 또 엎어야 되고, 그래서 굉장히 애로가 많다가 지금은 기계가 되면서, 기계화가 되면서 그런 인자 건장도 없어지고, 인자 발장도 참 옛날에는 띠로 엮었는데 지금 플라스틱으로 전부 바뀌어가지고 지금 아주 현대화 돼가지고 있죠.

(조사자 : 보전김이 진도의 명품 김으로 유명했다는데 그 보전하고 안치도 모두 같은 지역이지요?

예, 예 그렇지요.

(조사자 : 아주 맛있는 이유가 있을까요?)

예, 거기가 인자 보면은, 지금 그 김은 보전 지역 같은데나 지금 안치 요 쪽 정도에는 그 김이, 그 김맛은 주로 본다 하면은 인제 그 뻘에서 고기도 마찬가지입니다만은 그 뻘에가 영양 염류가 인자 많고 영양분이 많으니까, 거기에서 결정이 된다고 그럽니다.

그러니까 제일 중요한 요소가 수심과 조류 이런 것이 인제 맞아야 되거든요. 수온이나 이런 것이 맞아야 되는데, 김도 하다 보면은 같은 종류의 같은 포자를 같이, 같은 날 막아도 예를 들어가지고 도목리 그 저 어장에다 막은 김하고 지산면에 막은 김하고 똑같은 종류도 종자가 달리 나옵니다.

거기에 대한 저 방금 이야기 했든, 조류나 수심이나 수온 이것에 변해서 맛이 달라져요. 질이 틀려지고 그러니까 지금 부류식으로 바뀐 뒤에도 지금은 좋은, 요즘 제일 빨리 나오는 김이 지금 '곱창(곱창김)'이라고 그라는데 지금 뭐 학명으로는 '잇빠디김'이라고 그럽니다만은, 그해 그 곱창이 생산된 시기가 보통 제 옛날 지주식 때 그 김은 보통 인자 상강 시기에 인자 막어가지고, 인제 그 저 정월 보름 이전까지 인자 생산을 하는데, 지금 김은 인제 인공으로 전부다 저 인공 포자를 만들어 가지고 사용하기 때문에 10월, 금년 같은 경우에 12일 부터 판매가 되었어요.

그라면은 원포에서 제일 먼저 그 측량이 되는데 똑같은 종자, 그 수품, 그 어항에서 수품항에서 나오는 김하고 똑 같은 사람끼리 인제 같은 포자를 같은 공장에서 가져와요. 그런데 원포김은 질이 완전히 다릅니다. 꼭 매생이 같어가지고 매생이 같어가지고 김발이 가늘고 또 투덜 투덜 합니다.

거와 반대로 수품리는 구자도 같은 데서 주로 막기 때문에 바다가 수심이 깊고 조류가 엄청 세지요. 파도도 세고 그러니까 단련돼가지고 그 김은 뻣뻣합니다. 길이도 이렇게 한 발 정도 크고 그렇게 해가지고 또 맛이 그랑께 틀릴 수밖에 없지요.

그래가지고 지금 원포 같은 경우에는 한 속에 120킬로 한 차데기에 30만 원 간 다고 그러면은, 금년에 지금 어제도 알아 보니까 61만 원 갔다 하네 수품리는. 그래 이런 정도로 똑 같은 포자 공장에서 배양실에서 갖다가 써도 그렇게 차이가 납니다. 그래서 방금 인자 원장님 말씀 했던대로 여기 보전이나 안치가 그렇게 그게 맛이 있었다는 것은 마, 그런 이유가, 조류가 그 김이 제일 그 우리가 지금 인공적으로 만든다 하드라도 자연에 조건을 다 갖추지를 못합니다.

그래, 어디가 보면은 부족하기 때문에 그런 맛이 안 나고 그 이유를 지금도 알 수 없는데, 그런 영향을 받는데, 아마 맛이 나는 그런 그 제일 조건이 좋은 것이 지금 그 지산면에서 나는 보전이나 지금 안치 쪽인데, 그 좋았던 황금 어장이 전부 개간 사업으로 인해가지고 지금은 전부 다 논으로 다 변해가지고 무척 아쉬운 그런 면이 있습니다.

한국에서 제일가는 진도 미역

자료코드 589_MONA_20171110_BSR_CSH_002
조사장소 진도군 진도읍 성북길 12
조사일시 2017. 11. 10
조 사 자 박정석, 박영관
제 보 자 차상행(남, 69세, 1948년생)

줄거리 진도 미역은 임금님께 진상했다고 하여 명품으로 취급되고 있다. 맹골도, 독거도, 조도에서 생산되는 미역은 조류가 센 곳에서 자라 품질이 뛰어나며 오래 끓일수록 진국이 우러나는 고급 미역이다. 진도곽 중에서도 독거곽을 제일로 친다.

진도 미역에 대해서 잠깐 얘기를 드리겠습니다. 진도 삼보(三寶) 중에 하나가 진도 미역이 들어가는데요. 그 미역이 삼보로 들어간 이유가 옛날에 진도 미역이 임금님께 진상했다는 그런 그로 해서 인제 그 명품으로 취급되고 있는데 사실 그렇습니다.

지금도 미역이 조도에서 생산되는 그 지역이 진도 본도하고 조도하고는 그 수심도 틀릴(다를)뿐더러 물 흐름이 조류가 틀립니다. 그래서 조도에가 대부분 조도는 인자 원해(遠海) 쪽으로 가는 길목이기 때문에 거기 그 수심이 깊고 그래가지고 조류가 세고, 여기는 육지하고 연접하다 보니까 수심이 낮고 조류가 낮어 가지고, 여기 느린 조류에서 자라는 해조류들은 대부분 엽체가 많습니다. 엽체가.

그리고 조류가 많이 쎈 데서는 잎보다는 줄기가 더 발달하지요. 그래가지고 조도에서 생산되는 그 미역은 특히 인자 그 맹골도에서 옛날에 인자 맹골도하고 독거도가 지금 맹골군도 독거도군도 그럽니다. 그 상선들이 지나다니는 그 저 해수역을.

그런데, 그리고 맹골만이나 지금 독거만에서 생산되는 미역을 최고로 쳐주는 이유가 방금 말했듯이, 거기는 수심도 깊고 조류가 쎈과 동시에 항상 파도가 많습니다. 잠자는(잔잔한) 날이 며칠 없습니다. 그러기 때문에 미역뿐만 아니라 그 해조류나 그 밑에서 서식하고 있는 해조류를 먹고 자라는 전복도 거기는 지금도 보전 자연산 전복이 제일 많이 보전 유지가 됩니다.

왜 그냐 하면은 와서 사람들이 잡을 수가 없어요. 예를 들어 가지고 '한사리'에, 한사리는 15일 주기를 이야기하는데, 15일 동안에 바다 밑에서 작업할 수 있는 그 기간이 한 3, 4일 밖에 안 된다고 그럽니다.

그런데 여기에서 보면은, 여기는 거이(거의) 15일 다 조업할 수가 있죠. 물 흐름에 관계없이. 그러기 때문에 전복 물때에 와서 전복을 할라해도 날씨가 파도가 쎄부니까, 잠수부들이나 해녀들이 못 들어가니까, 못 따니까 자연적으로 보전이 됩니다.

그래서 지금도 양이 굉장히, 지금도 많이 자연산들이 그대로 보존되어 있고 방금 그 미역 같은 것도 그러한 조건에 살았기 때문에, 타 지역에서 생산되는 그 미역하고는 월등하게 질이 다릅니다. 또 맛도 그렇고, 대부분 보면은 남방산 김, 저 미역을 끓여놓다 보면은 끓여가지고 몇 시간만 두면은 그냥 퍼져버립니다.

그러지만은 조도에서 생산되는 미역은 끓이면 끓일수록 더 진국이 나옵니다. 퍼지지도 않고 그러기 때문에, 거기 다 그 소고기 뼈나 갈비를 넣고 끓여도 그 진국이 우러나올 때까지 뼈가 다 우러나올 때까지 끓여도 퍼지지를 않아요.

그러지만은 일반 타지역 것은 보면은, 끓이면은 그냥 죽돼버립니다. 펴져 버립니다. 그래서 아마 그런 그 특성도 있고, 그런 그 조류나 맛을 생성하는 그런 조건이 거가 아마 성장하기는 제일 좋은 조건이 생성돼가지고 특이하게 이렇게 그 특수제품이 나오는 걸로 그렇게 제가 알고 있습니다.

(조사자 : 우리나라 제일의 명품이구만요?)

그렇습니다. 미역은 그렇다 해도 과언이 아닙니다. 그래 지금 보면은 그래서 인제 그 요즘은 전부 미역도 전부 다 인공으로 배양을 많이 하지요. 인자 그 포자를 채취를 해가지고, 인자 그 인공으로 배양을 해가지고, 종자를 보급해서 인제 보통 양식미역이라 그랍니다만은.

바다, 그 바위에서 자라는 것은 인자 자연산 미역 그라는데, 지금은 독거나 맹골도나 저쪽에서는 나오는 저 독에서 자라는 그 미역귀를 따다가 그 포자를 채취를 해가지고, 거기다 씨를 붙여서 양식을 해가지고, 같은 그 비슷한 유속이 비슷한 지역에다가 수심과 비슷한 지역에다가 인자 시설을 하면, 거의 자연산에 가까운 그런 미역이, 양식 미역이 생산이 됩니다.

그것도 인제 우리 본도에서는 어렵고. 왜냐하면은 그 독거나 여기 거차도 주로 맹골도 이런 정도에 수심이 조류가 맞지 않기 때문에, 그 같은 포자를 갖다 써붙어도 일반 양식 미역같이 돼버립니다. 그래서 지금 특히 생산하고 있는 것이 동서거차도하고 대마도까지, 관매도에서 일부하고.

그런데 조도에서도 아무데나 하는 것이 아니고 물빨이 그 비슷한 조건을 갖춘 곳에서만, 지금 이런 생산이 되고 있습니다. 가격도 일반미역 양식보다는 월등하니 비쌉니다. 하여튼 동거차 지금 양식 미역은 거의 자연산에 가까워요. 그렇게 아주 거기 조류가 굉장히 쎄고 하니까, 아마 그 지역 그 양식장은 저 자연산 못지 않게….

그 시식회를 하는데, 보면은 그 맛은 인자 거의 비슷합니다. 비슷한데 방금 얘기 했듯이 인자 뭐냐하면 그 퍼지는 것 이것이 좀 문젠데, 자연산 미역에 비해서 퍼지는 것이 인자 좀 시간이 좀 짧고 단점이 있는데, 거의 맛은 맛으로 봐서는 구별하기 힘들 정도로 그렇게 아주 훌륭합니다.

진도읍 교동리 서외마을

제2의 홍콩이라고 불린 섬등포* 꽃게 파시

자료코드   589_MONA_20171110_SYR_KBY_001
조사장소   진도군 진도읍 진도향교길 37-7
조사일시   2017. 11. 10
조 사 자   박정석, 박영관
제 보 자   김복용(남, 70세, 1947년생)

> **줄거리** 1970년대 접어들면서 조도 해역에서 꽃게가 잡히자 수협 위판이 실시되고 파시가 열렸다. 성등포에는 다방, 색시집, 식당이 생겨나 종업원들이 한 집에 20여 명이 넘을 정도로 성황을 이루어 제 2의 홍콩이라고 불리기도 했다.

파시는 약 한 300여 년 전 연평도 조기판매를 시초로 해서 1930년도 경에 우리나라 남부와 서부에서 그 활발히 이루어졌다고 지금 전해 내려오고 있습니다. 아, 우리 진도는 1960년대부터 1990년대 후반까지 약 40여 년 동안 파시가 이루어졌습니다.

진도 파시는 크게 두 개로 나누는데, 하나는 성등포 꽃게 파시하고, 서거차 삼치 파시로 형성이 됐었습니다. 먼저 성등포 꽃게 파시에 대해서 알아 보고자 합니다.

성등포의 꽃게는, 아, 부락은 약 열 아홉 가구에 약 300여 명이 거주를 했습니다. 그 중에서 실질적으로 사는 사람은 한 이삼십 명 나머지 이백 한 칠십여 명은 전부 장삿꾼이었습니다.

---

*섬등포 또는 성등포 라고 한다.

아! 1970년도 파시의 전성기를 맞아가지고 성등포에는 다방, 색시집, 식당 이 종업원들이 한집에 약 한 20여 명씩 아주 넘치는 그런 분위기로 당시 그 성등 포항을 제 2의 홍콩이라고 불릴 만큼 아주 그 황홀 찬란한 그곳이었습니다.

아! 특히 그 밧데리(건전지, 배터리)로 사용하는 전기가 없어가지고, 밧데리로 충 전을 해서 밤에 전등불을 비춰가면서 장사를 했어도, 특히 테레비가 없어가지 고 전기를 쓸 수 없기 때문에 예~ 테레비가 없었는데, 예 12인치 짜리 그 밧데 리로 사용하는 테레비를 구해가지고 쓰는 다방이나 유흥 음식점에는 엄청나 게, 그 테레비 구경도 하고 색시 보러 가기 위해서 사람이 몰려들었었어요.

그땐, 아! 또한 밤에는 흥청망청한 그 어민들과 색시, 색시들의 노랫소리는 밤 을 세워가면서 시간 가는 줄 모르고 흥청망청했습니다. 특히 어민들은 고된 어업 활동을 마치고 손을 꽁꽁 참, 불어가면서 그물을 치례(추례) 가면서 꽃게 를 판매하고, 어 육지에 내려오면은 그 색시들한테 빠져가지고 밤새도록 그 스 트레스를 풀고, 이런 것이 에~ 파시가 끝나도록까지 저, 진행이 됐던 것입니다. 파시의 그 시기는 어, 봄 꽃게와 가을 꽃게가 있는데 봄 꽃게는 한 2월부터 5월 까지, 가을 꽃게는 한 9월부터 11월까지 아니면은 12월까지, 초까지 이렇게 수 매가 됩니다.

아! 특히 성등포 항은 그때 당시 객선이 세 개가 다녔는데, 문화호와 영진호, 그 다음에 옥소호 세 척이 서거차까지 팽목을 경유해서 다녔습니다. 그러나 지금은 그 배들이 다 사라지고 없습니다만은 그때 당시 그 객선이 저 멀리서 그 유행가 소리를 틀면서 들어오면은 참~ 그렇게 황홀할 수가 없었습니다.

성등포에 도착하면은 색시들만 전부 오르고 내립니다. 엄청나게 내립니다. 왜 그러냐면은 그때 당시 장사를 위해서 색시들이 한 달에 한 번씩 바뀌어졌습니 다. 한집에 한 이십 명씩 되는 그 색시들이 항상 바뀌기 때문에 엄청난 색시들 이 선창가에서 내리고 오르고 인자 했던 것입니다.

또한 당시 그 우체국이 하나 있었는데, 통신 교통이 지금같이 그렇게 활발한 것이 아니고, 전부 그 당시에 낙도에 한 아주 좀 중후한 낙도에 한나에서(한군데에서) 우체국을 두고 무선으로 목포 양을상과 통화를 해가지고 할 때 거든요. 하루에 한 두 번이나 한 번 정도. 그란데 그때 있었던 그 직원들은 엄청난 인기가 있었습니다. 제약된 그 통신 시간이 있기 때문에 서로 전화를 정보 수집을 할려구 하는 무역회사 아니믄, 또 술집 사람들 그래서 아주 그 사람들이 저 우체국 직원을 아주 포섭을 해가지고 아주 인기가 대단했던, 인자 그런 기억이 있습니다.

가장 중요한 것은 파시는 파시지만은 우리 어민들의 소득 증대가 가장 그 중요한 것이었는데 당시 꽃게는 전량 다 일본에 수출품이었습니다. 우리나라에서는 하나도 소비가 안 되었어요. 그 중요한 문제는 일본 하나의 회사 일개 회사하고 우리나라 정부하고 계약을 맺었습니다. 이것이 한 십여 년 갔어요.

그래가지고 얼마나 그 농락을 당했습니까. 엄청난 농락을 당했지요. 그때 당시제가 알기로는 꽃게 1킬로에 150원 정도였습니다. 심지어는 하도 데모를 하고하니까, 이것을 일본 수입회사에서 정보를 알어 가지고 전부 그 수매한 꽃게를 일본 즈그 바다에다 다 빠쳐버려 버려버리는 그런 상태까지 있었어요.

왜 버렸냐?

"우리가 너무 과잉이 되어가지고 일본에서도 팔 수가 없다. 그러니까 우리가 못 사겠다"

이렇게 인자 하는 겁니다. 우리나라는 약소국가이기 때문에 도저히 파기를 할수가 없어요. 그 계약을. 어쩔 수 없이 일본을 따라가게 됩니다. 이런 엄청난 농락과 횡포를 인자 당하면서 물에 빠쳐 버린 후에 아주 아주 더 폭락된 가격으로 이렇게 사들이는 그 일본놈들의 아주 야만적인 행동이 한 십여 년 간 계속이 되었지요.

어~ 이렇게 해가지고 또 파시가 인자 끝나면은 아까 이백 한 70여명이 되는 이 종업원들은 전부 짐을 싸고, 다시 어선 그 어민들을 따라서 다른 파시로 이동을 합니다. 그라고 또 철이 들어오면 같이 돌아오고요. 어, 이렇게 파시의 형성이 참, 지금 우리가 듣던 상상외의 모든 조건이 변화가 있었던 것입니다.

아! 그 후 약 한 1980년도 경에 예 초창기에는 1973년도 경에 우리 수협에서 위판을 처음 시도해서 했습니다만은 아 그 후 1980년대 초 이런 때는 인자 우리 어민들이 정보를 일본으로 판매 가격을, 정보를 다 수집을 했어요.

뭣을 했냐면은 일본에서 가장 가격이 비싼 때가 크리스마스 전후였어요. 크리스마스 전후. 그때 항상 가장 그 일본에서 가격이 좋다는 것을 인자 알았거든요. 그래서 우리나라에서 그것을 연구를 해가지고 시야(시작) 한 것이 축양장입니다. 축양장(물고기 따위를 얼마 동안 보관하여 기르는 곳).

처음 축양장을 인자 만들었어요. 그래가지고 가을 꽃게 9월부터 10월까지 나오는 꽃게를 전부 축양을 했습니다. 축양은 가장 어려운 것이, 모래뻘이 좋은 그런 곳을 선택하기 때문에 그 제약을 받거든요.

그래서 어~ 조도에서도 맹성, 당도, 명지, 율목 이런, 인자 뻘이 좋은 데다가 딱 뚝을 싸가지고 했는데, 그래가지고 크리스마스날 전후로 해서 인자 판매가 되는데, 그 가격이 얼마 정도 가냐 하면은 약 한 칠천 원이 넘었습니다.

천 원이나 150원 하든 것이 아 처음에 150원 하든 것이 우리 수협에서 위판 개시를 해가지고 할 때 한 천 원 정도가 천 원에서 천 오백 원 정도 올랐거든요. 그라믄 이 가격이 크리스마스때 폴면 칠천 원이 넘었습니다. 약 7, 8배의 이익을 본 거지요. 어, 이렇게 해서 인자 어민 소득을 이렇게 만든다고 또 성공한 것은 아닙니다.

우리가 인자 성공을 못한 이유는 먹이를 절대 꽃게는 가을에 꽃게가 동면을 하기 때문에 먹이를 줘서는 안 된답니다. 먹이를 줘버리면 꽃게가 전부 밖으로 나와불어가지고 그 추위에 얼어서 다 죽어버리고 인자 그랬는데, 그랑게 예~ 우리 어민들은 그걸 모르고 막 먹이를 주어 가지고 동사를 다 시켜버리는, 이런 참 안타까운 일이 인자 일어나기도 했습니다.

이렇게 그 우리 성등포 항이 예 참 약 한 40여 년간 파시를 유지해 오다가 1990년대 후반 서망항에 우리 일종 공동 어항이 인자 계발이 됐습니다. 그래가지고 어 당시 우리 성등포서 할 때는 한 5톤 정도 소형 선박이 예~ 서망으로 오면서 약 한 20여톤 되는 대형 선박으로 바꿔졌고 또 어장지도 우리가 파시 때는 아 근해 내병도, 맹골도, 또 이런 근해서 했지만은 지금은 맹골도 밖 남지나해 이런 데까지 출어를 해서 어, 지금 하고 있습니다.

특히 서망항에는 아주 우리 어민 편의시설을 엄청나게 시설을 해놨습니다. 유통 시설로써 위판 시설, 그다음에 유류시설, 여러가지 이 제빙시설, 우리 어민들에게 최대한 써비스 시설을 다 갖추고 있습니다. 이렇게 해가지고 지금 성등포(상조도에 있는 포구)항에서 연중 개시를 하고 입항하고 있으며, 지금 현재는 꽃게 가격도 2만 원에서 3만 원, 엄청난 돈이 어민 소득에 이바지하고 있습니다.

특히 중요한 것은 60년도에 하나도 우리 한국에서는 소비가 안 되던 꽃게가 이제는 1킬로도 일본에 수출이 안 되고, 전량 우리 대한민국에서 수출을 하고 있다는 거, 저 소비가 되고 있다는 거. 우리 나라의 경제력도 굉장히 인제 커졌다는 것이 인자 증명이 되는 그런 시기라고 볼 수 있겠습니다. 이상입니다.

(조사자 : 저 꽃게가 주로 생산이 어디서 됩니까?)

아까 얘기했듯이 그 60년대 초에는 아~ 근해 아주 가까운 외병도나 내병도 근해, 그다음에 맹골도 근해 인자 이런데서 대서 되다가 지금 서망항으로 옮기면서 대형화 됐지요. 그때 지금 남지나까지 가고 있습니다.

(조사자 : 남지나해, 남지나해면 지금 어디예요?)

중국해, 중국해역까지도 인자 그 가까운 데까지 가고 있습니다.

(조사자 : 그래가지고 위판을 지금 서망항에서 본다는 그거지요?)

예~ 그 다음에 인자 우리 꽃게는 6월 저 20일부터 8월 20일까지가 금어기(禁漁期)예요. 산란기. 그래서 그때만 빼놓고는 인자 언제든지 조업을 할 수가 있지요.

상강 무렵에 열린 서거차 삼치 파시

자료코드   589_MONA_20171110_SYR_KBY_002
조사장소   진도군 진도읍 진도향교길 37-7
조사일시   2017. 11. 10
조 사 자   박정석, 박영관
제 보 자   김복용(남, 70세, 1947년생)

줄거리 서거차에서는 일제강점기 중엽부터 1970년대까지 삼치가 많이 잡혀 삼치 파시가 열렸
다. 그런데 삼치는 음력 9월 상강 무렵에 가장 많이 잡혀 파시도 상강 무렵에 열렸다.
서거차 삼치 파시가 열리면 섬등포 꽃게 파시 때처럼 흥청거렸다.

삼치 파시에 (대해)서 말씀을 드리겠습니다. 아까 우리 진도에서 삼치와 꽃게 파
시로 인자 이렇게 나눈다 했는데, 삼치 파시는 꽃게 파시하고 비슷합니다. 그
런데 예 삼치는 서거차에서 하고, 주로 10월, 9월 인자 음력으로는 9월부터 이
렇게 많이 나는데, 그 규모는 약 한 50여 척, 그리고 이것도 전량 전부가 다 수
출품입니다. 이때 당시 그 우리 수협에서 위판을 전담을 한 것이 아니고, 여수
수협에 있는, 여수에 있는 유자망수협하고 같이 했거든요.

그라믄 유자망 수협에서는 무역 회사를 선정을 해서 우리한테 오고, 우리는
정산과 인자 그 저울질을 해서 어민한테 배려를 해주는 인자 이런 방법이었는
데, 특이한 사항은 9월, 음력 9월 상강 때 사오일 경에 보통 한 사오천 키로 나
오든 삼치가 그날만큼은 한 만 킬로 이상이 나와불어요. 이것이 한 몇 년이 지
속이 되었거든요.

처음에는 그러려니 했는데 이것이 몇 년이 지속이 되다 보니까 엄청난 혼돈이
와 분 것이지요. 그래가지고 난리가 인자 났어요. 이걸 취급을 못 해가지고 그
래 가지고 어려움을 굉장히 당했는데, 참, 왜 그 어류가 꼭 그 상강 때만 그렇게
났는지 아직도 그거를 이해를 못 하는 그런 인자 얘기입니다만은 가장 특이한

사항이 아마 그런 시절 같습니다.

그리고 뭐, 나머지는 거기도 성등포 못지 않게 색시들과 아주 그 엄청난 그런 술집이 있어 가지고 어민들과 밤새도록 놀고 하는 그런 장면은 똑같습니다.

진도읍 남동리 남동마을

진도 육로 교통 문제 해결

자료코드   589_MONA_20171012_NDR_KWH_001
조사장소   진도군 진도읍 남동리 남동마을 제보자 자택
조사일시   2017. 10. 12
조 사 자   박영관, 박정석
제 보 자   김원홍(남, 79세, 1939년생)

줄거리 진도에 버스가 몇 대 없어서 육지를 나가는 데 많은 시간이 걸렸다. 이 문제를 해결하기 위해 고향 선후배를 만나고 설득하면서 많은 시간이 걸렸고, 결국 인가를 받아 옥주여객 버스회사를 차리게 되었다.

제가 59년도에 운전면허를 취득했는데요. 근데 50년도 말에는 진도가 정말로 서해 남단의 낙도 섬에 불과했거든요. 육상, 해상교통이 말할 수 없이 불편했고, 여그서 목포를 나갈라믄 한 2킬로 이상(고작굴로) 걸어가갖고 배를 승선해야 네 시간 만에 목포를 갔어요. 또 벽파로 해서 광주를 갈라면은 한 시간 버스 타갖고 사십 분 도강을 해갖고 옥동에서 광주까지 여섯 시간이 걸렸습니다.

진도군민이 그렇게 살고 있기에 너무나 낙후되야서 육·해상 교통 문제를 해결해 보고자 내 나름대로 좀 노력을 좀 해보았습니다. 그런 때만 하더라도 경찰서에 차 두 대, 금융조합에 화물차 한나(하나), 목탄차로 사용을 했습니다. 그리고 전남여객 진도영업소에 버스 하나 있었습니다. 십일시 한번 갔다오고 벽파진 한번 갔다오고, 그것이 온종일 교통 운반수단이었습니다.

그래서 너무나 많이 걷고 그때는 택시도 없고 너무 불편해서, 전국적으로 다

그런 것은 아니겠지만 유독 진도가 낙후되야 가지고 옥주여객을 창설을 했습니다.

기존에 있는 진도여객이 번창을 해갖고 차가 일곱 여덟 대 되는데, 그것도 노후가 되얐고 사고가 나쌓고(자주 나고), 또 고장 안 나는 날이 없고 목적지까지 제대로 가는 사람이 없고 그케(그렇게) 애로가 많앴습니다(많았습니다).

이 교통 문제를 어뜨케(어떻게) 했으면 쓰겠는가 하고 고심하다, 우리 고향친구들, 또 선후배님을 찾아가서 실제 문제를 얘기 하든 다 납득을 하나 자본투자에 대해서는 엄두를 못 내고 다 후퇴하고 해서 그것이 어언 몇 년 흘렀어요.

계속 추진한 결과 버스회사를 하나(하나) 창설해가지고, 지금 옥주여객이 산중, 오지, 백지까지 다 개통하고 일숙박하고(하룻밤을 묶고) 오는 차도 있고, 진도 군민이 관내 교통수단으로 충분하게 원활하니 해나가고 있습니다.

아니, 처음에 대한민국에서 버스는 규제가 열 대 미만은 허가가 안 납니다. 그런데 박병완 사장님 매제가 그 저 박장군이 있어요. 박장군 그분이 중앙 교통부에 올라가셔서 진도가 낙후되고 어려운데 이것을 축소해서 면허를 좀 해달라고 해서, 세 대 면허로 인가를 내기까지는 상당히 고충이 많앴습니다.

박병완씨가 면허를 냈는데 박병완씨가 운행을 할 수가 없어요. 자금이 없고 육상에만 운송을 하니까.

그래서 우리 친구 박봉갑이한테,

"이걸 자네가 맡아서 하게."

했어요.

그 당시 일광상회 노트 장시(장사), 잡화 장시를 했는데 권유를 하니까 쫌 시간을 가졌는데, 검토해보고 자기가 그럼 타당성이 있다고 생각해서 수락을 해갖고, 옥주여객을 봉갑이 앞으로 이전을 해주고 운행을 그렇게 해오고 있는 형편입니다.

진도의 해상교통 발전

자료코드   589_MONA_20171012_NDR_KWH_002
조사장소   진도군 진도읍 남동리 남동마을 제보자 자택
조사일시   2017. 10. 12
조 사 자   박영관, 박정석
제 보 자   김원홍(남, 79세, 1939년생)

줄거리 예전에는 진도에서 목포까지 당일에 다녀올 수가 없었다. 진도에서 목포를 다니는 배가 한 대뿐이라서 많이 불편했다. 그래서 소전선생이 중고선을 사서 수선해서 운행하거나 군에서 목조선을 철선으로 다시 개조해 운행하는 등 점차 해상교통이 발전하기 시작했다.

당시 진도에서 목포까지 하루 가고, 하루 오고 그랬습니다. 왕복이 없었고, 네 시간 걸렸습니다. 배라고는 해남 하나, 진도 하나 있고 그랬는데, 해남에는 조도항이 또 있고 중간에 조도서 목포까지 댕기는 배가 하나 있었습니다.

군에서 그전에 직영을 했습니다. 젤 처음에는 민간이 했는가는 모르겠는데 군에서 직영을 해서 조도서 해창을 와서 경유해갖고 목포까지 갔어요.

목포까지 갔는데 일고 여덟(일곱이나 여덟쯤)시간이 걸립니다. 그래가지고 온종일 가고 온종일 오고 그런 세상을 살았는데, 그런 때만 하더라도 배가 한 40톤 미만이었을 겁니다.

그래갖고 농산 물철이 되면 자제들 갖다 줄라고 농산물을 싣고 가믄, 정원보담 농산물 적재량이 많애갖고 위험하기 짝이 없이 만선 되얏고, 풍랑을 겪고 모도 군민들이 위험한 고비를 많이 넘기고 그랬습니다.

그러다가 소전 선생님께서(손재형 씨) 배를 한나(하나) 신축 한 것이 아니라, 목조선 중고지만 수선을 해갖고 '옥수호'란 배를 진도에서 목포를 세 시간 걸려서 왕복을 하게 되얏습니다. 그럼 여기서 아홉시에 갔다 거기서 두시 반에 출발해서 진도를 오게 되얏고 해상교통이 다소 원활하니 되얏습니다.

그 후로 진도군수가 목조선을 철선으로 진수를 다시 해가지고 조도에서부터 목포까지 지금 댕기다가 또 중간에는 조도에 손해가 있었는가 모르겠습니다만은, 진도에서 목포를 댕기고 목포에서 진도를 왕복하는 그런 편의가 돼었지요. 또 녹진은 녹진대로 완도에서 오는 배들이 그런 때는 벽파진을 경유해서 모도 댕기고, 그래서 진도가 목포권으로 세 시간 대에 운송시간이 소요되얐습니다.

그런 때만 하더라도 모도 인구가 12만, 8만 이상 되야서 해상교통 수단이 원만하니 모도 적자없이 잘 운행이 되얐었죠.

육로 수송 장려

자료코드   589_MONA_20171012_NDR_KWH_003
조사장소   진도군 진도읍 남동리 남동마을 제보자 자택
조사일시   2017. 10. 12
조 사 자   박영관, 박정석
제 보 자   김원홍(남, 79세, 1939년생)

줄거리   배가 증설되었으나 물량을 다 감당할 수 없어 육로 이용량을 늘리기 위해 고민한 끝에 농협 비료운송과 맥주맥 재배를 권장하여 육로로 납품하게 했다. 또한 전자제품 대리점을 진도 현지에서 운영하는 방법들로 육로 수송을 장려하니 진도에 유동인구가 늘었다

육상, 해상 문제가 원활하니 소통이 되니까 진도 사람들이 광주를 가면은 일고, 야달(일곱~여덟) 시간을 걸려서 가고, 목포는 왕복하지만 광주는 왕복을 못했습니다. 그래서 불편하기 짝이 없고 또 벽파 도선에서 도강을 해가지고 건네

(건너)댕기고 보따리고, 새끼들 식량이고 뭐 갖다줄라면 이고 지고 선착장 불편한 데로 댕길라믄(다니려면) 사고도 나고 미끼러지기도(미끄러지기도) 하고 애로가 많앴습니다.

그래서 이 문제를 어떻게 해결했으면 쓰겠나 싶고, 당시에는 군청에서 충무 80톤 크라스 해서 운행을 했었는데, 그 하나 가지고는 진도 교통량 폭주를 해결하기에 감당을 못 할 거 같애서 증설을 했으믄 싶었어요.

선배 양재현 씨한테 찾아가서 고향 얘기를 하고, 해상 운송 사이만 육교가 난다고 그러지만, 봉사 차원에서 남이 안 하는 사업 한번 해달라고 권유 말씀을 누차 드렸어요. 그랬드만 "분석을 할 시간을 주어야 되지 않겠냐"고 그래.

검토한 연유에 몇 차례 댕기면서 자의반, 타의반 뭐 그러고 있은 차에 과감하니 내가 말씀을 드래가지고(드려서) 목포에서 배를 진수를 하게 되얐어요. 그란디 그 배가 처음에는 짓어(지어) 놓으니까 물량이 없습니다.

배 한 대는 놀고 댕갰는데(다녔는데) 두 대를 어쁘케(어떻게) 어뜨케 달아매놓고 오전, 오후로 쉬어 가면서 운행을 했습니다. 그래서 도저히 이래서는 안되겠다 싶어요. 그래서 진도에 생활필수품이 해안으로 노조를 통해서 선박으로 들오는데 이거를 육로로 수송을 하면은 더 신속하고 운송비가 절감되겠다 싶은 생각이 들어서, 농협도지부 가서 비료 담당 직원을 만나서 육상책을 이르케(이렇게) 바꿔 달라고 권유했제.

또 그때 진도에 맥주맥을 많이 심었는데, 맥주맥 운송 같은 것도 진도에가 그 조박사라는 분이 계셔.

그란데 그분을 찾아가서 맥주맥을 장려를 해서 진도 것을 진로에 납품하게 좀 해달라고 그랬어요. 그랬더만 그거야 좋다고 좋은 일이라고, 진도맥이 맥주맥 함량이 아주 좋게 나와가지고, 양이 적게 나오도 안 하고 많이 나오도 안 하고 적당하니 나오고, 뒷골이 안 아프게 좋은 맥주맥이 생산됩니다.

그래서 진도에다 맥주맥을 장려를 해갖고 심어서 육지로 수송하고 생활필수품 대리점이 강진에 있었습니다. 대리점을 찾아가 진도에서 도강해 갖고 대리

점에서 직접 여그 상가에다 소비자에다 줘가지고 판매하도록 또 권유를 했더
만, 점차 해상 물량이 줄어들고 육상교통이 신속하니 회전되면서 들오면서부
터, 진도 상가 물가가 쪼금 하락하고 선도 좋은 물건도 들어오고, 자꾸 변화가
오기 시작하고 유동 인구가 좀 많애졌습니다.

전에는 유동 인구가 적어갖고 맨날 아침에 보나 저녁날 보나 본 사람 또 보고
했었는데 점차 인구가 늘었어요. 처음에는 광주고속이 진도를 3회씩 도강했
는데, 안 되겄은께 5회씩 들어왔다가 10회 하다 내중에는(나중에는) 12회로 횟
수를 증편해가지고 교통량을 늘인 결과, 유동 인구도 많애지고 진도도 편리하
게 되고 그 후로 옥동서 광주간 도로가 포장이 되야서 그 덕에 세 시간이면 광
주를 가게 되얐습니다.

진도 숙박시설 변천

자료코드 589_MONA_20171012_NDR_KWH_004
조사장소 진도군 진도읍 남동리 남동마을 제보자 자택
조사일시 2017. 10. 12
조 사 자 박영관, 박정석
제 보 자 김원홍(남, 79세, 1939년생)

> **줄거리** 진도에 사업차 출장 오는 사람들에게 교통과 숙박시설이 낙후되어 문제가 되었는데 육
> 교 건립을 앞두고 목욕탕 딸린 시설을 건축하게 되었다. 지금은 대형 숙소들이 많아 대
> 중들에게 불편함이 없는 숙박 환경이 되었다.

읍내에는 멫(몇)군데 여관이 있었고 여인숙이 쫌 있었지만은 면단위로 가믄(가

면) 여인숙조차 없었습니다. 출장을 오면 교통은 부진한데, 자고 올 수도 없고 또 대중교통을 이용할 수도 없고 그러니 출장을 온다든지, 개인들이 사업 차 오면 택시를 타고 왕래를 하는 그런 형편이 되얐었습니다.

그래서 나도 육교가 나고 그럴라면은 이것을 어뜨케(어떻게) 했으면 쓰것냐 싶은 생각도 들고 또 그 당시 여관이 진도여관, 평화여관, 유일여관이 있었는데 전부 직영하시는 분이 나이가 원로하시고, 또 건물도 노후되고 그래갖고 쫌 시대에 뒤떨어지는 환경이었어요. 그래서 오시는 분마다 쪼금 불편하니 생각하고 해서 제가 육교 건설을 앞두고 진도 진일장 여관 목욕탕 시설을 했습니다.

지금이야 유동 인구가 많으니까 태평도 생기고 그다음에 새로운 굵직굵직한 대형 여관이 몇 개 생겨서, 인자는 뭐 그렇게 큰 행사에도 뭐 대중들이 찾아오시는데 불편함이 없을 정도로, 수준이 그마만큼 도회지 못지않게 갖춰졌다는 말씀을 드리고 싶습니다.

강강술래 가사의 유래

자료코드 589_FOTA_20171012_NDR_PBH_001
조사장소 진도군 진도읍 남동리 제보자 자택
조사일시 2017. 10. 12
조 사 자 박주언, 김현숙
제 보 자 박병훈(남, 82세, 1936년생)

> **줄거리** 옛날 중매쟁이가 결혼할 총각한테 시집올 처녀가 곰보에 다리도 저는 여자라고 거짓말
> 을 했다. 첫날밤에 신랑이 신부 얼굴을 쳐다 보지도 않고 있으니, 신부가 강강술래 가사
> 를 읊조렸다. 그 소리에 고개를 돌려 신부를 보니 천하일색이었다. 신랑이 놀라 답가를
> 불렀다는 이야기다.

동헌 앞 강강술래

옛날에 어느 처녀가 결혼을 하는데, 결혼식을 하는 총각한테 중매장이가 바
람을 넣어가지고, 그 신부가 아주 빡빡 얽고 다리도 절고 아주 못난 여자라고
바람을 중매장이가 넣었어.

근데 결국에 한번 정한 것은, 옛날에는 인자 결혼을 하게 되는 것이라 놔서, 신

랑이 신부 측에 가서 예를 들이고 밤에 인자 신랑이 신부 측에서 자게 되었어. 근데 이 신랑이 옷소매를 머리에다 얹고 밤새도록 신부 얼굴을 쳐다보도 안 하고 그라고 따로 누웠으니까, 하도 답답해서 신부가 이런 강강술래를 노래를 불렀다고 해.

[노래를 부른다]
어제어제 오신손님 강강술래
비단해도 어디가고 강강술래
대단해도 얼가는데 강강술래
물로허긴 이내몸에 강강술래
한숭없이 생길손가 강강술래
몰리명주 한산모시 강강술래
반만틀고 저꿀보소 강강술래

신부가 그 노래를 부르니까 신랑이 옷소매를 살짝 들치고 신부를 보니까, 아주 천하일색이거든. 그래서 신랑이 하는 말이

닭아 닭아 울지마라 강강술래
날아 날아 새지마라 강강술래
임 품안에 잠잘란다 강강술래
임의얼굴 볼라거든 강강술래
금비 오고 개인날에 강강술래
공단 고름 반만보소 강강술래

그라고 노래를 불렀다는 강강술래 가사 이야기야.
(조사자 : 이 강강술래는 누구한테 들은 것을 채록하신 겁니까?)

이 강강술래를 정한 사람이 누구냐면 천구백 한 구십오년경에 향교리에서 살다가 지금 작고하셨는데, 그때 당시 60여 세 쯤 됐든가 해. 곽미심이라는, 그런 아주머니한테 채록을 했지.

그리고 이 아주머니는 진도읍내 포산리에서 출생하여 향교리로 시집을 온 아주머니였어.

남도만호가 하미실 하씨에게 병풍을 선물한 사연

자료코드   589_FOTA_20171012_NDR_PBH_002
조사장소   진도군 진도읍 남동리 제보자 자택
조사일시   2017. 10. 12
조 사 자   박주언, 김현숙
제 보 자   박병훈(남, 82세, 1936년생)

> **줄거리** 임회면 하미실에 사는 하씨가 밤에 꿀재를 넘어가다가 백발노인과 동행을 했다. 노인은 남도까지 간다고 해서 중간에 헤어졌다. 그런데 하씨의 꿈에 노인이 나타나 밥상에 구렁이가 있어서 먹지 못해 배가 고프다며 밥을 차려주라고 하였다. 하씨는 부인을 시켜 밥을 차려 준 후 남도마을까지 달려갔다. 그곳에 가니 남도만호가 부친 제사를 지내고 있었다. 전후 사정을 말하니 남도만호가 제사 음식을 조사해 보았다. 과연 미나리나물에 도마뱀 꼬리가 있음을 발견하고 다시 음식을 준비해 제사를 지냈다. 이 일로 남도만호와 하미실 하씨가 친하게 지냈는데, 나중에 만호가 돌아갈 때 하씨들에게 병풍을 선물로 주었다는 내용이다.

옛날에 인자 임회면 하미실에서 사는 하씨라는 그런 사람이 진도읍내 장에를 갔다가 어둑어둑해서 꿀째를 넘어가는데, 아주 하얀 옷을 입은 백발노인이 뒤에서 손을 치면서 같이 가자고 하는 손을 치니까,

사실은 하씨라는 이 사람도 사실은 혼자 산을 넘을라니까 무서워서 '같이 동

행은 있었으면 쓰겠다' 하는 그런 판이었는데, 그 하얀 도복을 입은 그런 노인이 손을 쳐서 동행을 하게 되었어.

그래서 꿀째를 넘으면서 이 노인보고,

"어디를 가시냐?"

고 하니까, 임회면 남산, 남선으로 남도로 간다고 하거든.

인자 그런저런 이야기를 하면서 꿀째를 넘어서 하미실 그분은 자기집이로 가면서,

"조심해 가시라, 다녀 가시라, 아이~ 노인이 언제 남도까지 가겠냐?"

고 그랑께,

"하이~ 나는 염려 없다, 나는 펄펄 나는 사람잉께 염려없응께 나는 잊어버리라."

그라고 거기를 갈려서(헤어져서) 갔는데, 아니 인자 여름이었던 모양 같으요. 인자 하씨 이 사람이 밖에서 자지 말라는 것을, 누워서 거그서 잠을 자고 있는데, 인자 부인은 방에서 자고 있고,

그란데, 자다가 불끈 일어나서 자기 처를 뚜드려 깨면서

"빨리 밥을 해라. 빨리 밥을 하고 물을 뜨고 상을 차려라."

그라고 소리를 지르니께 부인이 할 수 없이 밤중에 자다가 일어나서 밥을 해가지고 인자 물하고 국하고 밥하고 해서 상을 차려서 마당으로 갖고 나옹께, 쩌그 새꽉(대문이나 사립문밖)으로 갖다가 상을 모셔놓으라고, 그라고 하는 말이,

"나는 쩌그 남도를 빨리 갔다 오겟잉께 이 상을 나 갔다오도록까지 그대로 두게."

그라고 인자 이 사람이 남도로 뛰어갔어. 뛰어가서 남도성를 들어가서 가만히 봉께 남도만호 제사를 모시고 있거든.

그렁께 이 양반이

"남도만호님, 할 말이 있습니다."

그라고 인자 뛰어들어강께 사람들이 놀래서 제사를 모시다가 '무슨 일이냐'

그랑께, 내가 이러이러이러해서 이런 노인하고 같이 동행을 했는데, 이 노인이 남도를 간다는데, 아니 밤에 잠을 자는데, 이 노인이 나와가지고 와서,

"아니, 제사상에가 구렁이 또막(토막)이 상에가 차려져서 한나 못 먹고 옵니다."

그랑께 인자 그래서 내가 우리 처한테 빨리 밥해서 밥을 차려서 밥을 차려줌께 잘 잡숩디다. 잘 잡수는데 하도 내가 의심스러워서 내가 그런 말씀을 드리게 되었지.

그랑께 인자

"그래야?"

하고 만호가 깜짝 놀래갖고, 하얀 소복을 입은 노인이라고 항께 자기 아버지인 줄 알고, 음식을 다 조사해라 그랑께

미나리노물(나물)에가 그 저 도매뱀(도마뱀) 새끼 꼴랑지가, 도매뱀 새끼 꼴랑지가, 그랑께 인자 미나리 키는데(키우는데) 도매뱀 새끼가 꼴랑지가 잘라불고 내빼 불었던 모양같어 인자.

도매뱀 새끼가 거가 있응께

"하~ 이래서 이랬구나!"

그라고 인자 그 많은 제사를 다시 또 지낸다고 그라고, 인자 그 하씨 노인을 잘 대접해서 인자 하씨를 보내면서,

"당신하고 나하고 형제간을 맺자."

고, 그라고 했는데.

그래서 아주 만호하고 하미실 하씨하고 좋게 사이좋게 지냈는데, 만호가 인자 진도 남도에서 가면서는 평풍(병풍)을 한 불(한벌)을 주고 갔는데 그 평풍이 지금도 하미실에가 있다 그라고 아주 주장을 해.

씻김 받을 귀신이 택시 타고 오다

자료코드   589_FOTA_20171012_NDR_PBH_003
조사장소   진도군 진도읍 남동리 제보자 자택
조사일시   2017. 10. 12
조 사 자   박주언, 김현숙
제 보 자   박병훈(남, 82세, 1936년생)

줄거리 사고로 죽은 사람의 씻김굿을 하려고 준비하고 있는데, 갑자기 밖에서 택시 기사가 경적을 울렸다. 그 집 식구들이 놀라서 나가 보니 택시기사는 한 손님이 택시를 타고 와서 택시비를 안 주고 내렸다고 했다. 그 집에서는 씻김을 할 자신의 아들이 분명하다며 택시기사를 잘 대접하고 택시비를 넉넉히 챙겨주었다고 한다

또 다른 얘기 하나는, 그전 무형문화재 씻김굿 후보자였던 강한수라는 무당이, 유명한 선생님이 계셨는데 그 양반 이야기가, 그 양반이 진도읍내 남산 박종학씨, 박종학씨라 하먼 아주 대부자고 의신면 면장도 살고 진도군 군위원도 하신 분인데 아주 유식한 분인데, 그 양반 아들이 서울서 돌아가시고 죽고 한 몇 개월 후로, 남산 그 동네 ○○아버지집에서 큰 굿을 하는데 씻김굿을 하는데.

강한수씨가 거그를 가서 지전을 이케 어둑어둑한 밤에 인자 만들고 있는데, 아이 뭐 택시가 와서 집앞에서 '빵빵' 하고 빵빵거리는 소리가 낭께 '뭔 택신고' 하고, 옛날에는 차가 드문 세상이라 놔서 밤에 인자 택시가 소리가 나니까 사람들이 귀를 쫑긋해갖고 보니까.

한참 있다가 택시 운전사가 마당으로 들오면서,

아니, 금방 택시 손님이 아까 택시를 타고 와서, 사실은 진도 읍내서 이 남산까지는 사실은 택시가 아무도 기사가 안옵니다. 안 오는데, 왜 안 오냐 그라면, 가까우니까 돈을 쬐깐 받고 안 올락 해서 다른 사람은 다 안 간다 하는데 아이~ 손님이 하도 사정을 해서 인자 모시고 요리 와서, 아이 이 양반이 아버지한테

돈을 타서 차비를 줄란다고 그라고 들은 지가 한참 되는데 이렇게 안 나오고 있습니다. 그렁께 인자 쪼금 있응께 옆에서 사랑방에서 인자 주인 종학씨 그 영감이 문을 턱! 차고 나오면서 하는 말이,

"그것이 내 아들일세. 어야, 택시 기사 이리 들오게."

그라고는 나와서 손을 잡고 자기 큰방에 덱고(데리고) 들어가서

"그것이 서울서 꿈에 선몽을 했는데 그것이 분명히 내 아들일세."

술하고 밥하고 잘 대접을 시키고는, 또 궤에서 돈도 많이 주어서 후하게 대접해 보내겠다고 주어서, 줬는데, 그 한수씨가,

"내가 적신히(확실히) 그것을 봤네, 그 체험을, 그 경험을 내가 적신히 봤네."

하고,

이것도 옥대리 김성심이라는 그 여자가 황조로 시집을 왔는데, 그 여자가 입담이 좋고 말을 잘하는, 얘기를 잘하는 아주머니여. 이 아주머니가 그 얘기를 한수씨가 황조리로 와서 자기한테 하는 얘기가, 적신히 이번에 이런 체험을 했다고 하는, 그런 얘기를 해서 제가 그거를 잘 기억을 하고 있습니다.

진도읍 남동리 조금마을

소전 손재형 선생과의 인연

자료코드 589_MONA_20171029_JGR_KHS_001
조사장소 진도군 진도읍 동외리 진도문화원 회의실
조사일시 2017. 10. 29
조 사 자 박영관, 박정석
제 보 자 김현술(남, 67세, 1950년생)

> **줄거리** 소전선생과 인연이 되어 어린 나이에 그분 차를 운전하게 되었다. 설렁탕을 좋아하셨
> 고, 차번호 1135를 마음에 들어하신 소탈한 성격의 어른이셨다.

제가 소전 선생님하고 인연이 된 걸 말씀드리겠습니다. 제가 70년도 그 당시에
진도읍 농협조합장을 하던 허원 조합장님께서 저를 추천을 해가지고 소전 선
생님을 모시게 됐습니다.

그리고 소전 선생님께서는 당시에 제 이름을 부르는 것이 아니라, 꼬마기사라
고 부르는 애칭이 있었습니다. 그걸로다 저를 꼬마기사라고 그랬습니다. 식사
때가 되면은 어디서 무슨 식사를 드시던 간에 저를 옆에다 항상 앉혀놓고 이
케 식사를 같이 하고 그러셨어요.

그런데 특히 설렁탕을 좋아하셨는데 옥향식당에서 점심 때는 뭐 8, 90프로는
꼭 설렁탕을 드셨어요. 근데 옥향식당 설렁탕이 깍두기가 아주 쪼그만 합니
다. 쪼그만하게 썬 그 깍두기로 해서 설렁탕을 드셨고 아주 좋아하셨어요.

그리고 당시에 또 소전 선생님이 동양 명필이라 작품을 전부 다 나누어 줄 수
가 없어서 당시에 탁본을 해가지고, 그거를 세로 글씨로 해서 '짧은 일생을 영

차량번호 1135 선거용 지프차, 사진은 젊은 시절 김현술

원한 조국에' 란 그런 본을 인쇄물로 해가지고 차에도 많이 가지고 다니기도 하고 사무실에도 나눠주고 그런 것들을 했습니다. 그리고 특히 소전 선생님은 1135번 차량 남바를 참 좋아하셨어요. 그래서 서울에 있는 차도 1135고 그 숫자를 상당히 좋아하셨습니다.

소전선생께 직접 사사 받은 박정희 대통령

자료코드 589_MONA_20171029_JGR_KHS_002
조사장소 진도군 진도읍 동외리 진도문화원 회의실
조사일시 2017. 10. 29
조 사 자 박영관, 박정석
제 보 자 김현술(남, 67세, 1950년생)

줄거리 박정희 대통령은 직접 소전선생의 세검정 자택으로 친히 와서 서예 사사를 받았다. 소전 선생의 자택은 집 근처에 개천이 흐르고 있는데 진도 자택에도 개천이 있어 물소리를 좋아하는 성정을 알 수 있다.

박대통령께서 소전 선생님께 사사를 받으셨는데, 그 이후로 군대에 있을 땝니다. 군에 있을 때 제가 첫 휴가를 가갖고 세금정에 있는 그 자택을 찾아갔습니다. 찾아가니까 당시에는 진도 분들이 거기 많이 계셨습니다. 그러면서

"이 자리가 박대통령이 앉아서 사사를 받는 자리다."

그러면서 박대통령이 청와대에서 자하문을 넘어서 글로(거기로) 오시는 겁니다. 그러면서 박대통령이 오신다고 하면은 그 주변에 경호원들이 뒷산, 뒤에가 약간 암반이 있는 바위입니다. 저쪽으로는 상명여대, 세금정 삼거리 검문소가 있는 바로 왼쪽에 지금은 복개가 돼 버렸는데 당시에는 개천이 흘렀어요. 맑은 물이 흐르고 다리를 이르케(이렇게) 딱 건너요.

근데 참, 여기도 진도에 있는 자택도 앞에 북상리에서 흘러내리는 개천이 있었는데 거기도 개천이 있더라구요. 그래서 '아, 우리 소전 선생님이 물을, 참 냇가에 있는 이런 물소리를 좋아하시는구나.' 이런 부분에 그 세금정은 정말로 소리가 물소리가 나는 그런 곳입니다.

그래서 직접 소전 선생님께서 청와대로 들어가신 게 아니고 박대통령이 직접 글로(거기로) 오셨다 이런 것을 짐작할 수 있겠습니다.

소전선생과 주위의 인물들

자료코드   589_MONA_20171029_JGR_KHS_003
조사장소   진도군 진도읍 동외리 진도문화원 회의실
조사일시   2017. 10. 29
조 사 자   박영관, 박정석
제 보 자   김현술(남, 67세, 1950년생)

> **줄거리** 소전선생을 모시면서 항상 가깝게 함께 다니던 분들이 계셨는데 장전 하남호선생, 최대
> 윤씨, 나종대씨, 강구홍씨등 능력이 출중하고 지역에서 힘을 지닌 분들이 함께 하셔서
> 선거 때에도 큰 힘이 되었다.

제가 소전 선생님을 모시면서 당시에 소전 선생님하고 가장 가깝게 함께 다니시던 분들이 있습니다. 그중에는 장전 하남호 선생님이 항상 함께 다니셨고 그리고 최대윤씨, 그분은 키는 쪼그만합니다만은 그분이 미래를 예측하는 능력이 상당했던 것 같습니다. 그분이 참 똑똑하신 분이었습니다.

그리고 구분실의 나종대씨, 그리고 저기 고군에 철호라는 분은 성이 가물가물합니다. 그분은 차를 타고 다니는 게 아니고, 당시에 그 지역을 맡아서 이르케 하시던 분이고, 조도에는 강구홍씨 이런 분들이 있었습니다.

항상 같이 다니신 분들 중에서 차를 같이 타고 다니시던 분들은 최대윤씨, 장전 선생님, 또 나종대씨 그분들이 함께 타고 다녔는데, 그런데 한번은 장전 선생님 마을에 갔습니다. 마을회관에서 소전 선생님 오신다고 그러니까 사람들이 많이 모여 있어요. 그러면서 이야기를 하나 해달라 이거예요.

그래서 소전 선생님이 이야기를 하시면서 어떤 얘기를 하셨느냐면은, 재상이 있었는데 많은 사람들을 모아놓고,

"너희들 마누라 말을 제일 안 듣는 사람들은 홍기 쪽으로 가고, 마누라 말을 제일 잘 듣는 사람들은 청기 쪽으로 가라. 마누라 말을 안 듣는 사람들은 혼

을 내줄 것이다.”

그라고 해노니까(해놓으니까) 전부다 마누라 말을 잘 듣는다고 청기 쪽으로 갔답니다. 청기 쪽으로 가서 있는데, 이르케(이렇게) 보니 단 한 사람이 홍기 쪽에 딱서 있더랍니다.

“너 이놈, 너는 마누라 말을 왜 안들어가지고, 이놈 너를 처벌하겠다!”

“우리 마누라가 사람 많은 데는 절대 가지마라고 그래서, 전부 다 청기쪽으로 가니까 나는 갈 데가 없어서 홍기 쪽으로 왔습니다.”

아니, 그래서 보니까는 그놈이 ‘정말로 마누라 말을 잘 듣는 사람이다’ 해서 오히려 벌을 줄려다가 표창을 했다는 그런 말씀을 하셨어요.

그리고 제가 지금도 그 옛날에 세방낙조, 그쪽으로 길이 있었는데 아주 길이 나빴습니다. 길이 험했는데 참~ 가니까 경관이 빼어나잖아요. 그쪽으로 가면서 하도 경치가 좋아서 운전하면서 힐끔힐끔 제가 쳐다보는데 뭐라 하느냐면은, 바로 세포항이 이르케 포구가 이르케 있드라고. 가면서 뭐라 하느냐면은,

“너는 보지 마라, 길만 봐라.”

길만 보라고 그러셨고.

또 그 당시에 죽림고개가 있습니다. 당시에는 죽림고개를 몇 번 공사를 했는데, 상당히 험한 공사를 하고 있는데 그 길이 보통 나쁜 거이 아니에요. 가기 전에 저는 항상 그러죠.

"손잡이 잡으십쇼 앞에 손잡이 잡으십쇼!"

"잡으라면 잡아야죠."

잡았다 쯤 있다 보면은 길이 괜찮거든요. 딱 노는(놓는) 거예요.

"아이~ 잡으시라니까요. 지금 잡으셔야 됩니다."

딱 잡고, 그러니까 정말 길이 울퉁불퉁 울퉁불퉁 길도 아닌데 짚차(지프차)니까 겨우 지나가는 거예요. 그러고 항상 이르케 한바퀴를 딱 돌고 나오면 하루 종일 돌다보면은 내릴 때가 있습니다. 내릴 때는 집 가까운 쪽으로 읍내 들온다 하믄 내리고, 구분실에 나종대씨 내리고 또 장전 선생님 내리고, 내리고 나면은 소전 선생님하고 저하고 둘이 옵니다.

그런데 당시에는 소전 선생님이 일흔 셋입니다. 그때는 69세라고 했어요. 69세라고 했는데 사실 73세였어.

근데 선거 때는 신민당에서 구호가 뭐이라 하면 '늙은 황소 몰아내고! 젊은 일꾼 몰아!' 이런 구호를, 조시환씨가 그 구호를 외쳤어요.

그러니까 돌아오다 보면은 읍내를 또 들어오다 보면은 석유창고, 석유창고라 합니다. 종리 바로 딱 오면서 차에서 주무시는 거예요. 피곤하죠. 근데 주무시면은 깨우죠. 당시에는 저기서부터 오면서 소전 선생님이 주무시면은 한손으로 운전하고, 이 양반 한손으로 잡고 그리고 운전을 하고 옵니다.

그리고 와가지고는 이르케

'똑바로 서십시오.'

쯤 세워놓고.

"정신을 좀 가다듬고 다른 사람들이 보면 어뜩합니까?"

제가 그랬어요.

그렇게 들오고 했는데, 한번은 사모님이 저를 한번 보자고 데리고 가면서, 다

과를 몇 번이고 차를 해서 대접을 하더라구요. 그러면서 꼬마기사 좀 오라고
해서 내가 가니까 뭐라고 하느냐믄,

"도대체 네가 어뜨케 했간디 (했기에) 밤에 주무시다가도 꼬마기사 얘기를 한
다."고 그래.

부부간에

"도대체 참 꼬마기사가 누구냐?"

그래가지고 소전 선생님이 저를 그르게 좋아했고, 그래서 소전 선생님이 좋아
하니까 차량 번호 서울 자 1-1135 이 차로 주로 많이 모셨죠.

그래서 당시에 또 조시환씨 그쪽에서는 신민당, 그때에 선거에서는 박대통령
선거에서는 그때 들은 얘기로서는 '이긴다, 진도만큼은 이긴다.' 그때 '호남 푸
대접'이라는 용어가 많이 나왔을 땝니다. 호남 푸대접이 나왔는데 당시에는 그
래서 '다 이긴다. 진도만은 이긴다'고 했는데 결국은 대통령선거가 4월 27일
대통령 선거였습니다. 그때에 개표를 딱 해보니까 백열네 표로 졌습니다. 진짜
114표.

젤로 잘로 찍고 그리고 5월 25일 국회의원 선거였어요. 그러니까 4·27, 5·25 그

랬거든요.

그때는 조시환씨 표를 2/3이상 획득을 해서 대통령으로 아니, 국회의원으로 당선이 돼서 국회에 들어갔죠. 들어갔는데 그때는 우리 최대윤씨가 당시에는 다니면서

"우리가 여당이지만 언젠가는 우리가 야당이 될 수 있다는 정신으로 우리도 야당을 할 수 있다는 정신으로 해야 된다."

고 그랬는데, 참 얼마나 그분 말이 좋은 얘깁니까? 틀림없이 정권이 바뀌고, 그런데 요즘 새삼스럽게 최대윤씨가 얼마나 이르게 앞을 내다 봤는가 싶어요.

그리고 또 그분이 앵무리에서 고야리를 가는데, 그때는 추울 땝니다. 차가 지나가면은 청춘남녀가 데이트를 하다가 차가 오면은, 둘이서 딱 붙어가지고 이르케 한쪽에 탁 서있어요. 얼굴에 라이트 안 비출라고 들오고 서있는데, 그러면은 최대윤씨가 가면서,

"참~ 우리가 선진국이 됐다 하믄은 저 청춘남녀가 자가용에서 데이트를 할건데 추운 데서 저케(저렇게) 떨고 있은께 우리도 얼른 선진국이 됐으면 쓰겠다."

고 하는데, 지금은 청춘남녀 전부 자가용으로 하잖습니까? 그래서 최대윤씨가 정말로 제가 볼 때는 사실 인물다운 인물이었습니다.

그런데 그 뒤로도 제가 서울에 나중에 가가지고도 〈세종기원〉이라는 데서 강구홍씨, 최대윤씨, 이남준씨 비서하던 심재선생님, 그 심재 이상대 선생님, 그런 분들을 만났는데, 그때의 주역들이 나중에 서울에서 보니까 세종기원에 다 모이더라구요.

진도읍 동외리 동외마을

호랑이 잡고 원님한테 곤장 맞은 장사 박춘도

자료코드   589_FOTA_20170420_DWR_SSC_001
조사장소   진도군 진도읍 동외리 진도문화원 회의실
조사일시   2017. 11. 10
조 사 자   박주언, 김현숙
제 보 자   서순창(남, 83세, 1935년생)

줄거리 서순창씨가 어렸을 때 같은 마을 박춘도씨로부터 들었던 호랑이 잡은 이야기다. 박춘도씨가 약초를 캐러 사천리 첨찰산에 갔다가 호랑이를 만나 혈투 끝에 잡았다. 원님에게 바치기 위해 청년들을 동원하여 목도를 해가지고 절재를 넘어왔다. 원님은 명산에 짐승을 잡았다고 노발대발하여 박춘도씨를 곤장을 때렸다. 생명을 걸고 잡아 바쳤는데 상대신 곤장을 때렸다는 내용이다.

1903년 영국인이 진도에 들어와서 몰이꾼을 풀어 잡은 '진도호랑이'이다. 영국인 '포드 바클레이'가 『아시아와 북미에서의 수렵』 (1945년간) 이라는 책에 소개하였다.

동외리에가 힘 신(센) 박춘도라는 장사가 있었어요. 하루는 장사가 약초를 캐로(캐러), 약초, 약초를 캐로, 사천리를 비끼내라고 해요. 비끼내. 비끼내로 가서 약초를 캐다가 호랑이를 만났어요.

호랑이를 만났는데, 호랑이하고 혈투 끝에 호랑이를 잡어가지고. 잡어가지고 읍내 원님한테 바치는데, 청년들을 동원해가지고, 장년들을 동원해가지고 목도를 해가지고 절재를 넘어서, 하루종일 목도를 해가지고 메고 원님한테 바쳤단 말입니다.

그러자 원님이 노발대발해 가지고,

"참, 명산에 짐승을 잡었다."

고, 노발대발함시로 곤장을 때렸다고, 그 얘기입니다.

진도 외밭과 외 품종들

자료코드   589_MONA_20170420_DWR_SSC_001
조사장소   진도군 진도읍 동외리 진도문화원 회의실
조사일시   2017. 4. 20
조 사 자   박주언, 김현숙
제 보 자   서순창(남, 83세, 1935년생)

> **줄거리** 어려서부터 외 농사를 지었던 서순창씨는 자기 동네 동외리와 빙깃등 밭에 외를 심어 바지게에 짊어지고 장에 가서 팔았다. 참외, 빨간 참외, 김마까, 쇠풀참외, 조선 참외, 퍼런 참외, 메롱참외, 물외 등을 재배했다. 아버지로부터 배워온 외 벌이는 가업이 되었고 그것은 일반 곡식 농사보다 나았다.

(조사자 : 외농사를 쭉 지었던가요?)

어려서부터 지었습니다. 외밭이 동외리도 있고, 여기도 있었고, 빈깃동이라는, 여기여기 빈깃동, 양무굴이라고, 바로 여기여, 거가 북풍받이여. 여름에는 아주 더운 것보다도, 외나무는 어느 정도 덥도 안 하고 뭣도 안 하고 그래야만이 싱싱하니 자라고 외가 맛있습니다.

(조사자 : 어떤 외를 주로 심었어요?)

품종이 참외, 빨간 참외, 또 김마까(금씨라기 참외, 일본어에서 온 말로 참외를 이르는 경북 방언)가 있습니다. 김마까. 그것이, 김마까가 일본말인가 모르겠소. 김마까. 새풀참외, 조선참외, 색이 빨가지도 않고, 퍼란 참외. 또 메롱참외, 서근서근하니 메롱참외, 또 물외, 반찬해 먹는 물외, 그런 품종이 있습니다.

(조사자 : 외를 장에다가 팔았어요?)

바작(발채, 지게에 얹어 짐을 싣는 데 쓰는 소쿠리 모양의 물건) 짊어지고, 바작에다 짊어지고 가서 장에다 팔았어요. 아버지가 일찍 돌아가셔서 어렸을 때부터 혼자 지게 지고 다녔습니다.

이틀이면 뚝딱 짓는 외막

자료코드   589_MONA_20170420_DWR_SSC_002
조사장소   진도군 진도읍 동외리 진도문화원 회의실
조사일시   2017. 4. 20
조 사 자   박주언, 김현숙
제 보 자   서순창(남, 83세, 1935년생)

줄거리   외막은 장난으로 하는 서리나 도둑을 막기 위하여 감시초소로 만드는 간이시설이다. 물론 낮에는 작업을 하다가 잠시 쉬기도 하는 휴식처이기도 하다. 산에서 나무 쪄다가 기둥 네 개를 세우고 위를 묶어 벌린 뒤 마름 엮어서 지붕을 하면 외막이 된다. 한여름 외가 익기 직전에 만들어, 호롱불과 홑이불을 갖추면 훌륭한 숙소가 되는 셈이다. 부인은 가끔 외막으로 음식을 가져오기도 한다.

(조사자 : 옛날에 외가 귀하니까 짖궂은 애들은 서리하고 그러지 않았나요?)

그람, 그람~ 원두막, 외막을 쳐가지고 야간에는 도둑 지키고 야간 경비초소고, 낮에는 일하다가 뜨거우면은 거그 가서 낮에 쉬고. 지키고 있어야죠. 까딱하니 조금만 비면은 도둑 맞을 수도 있고.

(조사자 : 그때, 마을에서 외막 있고 외농사 짓는 집들이 몇 집이나 되었을까요?)

여럿이 있어요. 동외리가 왜그러냐면 시내가 가까우니까 배추 농사, 외 농사 이런 거 많이 해서 시장에다 팔고 생계유지하고 살았어요.

들은 바에 의하면 우리 전에 외 벌이 한 사람들, 일정 때 외 벌이한 사람들이 있거든요. 우리는 일정 때 해방될 무렵에 하고. 그 사람들이 외를 생산해가지고 시장에 가서 푸면은(풀어놓으면) 일본 순사가 와서 근(斤, 무게단위)대로 해서 무게로 폴아라. 근대로 해서 무게로 팔게 되면은 선(설익은) 외는 무게가 더 나가니까 이익이 되지 않느냐. [일본 순사가 말한 대로 하다가] 가만이 생각해봉게 외가 안 팔리고 그래요. 누가 선 외를 사먹겠습니까? 선 외를. 익은 놈을 사먹제, 장사가 안 되었다고. 나쁘다고. 실정도 모르면서 권장을 해싸. 그런 말을 들었습니다.

(조사자 : 외막은 어느 때쯤에나 짓습니까?)

수확하기 전에 짓어요. 여름에. 조금 높이 기둥을 네 갠가 시웁니다(세웁니다). 그래갖고 욱에(위에) 딱 묶어요. 욱에 딱 묶으먼은 아래가 벌려져요. 중간에다 가 인자 층층대를. 들어가서 누워 있기도 하고 지키기도 하고. 밤에 야경하니 까 홑이불도 갖다놨어요.

(조사자 : 원두막 만드는 재료는 뭐예요?)

산에 있는 나무 쪄다가. 소나무, 쭉쭉. 지붕은, 짚이로(지푸라기로), 짚이로 만들 죠. 짚으로 마람 엮어서 비 안 새게.

(조사자 : 외막 하나 짓을라면 몇 일이나 걸려요?)

외막, 한 2일이나. 혼자는 못허고 옆에 사람 도움을 받아가지고. 빼미락질(칼이 나 낫같은 연장으로 목재를 다듬는 일) 잘하는 목수, 조금 하는 사람들 데려다가 짓죠.

외 종자 받아 외 재배하기

자료코드   589_MONA_20170420_DWR_SSC_003
조사장소   진도군 진도읍 동외리 진도문화원 회의실
조사일시   2017. 4. 20
조 사 자   박주언, 김현숙
제 보 자   서순창(남, 83세, 1935년생)

> **줄거리** 다음 해에 쓸 종자는 잘 익은 놈을 따서 껍질과 과육은 먹고 알맹이는 물에 잘 씻어 씨만 받아 말린다. 잘 보관한 종자는 3월 초 외구덕을 파서 3월 중순에 심는다. 구덕간 거리는 1.2미터로 한 구덕에 외씨 네 개식 심었다가 튼튼한 놈 두 개만 남겨 잘 기른다.

(조사자 : 외를 심을 때 그 종자를 어떻게 만들었어요?)

종자 익은 놈 따다가, 배 딱! 따가지고(갈라가지고) 껍질을 먹고, 알따구(씨)는 종자로 만들어서 씻쳐가지고 말려서 그다음 해에 쓰고 그라죠.

(조사자 : 몇월달에 심어요?)

음력으로 한 3월 초순에 구덕을 만들어서. 3월 중순 조금 넘어서 심어야제.

(조사자 : 씨 몇 개씩 심어요?)

네 개씩. 좋은 놈만 건강한 놈만 남겨놓고 두 나무씩. 간격은 목척 넉자나, 목척, 목척은 30센티거든, 삼사십이 1미터 20센티. 그전에는 비니루(비닐)도 없을 때라 힘들어요. 요새는 비니루도 있어가지고 온도도 맞춰주고 그라는데.

외가 자라면 순을 쳐줘요. 순을 딱 치먼은 가지가 나와요. 그라면 가지가 사방에 퍼져갖고 뻗은 가지에서 열기도 하고. 열기는 많이 해도 상품은 별로 안 나와요. 한 그루에 파는 것이 한 네 개나 다섯 개나. 수량은 많이 열지만은 상품은 많이 안 나와요.

(조사자 : 장마나 가뭄에는 어떻게 대처한가요?)

장마 때는, 서둘러 딸 수밖에 없지요. 글안하면 방치해 놔둘 수밖에 없죠. 덮을 것도 없고. 썩기도 하고, 그라죠. 그랑께 장에다 갖다 파는 것은 나무 한 그루에 둘, 많아면 셋. 열기는 열 개도 더 열지만은 그것이 그렇게 되는 것이 아니여.

(조사자 : 지금은 참외 농사는 안 하세요?)

지금은 안 해요. 지금은 육지에서 육지산들 좋은 놈을 갖고 와요. 시장에가 아주 천지가 그란데, 여기서는 여간해서는 같이 대결할 수가 없어요.

(조사자 : 참외 농사는 몇 년이나 하셨을까요?)

한 삼십 년 했을 거요.

장터에서 외 파는 외첨지

자료코드   589_MONA_20170420_DWR_SSC_004
조사장소   진도군 진도읍 동외리 진도문화원 회의실
조사일시   2017. 4. 20
조 사 자   박주언, 김현숙
제 보 자   서순창(남, 83세, 1935년생)

줄거리 외를 따서 바작에 지고, 아침 일찍 장터 좋은 자리를 잡아 팔면 빨리 팔린다. 당시는 중간상인이 없어 직접 팔아야 했다. 좋은 상품을 생각하면 농약사를 통해 신품종을 구하기도 한다. 농약사는 대개 지도소 출신 퇴직자들이 했는데 모두 돈을 많이 벌었다. 그런 때는 외나 수박을 많이 먹었고, 해마다 외, 수박을 심어온 서순창씨는 외첨지라는 말을 들었다. 외박사인 셈이다.

(조사자 : 시장에 가서 팔 때는 방법이 있나요?)

사라고 사라고 해야죠. 싸다고, 다다고(달다고), 싸고 다다고.

(조사자 : 우리 어르신은 상인이 아니라 그냥 농삿꾼이잖아요? 근데도 바로 파

실 수가 있는 거예요?)

예. 바로 팔고. 또 상인들이 그런 때는 받어다가 팔 생각 안 하고 이녘(자기)이 직접 팔고. 중간중간에서 사가지고 파는 사람이 별로 없었어요. 바작에다 짝대기 딱 받치고 팔죠.

(조사자 : 파는 장소는 따로 정해졌나요?)

그런 때 장소는 빈 데가 장소지라. 일찍하니 나가지라. 자리 좋은 데 잡을라면. 많이 팔 때는, 그 뒤로는 인자 리아카가 생겨서 리아카에다 한 뭇씩 갖고 가면 사십만 원, 삼십만 원썩 팔았어. 그런 때는 이 시장에가 딴 것 안 사먹고 외, 수박 같은 것백끼(밖에) 안 사먹었어요.

(조사자 : 수박도 하시고?)

예, 그라제, 수박도 하고. 아주. 외첨지입니다. 외첨지. 통달된 사람보고 외첨지라 했어요. 외를 심거나 수박을 심어도 비옥한 땅을 선택을 해가지고 심어야 수확도 많이 나고 좋은 품종을, 우량 품종도 생산되고 그라제. 저 산전밭에다 심어버리면 되도 안 하고. 연작은 될 수 있으면 피해야 해요. 퇴비를 많이 해야 제. 농약도 해야제. 농약 안 하면 해충이 다 뜯어먹어불어요. 어렵습니다. 농사란 것이.

(조사자 : 다른 사람보다도 맛있는 외나 수박을 심기 위해서, 새 품종은 어떻게 구했을까요?)

아 쩌~그 어디 가서 구하지라. 농약사에 가서. 그라고 집이서도 받어놨다가 그 품종을 심고.

(조사자 : 진도읍에서는 농약사가 언제 생겼어요?

해방 후로. 농약사 하는 사람들이, 저 이를테면 농촌진흥청, 쩌그 농촌지도소 근무하고 퇴직한 사람들이 많이 차렸어요. 농약에 대해서 상식이 있으니까. 지금도 그런 사람들이 하고 있죠. 그런 사람들 돈 벌었소.

논 갈아 주고 갈이삯 받기

자료코드 589_MONA_20170420_DWR_SSC_005
조사장소 진도군 진도읍 동외리 진도문화원 회의실
조사일시 2017. 4. 20
조 사 자 박주언, 김현숙
제 보 자 서순창(남, 83세, 1935년생)

> **줄거리** 갈이삯이란 벼를 심도록까지를 준비해주는 기초작업이다. 논을 갈아서 물을 잡아 써래
> 질을 해주고 돈을 받는다. 그러기 위해서는 집에서 소를 길러야 하며, 논농사 뿐아니라
> 동외리 밭을 거의 갈아 주었다. 일 한 품삯은 일당이 아니라 마지기당 얼마로 정한다.
> 사람에 따라서는 계산을 빨리 안 해 주는 이도 없지 않았다.

저는 소, 집이서 키웠어요. 많이, 소를. 많이 여러 마리 킨 것이 아니라, 많아먼
두 바리(마리), 글안하먼 한 바리. 논도 갈고, 논 갈아주고 세입도, 돈도 받고 그
랬구만이라 아마 내가 이 동외리 살지만 안 갈아본 밭이 없어.

갈이삯이라는 것이 또 있어요. 갈이삯. 논 한 마지기에 모 심어지도록 갈아주
기에 얼마. 그라먼 돈을, 선금을 받아가지고 일해주고 모 심어지게 완전히 해
주면 그때는 인자 잔금을 받고. 잔금도 몇 달 가도 안 주는 사람도 있었어요.

소구루마로 장마다 한 바퀴

자료코드	589_MONA_20170420_DWR_SSC_006
조사장소	진도군 진도읍 동외리 진도문화원 회의실
조사일시	2017. 4. 20
조 사 자	박주언, 김현숙
제 보 자	서순창(남, 83세, 1935년생)

줄거리 소구루마(소달구지)에 짐을 실어나르는 일을 했다. 힘 센 황소 수레에 짐을 싣고 장에 운반해주는 일이다. 오일시 장, 십일시 장, 의신 장 그리고 읍 장에 다녔다. 장에 다니는 장사꾼들의 짐을 모아 장에 옮겨주고 장이 끝나면 싣고 온다. 계산은 사람 한 품삯, 소 한 품삯, 수레 한 품삯으로 세 품삯을 받으니까 돈벌이가 좋았다.

구루마 소 안있습니까? 황소.

구루마에 탁 채워 가지고 장짐도 실코(싣고) 장, 오일시장, 십일시장, 쩌그 의신 장, 그 저 보탱이 장사들 있소? 그 사람들이 맽게요(맡겨요).

십일시(십일시 장까지는) 네 시간 걸려요. 서문밖 돌아가먼. 새복에(새벽에) 두 시나 일어나서, 실코 인자, 네 시간 뒤에야 십일시 장에다 퍼줘야제, 인자. 그라면 장사덜이 와서 인자 장 보고, 그놈 딱 싸주먼 실코 오고.

그다음 날 오일시, 4일장, 5일장, 의신 6일장, 그렇게 한 바쿠(바퀴) 돌고, 그 다음에 읍장, 7일장 한 바쿠 딱 돌면 간조해.

한 바퀴 돌면 얼마. 어디 장 얼마. 거리가 먼 데는 더 받고, 가까운 데는 덜 받고, 읍내장은 서비스도 해줄 수 있고, 고케.

(조사자 : 장에 다니는 사람이 딱 정해졌잖아요?)

예, 정해졌어요. 각 가게. 그 가게에다가 딱 떨어뜨려주제

(조사자 : 돈을 많이 버셨겠는데요.)

소구루마 끌고 나가면 하루에 3일 품삯이나 받았어요. 구루마 한 품삯, 소 한 품삯, 사람 한 품삯, 소득이 많죠.

소도 구루마도 돈 들여야 좋다

자료코드 589_MONA_20170420_DWR_SSC_007
조사장소 진도군 진도읍 동외리 진도문화원 회의실
조사일시 2017. 4. 20
조 사 자 박주언, 김현숙
제 보 자 서순창(남, 83세, 1935년생)

> **줄거리** 소구루마 일은 소의 힘으로 하는 것이라 소에게 잘 해줘야 한다. 소가 풀만 먹고는 힘을 못 쓰니까 좋은 사료 아니면 느뭇게라도 먹여야 힘을 쓴다. 소에게도 투자를 해야 된다는 것이다. 겨울에는 따뜻한 음식으로 소죽을 끓여 먹인다. 또 수레도 고쳐야 제대로 굴러다닌다. 그러니까 돈을 많이 버는 만큼 일부는 써야 하는 것이 세상 이치인 것이다.

(조사자 : 소가 힘이 세어야 될 것 같은데요?)

황소, 황소. 잘 먹여야 되요. 소도 돈 먹어야 되아. 사료 좋은 놈 믹여야 돼요. 쌀겨 같은 거 줘야 되제, 풀만 먹고는 안 된다고.

(조사자 : 느뭇게가 뭐예요?)

저기 느뭇게(등겨)가 뭐냐 허면 그 저 도정해갖고 쌀겨. 그놈 믹여야 되제, 풀만 믹여갖고는 안돼요.

(조사자 : 왕겨를 벗긴 마지막, 쌀하고 섞어진 그런 건가요?)

영양덩어리죠. 지금은 사료가 좋은 놈이 나옵니다. 예, 겨울에는 소죽 낇이고(끓이고). 다 못 먹어요. 돈 벌면 소도 먹여야 되고 또 고리 들어가야 되고, 나도 먹고 살아야 되고 현상 유지도 해야 되고.

왕무덤재에서 생긴 소구루마 사고

자료코드 589_MONA_20170420_DWR_SSC_008
조사장소 진도군 진도읍 동외리 진도문화원 회의실
조사일시 2017. 4. 20
조 사 자 박주언, 김현숙
제 보 자 서순창(남, 83세, 1935년생)

줄거리 황소를 키웠는데 한번은 쟁기질을 잘해서 잔등을 올라갈 줄 알고 수레를 채워 왕무덤재를 넘어가려고 했다. 그러나 올라채지 못하고 뒤로 밀리고 말았다. 소와 수레가 길옆 고랑으로 빠져 사람들을 동원해서 끌어냈다. 다행히도 큰 사고로 이어지지는 않았다. 소에게 수레 끄는 일을 좀 시키다가 했으면 문제가 없었을 것인데 바로 수레를 채워 높은 고개를 넘으려했던 성급함이 실수였다.

(조사자 : 장에 갔다 돌아올 때는 술 한 잔 하고 그랬나요?)

술 먹으면 별로 안 되요. 실수하까봐. 그리고 40린데, 30린데, 네 시간을 갔다 와야 돼. 그런 때는 비포장이여. 비포장 더덜터덜하고. 그랑께, 오다가 반합 빠졌는가 하고, 늘 보고 그라제. 한나(하나)만 잊어불어도 난리나불어.

(조사자 : 혹시 사고도 있었어요?)

내가 왕무덤재에서 한번 소를, 일을 잘 못하고. 맨 첫번에 그 황소를 키웠는데, 그놈을 한번 (데리고 가다가), 처음에 쟁기질을 잘합디다. 우리 소가 잔등(고개) 올라갈 줄 알고 구루마 채워서 갔더니 [잔등을 못 올라가고] 빠꾸(후진)를 해요. 그래갖고는 길옆에 그 소나무밭으로 빠꾸를 해갖고 넘어져서. 그 사람들 동원해서 소도 겨우 나오고 그런 적이 있어요.

70년대 문화원 순회 영화 및 공연 역사

자료코드 589_MONA_20170904_DWR_KGR, PBW_001
조사장소 진도군 진도읍 동외리 진도문화원
조사일시 2017. 9. 4
조 사 자 박정석, 박영관
제 보 자 박병원 (남, 72세, 1945년생), 김길록 (남, 64세, 1953년생)

줄거리 1970년대 진도에 극장도 없고 다른 문화시설이 없을 때, 6개 면을 다니면서 유랑극단을 꾸려 영화와 대한뉴스를 상영하고 악단들이 공연을 하며 주민들 노래자랑도 열었다. 문화원과 지역면사무소가 주도적으로 협조하여 4년 정도 지역 순회공연을 했던 초창기 진도문화원 역사를 김길록과 박병원이 번갈아가며 이야기한다.

김길록 : 우리가 시네마 뭐 진도극장 역사를 더듬어 봤을 때, 우리가 과거에 대 선배님 조담환씨, 그 원장님께서 진도문화원을 최초로 설립하신 걸로 저는 알고 있습니다.

박병원 : 당연히 그분이 문화원 창립, 창설을 했제

김길록 : 그러죠. 형님도 그런데 그때 당시 아마 70년 전인지 70년 후인지? 70년도 후반기가 됐던지, 아무튼 내가 그 기억은 확실하니 연도는 70년도로 알고, 아, 몇 월 그 언제 했다는 그거는 어떻게 내가 기억 하겠소 형님도 마찬가지고 70년 아마 후반기까? 전반기까요?

박병원 : 70년도 한 중반, 그때 약간 날씨가 더웠을 때여. 그랑께 여름 지나고 가을 무렵으로 접어들 때 그때 아마 한 것 같애. 아니 70 몇 년도? 70년? 75년도냐? 76년도냐? 그거를 응삼이 형님한테 물어본 것이고. 내 생각은 74년도 야튼(하여튼) 후반이었응께.

김길록 : 그때 한참 음악을 좋아하는 지인들끼리 우리가 개나리악단을 조직 했잖습니까? 우리가 그때 당시에도 문화원회원이었죠? 그때 당시에는 문화원 회원들이 많이 없었어요. 직접 참여하는 회원들은 내가 생각했을 때, 선배님

도 그걸 기억하실란가는 모르겠지만은 문화원에 나와서 참여하는 사람들은 이삼십 명 정도였지 않느냐, 나는 이렇게 기억을 더듬어 생각이 드는데 아마 그랬지요?

박병원 : 그때 당시에는 일반인들이 문화원 회원가입을 안 했었어. 주로 국악 계통에 있는 분들 이런 분들이 처음에는 가입을 해서 그때 당시 내가 이사도 하고 그랬었는데 30여 명 정도였을 거야 아마.

김길록 : 아! 그랬어요? 형님 이사였었그만. 나는 그때 회원이었는디. 우리가 문화원에서 매년마다 중앙 정부에서 반공교육을 도서지방에 홍보해야 된다 그래갖고, 우리 원장님이 지역 유지들이랑 주민들 전부 초청해다가 국가 시책이기 때문에 반공영화를 상영하고, 영화가 시작되기 전에 노래자랑을 하든지, 끝나고 하든지 하는 것을 우리한테 사업을 주어서, 진도 일곱 개 면에 순회 공연을 했지라.

그 옛날에는 진도에 전기가 안 들어왔지요. 전기가 들어오지 않기 때문에 순회를 하면서 공보실하고 문화원하고 발전기를 가동해가지고 영화를 하고, 또 대한뉴스 기억나죠? 대한뉴스 끝나고 우리가 30분짜리 영화를 면민들에게 보여주고, 그것 끝나면은 우리가 그 순회공연 노래자랑을 정회하고, 내가 그때 당시에 명색이 진도문화원 전속가수로 등장을 했제라. 기억나죠? 그래가지고 우리가 조도까지 순회를 매년 했잖습니까? 임회면, 지산면, 고군면 다 돌았었 제라. 나는 군내는 기억이 안 나요.

박병원 : 군내는 안 들어갔어.

김길록 : 그러죠? 기억이 안 나. 그리고 조도면, 읍내 우리가 철마광장 앞에서 영화하고 뉴스도 했었고 더듬어보면 문화원에서 70년대, 그러니까 박정희 대통령 시절 때 했던 그 활동이 기억나요.

박병원 : 그랑께 왜 반응이 좋았냐 하면, 그때 당시는 영화 보기도 어려운 시절이고 전혀 문화 시설도 없었고, 또 음악 자체도 악기를 갖고 면 단위로 다니면서 한다는 것이 참 어려운 상황이었어. 그것도 문화원에서 추진했기 때문에

우리가 문화원하고 합류를 해서 당시에 다녔거든. 근데 각 면에는 그런 것을 생전 듣도 보도 못 했을 거야 아마. 반응이 엄청 좋았거든.

김길록 : 전기도 없는 시절이었고.

박병원 : 어 그럼, 그래앗고(그래갖고) 그때 당시에 면장도 나와서 합류하고, 음~ 지서장이나 그 지역 유지들이 다 참석을 해서 그 행사를 빛내 주기도 하고 그런 상황이었거든.

김길록 : 그리고 형님, 면에 유지 어르신들 또 지서장께서 사전에 며칠 날(며칠 날) 거그서 영화를 한다, 또 공연을 한다 그러면은 면하고 지서하고 합류를 해가지고 무대까지 다 지었습니다. 무대까지 전화로 다 지었어. 그리고 우리들 모든 식사를 전부 해결해주고 우리 거마비까지 줬잖아요.

우리가 조도 한번 들어갔었지요. 예, 근데 태풍이 한번 있어가지고 우리가 아주 작은 배를 타고 한번씩 들어가니까, 그래서 진도문화원에서 매년마다 순회공연 겸 순회 반공영화를 인자 일 년에 한 번씩 했었는데, 우리랑 같이 다녔던 분들 중에 조금리에서 태어나신 주종호씨 그 선배님, 그분이 형님한테는 후배지만은 나로서는 아마 세 해 정도 선배 될 거요. 지금 종호 형이 어디가 계시오?

박병원 : 제주에가 있지 지금.

김길록 : 제주에서 지금 뭐 하신다? 제주에서 지금도 악사요?

박병원 : 아니, 그건 인자 접어두고 그림화원, 저 그 표구사도 하고, 화랑도 하고, 자기도 직접 그림 그리기도 하고.

김길록 : 그런 이야기도 들었습니다만은 한번씩 나하고 통화를 하는데, 그러면은 그 주종호 선배님께서는 그때 기타를 하셨지요. 기타 하셨고, 우리 박병원 선배님께서는 드럼을 치셨고, 또 양진 선배님 그 선배님이 하굴이요 중굴이요?

박병원 : 하굴 살제.

김길록 : 하굴, 예 지금도 섹스폰 활동을 하고 계시드만요.

박병원 : 그라제, 지금도 밤무대 있제. 업소에 나가서.

김길록 : 그러면은 종호 선배님하고 박양진 선배님하고 예~ 우리 박병원 선배님하고 삼인조였습니까?

박병원 : 아마 그때 당시는 그렇게 악기를 다루는 사람이 또 없었어.

김길록 : 그라고 그 후로 아마 트럼펫을 내가 한두 번 같이 한 기억이 나요. 그라고 반공 영화가 사라진 다음에 옥천극장이 탄생해가지고, 그때는 우리가 정식으로 문화원에서 막을 내리고 노래자랑, 군민노래자랑, 또 뭐 지산면 면민노래자랑, 임회 노래자랑, 조도 면민노래자랑, 예 고군 면민노래자랑, 마 우리가 의신서도 안하고 안그랬습니까(노래자랑을 했다)? 그러면 그때 당시 정형철씨가 많이 참여를 했어요.

박병원 : 그때는 정형철이 투입이 돼서 같이 했었어.

김길록 : 그래서 그때 당시 사인조가 되었고 진도 문화 역사를 보믄은 문화 예술에 대한 거는 총체적으로 지금 조원장께서 상당하니 큰 업적을 남기셨다고 저는 그게 생각한데 형님은 생각이 어떻습니까?

박병원 : 어떻게 되었던 간에 문화원을 창설하신 분이고, 법인체를 만드신 분이고, 진도에서는 그래도 그분이 진도 문화를 처음 초창기에 살린 분이 조담환씨였어. 그분이 끌어가는 상태에서 그 차후에 박병천씨란 분이 중앙에서 쪼금씩 알려지면서, 크면서 그분이 진도 문화 발전에 상당히 빛을 내주신 분이여. 그랑께 그 두분이 진도 문화로 봐서는 공로자들이여. 두분 다 작고를 하셨지만은.

김길록 : 그때 70년 도에 좌우지간 진도가 그런 문화 혜택을 보지 못할 때 영화를 본다는 것은 엄청나게 힘들었지요.

박병원 : 그러제

김길록 : 예, 그래서 국가 문화공보부 지원 또 진도군청이 지원해가지고 문화원에서 그 사업을 매년마다 순회 영화상영을 하고 대한뉴스를 하고 군민 노래자랑을 우리가 그런 순회 공연을 한 몇 년 했을까요?

박병원 : 우리가 그때 한 4년 했을 거야.

김길록 : 한 삼 사년 되겠지요. 아, 저도 그렇게 생각이 납니다만은 삼사년 동 안에 우리가 진도 7개면인데 우리가 군내는 이상하니 안 했어요. 6개 면을 전 부 순회공연 하고 영화를 하고, 예 문화원 주관으로 했단 말입니다. 지금 그라 믄 주종호씨 그 선배님은 한번이라도 진도에 옵니까?

박병원 : 안 와, 진도를 한번 뗀 뒤로는 안 오든만.

김길록 : 그라면 정형철 씨는 진도군청에 근무하시다가 돌아가셨고, 그리고 형 님은 지금 국가지정 씻김굿 문화재로 지금 보유를 하고 계시고, 그리고 우리 박양진 선배님께서는 지금 모처에서 음악으로 활동하고 계시고, 나는 그림을 취미로 그림을 활동을 좀 하면서, 내가 예술을 좋아하기 때문에 조금, 제가 이 래뵈도 명색이 진도 대표가수로 활동을 했고요. 저 누굽니까 강정태, 아 강동 태 형님이 지금 여기 진도가 계시지요?

박병원 : 아, 형이 강정태씨고, 예 지금 거그 강정태도 국악을 하시제. 거가 다 시래기 후보지, 지금 후보.

김길록 : 그러면 동태는 나하고 친구거든요. 예 그때 당시 진도를 떠나서 서울 에서 연예계 지금 활동을 하는 걸로 내가 알고 있는데.

박병원 : 그때 처음에 올라가서는 밤무대에서 각설이를 갖고 활동하다가 지금 은 굿판 세계로 뛰어들어가지고 지금 강신굿하는 보살들 그거, 지금 법사를 하는 걸로 아는데.

김길록 : 아~ 법사를 하고 계시구만, 대단한 쪽으로 또 가셨구만. 그래 나는 각 설이로 밤무대를 뛰는 걸로 내가 전해 들었어요. 지금 한 20년 정도 될까? 그 후로 진도를 방문을 해가지고 내가 한번 봤어요. 그래서 그 강동태씨하고 나 하고 진도에 전속가수, 문화원 전속가수로 문화원에서 지정을 했지요. 또 우 리가 할 때 여자분 하나 있었지요. 진도 전속가수 여자분 누굽니까? 내가 기억 이 안 납니다. 이름도 모르고.

박병원 : 나도 그 여자는 이름이 기억이 안 나.

김길록 : 그러죠 잉~. 여성 한 분이 있는데 지금 볼 수가 없어요. 노래를 잘하시는 분이 있었는데. 그리고 세 사람이 문화원 회원이고, 문화원에서 우리 셋을 진도군 가수로 지정을 해 줬어요. 그래가지고 문화원에서 가수증을 해서 주고 그런 시절이어요.

진도읍 성내리 성동마을

상여를 함께 떠메던 성동리 상도계

자료코드   589_FOTA_20170505_SDR_JJE_001
조사장소   진도군 진도읍 북산길 제보자 자택
조사일시   2017. 5. 5
조 사 자   박주언, 김현숙
제 보 자   조재언(남, 93세, 1925년생)

줄거리 마을에 상이 났을 때 십시일반 함께 상여를 메기 위해 성동리 상도계를 만들었다. 그런데 점차 장례문화도 바뀌고 사람들도 줄면서 할 수 없이 상도계를 깨게 되었다. 의신면 청용에 오래된 상여가 있다고 해서 조사자가 가서 본 결과, 20년 이상 쓰지 않아서 거의 망가져 있었다고 한다. 성동리 마을에 보관중인 상여도 한번 점검해 봐야 한다는 제보자의 이야기다.

참, 그때가 이상(예상 밖으로) 사람이 많앴고, 멋을(뭣을) 할만 했었는데, 인자 사람이 없어 못 하것등만, 다 죽어불고. 상여를 인자 부린 사람(상을 당해 사용한 경우)은 갠찬한데(문제가 안 되는데) 안 부린 사람은 계원들 전부 몫 돈 만들어서 돈 내줬제. 그래서 (상도계를) 깨불었제. 상여를 안 쓰는데 상도계를 하면 뭣(무엇) 하겠소 인자.

(조사자 : 그러면 돈을 얼마씩 내줬어요?)

그것은 정산해서 와리상(할산) 해갖고 맞춰서 내 줬제. 상여 떠멜 때 안 나오면 그때 벌금으로 5만 원썩 냈소. 자기가 못 나오면 또 사람 사서 옇튼지(넣든지) 그라고.

그랑께 한번 가서 봐야 하꺼인데(하는데) 지금 처박어놓고 어찌께 되었는지….

(조사자 : 그러니까 오래된 상여가, 의신면 청용에 있다고 누가 그라길래 갠잔하겠냐고(괜찮겠냐고) 그랑께는 갠잔하꺼시라고, 또 동네 이장한테 물어봉께는

뭐 암시토(아무렇지도) 안 하다고 그래서, 그라면 한번 봅시다, 그라고 가서 봉께는, 아주 엉망이드만요. 한 20년 안 썼닥(썼다고) 하는데 그 실 같은 이런 것들이 녹아가지고 떨어져서 가루로 그냥 밀가루처럼 쌓여있어요. 그래서 완전히 배래붙었드만요(망가졌더군요). 그러니까 보존이 아주 잘 되면 모르는데, 비를 맞았다든가 뭐 그렇게 해가지고 그대로 놔두면은 금방 상하는 것 같아요.)
상여는 습기 차불면 그만이여. 한번 언제 봐야 쓰꺼인데 우리 성동리도. 아주 못쓰게 되면 없애불든지 그렇게 해야제.

귀하디 귀한 상여 조립자

자료코드   589_FOTA_20170505_SDR_JJE_002
조사장소   진도군 진도읍 북산길 제보자 자택
조사일시   2017. 5. 5
조 사 자   박주언, 김현숙
제 보 자   조재언(남, 93세, 1925년생)

> **줄거리** 상여 조립은 좌우 본이 같으므로 하나만 온전하면 그대로 보고 맞춰서 만들면 되는데, 상여를 어깨에 메는 방법이 복잡해 기억할 수 있는 사람이 있을지 걱정이다.

(조사자 : 지금 그거(상여) 조립할 줄 아는 동네사람이 있을까요?)
없으꺼요, 없어. 그란데 맞치다(맞추다)보면 맞쳐진닥(맞춰진다고) 안 하요 고것이. 모도 구멍이 있고 그랑께. 맞치다보면 "멋(뭣)이 없구나, 저쪽은 있고 이쪽은 없구나." 그라면 인자 그놈 뜯어갖고 고대로 뽄 떠갖고(본을 떠서) 다시 하나 만들면 되고, 칠도 고놈 보고 그라면(칠하면) 된닥(된다고) 합디다.

(조사자 : 옛날에 상여 조립했던 사람이 더러 촌에 가면 있을랑가도 모르겠습니다만은요?)

아니라, 그런 생이도(상여) 없고 지금 지금 생이(요즘 상여)도 봉빠 매는 거, 그것도 못하겠습디다. 그냥 잊어불어지덤만(잊어버려지다). 어찌께 착! 하면, 멜 때는 복잡해 이것이. 그란데 끄를 때는 고 하나만 뭣 해갖고 쭉 잡어댕기면 착착 풀어지덤만! 그걸 내가 잊어먹었단 말이요. 그란데 이것이 살살 잊어먹는 것이 탈이구만.

동네 창고에 썩어가는 북, 장구

자료코드   589_FOTA_20170505_SDR_JJE_003
조사장소   진도군 진도읍 북산길 제보자 자택
조사일시   2017. 5. 5
조 사 자   박주언, 김현숙
제 보 자   조재언(남, 93세, 1925년생)

줄거리 성동리 공회당 뒤 창고에 북, 장구가 습기 가득한 채 방치되어 그것을 안타깝게 생각하고 있다. 제보자는 악기를 잘 관리하여 마을에 장구 소리가 다시 울려퍼지길 간절히 바라고 있다.

우리 지금 성동리 공회당 뒤 창고를 가 보면 장구가 몇 갤랑가(몇 개인지) 몰라도 전부 끌러져갖고 아주 차떼기로 있어.

그래서 내가 한번, 저것을 저대로 두먼 썩겠습디다. 머(뭐) 통은 통대로 있고 옆에 가죽도 있고, 있다 말입니다.

'저것을 저대로 방치하면 다 썩어부꺼인데, 저걸 어찌께 하면 쓰겄냐'
하고 생각만 했제, 다른 방법이 안 열링께 말을 못하고 있제. 그것도 한번 언제
이장보고 얘기해갖고 바람 좀 쐬야 겄습디다.

(조사자 : 쐬고 전부 다시 걸어야지, 줄을 걸어서 제대로 만들어야지요. 그래서
성동리서 장구 강습 같은 것도 하고 이러면은 악기가 살아날 텐데.) [웃음]
어찌께 조립을 해야 쓰겄더랑께. 안 쓰드래도 조립을 잔(좀) 해갖고 걸어놓든지
그래야 쓰겄더랑께. 장구통이 한 대여섯 개 되꺼시오(될 것이오).

(조사자 : 아, 얼마 안 되네.) [웃음]

꽹가리도 있고 쟁(징)도 있고.

한복에 삼신 신고 미국 간 젊은이들

자료코드   589_MONA_20170505_SDR_JJE_001
조사장소   진도군 진도읍 북산길 제보자 자택
조사일시   2017. 5. 5
조 사 자   박주언, 김현숙
제 보 자   조재언(남, 93세, 1925년생)

줄거리 예전에 두 젊은이가 미국을 가는데 진도 사람은 한복에 삼신을 신고, 평양 사람은 양복
에 배낭을 메고 갔다고 한다. 진도에서는 집집마다 삼나무를 많이 심었다. 짚신을 튼튼
하게 만들려면 삼나무 껍질과 짚을 섞어서 삼아야 훨씬 튼튼하고 보기도 좋다.

육날(신날을 여섯 가닥으로 삼은 미투리) 삼신(지푸라기와 삼 줄기로 만든 신)을 신은 사람은

진도 사람이고(조병문씨 아들), 또 같은 친구는 평양 사람이락 해. 그란데 서울서 같이 학교를 다녔던가 몰라. 그래 친구끼리 미국이나 구경 한번 가자 그래 갔고, 여그 진도 사람은 한복을 입고 가고, 평양 사람은 배낭에다가 인삼을 담고 갈랑께 배낭을 지고 양복을 입고 갔다 그것이여. 그것은 내가 안 봤제. 죽은 조기연 교장한테 내가 들었제.

(조사자 : 그 신발은 고군면서 만든 신발일까요?)

오산에서. 그 사람이 조천환씨여. '일천 천'짜 '빛날 환'짜 조천환씨. 내가 짚신을 삼는 것을 봤제. 미국까지 갖고 가는 것은 안 봤는데, 오산 사랑방에서 삼는 것은 봤어.

삼나무를 많이 심었어요. 내가 보기에도 그때는, 그것이 아편 종류인지 몰랐던 모양이여. 그란데 고것을 왜 심었냐 하면, 고 삼나무 껍데기하고 짚하고 섞어야 쮓다(질기고) 그것이여, 짚신 바닥이.

근디 또 그것으로만 해노면(삼으로만 만들면) 물 묻으면 기양(너무) 약하닥(약하다)합디다. 그랑께 쮓고 보기도 좋고 하니께 섞어서 하지라.

세계박람회에 출품한 진도 육날삼신

자료코드	589_MONA_20170505_SDR_JJE_002
조사장소	진도군 진도읍 북산길 제보자 자택
조사일시	2017년 5. 5
조 사 자	박주언, 김현숙
제 보 자	조재언(남, 93세, 1925년생)

줄거리 조병문씨 아들이 친구와 미국에 가서 엠파이어빌딩 구경을 갔다. 그곳에서 진기한 물건을 진열하는 것을 보고 육날삼신을 진열해 두었드,니 신발구조가 어떻게 짜여졌는지 알 수 없는 신기한 구조라 하여 주목을 받고 특등을 받았다.

이왕에 미국을 왔응께, '우리 미국서 최고 건물 한번 구경하자'해서 둘이 함께 했겠지요. 그라면 가자, 그래갖고 엠파이어 스테이트 빌딩을 가서 보니까, 그 건물 자체는 102층인데 100층까지만 엘레베타가 다니제, 고 욱에(위에) 1층, 2층은 안 다닌다 그것이여.

어쨰 안 다닌냐 항께, 그것은 인자 내가 들었제. 일곱 살인가 아홉 살인가 먹은 애가 거그서 넘어다보다가 꺼꿀로 떨어져 죽은 후로 기양 욱에 2층은 통행금지를 시켜불었어. 100층에 가머는 건물 지은 사람 동상이 있습디다.

그래서 그 사람들이 엠파이어빌딩 구경을 갔는데, 사람들이 운집해갖고 있어 뭣 하는가 하고 가봉께, 모도 괴상한 물건들을 진열해놓고, 심사관인가 하는 세사람이 조사를 하더라 그것이여. 그랑께 두 사람 중에서 얘기를 했겠지요.

"이 신발을 한번 살짝 쩌그다 걸어놔 보자."

그래 짚신을 걸어논 것이 미국에는 없는 신이고 그랑께, 신발 짜는 것이 어디서 시작해갖고 어디서 끝나는지 아무리 봐도 심사관들이 몰랐다 그것이여. 지금도 모른닥 안 하요, 지금도. 지금도 발견을 못했다 그것이여.

그 신발이, 옆이로 신총 안 있소 신총. 그 신총에가 구멍 뚫어졌거든, 고리(거기로) 끼어져갖고 있어. 먼 기계가 신총을 꼬아서 대기하고 있다가 요 구녁으로(구멍으로) 노끈을 뽑아서 그 신을, 형태를 만들어 줄 것이냐, 아직도 발견을 못했닥 안 하요.

그랑께 대용신이 나왔다 그것이여. 원판으로 해서 그려갖고 그림을 그려갖고, 그놈은 내가 봤거든, 내가 가짜는 봤어. 사람들은 모릉께.

심사관들이 보고는 그 작품 이름도 없고, 어디 나라 것인지 국명도 없고, 작품 출품자 이름도 없고 그랑께 이것을 들고 주인을 찾응께, 한국 사람이

"제것입니다."

그랑께, 그라면 써내라고, 종이를 주어서 국명, 품명, 출품자 이름을 써서 냈더락 안 하요. 그래갖고 인자 와서 보고는, 몇번을 봐도 참 신통하고 괴상하게 생겼응께 이것 참 세계 초유의 귀물이다 해갖고는 특등을 주더락 안 하요, 빨가니 표때기를(종이조각을),특등이라고 써갖고.

미국서 열린 그 행사는 세계만물전람회라 그랍디다. 나도 만물전람회는 보도 안 했제. 이 얘기는 천환씨 아들, 규연씨가 나한테 말했제.

그 후로 내가 가서 봉께 그 신이 없습디다. 여그 초등학교 앞에서 살 때 가서 봉께 그 신이 없어.

"그란데 그 존(좋은) 신 어째불었소?"

그랑께 그 형님이 이 얘기를 쭉 하는거여. 그래서 내가 거그서 들었제.

짚신 수출로 돈을 번 이천

자료코드 589_MONA_20170505_SDR_JJE_003
조사장소 진도군 진도읍 북산길 제보자 자택
조사일시 2017. 5. 5
조 사 자 박주언, 김현숙
제 보 자 조재언(남, 93세, 1925년생)

줄거리 진도 짚신이 미국박람회에서 지상 보도된 후로 미군들이 한국에 오면 짚신을 사려고 하자, 가장 미군이 많은 경기도 이천에서 짚신을 대량으로 만들어 팔아서 돈을 많이 벌었다.

심지어 한동안은 한국에서 짚신을 수출까지 했으꺼시오. 우리가 모릉께 그라제. 지상보도가 됭께 '하, 이런 신발이 있다.' 그라고.

유엔군이, 해방이(휴전이) 되니까 우리나라에 온다 그것이여. 항상 근무하던 유엔군이 오면은 먼저 그걸 사러 옵니다.

짚신을 살라고 애를 써. 육날배기 삼신인 줄만 알고 막 살락(사려고)하제, 그 신이 있는 줄 알고. 한국에 가면 집집마다 공장이 있다고 그랑께 '진짜 있는 것이다' 그라고 알고.

그래서 그 소문을 경기도 이천 사람이 젤 먼저 들었다 그것이여. 그쪽에가 미군이 많이 있었고 그래서. 그래갖고 가마니도 안 치고(안만들고) 걍(그냥) 짚신 삼는데 열을 올려갖고, 그 사람들이 아주 큰돈 벌었제.

(조사자 : 진도걸로 소문났는데 돈은 다른 데 사람들이 벌었네요?)

그랑께 원숭이가 재주는 넘고 돈은 중국사람이 따담는 격이 되아뿔었어.

짚신틀을 잘 보존한 며느리

자료코드   589_FOTA_20170505_SDR_JJE_004
조사장소   진도군 진도읍 북산길 제보자 자택
조사일시   2017. 5. 5
조 사 자   박주언, 김현숙
제 보 자   조재언(남, 93세, 1925년생)

줄거리 새 집을 짓느라 묵은 살림을 다 정리해서 버리는데 조천환씨 부인이 짚신틀을 잘 챙겨서 지금까지 보존해왔다.

조천환씨네 집을 새로 짓는데, 즈그 시아부지가 지저분한 것은 전부 버리는데, 그 틀을(육날삼신 만드는 도구를) 버렸더라 그것이여. 그래서는 가만히 봉께는 우리 아버지가 그걸 가지고 짚신을 만들었거든.

그래서 이 귀한 것을 버리면 쓰겄냐 그라고는 모아서 놔뒀다 그것이여. 그래갖고 그것이 지금까지 보관이 되았다 그것이여.

그 여자가 한 60이 넘었으께시오. 지금 건강히 있어. 그랑께 어찌께 해서 보관해두었냐 그것은 내가 안 물어봤제. 내 짐작에, 새 집 짓을라면 집을 전부 자빨셔갖고(넘어뜨려서) 살림을 전부 안 끄집어내부요. 그란데 거그서 그것을 추려냈을 때는 생각이 좀 다른 사람이다, 그말이여 내말이. 그랑께 문화원장상이라도 줬으면 하는 그런 생각이제.

짚신 엮는 틀 도투마리

자료코드	589_FOTA_20170505_SDR_JJE_005
조사장소	진도군 진도읍 북산길 제보자 자택
조사일시	2017. 5. 5
조 사 자	박주언, 김현숙
제 보 자	조재언(남, 93세, 1925년생)

줄거리 육날삼신은 삼과 짚을 섞어서 엮고, 보통 짚신은 날이 네 개인데 진도에선 특이하게도 여섯 개의 날을 짜서 만들어 모양새가 깨끗하고 튼튼하다.

그란데 그 도투마리도 있으먼 쓰꺼인데(쓸것인데) 그것은 없으거여. 앉어서 새내끼를(새끼줄) 걸고, [한쪽은] 꼼말(허리춤)에다 차고 요케 [짚신 엮는 도투마리] 그걸, 이천 사람들은 아주 써금써금한(아주 낡은) 것까지 다 팔아먹었더라. 그것이 기계라고.

육날삼신은 삼으로 엮은 신이여. 대마초 이름이 삼이여. 그래서 삼신은 삼하고 짚하고 섞어서 맹기는 거거든.

육날이라는 것은, 보통 짚신은 날이 네 갠데, 지금 우리가 말하는 것은 날이 여섯 개라 그 말이여. 지금도 육날이 더러 나오기는 나올 거요. 삼신이라는 것은 그전에 있도 없었거던. 진도서만 이것이 처음 나왔제. 이천서는 짚으로만 했제.

이것이(진도 것이) 원조제 원조. 그랑께 이천 것은 엉덕했제(엉성해). 이천 것은 엉덕해. 그란데 이 육날삼신은 아주 기계에서 뺀 것 같단 말이여. 깨끗해갖고. 어디서 이것이 나왔냐 싶어. (보푸라기는) 전부 뜯어불거든.

(조사자 : 그 짚신을 삼는 사람이 오산, 고군면 말고도 진도 다른 곳에도 있었을 것 아닙니까)

다른 데는 없었을 것이고, 그 후로 내가 보기에는 삼 대신에 칡 안 있소 칡. 칡을 떠다가 짚하고 섞어서 많이 합디다. 그건 나왔었어. 삼이 귀항께. 좌우간 그 사람 외에는 그케 신을 삼는 이가 없었어. 꼭 기계로 빼논 것 같단 말입니다.

깨~끗해갖고 꼭, 어쩌면 그렇게, 손으로 비벼서 (새끼를) 꼰 것이 그것이 그 신총이거든. 옆에 요록케 지금 발이 들어가면 요리 싸는 것이 신총. 그것이 똑같이 안 빠게(빠지지않게) 연결해서 고놈을 일일이 탁 틀어갖고, 구멍을 맞춰서 여그다 끼제 그캐해갖고 요롱게 코에다 끼어갖고 딱 죄면은 인자 주머니가 딱 오그라지제.

그랑께 미국사람이, 그 물건이 어디서 시작해갖고 어디서 끝나는지를 몰랐어. 그래갖고 기계로 아무리 할락해야 어찌께 되겠소. 먼 기계로 몇 번 돌려봐도, 그 신총 때문에 문제다 그것이여.

고것만 아니고 걍 왼통 바로 했으면 걍 되는데, 그것이 한 쪽에가 스물다섯 갠가 되아. 요쪽 스물다섯 요쪽 스물다섯. 그래갖고 구멍으로 전부 끼어서 고정이 되거든. 사람마다 보면은 이것이 도대체 어찌께 나왔냐 그것이여. 몰라.

공부하고 싶어 불효자가 되다

자료코드 589_MONA_20170505_SDR_JJE_006
조사장소 진도군 진도읍 북산길 제보자 자택
조사일시 2017. 5. 5
조 사 자 박주언, 김현숙
제 보 자 조재언(남, 93세, 1925년생)

줄거리 일본 유학을 꿈꾸던 시절, 부모님은 집을 짓고 나서 유학을 가라고 만류하셨지만 공부
는 때가 있다고 부모의 뜻을 거역하고 유학길에 오른다.

아버지는

"2, 3년 참었다가 다음에 공부를 해라, 내가 하고 있는 이 집 건축을 니가 도움
을 줘야 안 쓰겠냐?"

그란데 나는

"싫습니다. 공부는 제때 아니면 못하고, 건축은 2년, 3년 후에도 하는 것 아닙
니까."

인자 의견이 반대가 생겼제.

그래갖고 아버지가 어머니하고 타협이 되았어. 저놈 아주 나쁜 놈이라고 말이
여. 부모 명령을 저렇게 거역을 하고, 지가 홀로 어린놈이 어디 가서 밥을 얻어
먹으며 학교를 댕기꺼시냐고 이렇게 생각을 할 것 아니요.

그래도 나는 그런 것이 걱정이 안 되고, 지금 생각하면 그런 때 내가 묘한 놈이
여. 어띠께(어떻게) 공부를 제때 안 하면 못 하고(못한다고) 하는 것이 머리에 올랐
던가 몰라.

그랑께 부모 몰래 지서장한테 가서 내가 여권도 내고, 그 참 그때 신발이 없었
거던. 짚신 신고 가서 떨어지면 맨발로···. 참말로 지금 생각하면 내가 묘한 놈

이여.

(조사자 : 그래도 공부를 하겠다고 일본을 가신다고 하면 속으로 기쁨도 안 있 겠습니까?)

있겠지만은 우선 욕심으로는 목수를 여섯이 데려다 날마다 일하는데 그런 생 각이 나겠소? 저놈이 나쁜 놈이라고 말이여. 즈그 애비 애미 말을 안 듣고, 저 하고 잡은 대로 산다고, 불효자식이라고 낙인 찍었겠지요.

바람 방향으로 잡아낸 그림의 오류

자료코드	589_MONA_20170505_SDR_JJE_007
조사장소	진도군 진도읍 북산길 제보자 자택
조사일시	2017. 5. 5
조 사 자	박주언, 김현숙
제 보 자	조재언(남, 93세, 1925년생)

줄거리 동네 선배가 숙제로 그림을 그렸는데, 바람으로 가는 돛배 그림이었다. 그러나 바람과 태극기의 움직임이 반대로 표현되어 잘못되었음을 찾아내서 지적했다.

동네가(에) 양장숙이라고 6학년 선배가 있었거든. 모도 기숙사 같은 데서 그림 을 그립디다, 에노구(畵具) 색소로. 그란데 풍선을 그렸는데 잘 그렸어. 그란데 봉께는 그림이 아니여. 그라길래

"예, 형님!"

"뭣 할래?"

"이것이 그림이라고 그렸소, 뭐이라고 그렸소? 이거이 뭐이요?"

"아 이놈아 보아라, 눈이로 보제, 나보고 물어보냐?"

"봉께 뭣이요, 나는 모루겠소."

"아, 풍선 아니냐"

"에이, 여보쇼. 그림을 그림같칠로(그림처럼) 그리제, 이것 그림도 아니고 뭣도 아니고 암꿋(아무것)도 아니요."

"나쁜놈 새끼, 쩌리 가!"

나보고 인자 나쁜놈 새끼라고.

"형님은 나보고 나쁘닥 해도 그림은 아닙니다. 저 그림 없애불어야 합니다."

"저놈 새끼 나쁜놈 새끼네."

나를 막 쫓아댕겼어. 그래 내가 그 그림을 뽀구작 뽀구작 문질러불었제. 찢기는 안 하고. 그랑께

"어째 그라냐?"

나보고 미쳤다고 그래. 그래,

"아, 생각해보쇼, 이 그림을 내가 보기 다행이제, 따른 사람이 보면 형님을 머이라고 보겠소?"

"너, 뭣을 보고 그라냐?"

그랑께는

"아이! 바람이 요쪽에서 불어서 지금 돛(돛)폭이 요라고 있는데, 아 태극기는 어째서 반대로 요쪽에서 펄럭이고 있냐고."

그것이 맞거던? 그때는 승복을 합디다.

"하, 니가 일등이다, 니가 일등이여."

그랑께 암말또(아무런 말도) 못하등만. 자기가 손수 찢어붑디다. 아마 숙제였던 모양입디다. 이것을 만약에 학교로 갖고 가서 문제 생기면, 그럼 거그서 내가 힛트를 한번 치고.

고군 지서에서 만든 여권

자료코드	589_MONA_20170505_SDR_JJE_008
조사장소	진도군 진도읍 북산길 제보자 자택
조사일시	2017. 5. 5
조 사 자	박주언, 김현숙
제 보 자	조재언(남, 93세, 1925년생)

줄거리 일본으로 유학가기 위해 여권을 만들러 고군 지서로 갔다. 그 당시 일본인들은 대체로 조선인들의 일본 유학을 반기며 협조적으로 도와주었다.

그런 때는 아, 한국 사람이 일본글 배우러 간다는데 일본 사람들이 허가를 안하겠소 하제, 좋닥 하제.

내선일체가 목적인데 여권이라는 것을 해 주제. 그랑께 얼씨구나 하고 해주제.

내가 인자 산에 갔다 와서, 지게는 몰래 동네 지시럭(처마)에다(밑에) 놔두고 지서를 갔어.

"지서장님, 나 일본 가는 여권 한나(하나) 내주쇼."

그랑께

"뭣하러 갈래?"

"아, 공부하러 가지라~"

"아 느그 집 안 짓냐!"

"집은 훗년에나 내가 갔다와서 짓으꺼시오."

"정말로 가냐?"

"정말로 가제, 거지깔로(거짓말로) 가겄소?"

전부 인자 뭣을 적읍디다. 인적사항을 쓰덤만(쓰대).

"여그서 경찰서로 보내꺼잉께 인지 내가 연락을 하마. 모레 한번 더 온나."

경찰서 연락이 온다고 그래. 그 모레를 기달리는데 사람 미치겄등만. 그렇게 날이 안 가대, 빨리 모레가 와야 하꺼인데.

일본말과 영어를 배우다

자료코드   589_MONA_20170505_SDR_JJE_009
조사장소   진도군 진도읍 북산길 제보자 자택
조사일시   2017. 5. 5
조 사 자   박주언, 김현숙
제 보 자   조재언(남, 93세, 1925년생)

줄거리 초등학교 3학년 때 담임인 곤도 선생님께 일본말을 배우고, 동네에서 유일한 서울 유학생인 조자환씨가 방학 때 고향에 내려오자 그에게 영어를 물어서 배웠다.

초등학교 3학년 때 한 선생님이, 일본 곤도라는 선생님이 나를 담임을 했어. 거그서 내가 일본말을 뺐어(배웠어). 3학년 때부터 뺐어. 또 이 곤도라는 사람이 내가 잘 들어중께 그라는가, 꼭 심부름을 나를 시키듬만. 그래서 대충 일본말을 알었어.

그라고 영어는 대충 중학교 1학년 것 부터 거진 알었지라. 어디서 알었냐면, 그 집이가 오산서 제일 부자였습니다. 그 집 어르신 이름이 조병일씨고, 서울로 유학간 사람은 오산서 혼자 갔는데 조자환씨여.

그란데 조자환씨가 서울서 학교 다니다가 여름방학 때 되면은 라디오를 서울서 가지고 와. 그때 라디오가 젤 먼저 생겼을 때제. 이마~나(이만큼) 큰 제니스여

제니스 라디오. 그라고 안테나 높이 달고. 그라면 인자 동네가 라디오가 하나 뺵에 없응께 학생들이 전부 모여.

그란데 이 조자환씨는 라디오를 동네 청년들보고 들으라고 틀어놓고 공부를 합디다. 그란데 옆에가 먼 코부랑 글씨가 써진 것이 책이 많이 있어. 그라길래 봉께 영어책이여. 그라길래 인자 '원 투 쓰리' 써졌덤만. 그라길래

"얘, 아저씨."

"뭣 할라고 그라냐?"

"1학년 것이 어뜬 것이 기요."

"쩌그 저것이 기다."

거가 1이라고 써졌덤만. 그래 그놈을 갖고 쌀쌀 읽응께,

"아야, 너 영어 취미가 있냐?"

"아, 모릉께 알고 싶어서 그랍니다."

"그라면 내가 하루에 하나썩 갈쳐주리?"

"그라쇼."

그라고 인자 영어를 뱄제[웃음] 거그서 뱄어 공짜로. 나뺵에 없어. 그걸 배울락 하는 놈이 나뺵에 없어. 30명이, 큰 마을에서 모도 라디오가 있응께, 전부 모이는디 나뺵에 없어. 나는 그 딱 옆에(붙어서)

"아저씨, 요건 뭐이고 요건 뭐이다?"

"북이다 북."

"북이 머이다?"

"책이란 말이다."

"아, 그라요?"

차표를 사려면 일본말로 해야 한다

자료코드   589_MONA_20170505_SDR_JJE_010
조사장소   진도군 진도읍 북산길 제보자 자택
조사일시   2017. 5. 5
조 사 자   박주언, 김현숙
제 보 자   조재언(남, 93세, 1925년생)

줄거리 그 당시 목포에서 차표를 끊을 때도 일본말로 하게끔 시켰다. 일본말을 못하면 조선인 통역관이 따라하라고 하면서 꼭 일본말을 따라 해야 발권이 가능했다.

목포 가서 차표를 끊을락 항께(끊을라고 하니) 옆에가 써졌어. '깃부 이찌마이 구다사이(표한장주세요).' 그 말을 일본어로 써졌어. 그 말을 해야 표를 주제, 그냥은 돈을 줘도 안 줘요.

"일본말로 해!"

안에서 그래요. 만약 못하면은, 하도 애가 터지면, 옆에서 한국 사람 통역관이 있어.

"아야, 내 말대로 해라."

"머요"

그라먼은

"깃부 이찌마이 구다사이! 그렇게 해 봐."

그라면

"깃부 이찌마이 구다사이"

그라면 안에서 듣고 표를 줘. 나는 그런 거 필요없이 무사통과여, 일본말 공부를 좀 해서.

일본을 가니까는 벌써 사월 초순이여. 삼월 달에 전부 중학교 입학이 끝나불었거든. 나는 기간이 늦은 때 가갖고는 인자 큰일났제. 한 달 되아서 입학 못 하면은 꼬리표 차고 도로 쫓겨 내려옵니다. 증명이 그 증명이거든.

차표 한 장으로 목포에서 동경 집 앞까지 도착

자료코드	589_MONA_20170505_SDR_JJE_011
조사장소	진도군 진도읍 북산길 제보자 자택
조사일시	2017. 5. 5
조 사 자	박주언, 김현숙
제 보 자	조재언(남, 93세, 1925년생)

줄거리 목포에서 동경까지 차비는 13원 70전으로, 차표 한 장이면 일사천리로 갈 수 있다. 그런 체계적인 노선과 일정 관리로 일본을 드나들게 하는 것에 놀랐다.

돈은 120원 갖고 내가 나갔는데, 그때 목포서 동경까지 차비가 13원 70전이여. 내가 돈을 하도 어띠께 쓸락했던지 안 잊어불겠습디다. 십 삼원 칠 십전.
그란데 지금 생각하면 일본놈덜이 정치는 잘 한 것입디다. 그 표 하나 가지고 동경 이녁(자기) 살팍(대문) 앞에서 내려. 그때사라 그 표를 줍니다.
자, 목포서 타, 대전서 차를 바까(바꿔서) 타 부산가는 차로, 부산서 관부연락선 배를 타 여덟시간동안, 그리고 또 인자 하관서 대판까지 기차를 열한시간 타, 또 대판서 동경까지 11시간 기차를 타, 그리고 동경서 내려갖고 이녁 집 앞 전차를 타. 그라면 그때사 그 차표를 줍니다.
하나면 되아 하나면. 지금 내가 생각하면 정치는 저렇게 해야겄다.

둥글둥글 돌아가는 동경역

자료코드	589_FOTA_20170505_SDR_JJE_012
조사장소	진도군 진도읍 북산길 제보자 자택
조사일시	2017. 5. 5
조 사 자	박주언, 김현숙
제 보 자	조재언(남, 93세, 1925년생)

줄거리 동창생들보다 조금 뒤쳐 진채로 일본 유학길에 올라 일본역에 도착한 날, 동경역이 빙글빙글 돌아갈 만큼 멀미가 너무 심했다.

전에 진도전매서장 박섭준씨 그분이 나를 일본으로 오락(오라고)해서, 일본서 중학교 입학원서를 사서 보내줬습니다. 그런데 남들은(동창생들은) 전부 일본으로 미리 건너 가불고 없어. 나는 아부지 말 듣다가 뒤쳐져갖고 지금 그 모냥(모양) 되았는데.

일본(동경) 가니까 그 형님이 자전거를 타고 와서

"가자!"

그라고는 일본 간 다음날이여. 막 일본(동경) 도착항께 일본역(동경역)이 마루노찝니다. 일본말로 마루노우찌. '둥글 환짜', '집 옥'짜여 환옥이여. 역이 똥굴똥굴해라.

그란데 내링께는 막 이 커나큰 집이 막 돌더란 말입니다. 와-따! 세상에 먼 기계가 있어갖고 이 동경역이 돈다냐고 내가 그랑께, 인자 어째 도냐먼은 차멀미 기차멀미를 해놔서, 그래서 도는 줄을 모르고. 그 섭준이 형님보고,

"얘, 이 도는 것이 언제 끝난다?"

그랑께는

"내일은 끝날 것이다."

그라길래
"어째 그란다?"
그랑께는 니가 내일 되아봐야 안다고.

조선 사람이 일본에서 맨 먼저 먹어야 하는 뚜부

자료코드 589_MONA_20170505_SDR_JJE_013
조사장소 진도군 진도읍 북산길 제보자 자택
조사일시 2017. 5. 5
조 사 자 박주언, 김현숙
제 보 자 조재언(남, 93세, 1925년생)

줄거리 동경역에 내려서 식당에 들어갔더니 마중 나온 섭준 형님이 두부를 먹으라고 했다. 제보자는 두부보다 진열장의 견본품이 먹고 싶었으나 두부를 먼저 먹어야 한다는 말에 진열장 견본은 다음에 먹기로 했다.

기차역에서 내려갖고 걸어가는데, 식당 진열장에가 그 보기만 좋게 음식 견본 안 있소. 압따~먹음직한 음식이 고봉으로 쌓여있습디다. 들어가덤만.
그라길래 섭준이 형님이,
"앉어라 임마!"
앉응께는 먼 생두부를 접시에다 한나 갖고와서
"이놈 먹어라!"
"예 형님, 이것이 머이다?"
"뚜부단다."

"어째서 이것을 먹으락 하요?"

진열장을 내가 가르침시로

"쩌그 저것 잔(좀) 사주쇼?"

그랑께는

"미친놈아, 그것은 안 팔아야."

"그라먼 어째 저케 해났다?"

"저것은 주문하먼 판단다."

그라면 그것 잔(좀) 사주락 항께는,

"아야~ 우선 뚜부를 먹고, 저것은 내일이나 먹으까 그란다."

"어째 뚜부를 먹으락 하요?"

항께는 일본은 음식을 싱겁게 먹응께, 한국 사람이 각기에 걸린다 그것이여. 그랑께 예방책으로 일본음식 먹기 전에 방법으로 전부 이케 뚜부를 먹는단다. 꼭 유치장 갔다나온 사람 마냥으로 뚜부를 먹으라 그것이여. 그래서 반 개나 먹었제 어쨌더라. 먹고는 인자 가서 있응께 빙빙 돌덤만. 누웠어도 돌고 서 있어도 돌아.

구기자 잎삭 담배

자료코드 589_FOTA_20170505_SDR_JJE_014
조사장소 진도군 진도읍 북산길 제보자 자택
조사일시 2017. 5. 5
조 사 자 박주언, 김현숙
제 보 자 조재언(남, 93세, 1925년생)

줄거리 담배를 즐겨 피우다가 떨어지면 임시방편으로 구기자 잎을 뜯어다 말려서 비벼 대통에 넣고 피우기도 했다. 주변에 대마초가 있어도 피울 수 있는 것인지 몰랐다.

그란데 내가 알기로는 그것(삼)이 대마촌지 몰랐던 모양이여. 아주 옛날이라 몰랐응께 그것으로 담배를 안 피었어. 심지어 우리 조부도 그런 때 담배를 골초로 피웠었는데 담배가 없응께, 지금보면 대마초가 이웃집에는 있었제. 근데도 대마초를 모릉께 구구자 잎삭을(구기자 잎) 뜯어다가 말려서 비벼갖고 대통에 넣어서 피고 그랍디다. 그랑께 그것이 대마촌지 몰랐제. 알었으면 모도 아팬쟁이(아편장이) 많았으꺼인데(많았을 것인데). 담배 대신 구기자 잎삭을 많이들 피웠어요.

나는 어째야 쓰꼬!

자료코드	589_MONA_20170505_SDR_JJE_015
조사장소	진도군 진도읍 북산길 제보자 자택
조사일시	2017. 5. 5
조 사 자	박주언, 김현숙
제 보 자	조재언(남, 93세, 1925년생)

줄거리 일본에 있는 중학교에 입학하기 위해 아는 형님으로부터 중학교 입학원서를 받고 시험을 보기 위해 일본에 갔는데, 내신서를 보내주기로 했던 초등학교 때 선생님이 잊어버리고 내신서를 보내지 않아 중학교 시험을 치르지 못했다는 이야기이다.

하숙집에 와서 그 형님이, 오후 한 네시쯤 됭께

"아야, 잠만 잘 것이아니라 너 낼 시험 날 아니냐?"

"예."

인자 수험표를 갖고 갔지라. 그 학교가 먼 학교냐 하면, 우선 일본을 오게 할라고 내 실력은 모르고, 섭준이 형님이 광주일고 같은 학교, 제일 좋은 학교 수험표를 보냈어. 그란데 내가 입학원서 왔길래 고성학교 가서 하상직 담임선생님한데 가서,

"내신서 한나 써주쇼."

그랑께는, 내가 성적이 나뻤었거든. 초등학교 다닐 때게 공부도 안 하고 그랬어. 그란데 아이큐가 좋았던가 어쨌던가 눈치는 빨랐던 모양이여. 그래갖고는 아 인자 그 선생님보고,

"내신서 써주쇼."

그랑께는, 내신서는 이것이 인비(人秘) 문서라, 인비(人秘)가 나는 뭣인지 몰랐제.

"인비문서라 너한테 안 주고 바로 여그서 학교로 보냉께 그케 알어라."

그랍디다.

"그라면 안 준단 말이요?"

"응."

그란다고 그래서 그대로 갔제. 아, 이 선생님이 잊어 불고 안 보냈오, 그것을. 그랑께는 그 다음날 인자 접수증만 갖고 가서 47번인데 내가, 아니 전부 수험생 번호가, 그 런데 목욕탕 가면은 의복함이 안 있소, 그런 함이 쭉 있는데 수험번호대로 전부 있어요, 그것이. 아, 그란데 내 번호는 없더란 말입니다. 아무리 찾아도 없어 그라길래,

"아, 어째 나는 접수번호가 47번인데 어째 내 사물함은 없다."

고 그랑께는

"어디 보자!"

고 그라더니

"출신학교서 내신서가 안와서 너는 시험 볼 자격이 없다"

고 안 이래부요?

워따, 그때는 정내미(정)가 삼천리나 떨어집디다.

"나는 어째야 쓰꼬!"

그라고. 그란데 섭준이 형님은 자기 일 보러 강께, 오후 3시경에 내가 여그를 오겻잉께 시험이 빠르고 늦고 간에, 너는 좌우간 오후 4시경까지는 딴데 가지 말고 꼭 여그를 지키라, 그것이여. 그란데 시험도 못 본 놈이 거그서 종일 앉았을랑께 사람 미치겄습디다. 한 4시쯤 됭께 섭준씨가 오셨덤만.

"시험 잘 봤냐?"

그라덤만이라.

"잘 보다 아주 죽겄습니다."

"어쨌냐?"

"내신서가 안 와서 탈락당했습니다."

"오마, 큰일났네? 인자 니 일 참말로 큰일이다."

인자 내일, 갑자기 그 형님이 일본까지 오락 해서 내가 갔거던이라, 그랑께 걱정이 태산같지라. 걱정을 태산같이 해.

동경 제일고등무선전신학교 입학

자료코드   589_MONA_20170505_SDR_JJE_016
조사장소   진도군 진도읍 교동리 제보자 자택
조사일시   2017. 5. 5
조 사 자   박주언, 김현숙
제 보 자   조재언(남, 93세, 25년생)

줄거리 한국 학교에서 내신서가 오지 않아 입학하려고 했던 학교 시험을 못 치르게 되었다. 일본에서 쫓겨나지 않기 위해 할 수 없이, 기계를 사서 공부해 가장 돈이 많이 든다는 동경 제일고등무선전신학교에 입학했다.

[박섭준씨가] "너 돈 엄마나 있냐?"

그라덤만. 그라길래,

"지금, 이천 원(이십원)은 거지반 다 쓰고, 돈 꼭 만 원(백원) 있습니다."

그랑께

"그래 그라면 우선 그놈 갖고 막자!"

그래

"뭣을 막어라?"

그랑께는

"일본서 쫓겨나가는 것을 막자."

그래

"그라면 어찌께 막는다?"

그랑께는, 오산 그 당시 조면장 조병창씨 아들이 동경 제일고등무선전신학교를 사학년을 다니고 있어요. 그란데 그 학교를 나오면은 체신부장관은 문제없이 하는 뎁니다. 그렇게 유명한 학콘데 거그를 다니고 있습디다. 그 아저씨한테 연락을 하께싱께(할거니까), 거그 어찌께 입학을 할 수 없는가 물어봐서, 우선 아무 학교래도 학교에 들어야 니가 일본서 안 쫓겨난다.

"그케 한번 해보쇼."

그랑께 저녁에 전화를 넝께, 그 아저씨가 오셨습디다. 같은 일가고 그랑께 말항께 고개를 쨔웃 쨔웃 해 싸.

그란데 그 학교는 돈이 무쟈게 드는 학굡니다. 전부 기계를 이녁이(본인이) 사야하거든. 수 억원 드는 학교여. 그란데 그 4학년 댕기는 그 사람 무쟈게 부자였습니다. 그랑께 인자 거그를 댕기는 줄 알었는데,

"거그를 1학년 입학을 어찌께 해봅시다."

그랑께는

"거그도 1학년 입학이 끝났으꺼인데? 그라면 내일 내가 가서 연락을 해주꺼싱께 몇시부터 몇시까지 기달려라 그라면 내가 그리 오마."

그랬어. 그래서

"그라쇼."

그라고 섭준씨가 약속을 하덤만. 그래서는 좌우간 조반을 얻어먹고, 인자 그시간 뒹께 딱 왔습디다. 좌우간

"돈 있냐?"

그래서 돈 있닥항께

"엄마 있냐?"

"우선 돈 백 원 있습니다."

"그라면 그놈으로 충분하겠다."

70원이 있어야겠습디다 입학하는데. 기기를 사야, 우선 좌우간 입학하는 날부터 막 기기를 갖고 배야 한다 그것이여. 인자 거그를 [응시]해서는 입학을 했어.

가고시마로 가자

자료코드   589_MONA_20170505_SDR_JJE_017
조사장소   진도군 진도읍 북산길 제보자 자택
조사일시   2017. 5. 5
조 사 자   박주언, 김현숙
제 보 자   조재언(남, 93세, 1925년생)

줄거리 일본에서 공부 중이던 아는 친척이 제보자의 딱한 상황을 알고, 가시고마에 있는 자신의 출신학교 편입시험을 알아봐줘서 동경에서 가시고마로 갔다.

조형환씨라고 전대 문리학 총장(학장) 거가 인자, 오산 하리 우리 집안 어른 아저씨 되는데, 거가 일본 와서는 그런 어려움을 지금 겪고 있다는 것을 알았거든. 왔덤만,

"너 듣건대 어디 학교 다닌담시로야?"

"예."

"안 된다. 그 학교는 느그 살림 백 개를 가지고 있어도 안 돼."

그랍디다.

"어째 그란다?"

그랑께는 그 학교는 아주 돈덩치 학교다. 느그가 그동안에 얼마나 부자가 되았는지 모르겄다만은 안 된다고, 빨리 끝나야 한다고.

"그라면 어찌께 하면 쓰겄소?"

그랑께

"야 임마, 학교를 안 댕겨야제."

그라덤만.

"안댕기면 내가 한국으로 도로 가야 한단 말이요?"

그랑께는,

"그러지 말고, 내가 구주 녹아도(가고시마) 실사중등학교를 나왔다. 나도 너같이로(너처럼) 어려움을 당했어. 그 학교는 지금 아주 촌학교고 그러께 혹시 보결생 모집을 할지 모르겄다. 그러께 한번 내가 내일 전화를 걸어서 보결을 모집한다면 거그를 한번 가자! 가고시마."

그란데 동경서 가고시마는 겁나게 (멀어). 그란데 나도 나여. 인자 짐이라고는 이불봇짐 한나뺙에 없습니다. 책상 한나 하고. 둘이제. 아니 만약에 거그서 합격을 못하면 다시 동경으로 와야쓰것 아니요? 그랑께 합격을 할 차례로 했던가 어쨌던가, 짐짝은 두 개여. 이불 한나 하고 책상하고. 딱 싸서 화물로 부쳤습니다, 구주(九州, 규슈) 가기로. 눈물이 납디다.

'어째서 내 팔자가 이케 되았냐!'

기양 그래집디다. 그 어린 맘에도. 이걸 내가 여그를 슬기롭게 넘궈야(넘겨야) 뭣이 되제. 여그다 돈 꼴아박고(처박고), 쩌그다 돈 꼴아박으면, 내가 참말로 뭣이 될지 모르겄다. 그라고

'에이, 죽기사 하랴.'

하고는 그날 기양 기차를 타고 갔어. 스물 네 시간을 갑디다 기차로. 시모노세끼(하관)로 해저터널이 있어. 바다 속으로 가는. 문 열어봉께는 물이 뚝뚝 떨어집디다. 떨어지는 물을 맛봉께는 짜디짜드라 말입니다. 지금 욱에(위로)로 바다가 있어. 그 속으로 기차가 가지.

'웜마! 이 굴이 터지면 어짜까?'

아이고, 어린놈이 별 경험을 다 하제. 가서 기차역에 내려갖고는 화물표를 가지고 가서

"짐을 찾으러 왔습니다."

나는 일본말을 좀 할 줄 알제. 표준말을 하거든? 인자 구주를 가니까 완전히 경상도여, 우리 한국 같으면. '난데스까?' 그 말을 경상도서는(구주에서는) '나이나?' '나이나?' '나이나' 그 말은 없다는 뜻이거든, 표준말로는. 그란데 뭐이냐? 그 말을, 짐보따리 이름이 뭐이냐 그 말을 '나이가' '나이가' 아, 이라드란 말입니다. 나이가? 나이가? 참 묘한 뭔,데가 이런 데가 있다 그라고는 더듬는 시늉을 항께 눈치채갖고는 가서 갖다주덤만.

사십칠 대 일의 편입시험

자료코드   589_MONA_20170505_SDR_JJE_018
조사장소   진도군 진도읍 북산길 제보자 자택
조사일시   2017. 5. 5
조 사 자   박주언, 김현숙
제 보 자   조재언(남, 93세, 1925년생)

줄거리 일본에 남기 위해 가시고마에 있는 중학교 2학년 보결시험을 봤다. 시험 전형료가 비싸고 사십칠대 일로 경쟁률 높은 보결시험이었지만 합격을 했는데, 나중에 생각해보니 학교에서 한,일 내선일체를 위해 조선인인 제보자를 뽑은 것 같다는 이야기이다.

그다음 날 학교를 강께 2학년 보결생 모집을 합디다, 1학년도 아니고 1학년이

여. 중학교 2학년. 나는 지금 1학년도 안 댕긴 놈이 2학년을 보결을 갔어. 엄두를 내겠소? 하늘이 나를 도와야 살제 글안하면 못살겠다.

자, 역까장(여기까지) 이왕 왔응께, 전형료가 칠원 내락 합디다 7원. 그런 때 7원이면 큰돈입니다. 아, 우리 한국서 일본까지 가는데 13원 70전인데 7원이면 반치 아니요? 그 돈을 내락 해. 시험 볼 전형료.

자, 호주머니는 무진 가바지고(가벼워지고) 근심만 많애지제. 딱 시험을 본다고 안 봤소? 이틀 뒤로 합격자를 발표한다고 이틀을 기달리는데, 사람 미치겠습디다. 인자 몇 명이 지원한지 모르제. 2학년만 해, 보결모집을.

그랑께는 시험보러가 봉께는 아따 겁나드란 말입니다. 나는 재학생들인 줄 알었어. 지원자가 그렇게 많애. 47명입디다.

그란데 내가 인자 늦게 와서 그란가 제일 끝에가 번호가 있어. 쭉 봉께는 아니 합격자 하나만 거그다 딱 써붙였으면 쓰꺼인데 수험번호 일번부터 저그 47번까지 이름을 전부 썼드란말입니다. 그래놓고는 합격자 욱에다가 한사람한테 다 빨간 동그라미를 쳐놨어.

내가 가서 가만이 내용을 봉께는 딴사람한테는 동그라미가 없는데, 내한테가 동그라미가 있더란 말입니다. 그랑께 저것이 다 합격되고 나만 떨어진 것이다 이렇게 생각되꺼 아니요, 자신이 없는 놈이? 그랑께는 내 옆에 학생보고,

"어이 학생, 저것이 뭔 표냐?"

고 그랑께

"너 냐?"

고 그랑께 나라고 그랑께 합격했다고 그래. 저것이 합격 표시냐고 그랑께, 그란다고. 그래서 나는 못 믿었지라. 47대1로 붙었제. 그래갖고는 교무실에 가서 이 사람이 어찌께 된 판이냐고, 합격이라 그것이여. 그때는 아닌게 아니라 뭣이 커나큰 것이 내레가는 것 같어라? 참 묘하덤만. 그래서는

"합격증 하나 인쇄해서 주쇼."

그랑께는 그라라고 딱 줍디다.

그라길래 다음날 등기로 진도경찰서장한테 보냈어. 인자 그것이 있어야 안 쫓겨오거든? 한 달 내로. 인자 보냈어. 보내농께 안심이 되덩만. 그래갖고는 1학년도 1학기 댕기다 만 놈이 중간에 4월달에 가서, 두 달도 못 댕겼제? 그놈이 가서 2학년 편입시험을 봤으니 되겠소?

그란데 그 덕이 먼 덕이냐면 초등학교 때 영어 쪼깐 밴 것하고, 일본말 밴 것이 큰 덕이었어.

그란데 내 생각은, 전부가 47명인데 46명은 일본 사람들이고 한국 사람은 나 하나뿐이었어. 그랑께 내가 합격된 것이 실력으로 된 것이 아니라 내선일체 일본화시켜야 쓰겠다는 그런 생각으로 나를 합격시킨 것이다 요케만 생각되더만. 그래야 옳은 판단 아니겠소? 그랬건 저랬건 사람 살려주덤만.

관용을 배우다

자료코드   589_MONA_20170505_SDR_JJE_019
조사장소   진도군 진도읍 교동리 제보자 자택
조사일시   2017. 5. 5
조 사 자   박주언, 김현숙
제 보 자   조재언(남, 93세, 1925년생)

줄거리 일본 중학교 재학 시절 아는 형님과 자전거를 타고 가다 자전거 브레이크가 고장 나서 일본인 가게로 돌진해 진열장을 파손했다. 제보자가 한국인 인줄 알았지만, 학생을 존중해주는 당시 일본 문화 때문이었는지 좋은 말로 타이르면서 자전거 수리비용까지 줬던 가게 주인에게서 "관용"을 배웠다고 한다.

나는 일본서 관용, 널리 용서를 한다. 관용, 이것을 배웠습니다.

인자 섭준씨가, 내일 학교를 가고 그랑께, 내가 날마다 너를 학교를 데리고 다닐 수 없고 그랑께 우선 니가 다닐 수 있는 코스만 자전거로 알어야쓴다, 그라고는 자전거를 자전거포에 가서 두 대를 빌립디다. 그리고 둘이 인자 타고 댕겼어요.

그란데 느닷없이 이런 고개를 넘어서 이 잔등(고개)에가 기차 철로가 있드만. 기차가 쩌그서 오면 비켜줘야 하거든? 여그를 막 넘응께는, 지금 자전거는 전부 핸드 브레킨데, 그 당시 일본 것은 전부 고시다 라고 발로 브레키(브레이크)가 됩니다. 꺼꿀로(거꾸로) 하면은 딱 끄치거든? 아, 이것이 고장 나불었구만, 내것이. 와, 그래갖고는 요 내리백이로 내리 솟는데, 브레키가 고장나면 내리 솟아. 그랑께 섭준이 형님은 미리 딱 와서는, 쩌 카브에서 '워마, 큰일났다. 저놈 영락없이 인자 자전거 사고로 인자 죽겠다.'그리고 쩌 모퉁아리서 딱 망을 봅디다. 그란데 나는 그 가도집이 커나큰 백화점은 아닌데 큰 점포여. 진열장이 있는데 그 진열장에다 냇다(강조의 의미) 자전거를 냇다 박어불었제. 그랑께는 앞바퀴가 뛰어갖고는 그 진열장 큰 유리를 냇다 때레불었어.

그랑께 와장창! 유리가 떨어져내림시로 내 자전거는 앞바퀴가 그 진열장 욱에로 올라갔어. 그래갖고는 복쟁이 배아지만이로(배처럼) 휫 틀어져갖고, 뽈룩하니 나와서 안 겨나오제(빠져나오제).

그랑께 인자 섭준씨는 그것을 보고는 "워마~ 저놈 인자 저 주인 알먼은 얻어쳐맞는다."

그라고 오도못하고 가도못하고 진퇴양난이제. 나는 카만 있는데 오장창 소리를 듣고 그 주인이 나오덤만.

주인이 꼭 부원장처럼 그렇게 생겼습디다.[웃음]

"다래까(누구야)?"

그라더만. '나라고' 그랑께 '그래야'고, '어디 안 다쳤냐'고 막 이런 데를 만집디다. 안 다쳤다고. 거그서 다침불로 다쳤닥 하겄소? 내가 '안 다쳤다'고 그랑께는 '그래야'고 그람시로, 딱! 무시고무를 빼.

그랑께 바람이 꺼징께, 인자 복쟁이 배아지가 딱! 쪼그라징께 자전거를 빼내덤만. 그람시로 무시고무를 빼갖고는 가게에 들어가서 돈 십전을 갖고 나오더만. 다음부터는 자전거를 조심히 타야 한다고. 요리 돌아가면 자전거포가 있으니까, 요놈 갖고가서 손 좀 봐주락 해서 조심히 타라고.

한나(하나)도 안 때리고 조심히 하라고 그라고만 돈 십전을 주면서 나를 그냥 보내드란 말입니다. 와! 거그서 내가 '여가 이랑께 일본이구나' 거그서부터 정신이 빠짝 오덤만. 그때 강께는, 삑삑 소리나는 자전거를 끅고(끌고) 강께는 섭준이 형님이,

"너 안 맞었냐?"

그래서 안 맞었다고 그랑께,

"이상하네, 어째 안 때렸네."

이상히 여길거 아니여?

"그 사람 고마운 사람이다."

그라고는 둘이 가서 자전거를 고쳐갖고 타고 댕겼제.

거그서 내가 관용이라는 것을 뱄제(배웠제). 이것이 참, 일본놈덜이 내선일체를 할라고 이렇게 힘을 쓰는구나.

(조사자 : 한국 사람인줄 알았으까요?)

알제, 말을 걸어보면 그냥 알 것 아니오. 어쨌든 좌우간 학생이라 하면 이래. 일본놈이 되았건 조선이 되았건, 학생이라 하면 이케 받들어.

동외리 어떤 부인에게 옳게 당하다

자료코드   589_MONA_20170505_SDR_JJE_020
조사장소   진도군 진도읍 교동리 제보자 자택
조사일시   2017. 5. 5
조 사 자   박주언, 김현숙
제 보 자   조재언(남, 93세, 1925년생)

줄거리 제보자의 집에 탐스런 감나무가 있었는데, 두 명의 중학생이 감서리를 하다가 들켰다. 어린 아이들이 한 일이라 가족 수만큼 따 가게 하고 타일러 보냈는데, 그 아이들 부모가 와서 선생님 자격을 운운(云云)했다. 하지만 서로 대화 끝에 아이들을 배려한 선생님의 마음을 부모와 학생들도 알게 되었다.

내가 한번 동외리 어뜬 부인한테 옳게 당했습니다. 내가 진도초등학교에 있을 땍에, 쩌그 서외리에다가 내가 밭을 35평짜리 버는데, 토요일 날 오후에 그 밭에 가서 뭣을 해갖고 왔던고(시립문밖) 리아카에다 한나(많이) 끅고 집에를 온께, 뭔 말소리가 납디다. 그란데 봉께 샐팍에서, 중학생 둘이가 한나는 우리 감나무에서 감을 따고 있고, 하나는 망을 보고 있듬만.

그라길래 인자 딱 새팍(대문밖)에 들이닥친께, 이놈덜이 인자 막 도망을 치는데 나갈 데가 있어야제. 그랑께 인자 야단이덤만.

"아야, 느그덜 가만 있어. 올 때는 자유로 왔제만은, 나갈 때는 느그 자유대로 못 가, 가만있어."

그라고 딱 책보를 갖다놓고,

"느그 지금 봉께 세 개 땄네, 앞으로 멫(몇) 개 더 딸래?"

그랑께,

"네 개 딸랍니다. 딱 네갭니다."

"왜?"

"우리 가족이 일곱입니다."

그란데 감이 바로 이케 우리 가슴에 닿게 주렁주렁 이케 커. 하도 욕심난께 아무나 딸락(따려고)해요. 어찌 보기 좋은께. 그랑께는

"세 개는 따고, 지금 네 개는 덜 땄습니다."

"그래, 망보는 너는 땄냐, 안 땄냐?"

그랑께는

"안 땄습니다."

"그럼 멫 개가 계획이냐?"

"네 개가 계획입니다."

"그럼 이리 와. 책보 여그 놔라. 책보 놓고 계획대로 실천을 해야 느그덜이 편할 것 아니냐."

그랑께 책보 잽혀놓고 감을 따갖고 와. 네 개, 너도 네 개, 가족대로 따야 할 껏 아니냐?

"안해라, 안 따라 안 따. 안 딸라."

"아 이놈아, 주인이 따락(따라고) 할 때는 안 따고 몰래는, 이놈들 나쁜 놈덜이 세. 절대로 내가 느그덜 용서를 할 것잉께 따라."

"어쩨 따락 합니까?"

"느그덜 마음씨가 고맙다."

"어째 그래요?"

"앰만하면(웬만하면) 막 맛있게 여그서 먹고 그락거인데, 안 먹고 집에 가서 우리 가족하고 나나 먹을락(나누어 먹으려고) 한다는 것이 얼마나 아름답냐. 그라니께 따라."

"참말로라?"

"참말이다."

"그라면 안심하고 딸라."

따라고. 책보를 줌시로(주면서) 따라고.

그래놓고, 보내놓고 저녁밥을 먹는데, 새팍(대문 밖)에서 뭔 소리가 야단입디다.

'우리 샐팍에는 저런 소리가 날 뭣이 못 되는데 이상하다'

그라고 쪼깐있응께는,

"이게 조선생네 집이여? 기구만(맞구만)."

들오더니 와따 여자가 막 팔을 [걷어부치는 시늉], 내가 문을 영께는,

"니가 조선생이냐?"

그라드만. 그라길래

"아닙니다."

그랑께

"그라면, 뭐이냐?"

그라길래

"학교서 선생이제, 여그서는 아닙니다. 선생 아닙니다."

내가 그랬거든. 그랑께

"뭣이, 선생이라면서 학교서 선생이고, 집이서는 아니여?"

"아니지라."

그랑께는,

"그라면 이집 주인이 누구냐"

고,

"아 내가 기라"

고.

"그라먼 선생이구만."

그래.

"아니라, 선생은 학교서 선생이고, 여그 집에서는 내가 주인뱩에 안됩니다."

그랑께는 고개를 짜웃짜웃 해.

"어짠 일로 오셨오?"

그랑께는

"그라먼 학교서 선생, 분명 선생이냐고."

기라고.

"그라먼 왜 새끼덜을 그케 갈치냐"

고.

"왜요?"

"아, 새끼덜이 감을 따먼 못 따게 하제 딴 놈도 놔두고 더 따락해? 선생이 선생답지 못하네."

그랑께

"예, 답지 못항께 내가 중학교 선생을 못하고 어렴풋이 초등학교 선생 하요."

그랑께

"뭣이 어째?"

"그 애들 절대로 훅타리지(혼내지) 마쇼. 그 애들이 참으로 마음씨가 곱다."

뭣이 고와야. 아니 가족이 일곱이락 해서 세 개만 따껏을 네개 땄다고, 아, 갯수가 맞어야 나나(나눠) 먹제 쓰것냐고 그랑께는, 곧 욕이 나옴시로도 내 말에 쪼금 감동이 되는 모양이여.

'이런 사람이 있구나' 그라고는 쌀쌀 보륨(소리)이 낮차지덤만.

"오셨응께 밥 조금 잡수고 가실라?"

그랑께는 아니라 뭔 밥을 먹겄냐고,

"고맙습니다."

그라고 갑디다. 즈그집이서 즈그 아들보고 머이라고 했는지는 몰라도, 이 애들이 오며 가며, 네거리서 통학길잉께 만나꺼 아니요? 코가 땅에 안닿게 점잖하게 학생들이,

"선생님, 안녕하십니까?"

극진하게 인사를 하드라 말입니다. 반대로 그 감 때문에 뺨이라도 한 대 때렸으면 그 애들이 평생 너 두고보자 할 것 아니요? 그때 한번 부모한테 '니가 선생이냐 이놈아' 그때 한번 들어보고(안들어봤소).

전시공장이라 남자 넷에 여자 칠십 명 근무

자료코드   589_MONA_20170505_SDR_JJE_021
조사장소   진도군 진도읍 북산길 제보자 자택
조사일시   2017. 5. 5
조 사 자   박주언, 김현숙
제 보 자   조재언(남, 93세, 1925년생)

> **줄거리** 고향에 올 여비를 벌기 위해 방학 동안 일할 수 있는 곳을 찾던 중, 취직한 공장에는 전시 상황이라 70명 여자 속에 남자는 제보자 포함해서 네 명 밖에 없었다.

돈 십전을 주고 자전거를 빌려갖고 시내를, 어디 가서 아르바이트 해갖고 20원만 벌먼은 고향에를 오거든요. 13원 70전잉께.

인자 시내를 도는데, 큰 점포에가 점원모집이라고 한자로 써졌습디다. 그라길

래 자전거를 딱 세워놓고 들어강께는 남자직원이 둘 있덤만.

"여그서 점원 모집하냐?"

고 그랑께,

"그렇다."

라고 해.

"저 어쩌냐"

고 그랑께는 '신분이 뭐냐'고 '학생'이라고 그랑께 '그라면 방학 동안에 한 달 있을 수 있겄냐'고 그래. '왜 아니요, 그러믄요!' 인자 거짓말 했제. 한 열흘만 있을락 해도 한 달 있을거로 해야제. 거짓말 했제, 어째요.

그라면 "월급을 얼마 줄라?"

그랑께는 "하루에 밥 맥여주고 잠 재주고 일원씩을 주마."

1원이먼 큰돈입니다 1원이먼. '그리 준다고, 온냐, 되았다!' 그라고는 하숙집에 가서, 큰 회사라 앞에가 자전거가 사오십 대 있습디다. 자전거 있고 그랑께 니아까(리어카)하고 갖고가서 짐을 갖고오라고 그라더만.

그러잖에 이층 올라가먼은 방이 한 70개 있응께 다 비어갖고 있어. 그랑께 니가 있을 만한 방 하나 쓸어불고 청소 잔(좀) 해놓고 짐을 갖고온나 그라덤만.

그라자고 이층에 올라강께 와! 한 칠팔십 명 되는, 남자는 한나도 없고, 전부 노무자에 가불어서 없어요. 젊은이는 군인에 가고. 없어.

그랑께는 그 회사에가 남자라고는 회사 사장, 회계주임, 그리고 점원 나, 서이 밖에 없어. 아, 그라고 공장장, 너이만(넷만) 남자고, 전부가 이층에 올라강께 장딴지가 호마만썩한 큰 애기덜이 한 칠팔십 명 있더란 말입니다.

그래갖고는 그 강당에가 탁구대가 여섯갠가 있는데, 거그서 탁구를 치고 있습디다. 그래 내가, 여름방학 때라 무쟈게 더웁제. 더군다나 구주(규슈)가.

땀을 뻘뻘 흘리고 거그를 오르락내리락 해도 어느 계집 하나 나보고 더위에 고생한다고 한 여자가 말을 안 하드라고, 없어. '오냐, 느그덜 한번 나한테 걸리기만 해라 좌우간 콧물도 없다' 그라고, 청소해놓고 니야까를 끅고, 하숙집에 가서 책상하고 이불보하고 갖고 와서, 그놈을 미고 딸각다리(계단)를, 딸각다리가 30갭디다. 올라가도 누가 이불보를 쪼금 운반해주는 큰 애기는 없어, 한나도 없어.

전시 군부 명령이 최우선

자료코드   589_MONA_20170505_SDR_JJE_022
조사장소   진도군 진도읍 북산길 제보자 자택
조사일시   2017. 5. 5
조 사 자   박주언, 김현숙
제 보 자   조재언(남, 92세, 1925년생)

줄거리 식품공장에서 아르바이트를 하고 있을 때, 군부에서 급하게 많은 양의 식품 주문이 들어와 직원들 모두 바쁜 상황이었다. 제보자에 대한 여직원의 복수로 일본파출소에 끌려갔는데, 군부에서 긴급하게 내린 명령을 수행중인데 왜 나를 이리 끌고 왔냐며 엄포를 놓자 일본 경찰들이 바로 보내줬다고 한다.

전화가 왔어,(회사로) 군부에서 왔어. 큰일났다고 그래. 사무장이 막 초친 새비(새우) 납두데끼(날뛰듯이) 야단이덤만.
"어째 그러십니까?"
그랑께는
군부에서 지금 지령이 내렸는데, 그 회사가 뭔 회사냐면 된장, 간장, 식초, 아미노산, 쏘스, 미링 여섯 가지를 만드는 회사여. 안에가 크거든. 그란데 그 직공들이여, 이 여자들이.
그란데 300독, 쏘스 300독, 간장 300독을 오늘 내로 포장을 해서 다 포장했음

네, 하고 전화를 하먼은, 어디로 이놈을 수송해라 하고 우리가 전화하꺼싱께, 군부라 비밀잉께 지금 말 못한다. 그것만 빨리 해라. 명령이 내린단 말이요.

군부에서 명령이 내링께 할 수 없제. 그랑께 인자 사무직원이고 공장장이고 전부 웃통 할딱 벗고 좌우간 막 호스를 막 펴놓고, 독이 한 말 독이거든. 그놈을 막 600개를 갖다가 퍼 훗쳐놓고(여기 저기 놓아두고) 씼는데, 아 뭔 일이 있어서 이층으로 올라갱께는, 그 한 80명 되는 여직원 중에서 나만칠로(나처럼) 젤 못난 여자가 거울 보고 화장을 하고 있더란 말입니다.

그 바쁜 와중에. 그라길래,

"야, 이놈의 가이나야! 옥구슬을 딲는다고 보석 될 줄 아냐?"

내가 아니꼽게 평을 했제. 그랑께는 와 이놈의 큰애기가 거울을 냇 땅에다 때림시로 팍팍 움시로 '센께이'라고, 조선 사람을 나쁘게 말할 띡에(적에) 조센징이라고 안하고 센께이라고 합니다. 한국 계열이라 그 말이여.

"센께이노 구세니 니뽄노 조세이오 기다메루다"

일본여자를 건든다고. 퍽퍽 울고 내려가. 그랑께는 밑에 있던 큰 애기 한나가 '어째 그러냐' 항께는 '쩌그 인자 들어온 학생이 나를 건들었다'고.

아 그랑께, 그 여자가 또 가서 언제는, 파출소가 거그서 한 30메타나 되는데, 파출소로 전화했던 모양이여. 그랑께는, 나는 몰랐제. 그란데 파출소에서 딱 순경이 둘이 왔어.

여그 우지야마라는 사람이 누구냐고 그라길래 내가 기락(맞다)항께는 파출소까지 잔(좀) 가자고 그라듬만. '뭣하러 가냐'고 말이여. '지금 여그 뭔 일을 하는지 아냐'고. 그랑께는 가자고 그래. 아니 나 일항께 못 간다고

"당신 뭣 땜에 나를 잡어가냐?"

고 그랑께는

"아니, 가보먼 안다."

고. 그래 가자고.

그랑께는 일본여자들은 한국 사람이 일본여자를 건들어서 잽혀간다 그라고

좋아하제. '가면은 적어도 하룻밤을 자고 올 것이다' 그렇게 생각했을랑가도 몰라. 그란데 일본순경이(나를) 딱 의자에다 앉혀놓고,

"어쩨, 한국 학생이 일본 여자를 건들었냐?"

고.

"뭣이 어쩨? 당신들 나 잘못 건들먼은 당신 모가지가 나갈 것잉께 그 줄 알어!"

"뭣이 어쩌냐?"

고 그랑께,

"지금 군부에서 명령이 내레가지고 저것 몇시까지 시꼬미(마감) 하락하는데, 당신이 나를 잡어와서 지연되었다고 내가 고발해불 것이요."

그랑께는, 뭔 일이냐고 그라덤만. 얘기항께는 '빨리 가라'고 그라덤만. 조사도 필요없이 가라고 그래. 금방 왔다 금방 간께는 큰 애기덜이 깜짝 놀래. '어쩨 조사도 안 받고 오는고' 그란 모양이제.

거그서 내가 니스꾸리(포장) 하는 것을 뱄습더이다. 내가 니스꾸리 잘 합니다. 포장. 그래갖고는 딱 해놓고는 전화항께는 어디로 여그서 군인이 둘이 느그를 호위를 한다. 그랑께 마차를 느그가 부려서 항구로 보내라. 쪼깐있응께 군인 둘이 왔덤만.

술을 맛있게 담그는 법

자료코드　589_FOTA_20171009_SDR_HCS_001
조사장소　진도군 진도읍 성동마을 제보자 자택
조사일시　2017. 10. 9
조 사 자　박영관, 박정석
제 보 자　허춘심(여, 77세, 1941년생)

줄거리　초상마을 출신으로 시집오기 전부터 집안 어른들이 술 담그는 걸 보고 배워서 나중에도
시집와서 그대로 해왔고, 지금도 그 기술을 잘 간직하고 계시다.

어렸을 때 초상마을이 아주 산골마을이면서 부자 마을이었는데, 결혼하기 전
에 초상리 모도 집안이 다 잘살고 다 좋았제라. 그런 때는.

아부지네들이 세 군데나 면장하시고, 또 〈호남약국〉 거가 친정 큰아부지고 친
정 아부지는 의신면장 총무과장하시고 큰아부지는 거그 또 그 작은아부지는,
중채 아부지는 여그 진도군에 진도면에서 총무과장하시고 그 큰아부지는 의
신면에 사시고, 그런 때 다 직장을 다니시고 그랬어.

그라고 또 쩌그 아래 허의사, 허훈 씨 그 오빠랑, 또 그 조카, 그 큰집 조카랑 세
분이 사각모자, 삼형제가 사각모자 쓴 사람이 진도서는 우리 초상, 우리 친정
거그 백에(밖에) 없었어. 그랑께 그 조카는 약대 다니고, 허의사 그 오빠는 의대
다니고, 또 그 옛날에 농림부장관하신 분 한 분 있어.

또 쩌그 큰아부지가 삼강 큰아부지라고 초평서 옛날 그전에 도개(주조장)를 하
셨어. 그래서 잘 살았지라. 그래갖고 그 큰아부지 손이 전부 서울 가서 살았어.
그 공무네 아부지라고 거그는 사춘들이여. 거기는 다 서울서 많이 살면서 그
오빠네들도 다 잘되고 그란데 어렸을 때는 명이 짧은 게 다 50을, 60을 못 채우
고 돌아가신 분들이 많제.

그럴 때 '초상'하면은 잘살기 때문에 술로도 유명했는데, 청주, 초상 청주가 그런 때 유명하고. 청주가 쌀만 갖고 한께 찹쌀로만 해서 물을 앉히잖아요. 물을 내나 찹쌀하고 누룩하고 이케 물 해서, 김밥 말 듯이 쥐지기만(손에 쥐어지기만)하면 용수 요거 그대로 딱딱 담어. 항아리에다가.

밑에다가는 누룩을 굵게 깨갖고, 잘게 안깨고, 생누룩이로 누룩을 밑에다 용수 밑에다 깔고 그 위에 용수 연지고(얹고) 그 옛날 찹쌀이 얼마나 좋았소. 꼭 눈빛 같았제. 그래갖고 누룩 섞어서 이케 주물러서 손에서 딱딱 쥐여 주기만 해. 그렇게 물을 안 섞어.

그렇게 해갖고 담아놓고 하든 고놈이 인자 팍 삭으믄 용수로 술이 고이면 거그서 뜨면 아주 먹으면 입에다 딱딱 들어 엉근데, 그렇게 술이 맛있게 했어. 물이 안 들어가니까. 따숩게 따땃하니 해갖고 두 불, 고놈 한번 떠내고, 인자 그 욱에다(위에) 쪼금 물을 붓어. 물 부수믄(부으면) 그 술이 더 맛있어. 두 불을(두 번을)뜬 놈이 더 맛있어. 그랑께 초상술이 유명했지라.

그라고 시집 온게, 뭔 막걸리 훌떡 항아리에 물을 많이 붓어갖고(부어서), 막 이케 대막까이로(대막대기로) 돌려갖고, 그게 가만히 까라앉으면(가라앉으면) 그걸 청주라 하든마. 요런데 그래서 '세상 저렇게도 술을 하는 것이구나' 그래서 초상이 유명하지라.

(조사자 : 그런 때 주물러 갖고 물이 있어야만이 술이 나올 것인데 어떻게 술이 나와요? 물이 없는데?)

누룩하고 쌀하고 한께 고놈이 인자 거그서 싹 쌀물이 많이 나오니까, 그렇게 술이 끈끈하제. 삭으믄 동동주도 요기서 안 봐도 찹쌀로 그렇게 해서 물만 거짓깔로(살짝) 그렇게 해서 누룩하고 쌀하고 어울러지게만 물을 해. 그래갖고 쥐믄 쥐어지게만 그래갖고 단지꺼리 해서 눌러노믄, 그거이 팍 삭으믄 고케(그렇게) 해서 초상청주를 담고, 그라고 박문주를 내릴라믄 먼저 인자 누룩을.

박문주도 청주하고 똑같이 하는데, 박문주에는 술을 섞어. 물을 안 하고 술만. 술로 섞어서 반죽을 해갖고 박문주도 청주하고 똑같이 누룩에다 이케 섞어서 칵 비벼. 많이 비벼갖고 담아놓고 술로 하지라. 그것은 물 안 쳐. 박문주에는 물 일절 안들어가. 요즘 막걸리 존께(좋으니까).

막걸리로 그렇게 하는 거여. 그랑께 막걸리 많이 나오잖아요? 고놈 갖고 하시면 돼. 팽야(평야) 막걸리 해갖고 걸러서 하제. 걸러갖고 그 술로 하는데 그 막걸리로 하시면 되제.

옛날에는 이런 밀주가 없은게, 집이서 해갖고 그렇게 했제. 그라고 차서숙이 들어가야 막걸리가 초르라니 맛있어. 이 박문주보고 이중주 술을 담는다고 하는데, 그랑께 막걸리 해서 고놈 걸러서 하니까 이중으로 하잖아요.

막걸리 한번 담아서 고놈 막걸리가 술이 다 되아야, 걸러서 뭣을 할란께 박문주를 담은께 그것이 이중술이지. 그람 그래서 이중술이여. 그랑께 막 운이로 막걸리로 이케 물이 한방울도 안 들어가.

막걸리 담는 것은 누룩 섞어서 막걸리 담제. 뭔 저 보리나 쌀이나 좁쌀하고 이케 세가지 섞어야 술이 막걸리가 맛있어. 그렇게 해갖고는 걸러갖고 고놈 막걸리로 박문주 쪼금 섞어갖고, 내나 청주하고 이케 주머니가 딱딱 디여지게 싹싹 잘 비벼서 손으로 그렇케 해갖고, 용수 찌르고 거그다 해서 딱딱 눌러 담고 떠내고는, 또 내나 청주처럼 거그다 또 술을 또 또 쪼간 따땃하니 온도 따땃하니 약간 섞어서 하고, 그것이 독하니까. 그것이 시일이 쪼간(좀) 걸리제. 그란데 날이 또 온도를 잘 조정해야제. 술도 너무 더 뜨건데(뜨거운곳에) 둬도 술이 막걸리가 셔져(시어져). 거 셔져.

그람 또 그걸로 홍주도 또 많이 내리고 그랬지라. 그라고 우리가 계절이 있으니까 그랑게 온도를 잘 맞추면 돼요. 술은.

계절적으로 박문주 담을라믄 지금 이런 시기에 딱 좋지라. 박문주가 술이 딱 온도, 이런데 지금 온도가 딱 더웁다, 춥다 안 하고 딱 좋잖아요. 이런 데서 술도 익어야 더 맛있어. 여름에는 뜨겁고. 한겨울에 할라믄 따뜻하니 방에다가 깔고 덮으고, 다 그렇게 하제. 그렇게 하니까 더 공력이 들고. 기온이 따수면(따뜻하면) 저기 하고 그라제.

(조사자 : 그리고 누룩이 좋아야 술이 아주 맛이 있다는데 옛날에 누룩을 처음 만드는 과정 그 얘기를 좀 해주세요.)

누룩, 보리 맷돌에다 갈아갖고 또 밀도 갈고. 밀 다 갈았지라. 보리 가는 데 엄청 많이썩 갈았제. 밀을. 그람, 밀을 아주 몇 가마니씩 해갖고, 밀 갈고 보리 갈고 해갖고, 같이 섞어서 누룩을 해야 누룩이 맛있었제.

그 한여름에 다 보리 나서, 밀 나서 한께, 여름에 많이 하지라. 그래갖고 해서 사랑방에다 달아매놓고, 일꾼들 맷돌길 해갖고 전부 그렇게 갈제. 꽃보리 갈아갖고 해.

옛날에는 꽃보리하고 그랑께 밀하고 섞어서 갈아서, 그 뒤로는 제분기가 나와서 뽀사서(빻아서) 했지만은, 전부 맷독에다 갈아서 했제. 도구통에다 보리밥이 찧고. 아까침에(좀 전에) 재민가루 누룩이라고 했는데, 밀주누룩이라 부르고, 재민가루 누룩이라 해.

그 누룩이 들어가야 이 청주나 막걸리는 아니라도 청주나 박문주 이런 것이 재민가루 누룩이 들어가야 술이 맑아. 맑아갖고 술이 더 독기도 있고 그랑게 그런 누룩이여야 더 술이. 옛날에 밀주를 밀가루로 한 누룩보고 재민가루 누룩이라 했어.

그라니 일부 밀가루하고 보리하고 섞어서 하는데, 밀이 양이 적으니까 보리만 더 많이 하고, 밀누룩이 적게 들어가면 더 그렇게 하고 그라제.

그랑께 옛날 어머님들이 재민가루 누룩이라고 청주할라믄, 재민가루 누룩을 딛어. 그래갖고 청주 갖고 대사 치고 할라믄, 밀주 재민가루 딛어갖고 뭣을 하지라. 청주 그런 것을 하제.

(조사자 : 요걸 하시라 하믄 하실 수 있것습니까? 그대로?)

아니, 하기야 하제만은 못해. 못해, 못한다고 그런 것은. 누룩을 사올라믄 천지가 누룩입디다.

아, 그런 누룩에도 좋게 만든게. 모르겠소. 옛날에 여그서 할 때 누룩을 딛었어.

쩌그 지산면 어느 집이서, 지산면 어디 그 무슨 집이냐. 거그서 누룩을 많이 딜어갖고 고놈 떠갖고 했어. 그랑께 내가 다리 수술하고 그 뒤에부터 내가 일자리 일을 했거든.

바로 여그서 노인 일자리 들어가서 같이 술을 했제. 그랑께 난 5, 6년 되겠소. 노인회 여그서 거기서 해갖고 박문주 해서. 그때 그 센타장이 한번 해보자 해서 했제. 술이 너무 좋고 맛있다고 사람들이 그란데 술이 양이 안 나요. 그것이 청주나 박문주 이런 것. 아주 양이 적어.

거기서 곡식만 삭카서(삭혀서) 곡식물이 나와서 하는데, 술이 찹쌀을 한말, 두말 한다 해도 술이 막 이케 한 말, 몇 말이 안 나와. 그렇게 양이 적어.

그랑게 박문주를 먹어보고, 쩌 욱에(위에) 사람들이 센타장님 말이 완전한 술에 미친 것처럼, 막 박문주 엄청 비싸게 받아도 없어 못 팔았어요.

그랑게 막걸리도 해갖고 막걸리가 별로 안 좋으믄 또 그라고. 쪼금 했어. 한 몇 달. 그럴라믄 도구를 많이 준비를 해야겠구마. 그람. 항아리 그런 것은 여그 저그서 많이 생깁디다. 지금은 막 그런 항아리를 내논께.(내놓으니까) 여 그런 거 많이 갖다가 한 1년간 했어. 일자리에서.

그라고 그 호남약국 옆에 그 아짐이 그런 술을 다 이케 잘하시던마. 서외리에서 사셔. 쪼그매갖고 코 납작해갖고 멋쟁이 할마니가 생전 화장하고. 거그 애기들 이름도 모르고, 그 아짐하고 여기서 일자리 일을 1년간 술을 같이 했어. 그랑께 그 아짐이 보믄 반가워하고 일자리 일을 다니시든마. 그란데 애기들 이름도 모르고 호남약국 옆에서 여관했다 하믄 그것만 알어. 나는. 그랑게 그 아짐이 박문주 술 그런 것을 잘 하시던마. 그랑게 우덜은 따라만 했제.

처녀 때만 친정에서 술을 많이 해봐서 그것은 했제만 모르고, 그런 양도 모르고 한께 그 아짐이 누룩 같은 것도 다 알아서 다 되야서(되로 담아서) 쌀 한 말이고 두 말이믄 누룩을 몇 대 섞으고 이런거 다 잘 하시드라고. 예, 나는 그런 것은 인자 모르고.

그냥 우덜은 옛날 어머님들이 누룩 몇 장 꺼내주면 그렇게 뽀사갖고 하고 그런 뭣만 알제.

그란데 그 아짐은 술 한 말 하믄 누룩을 멫 대 엿고(넣고) 그것을 잘 하시드라고. 우덜 따라서만 했어. 1년간.

(조사자 : 그러면 언제 두 분이 다시 만나가지고 일자리를 한번 하면서 그것을 한번 재연을 한번 하시지요?)

그 아짐 만나믄 다 조르라니 하실 것이요. 문화원에서 한번 하믄 쓰겄네.

진도읍 쌍정리 두정마을

홍주와 박문주

자료코드   589_FOTA_20171009_DJR_LPE_001
조사장소   진도군 진도읍 쌍정리 두정마을 제보자 자택
조사일시   2017. 10. 9
조 사 자   박영관, 박정석
제 보 자   이평은(남, 82세, 1936년생)

줄거리 의신면 초상리의 술맛이 최고라고 자부하며 술맛을 좌우하는 것은 좋은 누룩임을 어머니께 배웠다. 누룩을 많이 넣는 박문주는 많이 달고 끈적끈적해서 많이 마셔보거나 담가보진 않았으나 명가에는 그 술을 모두 담가먹는 것 같았다.

진도에서 술이 젤 좋은 고장으로 알려진 마을은 의신면 초상리, 바로 숲 밑에 있는 적은 마을인데, 그 마을 어느 집이를 가나 참 청주가 그렇게 맛있을 수가 없어요. 달고 향기롭고 그케(그렇게) 맛있을 수가 없어요.

그래서 기업으로 한번 키울 필요가 있었는데, 고향에 있는 사람들이 거의 없고, 그래서 기업화가 안 되고, 지금 현재 청주하는 사람들도 거의 없다시피 해요. 근디 거기서 배워 가지고 나온 우리 외갓집 형제간 집에를 가믄 술이 똑같습니다.

그리고 그러한 좋은 술을 가지고 홍주를 내리기 때문에, 홍주가 특별히 좋지 않았는가 이르케(이렇게) 생각합니다.

그리고 누룩을 만드는 것이 문젠데, 우리 집이서도 항상 어머님이 하신 말씀이, "유월, 유월 달 나락, 보리나 밀을 수확했을 때, 그때 장마철 끝날 무렵에 누룩을 만들어가지고 이것을 한여름 거치믄(지나면) 좋은 누룩이 된다." 이르케

얘기를 했습니다.

그러나 그것이 또 가을에 해서 좋다는 사람도 있고 그렇습디다만은 그 후에 내가 광주에 복분자 공장 전무하시는 분한테 물어보니까는 복분자공장 실내 온도가 35도라고 그래요.

그런다믄(그렇다면) '누룩을 여름에 만드는 것이 맞지 않겠느냐' 이런 생각을 하는데, 그러한 누룩을 가지고 우리 집에서 쌀로 만든 막걸리는 모과향기가 났습니다. 맛은 물론 달콤해서 모과향기가 났고, 또 순 보리쌀로만 했을 때도 산딸기 향기가 났어. 그럴 정도로 술 맛은 누룩이 결정하는 것 아니냐.

그래서 그 술로 소주를 내렸을 때, 홍주를 내렸을 때 내가 스물두 살 때, 그때 마셔 봤는데, 그때 나는 술을 침하고 섞어서 나나서(나눠서) 마시는 그런 습관으로 그래 한나절을 마셨는데도 아주 향이 좋고, 또 이 지초의 해열작용 때문에 열이 식었다가 다시 이렇게 상승하고, 이런 정도로 지초의 효능이 있었습니다.

내가 한 20년 후에 군내면 나리 최기량씨 댁을 갔는데, 부잣집인데 거기는 아주 막걸리부터 양주까지 아주 술 창고가 있는 집인디, 그분이 아주 술을 좋아하십니다. 군수님하고 같이 갔었는디, 거기서 홍주를 내왔는데 20년 만에 우리 외갓집에서 마셨던 홍주하고 똑같은 술을 마신 기억이 납니다. 그 중간에는 그런 술을 마셔본 일이 없어요.

그리고 옛날 나 어렸을 경우는 장선미씨라고 보통 저, 어뜨케(어떻게) 사람이 좀 체구가 적다 보니까는, 남의 등에 업힌 매미 같다 해갖고 이름을 매미라고 지었어요. 매미의 한문 이름이 선밉니다. 장선미씨.

옛날에는 그분 술이 그렇게 유명했다고 했어요. 아마 진도에서 쭉 살았던 장씨는 아니고, 외지에서 들어 왔었던 거 같아요. 그 남동생 하나가 사진사로 있었고. 군내에서 사진사 하다가 읍내에 와서 사진관을 했어. 근데 술이 유명하고는, 나머지 영업하는 사람의 술로 해서는 이름난 사람이 없었어요.

그러다가 저그 우리 외삼춘이 〈제일의원〉 원장을 했었는데, 그 외삼춘이 또 저그 술을 좋아하셔가지고, 이 통샘이라는 샘물을 가지고 홍주를 항상 만들었습니다. 그래갖고 그저 술맛도 똑같이 좋았죠. 그런데 그것을 누가 거들었냐하면 저 무형문화재 하던 허화자씨가 거들었어. 허화자씨가 그 술 만드는 것을 거그서 배웠지. 그래가지고 나중에 독립해가지고 저렇게 인자.

우리 외삼춘이 1954년돈가 5년도에 돌아가셨으니까, 55년도에 돌아가셨으니까, 그때까지는 우리 외삼춘댁에서 허화자씨가 아마 술 만드는데 쫌 거들어 주고 했을 거요. 그 후에 돌아가시고 나니까, 혼자 독립해서 하신 걸로 아는데, 하여튼 허화자씨도 술을 만들어 놓고는 나보고 맛을 보라 해. 감별을 해달라고, 감정을 해달라고. 그럴 정도로 이케 허화자씨도 술에 대해서는 상당히 신경을 많이 썼어.

그래 이 홍주가 요새 근래에 모도 홍주공장이 나왔는데, 그것을 바로 걍(그냥) 누룩을 가지고 한 것이 아니고, 누룩을 기계 안에서 합성을 해요. 그래가지고 바로 섞어버리니까 좋은 술이 나올 수가 없제. 내가 볼 때는 분명히 좋은 누룩에서 좋은 술이 나온디. 좋은 청주, 박문주, 홍주는 좋은 누룩에서 나온다 나는 이르케 생각해.

그러고 보통은 물을 많이 부수믄(부으면) 술이 상당히 빨리 되거든요. 그란데 우리 어머님 같은 경우에는 한 달 돼야 막걸리를 막 먹을 수 있어. 발효기간이 한 달. 그 대신 그렇게 되믄 석 달, 넉 달 가더라도 그거이 변질이 안 돼요.

그러고 내가 듣기로는, 이 막걸리 할 때보다 소주 만들 때는, 소주용 막걸리를 만들 때는 누룩을 배를 넣는다고 그렇게 들었어요.

그랬건저랬건 누룩이 술맛을 결정한다는 것은 틀림없는 것 같애요.

그 후에 초상출신인 허복 씨가 지산 면장으로 있으면서 지산면에서 홍주도 맨들도록 했고 거그서도 홍주가 또 나오고 했죠.

홍주가 그렇게 해서 초상에서부터 연이 되어가지고 허화자 씨한테까지 쏙(쭉) 이어졌는데, 또 박문주가 있지 않습니까? 나는 저그 박문주를 직접 만드는 것은 안 봤어. 청주 만드는 것은 봤는데, 박문주 같은 경우는 아마 누룩을 더 넣는거(넣는 게) 같아요.

박문주를 하는 데는, 술동이 밑에다도 누룩을 좀 깔아놓고 했다고 얘기는 들었는데, 하여튼 박문주는 옛날에 여러 집이서 만든 것으로 알고 있어요. 근데 그걸 잘 만든 집이 가른(검은) 엿처럼 끈끈했단 말이요. 근데 허화자씨 집이서 만든 것은 그렇게 끈끈하지 않앴어. 끈끈한 걸 만든 적이 없어요. 꼭~ 저 물엿처럼 그렇게 했었다고요.

그랑께. 허화자씨 댁에서 박문주를 한 되를 설에 해갖고 서울로 보내고 나머지 한 되를 주더만요. 그래서 그 술을 먹어봤는데 세상에서 이케 맛있는 술도 있는가? 그 술을 먹었는데 그 술도 달더만요, 달아. 그래서, 그러니까 저 물엿과 똑같이, 제대로 나오면 물엿하고 똑같이 나오는 거여. 끈끈하게 노랗고 끈끈하게 나와.

그런데 허화자씨 한 것은 그 정도 아니여. 내가 판매하는 것은 원체 적게 나오니까. 양이 적으니까. 그러니까 그것을 쪼그만 잔으로, 이렇게 쪼그만 사발로 하나 먹으믄 엿인줄 알고 이렇게 먹기는 먹었는데 완전히 사람이 취해서 떨어졌다는 이런 얘기를 했어요.

박문주를 상품화 할라믄 그것이 생산하는데 생산 단가가 높아지고, 판매용이로 하는 데는 좀 문제가 좀 있겄고, 박문주를 나는 직접 안 만들어 봤으니까 직접 만드는데 보셨다 한다믄은, 저기 저 국민학교 밑에 황실다방 저그 아주머니 일흔 여덟이나 됐을라나, 이른 다섯은 넘었을 거이여. 내가 저그 결혼식 할 때 내가 갔어. 그란데 역시 청주 맛이 우리 외갓집 청주하고 똑같애. 초상 우리 외갓집 바로 앞으로 살았제. 대문 앞에.

그란데 거기 물어보니까 박문주에 대해 조금 아는 것 같던마. 나도 허화자씨 집이서 본 그 정도고, 저그 가정집이서 먹어 본 경험은 없어. 그란데 가정집이서 먹어본 사람들 얘기가 그렇드라고. 옛날에는 상당히 명가 집에서는 박문주를 해놨던가벼(해놓았던가봐).

진도아리랑을 만든 허감찰과 동외리 박씨

자료코드　589_FOTA_20171009_DJR_LPE_002
조사장소　진도군 진도읍 쌍정리 두정마을 제보자 자택
조사일시　2017. 10. 9
조 사 자　박영관, 박정석
제 보 자　이평은(남, 82세, 1936년생)

줄거리　통계청 공무원을 하면서 진도 연혁을 들여다보게 되었고 잘못된 것을 바로잡기 위해 노력을 했다. 특히 진도아리랑을 만든 사람을 수소문해서 동외리 박씨와 허감찰이란 분이 지었다는 사실을 확인하기 위해 많은 시간이 걸렸다.

4·19후에 대한민국에 통계가 잘못돼야가지고 여태까지 자유당의 행정이 잘못됐다함서 이렇게 해갖고 통계 공무원 제도가 생기게 됐어. 내가 진도읍 통계담당 공무원을 하면서, 제1회 국세조사를 그때 했었거든.

그러면서 국세조사 끝내고 나서 통계업무를 손을 댈라고 보니까는, 통계엔 진도면 연혁이 일제시대 합병돼가지고 진도면이 생겼다는 그것백게(그것밖에) 안 나온다는 거요.

그래서 이거 이래 가지고는 진도 연혁이라고 할 수 없다 그래서 정승한씨, 그때는 정승주씨가 택시, 여객회사 사장인데 그 형님이 별로 할 일도 없고 그러니까 표를 팔고 계셨다고. 그 저 버스회사에서.

그래 내가 찾아가서 진도 연혁을 한나 써주십쇼. 그걸 저 통계업무에다 올리겠습니다 그랬제.

그래 써주셔 갖고 고놈을 그대로 할 수가 없어서 내가 수정해 가지고 이렇게 써도 괜찮하겠습니까? 그라고 교정을 받고 나서 진도아리랑은 누가 어느 때 맨들어졌고 누가 맨들앴답니까? 하고 물어봤어. 그당시 어물쩍 넘어가고 그랬어.

그분이 일제시대에 취직을 하지 않고 완전히 향토사만 전공하셨어. 그란데 머리가 비상하신 분이여. 한문으로 된 책을 어디 가서 빌려서 보는데, 그걸 대각선으로 훑어본다는 거여. 그라고서도 그 내용을 정확하니 말씀하시더라는 거이여. 그 정도로 아주 한문으로 된 글에 대한 독서도 아주 많이 하신 분이였어.

그래 인자 그분한테 진도아리랑은 누가 만들었습니까? 그랑께.

"이 세상 사람들이 모두 쌍둥이 할아버지 허충희 할아버지가 만들었다고 하네. 그란데 나는 그렇게 생각을 안 하네. '그분은 단지 진도아리랑을 그 당시 흘러 다니던 그 가락들을 모두 모아가지고 집대성한 분이다' 나는 이렇게 생각하네"

그러드라고.

그러고 나서,

"거그 허충이네 집이 내 외갓집이네만은."

정승한씨 외갓집이라고 그러면서 그 얘기를 하드라고. 그러면서 쭉 잊어불었는데, 나중에 〈전남매일신문〉에서 진도아리랑에 대한 유래를 한번 찾아 보겠다고 와가지고 장기를 잘 두신다는 고수 송순화 씨, 송백준씨라고 그라제, 호가 백준씨여. 그분한테 가서 물어보니까는 동외리 박씨하고 두 분이 진도아리랑을 맨들었다 이 얘기를 하시드라고.

그래서 허감찰이 맨들었다 그라면서, 진도아리랑을 허감찰하고 박씨, 동외리 사는 박씨하고 둘이 맨들었다 이 얘기를 그렇게만 알었는데, 나중에 제적부를 찾아보니까는 원래 동외리에서 사셨어. 그분이 동외리에 사시다가 이리 쌍정리로 두 번 이사를 했더라고. 쌍정리를 이사를 저쪽에 한번하고 이리 요 위에 집으로 지금 사랑방살롱.

그런데 허감찰이라고 해서 나는 멍멍했지. 그라고 또 다른 사람이 있는가 모르겠다, 그라고 한참 지났지. 외지로 돌아다니다 보니까는 내가 뭐 관심이 있어? 그란데 금봉하고 나하고 인자 동창생이고 또 모임을 가져.

그란데 자기 할아버지가 우수영 영장을 했는데 그 신동을 이사를 와가지고 살았고, 그 자기 할아버지 보고 박감찰이라고 했다 그래. 그래서 '아하, 무관의 자제를 아마 일제 초나 한말에 감찰이라는 직함을 줬구나' 그케 알고, 동외리란 것을 그때사 알게 된 거여.

그저 허씨들이 많이 수명이 짧거든. 모도 쉰 세 살에 돌아가신 분들이 초상 하씨들하고 상정리 하씨들하고 갈린 지가 16대손인데, 서른다섯 살, 서른여섯 살에 돌아가신 분이 그렇게 많아.

일찍 돌아가신 것이 아니냐 그란데 내가 그분이 아리랑을 지었을 때가 1910년대라고 그렇게 봐. 1910년대라고 보는데 1910년대에는 그분이 사십 줄이야. 마치 그런 걸 할 만한 그런 연혁이 됐드라고. 그란데 그때 진도는 어떤 정도였냐 하믄, 1889년에 목포항이 개항이 됐다고. 89년인가 83년인가? 그렇게 개항이 되야서 삼대 수출항이야. 면화, 쌀, 소금, 삼대 수출항이야.

그때는 소금도 천일염이 없으니까 천일염이 생기기 전이여. 그러니까 그 움막 소금. 불 때가지고 맨드는 소금. 진도도 지금 소포 쪽에서 많이 했었고 해창에도 하나 있었어. 해창 원뚝에도 하나.

나도 저 직접 본 것은 해창 원뚝에(원둑에) 제염하는 것을 봤는데, 그래서 진도하고 목포하고 왕래가 심해지니까 목포에서 문물을 많이 들여와. 그란데 원래 진도는 문화적으로 본다면 떨어진 섬이기 때문에, 아주 서울에서부터 문화가 흘러 내려오믄, 이거이 그대로 고여 있는 데여. 섬이란 것이 고여있어.

제주에서는 모도 주민들 언어가 틀리고, 그러니까 동화가 돼야부리는데, 진도 사람들은 그 언어 영향을 상당히 많이 받았어.

예를 들자믄, 우리 큰어머님 같은 경우는 우리 1873년생인가? 1873년생인가 되는데, 우리 저그 보통하는 말씀도, '밥도곤(도고: ~을 보다) 떽이 더 맛있다고. 도고라는 소리였어. '도고'란 건 보다, 뭣보다 더, 이런 말이여. 고어제, 고어.

그러고 우리 큰어머니는 우리 어머님하고 열두세 살 차인데도 동학난을 기억을 하셔. 동학통에 어쨌다고 그 얘기를 항상 하셔. 얼마나 겁을. 마지막 동학난

토벌을 한 데가 진도잖아. 동학 잔당 토벌을 한 데가 진도여. 그렇게 하다 보니까는, 아주 동학군들이 수탈을 해 가고 또 일본놈들은 일본놈 대로 잡는다고 그 난리를 치고 다니고. 그렇게 아주 진도가 혼란스러웠던가봐. 그러니까 동학통, 동학통 항상 하셔.

근데 우리 어머님은 또 동학난이라믄 동학도 몰라. 13살 차인데도. 그래 강정학이가 진도도 동학난에 대한 뭘 지정을 해달라 했는데 안 되더라. 그것 잘못 서둘러서 그런 거 아니냐. 마지막 동학이 사멸한 데가 진돈데. 그럼, '뭐 한나(하나)라도 표적이라도 있어야 진도에다 해주라 할 거 아니냐'고, 내가 그때 그 얘기를 한 적이 있지만은.

박문주 제조법

자료코드   589_FOTA_20170918_DJR_KDS_001
조사장소   진도군 진도읍 쌍정리 두정마을 제보자 자택
조사일시   2017. 9. 18
조 사 자   박정석, 박영관
제 보 자   김덕수(남, 75세, 1942년생)

줄거리 밑술로 술을 담근다는 박문주 제조법을 순서대로 설명해 주셨다.

옛날에 박문주라는 것이 있었는데, 지금은 거의 사라지고 없습니다마는. 옛날에는 '술로 술을 한다' 이렇게 얘기가 있었습니다.

그람, 그 밑술은 담어서 다시 또 그 술로 찹쌀로 해서 버무려서 술을 내려 용수를 담가서 떠먹어 보면은 그 맛이 과연 답니다. 아, 우리가 이야기하는 조청 정도는 못가지마는, 상당히 당분기가 있어서, 그것이 지금은 없어졌습니다.

그것도 연구를 해 봐야 쓰는데, 맨 처음 밀가루 누룩을 제조해서 밀가루 누룩이 발효된 다음에, 그 밀가루 술로 술을 담궈서 그 술이 발효되면 다시 또 찹쌀 술밥을 쪄서, 그 술로 다시 술을 해야 됩니다.

그것이 박문주의 기본 방법이고요. 그 다음 용수를 박아서 술을 떠서 먹어 보면은 맛이 다달분합니다(달달합니다). 예~ 그렇게 해서, 옛날에 박문주를 만들어 냈습니다.

삼과 짚으로 엮는 짚신

자료코드   589_FOTA_20170918_DJR_KDS_002
조사장소   진도군 진도읍 쌍정리 두정마을 제보자 자택
조사일시   2017. 9. 18
조 사 자   박정석, 박영관
제 보 자   김덕수(남, 75세, 1942년생)

줄거리 삼과 짚세기로 짚신을 엮으면 바닥이 튼튼하고 오래 신을 수 있는 고급 짚신이 된다. 그런 조상의 지혜가 깃든 민속 공예품이 그립다.

옛날에 아주 고급 짚신이 있었습니다. 그 짚신은 재료가 삼이 들어가는디요. 우리가 얘기하면, 삼하고 짚 해제기(?)가 들어가요. 짚 해제기로 새내끼를(새끼

를) 꼬는디, 꼬아배기 해서 코를 만듭니다.

짚세기 양 옆에 있는 코를 만들고 또 삼은 바닥을 할 때 예, 닳아지지 마라고 오래 신게끄름(신도록) 하기 위해서, 삼 줄기로 짚신 바닥을 해서 짚신을 아주 고급스럽게 하제.

옛날에 골무를 여서(넣어서) 대 중 소에 그 골무를 여서 옛날에는 짚신을 삼었습니다. 지금도 그 짚신이 나왔으믄 하는 바램입니다.

짚신 만드는 삼 손질법

자료코드	589_FOTA_20170918_DJR_KDS_003
조사장소	진도군 진도읍 쌍정리 두정마을 제보자 자택
조사일시	2017. 9. 18
조 사 자	박정석, 박영관
제 보 자	김덕수(남, 75세, 1942년생)

줄거리 짚신 엮을 때 들어가는 삼은 우선 쩌 오면 무논에다 한달 정도 담가놓았다가 껍질이 썩으면 벗겨내고 삼을 두드려서 부드럽게 만든다. 그것을 짚과 섞어서 짚신 바닥을 엮는다.

옛날에는 삼을 쩌가지고 우리 아버지는 논에다 담갔어요, 물에다. 무논에다 뭐 한달이고, 반달이고 일정한 기간을 담가서 꺼내면은 껍데기는 딱 썩읍니다. 그 삼베 욱에(위의) 껍데기, 그람 그때 벳게요(벗겨요). 그때 벳기면 껍데기가 잘 벗습니다. 그라믄 그놈을 탕, 탕, 탕 뚜들어서(두들겨서) 고놈 좀 매질해서 부드럽게 해가지고 그 놈을 짚하고 섞어서 바닥을 엮습니다.

짚신 바닥을 코는 짚 해제기를 꼬아서 틀어서 내리면 이쁜 짚세기가 나옵니다. 그래서 아주 고급 짚신이었거든요.

그래 지금은 거의 하는 사람이 없습니다만은 장례식장에 옛날 짚신이 좀 나왔었어요. 지금은 짚신이 안나오는데, 신발 바닥은 삼으로 하고, 옆에 코는 짚세기 꼬아서 만들면, 똑같이 만들 수 있을 거라 봅니다.

물에 담가둔 삼을 빼서 탕탕탕 뚜드려서 아주 부드럽게 해서 새내끼(새끼) 꼽듯 해왔고해요. 그러면은 양 옆에 집세기 코는 그걸로 하고, 단, 대·중·소는 골무를 껴서 초상집에 짚세기 대충하죠.

그러나 구두 골무같이, 그걸로 그렇게 해서 합니다. 그러면은 꼭 맞게 발에 맞춰서 아주 이쁜 짚신 그게 나올 수 있거든요. 예~ 저기 지금 공예 하신 분들도 손 있는 분은 그렇게 해서 짚신을 만들 수 있을 거예요.

청등으로 만든 산태미(삼태기)

자료코드   589_FOTA_20170918_DJR_KDS_004
조사장소   진도군 진도읍 쌍정리 두정마을 제보자 자택
조사일시   2017. 9. 18
조 사 자   박정석, 박영관
제 보 자   김덕수(남, 75세, 1942년생),

줄거리 진도에서는 산에서 나는 청등으로 산태기를 만든다. 칡넝쿨도 있지만 마르고 나면 색깔이나 모양이 변해서 청등으로 만든 산태기를 따라 잡을 수 없다. 크기별로 만들어 집에서 유용하게 쓰는 생활 필수품인데 지금은 사용하지 않아 만드는 사람도 보기 힘들다.

청등, 그것보고 우리가 옛날에 댐담넝쿨(담쟁이넝쿨)이라 했어요. 우리가 어릴때 댐담 넝쿨을 가지고 산태미(삼태기)를 아주 잘 만들었습니다. 이 근래까지도 산태미가 우리 집에 있었거든요.

두 되짜리, 닷 되짜리, 한 말짜리 정(정말) 많이 큰놈은 두말짜리까지 만듭니다. 아, 그 청등을 떠서 말려서 그놈 가지고, 지금은 뭐 거의 만드는 사람이 없습니다만은, 산태미를 그렇게 잘 만드셨어요.

청등은 내가 알기로는, 예~ 소포동에서 산월로 넘어가는 그 산 양 옆에가 그케(그렇게) 청등이 많이 있다고 그랬어요. 나는 산태미 하는 것만 봤지, 산에 가서 청등이 어찌게 생긴지 모르겠어요. 그게 상당히 길게 뻗어가지고….

그라고 야튼(하여튼) 청등넝쿨, 그란데 우리가 어려서는 댐담넝쿨 그랬거든요. 그래 댐담넝쿨이 있으면, 그걸로 거렁지 하는 식으로 하면 그게 산태미가 돼요 지금 옛날 산태미 같은 것은 있으면은, 꽤 돈을 받고 골동품으로 팔아 먹지요. 옛날 것이 지금도 있으면은 다시 만들어도 귀한 물품이 될 수가 있어요.

댐담 넝쿨이 없으면은 칡넝쿨도 넝쿨이니까 긴께(기니까) 가능할 수 있는데, 칡 넝쿨은 몰라(말려) 노면은(놓으면) 값어치가 없이 되어불거든요. 그런데 청등넝쿨은 몰라도(말라도) 그게 그 원형이 변치 않는다는 겁니다.

그란데 칡넝쿨은 마르면 색깔도 변해불(변해버릴) 뿐 아니라 원형이 변해불잖아요. 그렁께 그것이 안 되고 결국은 댐담넝쿨 그래갖고 청등 넝쿨이 한번 소포동 그 옛날 산으로 넘어가는 양 옆에 가면, 지금도 그런 풀이 있을걸로 생각해요.

옛날에는 철 나무를 해버리니까 그게 없어지는데, 지금은 철 나무를 안하니까 그것이 있으리라고 봐요. 그게 진도에 지금 뭐 이케(이렇게) 산태미 하는 사람이 없죠.

무명베를 잘 짠 누님

자료코드   589_FOTA_20170918_DJR_KDS_005
조사장소   진도군 진도읍 쌍정리 두정마을 제보자 자택
조사일시   2017. 9. 18
조 사 자   박정석, 박영관
제 보 자   김덕수(남, 75세, 1942년생)

줄거리 예전에는 목화를 심어서 나온 솜을 가지고 가정에서 실을 만들어 베를 짜고 옷을 만들어 입었다. 집집마다 목화씨와 목화솜을 분리시키는 씨앗이 기계가 있고, 실을 잣는 물레와 베틀이 있었다.

물레로 미영잣기

옛날에는 목화 미영(무명)을 따면은 거의 가정에서 실을 만들어 썼습니다. 무명베를 짜고 그랬었는데, 명(무명)을 아스는(빼내는) 씨앗이라, 지금은 거의 없지만 씨앗이(씨아)는 씨와 목화를 선별하는 기계입니다. 그게 나무로 만들었는데 우리 아버지께서 나무에 기아를 만들어서, 그 기아가 돌아가면서 명을 골랐던

그런 때가 있었습니다.

그래 옛날 어른들이 '니가 씨앗이 기계에다 붕알 넣고 전들래(견딜래)' 그 말은 씨앗이 기계에 붕알이 들어가면은, 깨진단 얘기야. 그 톱니바퀴를 우리 아부지가 직접 만들어서 깎아서, 이 명 앗는 씨앗이를 만들었습니다.

그리고 그때는 무명베를 거의 짜서 입었습니다. 우리 어머니께서 무명베로 해서 베를 날아서 실을 날아서 베를 먹고(받고?), 또 꾸리를 만든다 그라믄, 왔다 갔다 하는 배로 해서는 꾸리를 만드는데, 그런 거를 우리 어머니가 물레를 만들어서 쭉 해서 베를 짜냈고, 현재 살아 계신 우리 누님께서는 베를 짜면은 하루 한 끗(한번 접은 만큼의 길이)을 짠다고 그랬어요.

아침부터 시작해서 짜면은 한 끗 그라면 그거 몇 자인지는 모른데 이 정도 크기… 여기다 이렇게 해서 묶으고 짜 돌려서, 베 한 끗을 베틀에서 짜 냈던 그런 그 일화가 있습니다. 우리 누님이 현재 지금 생존해 계십니다. 베를 그케(그렇게) 잘 짰어요.

지금은 진도에 베틀도 없어져불고 아무것도 없습니다마는 옛날에는 그렇게 해서 옷을 지어 입고 했든, 그런 기억이 납니다. 지금도 참….

베틀 같은 것도 상당한 오랜 시간 동안 집에 있었었어요. 그란데 썩고 뭐하니까 버려버렸지요.

택시회사 경영부터 지금까지

자료코드 589_MONA_20170918_DJR_KDS_001
조사장소 진도군 진도읍 쌍정리 두정마을 제보자 자택
조사일시 2017. 9. 18
조 사 자 박정석, 박영관
제 보 자 김덕수(남, 75세, 1942년생)

> **줄거리** 18살에 자동차 회사에 들어가서 조수부터 시작하여 면허를 따고 일하다가 버스 기사를 하게 되었다. 택시기사 시절 다른 택시를 인수하여 택시회사도 운영하고 그 후 소를 키우다가 현재는 돼지를 키우며 지낸다.

제가 열여덟에 자동차 회사 조수로 입사했습니다. 그때는 자동차 조수 들어가기가 지금 공무원 들어가기보담도 어려웠습니다. 차는 몇 대 안 되는데, 조수 들어갈 사람은 많으니까요. 조수로 들어가서 열심히 일을 했어요..

그래 7년을 하고 나니까 면허증이 있어야 될 것 아니요. 그란데 그때 면허증 따기가 지금 고등고시보다 어려울 정도여. 광주 가서 면허증을 따는데, 그래 회사에서 나를 광주로 데리고 가데요. 그래 면허 시험을 보라 해서 회사에서 면허증을 따줘서 저는 면허를 했습니다.

그래가지고 거그서 운전을 하다가, 내 면허증을 따서 택시 운전수로 갔어요. 그 회사에 또 택시가 있어서 택시 운전을 했고, 그때는 대형 면허를 딸라면 일반 면허 따가지고 삼년 있어야 대형 면허를 땁니다.

그래 내가 택시에 있다가, 대형 면허를 딸란다고

"자동차를 좀 빌려주쇼. 대형 면허 연습을 해야겠습니다."

그래 빌려 주대. 그래서 서중학교에 가서, 그때는 말뚝이여. 니 군데(네 군데) 말뚝 박아 놓고는 차가 들어갔다 나왔다 하고, 돌아다니고 빠꾸해. 그 연습을 밤에 가서 거그서 했어. 회사에서 배려를 해주고, 차를 빌려 주니까.

273

그래가지고 광주로 올라가서 대형 면허를 일차에 합격을 했어. 대형 면허를 따도 운전수가 될 수가 없습니다. 전에 운전수가 자리를 내놔야 될 것인데, 앞 사람이 죽으믄 운전수 자리가 나오게 될 것인데 안 죽은께 운전을 할 수가 없어요. 몇 년이 지나가서 운전수 자리가 나서, 그때부터 버스 운전수로 내가 올라간 겁니다.

버스 운전하기 전에 진도에가 마이크로버스가 들어왔어요. 그란데 일반 우리 버스하고 마이크로버스하고 경쟁을 하는 겁니다. 노선을 놓고 경쟁을 하고. 그렇게 하다 보니까 결국은 마이크로도 재미를 못 보고, 버스도 재미를 못 보고 두 회사가 다 재미를 못 본 거요.

그래서 마이크로도 그때 당시 망하고, 우리 버스 회사도 망하고 그래 우리 회사가 다른 사람한테 넘어갈 때까지, 내가 그 회사에서 운전을 마지막까지 해주고 나왔습니다.

그래가지고 인제 택시를 한 대를 샀어요. 택시를 사서 열심히 일을 하니까 돈이 잘 벌리대요. 한 대 사가지고 하다 보니까, 아, 이놈이 택시 폰다(판다) 그라믄 내가 한 대 더 사불고, 또 한 대 폰다 그러면 또 사불고 그래 가지고 다섯 대를 만들었습니다. 다섯 대를 만들어가지고 운전수를 쓰면서, 제가 지입차로 운전을 하는 겁니다.

그럴 때 진도가 진도택시, 중앙택시 두 개 있었어요. 진도택시는 내가 택시 운전수로 들어 갔을 때는 십일시 한상섭씨라는 분이 택시 회사를 운영 했어요. 지금 한현일네 작은아버지 거가 이세약방을 하는데 택시를 운행했습니다.

그래 거그 밑에서 내가 택시 운전수로 일을 열심히 했죠. 어, 그래가지고 이렇게 지입차제도가 나오니까 지입차를 했어요. 택시 다섯 대를 만들어가지고 지입차를 하고 있으니까 사람이 욕심이 생기대요. '야! 택시 회사를 가져야 될 것 아니냐, 지입차를 가지고 택시 회사 사장이 되어야지.'

스물 일곱 살 때 사장이 될 수 있는 기회가 한번 오대요. 〈중앙택시〉라는 회사를 판다고 그러든만. 회사를 산다고 생각하고 가만히 보니까, 내가 나이가 너무 어리드라고요. 지금 내가 함부로 회사 사가지고 잘못 뛰어들면 실패한다 그래서 포기를 했어요.

그리고 10년 후에 다시 기회가 오대요. 그래 그때 내가 택시 회사를 1억 5천에 진도택시 네 글자를 사고, 차는 내 차니까 네 글자만 가지고 진도 택시를 만들었습니다. 그 후로 이 택시가 발전해 가지고 팔팔 올림픽이 온다니까 택시 선진화를 해야겠다 해가지고 '회사부터 모든 걸 정리를 해라, 우수 업체를 만들면은 차를 주겠다. 증차(증차허가)를 준다.' 그래서 땅을 사가지고 택시 회사 건물을 좋게 만든 겁니다.

좋게 만들어서 어떻게 해서 다행히 천신만고 끝에 우수 업체가 되었어요. 그래 자동차를 다섯 대 증차를 받은 겁니다. 예, 그래 다섯 대 증차를 받고 총 열 대가 된거지요. 열 대를 가지고 회사를 운영하다가 다시 또 우수업체보다 더 좋은 업체를 만들어라 그라고, 그런 때는 운전수 교복 또 의료보험을 넣어준 거예요.

근로복지 보험, 노동 보험, 의료보험 다 옇어주고(넣어주고) 해서 결국은 우수업체보다 더 한 등급 높은 걸 따냈어요. 그러니까 세 대를 더 증차를 주대요. 그래 제가 13대로 택시회사를 만들어갖고 운영을 했습니다.

아이, 근데 진도에가 대형차가 없었어요. 담푸차(덤프차)라는 이런 대형 화물차가 없었어. 그란데 어느 날부터 대형 화물차가 들어오니까 월급이 좋은 화물차 운전수로 전부 가는 겁니다. 할부로 자동차를 막 다섯 대 여섯 대씩 사다 놓고 일을 하는데 운전수가 안 나와요. 이거 안 되겠다, 직업 전환을 해야 되겠다 빨리 택시를 정리해야 되겠다, 해서 이런 생각을 하면서 밤 두 시까지 제가 일을 했습니다.

그때 처음에는 경리 아가씨도 있고 지배인도 놔두고 일을 했는데, 택시가 사양길로 가니까 아가씨도 내보내고 지배인도 내 보내고, 우리 각시는 경리를 보고, 나는 11시부터 운전수가 들어가믄, 제일 먼저 들어온 차를 가지고 운전해서 두시까지 일을 했어요.

그때는 음주 운전이 없을 땝니다. 그래 의신서 술 먹고 들어올 놈이, '밤 두시 전에는 진도택시는 전화하면 받드라', 이 선전이 된 겁니다 . 그래 12시건 새벽 2시건 전화를 해요. 그람 내가 나가서 2시까지 수소문을 받아서 일을 했고, 그 것도 뭐 안 되는 건, 실은 차는 뭐 몇 대는 서있는데, 그래서 내가 그랬지요. 우리 각시보고,

"야, 안되겠다. 자동차는 내가 운전을 아무리 잘해도 한 대밖에 못 갖고 다닌다. 소는 내가 백 마리까지 혼자 갖고 갈 수 있다. 그러니 빨리 직업 전환을 하자."

그래가지고 택시는 몇 대 놔두고 할부만 느그들이 넣어라. 내가 준 돈은 다 포기 하고 가지고 가거라. 그라고 차를 전부 운전수한테 다 줘버렸죠. 할부만 넣고 가져 가거라 하고, 그래 '나놔(나눠) 주고 나는 소로 바꾸자.' 그라고 축사를 짓기 위해서 부지를 준비하고, 그때는 재정자립도 있으니까 은행에서 대출을 맘대로 주니까 대출 받아가지고 그때 돈으로 8천만 원을 주고 소를 시작했어요. 8천 만 원 주고, 맨 처음에 소를 열 니(네)마리를 사서 여서(넣어서) 소를 시작해갖고, 택시를 그래도 한대를 놔뒀어요.

내가 미련이 있으니까 한 대를 놔두고 운전수를 쓰는 거여 그라고 '운전수 한 달에 얼마씩 주라' 하고 있다가 그놈도

"내가 차 살랍니다." 그라길래 아니

"내 차 이놈 사 불어라"

그라고 싸디싼 헐값에 500만 원 받고 줬던가, 그냥 차를 줬습니다. 그라고 택시는 완전히 손을 띠고(떼고) 소에 전념을 해가지고 소를 한 70마리까지 불렸어요. 악착같이 불려가지고 한 15년 소를 키웠지요.

그래 소를 키다 보니까, 정부에서 폐업을 하면은 두당 얼마 준다 그라대요. 그래서 나이도 있고 힘든데 폐업 신청을 하자 그래서 한 50두(頭, 마리) 가지고 폐업 신청을 했어요. 그랬드니 돈 3천만 원 주데요. 3천만 원 그 놈 받고 그 부지를 파니까 한 5천만 원 주대요. 그래서 처음에 투자했던 팔천만 원 거의 건졌

습니다. 그래갖고 그동안 먹고 살고 있는 빚 전부 정리하고 한 일 년 있다가, 이거 안되겠다,. 해서 돼지를 키자 돼지를 키는 것이 더 낫겄다. 그래 지금은 돼지하고 개하고 닭하고 키고 있습니다.

그래 돼지도 만만찮은 소득이 납니다. 맨 처음에 돼지를 낳았을 때는 한 30마리 새끼를 낳았는데, 내가 처음이니까 이게 팔릴지 안 팔릴지 모르잖아요. 장에도 싣고 가고 뭐 싸게 줬제. 그래 차근차근 요령이 생기니까 굳이 싸게 폴 필요가 없다는 이야깁니다.

'많이 켜갖고(키워갖고) 싸게 폴자', 그라믄 애제용으로(애저용으로) 켜서 지금 팔아요. 그래 지금 한 이 정도 큰놈 한 사 오개월 켜서 한 20만 원씩 싸게, 그래도 뭐 그런 대로, 단 짬밥을 얻어다 키니까 사료값이 안 들어, 내 노력비로 해서 소득이 좀 됩니다. 소는 역시 편하기는 한데 당장 사료 사다 멕여야제. 그래서 돼지도 열심히만 하면은 그런 대로 되고, 돼지 하는 동안에 폐지를 모아서 그놈을 폴아서 그 폐지 판 돈은 인재육성 장학금에다 기탁을 하고 있습니다. 현재 생활을 그렇게 하고 있습니다.

목탄차 운행기

자료코드 589_MONA_20170918_DJR_KDS_002
조사장소 진도군 진도읍 쌍정리 두정마을 제보자 자택
조사일시 2017. 9. 18
조 사 자 박정석, 박영관
제 보 자 김덕수(남, 75세, 1942년생)

> **줄거리** 목탄차 운행한 사람들에게 목탄을 태워서 밀고 올라갔다가 다음날 목탄에 있는 송진이 녹아서 가동이 안 되니까 분해해서 맞추고 운행했다는 이야기를 들었다.

옛날에 내가 자동차 조수로 열여덟에 취업을 하니까 우리 취업한 회사 창고에가 목탄차 부품이 있어서 '이거 누가 운행했던 차냐' 그러고 물어보니까, 옛날에 진도에 갑부로 계셨던 조병수씨가 자동차를 운행할 때 목탄차로 운행했다는 얘기를 전해 들었습니다.

목탄차를 운행한 사람들 얘기를 들으니까 목탄을 태워서 여그서 십일시를 가는데, 사동재를 못 올라 가니까 여기서 밀고 올라갔다가, 십일시를 갔다 와서 저녁에 차를 세워 놓면은, 그 목탄 가스나 목탄에 있는 송진이 녹아서 자동차가 가동할 수 없으니까 다시 이것을 분해해서 맞춰서 다음날 자동차를 운행했다는, 그런 얘기를 제가 전해 들었습니다.

그 후로 보리를 탈곡할 때 원동기도 목탄으로 가동하는 걸 저가 실지로 그것은 봤습니다. 그래 그때는 석유가 귀할 때니까, 처음에는 석유로 발동을 겁니다. 그래갖고 목탄가스를 숯을 피면서 여그서 조정해요. 밸브를 열어놓으면 가스가 엔진 안으로 들어갑니다. 흡입을 해서 그라믄 그놈이 폭발을 해요. 그 목탄 가스가 들어와서 폭발을 해서 보리치는 탈곡기를 돌리는 것을 본 경험이 저한테 있습니다.

진도읍 쌍정리 통정마을

걱정했던 월계가 말년이 제일 좋다

자료코드 589_MONA_20171028_TJR_LHJ_001
조사장소 진도군 진도읍 성내리 천하장사 식당
조사일시 2017. 10. 28
조 사 자 박주언, 김현숙
제 보 자 이행자(여, 76세, 1942년생)

> **줄거리** 남편 친구인 손무종씨가 전화를 해서 제보자의 남편을 찾자 유럽여행을 갔다고 대답했
> 다. 손무종씨는 제보자의 남편이 친구들 중에서 제일 못살까봐 걱정을 했는데 말년이
> 가장 잘 풀렸다고 했다는 내용이다.

가네 아배(자녀가 옆에 없을 때 칭하는 남편)는 안 간 데가 없으꺼시오. 해마다 한 반
데(곳)도 가고 두 반데도 가고. 해마다 다녔는데, 그랑께 돌아가셨어도 원이 없
제.

손무종이가 가네 아부지 유럽 가고 없는데, 전화가 왔대.

"월계(남편 박계수씨의 호) 계시냐?"

고.

"나, 손무종입니다."

"아이고, 그라시냐?"

고.

"두째 아들이 유럽 구경을 시켜주었는데, 나는 하도 다리가 많이 안 좋응께 안
가고 아빠는 유럽 갔습니다."

그랑께 손무종이가 그라대.

"우리 친구 중에서 월계선생을 질(제일) 걱정했다."

그것이여. 모도 걱정했는데 살다봉께 우리가 젤 잘살게 되아불었다고.

그 얘기를 무종이가 하길래 내가 하는 말이

"그만큼 내가 노력을 했잖아요."

그랬더니

"누구는 노력 안 했답니까? 노력한다고 되는 것이 아닙디다. 우리도 놈이 보기는 미국 가고 어짜고 호화스런 것 같지만은, 내막적으로 피나는 노력을 했제만은 억지로 세상이 안 되더라."

고, 그 얘기를 하덤만. 그란데 젤 걱정했던 월계가 젤 말년이 좋아져불었다고.

자식들만 위한다고 토라진 남편

자료코드   589_MONA_20171028_TJR_LHJ_002
조사장소   진도군 진도읍 성내리 천하장사 식당
조사일시   2017. 10. 28
조 사 자   박주언, 김현숙
제 보 자   이행자(여, 76세, 1942년생)

줄거리 제보자의 남편이 토라져 며칠째 말도 안 하고 툴툴거렸다. 남편의 친구가 찾아온 날 그 이유를 물으니 '자식들만 챙기고 자신은 안 위해서 그런다'는 대답이 돌아왔다. 이처럼 늘 자신이 먼저인 남편 때문에 속상한 적이 많아 가출을 생각한 적도 있었지만 자식들 때문에 참고 살았다는 내용이다.

우리 야네 아베가 속이 없어. 한번은 맬겁시(괜히) 막 틀어져갖고 툴툴거리고 나한테 말도 잘 안 하고 그라데.

인자 그래서, 그때는 누가 왔냐면 오행윤이가 (부산에서) 왔더라고. 우체국 자리로 와서 아저씨랑 얘기하다가 내가,

"얘~ 찬이 아빠!"

그랑께 (남편이 했듯이 고개를 돌려 쏘아보며)

"뭣이냐?"

고 그랑께는

"친구도 온김에 어째 나한테 불평인가 얘기 해보쇼, 뭣이 불평이어서 툴툴하고 나한테 그래요? 얘기 한번 해보쇼."

그랑께는 야네 아베 하는 말이 그래라.

행윤이랑 나랑 이렇게 앉어서.

"말 잔(쫌) 해보쇼. 오늘 친구 왔는데, 나 하도 당신이 그래쌓께 냅뒀는데 오늘 친구 온김에 당신 맘을 잔 알어봅시다! 뭣 때문에 나한테 말도 좋게 안 하고 그라요?"

그랑께는 나보고

"새끼덜만 생각하고 나한테는 안 그랑께 그란다."

고 그라길래,

"얘, 찬이 아빠, 당신이 돈을 벌어서 당신이 자식덜(자식들) 부양해야제. 아이들이 아직 교육받고 있잖아요, 당신은 손을 놓고 있는데, 나까지 애기덜 몰라불면 천하에 고아가 되제, 뭣이 되겠소? 야그덜이 가장 중요한 시기 아니요?"

내가 그랑께는 오행윤이가

"참말로 월계 자네는 택도 아닌 소리(어처구니 없는말)를 하네."

하고는 뽈깡 일어나 가불고는 생견(생전) 우리 집에 안 와.

우리 영감이 뭣한 사람덜은 좋다고 하지만은, 쫌 어떻게 보까? 어떤 때는 이런 생각이 들어. '나 같은 여자 안 만났으면 저 사람이 어찌께 세상을 살았으까?' 내가 그렇게 생각한 적이 한두 번이 아니여. 나도 솔직히, 그란데 식구덜이 전부 그래. 말하자면 어려워도 어려운, 고생한 그런 것도 모르고 엉뚱한 소리만

하고. '나도 나가부까' 하는 생각을 한두 번 했어도, 그 새끼들 어떻게 하고 나가겠어요.

당신은 내 앞에 돌아가시고, 또 애기들이 잘 되아부니까, 가네 아베 돌아가셨는데 엄청난 손님(조문객)이 와불어.

이사 갔으니 동네 사람들의 기득권을 인정해야제

자료코드   589_MONA_20171028_TJR_LHJ_003
조사장소   진도군 진도읍 성내리 천하장사 식당
조사일시   2017. 10. 28
조 사 자   박주언, 김현숙
제 보 자   이행자(여, 76세, 1942년생)

줄거리   제보자는 송현마을에 행사가 있을 때마다 현금을 풍족하게 내놓는다. 다른 사람들은 굳이 그렇게 할 필요까지 있냐고 하지만 제보자의 생각은 다르다. 이사간 사람은 원래부터 마을에 살아온 사람들의 기득권을 인정해야 한다는 것이다. 마을을 지금까지 발전시켜온 공로를 인정하고 자신도 최선을 다해야 마을의 일원으로 인정받는다는 것이다.

어제도 동네서 동제하걸래 20만 원.

누가 동네서 동제한다고 뭣한다고 갖다주겠소? 동제에 20만 원 갖다주고, 동네서 놀러간닥하먼 차도 대절해주고, 어버이 행사 할 때도 20만 원 이상씩 갖다주고,

어제도 20만 원 갖다주었소. 깜빡했다고 늦게 전화했길래, 나도 밥먹은 뒤로 봉투만 전하고, 이장이

"뭔 돈을 이케 많이 하냐?"

고 그라길래,

"그런 소리 하지 마라."

고 했지.

누가 나보고 그래.

"너는 뭣할라 송현에다 극케(그렇게) 하냐?"

고 그라길래,

"느그덜은 생각이 부족해. 내 말 한번 들어봐라. 그 동네가 어짜든간에(어떻든지) 자기 조상들부터 살아온 기득권이 있어. 그 동네를 발전시켜온 기득권이 있는데 내가 아무리 환경(형편)이 자기들보다 낫다고 하나, 인자 들어가서 건방진 행동만 하면은 손가락질을 해. 묘한 여자가 하나 와서 병 한다 그래."

전부, 동네사람들이 내가 가면 절하고, 또 오시라고 모시고, 그만큼 그 사람들은 부모 때부터 해온 공로가 있는가 하면은, 나는 인자 들어갔으니까 이제라도 동네 주민으로서 자격을 갖추도록 가치가 있는 행동을 돈으로라도 해줘야 된다 그 말이여.

그러니까 하지, 괜히 하겠어요?

그란데 가네 아베가 그전에,

"동네 사람들이 이상해?"

즈그 각씨가 돈을 주는 줄은 모르고, 가네 아베가 그라대 나보고

"내가 가면 막 절하고 난리다."

고 그라길래,

"예, 다 절하게 되아있소." [하하하]

그라다가 가네 아베 죽으니까 전체 동네사람들 다 오지, 내가 안 그랬으면 그렇게 하겠어요? 가네 아베가 나중에 집에 가서 중간에 제사 지낸다 해도 동네 사람들이 거그까지 다 와. '응, 내가 하는 만큼 하는 것'이지.

사둔 신뢰 때문에 가출하지 못한 사연

자료코드   589_MONA_20171028_TJR_LHJ_004
조사장소   진도군 진도읍 성내리 천하장사 식당
조사일시   2017. 10. 28
조 사 자   박주언, 김현숙
제 보 자   이행자(여, 76세, 1942년생)

> **줄거리** 철없는 남편 때문에 속상해하던 제보자는 막내아들이 결혼한 뒤에 이제는 자식들도 다 키웠으니 집을 나가 혼자 살겠다고 선언했다. 그 말을 들은 막내아들은 막 울면서 장인 어른이 늘 자신에게 '대한민국에서 제일 훌륭한 우리 사둔 어른을 잘 모시라'고 하는데 어머니가 집을 나가면 어떻게 생각하겠냐고 했다는 이야기다.

한번은 야(막둥이)를 여우고, [남편이] 어찌께 속없는 짓만 하고 댕기길래, 막둥이 창선이보고,

"아야, 인자 느그 아부지하고 그만 살란니까 그렇게 알어라. 너도 애기덜 둘이나 낳고, 나도 인자 내 인생 살아야겄다. 그러나 아직도 느그덜 갈치고 아무것도 없는 살림을 하다봉께, 나도 계도 있고 뭣도 있고, 내가 진도를 뜰 수는 없어. 방 한나 얻어갖고 나갈란다."

했더니, 퍽퍽 울어. 막둥이가 창선이가.

즈그 장인 어른이 뭐이락 하냐면, 막 가면은

"대한민국에서 제일 훌륭한 우리 사둔(사돈), 어머니 잘 모시라!"

고 얼척없이(어이없이) 하는데, 어머니가 나가불었닥 하면 '그 훌륭한 사둔도 별 거 없다고, 지가 잘못해도 그런 집 자식인데 뭣이 [잘못이]있겄냐' 그라는데, 어머니가 나가불었닥 하면, 저도 장인한테 쉬프게(헤프게) 보인다 그것이여.

양무골 '매화락지'에 시아버지 묏을 쓰게 된 사연

자료코드	589_MONA_20171028_TJR_LHJ_005
조사장소	진도군 진도읍 성내리 천하장사 식당
조사일시	2017. 10. 28
조 사 자	박주언, 김현숙
제 보 자	이행자(여, 76세, 1942년생)

줄거리 시아버지 임종을 앞두고 묏자리를 찾던 중 친구였던 지관이 양무골 '매화락지' 터를 골라주었다. 그런데 그 터는 준채씨 땅인데, 여러 사람이 사려고 해도 주인이 팔 생각이 전혀 없는 땅이었다. 남편은 그 묏자리를 포기하려고 했지만 제보자는 준채씨를 찾아가서 결국 설득을 하여 시아버지 묏을 쓰게 되었다는 내용이다.

마침 우리 친구(지관)를 데리고 가서

"가세, 양지쪽이라도 밭이라도 보세!"

그라고 양무골로 넘어가서 지금 우리 시아부지 모신 '매화락지'라고, 거가 자리가 젤 좋다고 거그다 모시라고 그래.

본께는 동외리 준채네 것인데, 용두리에서 두 번째 부자덤만. 즈그 아들 군청에 다니고.

성선이가 그래 나보고, 누구네 것인지 모르는데,

"저 밭이 누구네 것이다우?"

그랑께는

"거그 준채네 것이여."

그람시로

"거그는 사람이 수백 명이 앉어있어도 주인이 까딱도 안항께 말을 하나 아니나(하나마나) 하라."

그래도 내가 그랬어. 가네 아베(남편)보고.

"할 수도 있고 안 할 수도 있고, 호랑이 잡을라먼 호랑이 굴로 들어가야 한다."

고 했지.

그래도 지관이 와서 거그까지 해놓고 갔응께, 시간도 없고 그랑께, 그 사람하고 대면을 해봐야제 그라먼(그냥가면) 쓰겄냐고.

그랑께 인자 글로(그 동네로) 가서 준채네가 어디서 사는가 물어봉께 마침, 야네 아베 동창집이여.

"어찌께 왔냐고?"

하도 땅을 사러 댕깅께 알덤만(알더만).

"땅보러 왔냐고?"

"나도 준채랑 날마다 노는데, 준채가 폴먼은(팔면은) 자기가 사놀락(사놓으려고) 하는데 절대로 안풍께 거그 가나 아니나(가나마나) 하고 가라고."

그라덤만. 그랑께 (남편은) 나보고 막 가작 해(돌아가자고해).

안 된다고, 기왕 오늘 품버려 왔응께 준채를 만나야 되겄다고.

만낭께 들어오도 못하게 하대? 그래서

"얘 준채 아저씨, 내가 누구요?"

항께

"누구여라, 옥주(목욕탕) 아니냐?"

고 그래.

그래서

"그라면 내가 당신한테 사기를 치러 왔겄소, 도둑질을 하로 왔겄소?"

나 추운께 그나저나 방으로 잔 들어갈란다고, 그라고는 억지로 못 들어오게 해도 들어갔제. 방에가 동네사람이 한나(한사람) 있덤만. 그 사람 땜에 일이 성사가 되았어.

준채를 (양손을 높이 받들며) 요만하(요만큼) 치었어 (추켜세웠어). 준채씨를 모르고 온 것 아니다고. 용두리에서 두 번째로 부호고, 당신 옷베상회 해가지고 고생해갖고 돈을 벌었다는 것을 너무나 잘 안다.

자! 여태까지는 살림을 중시했제마는, 앞으로 우리가 당신이나 나나 산다면 얼마나 살겠냐, 죽을 일이 가깝다.

당신도 인자 덕을 잔 베풀어라. 자기 훗일을 생각해서. 그란데 덕이라는 것이 우리가 돈을 주고 밥만 주어야 덕이다냐, 우리같이 내일 모래 아부지가 돌아가시는데, 나이가 팔십 넘어 돌아가셔도 들어갈 자리가 없다.

이러는 가운데 당신 받고 싶은 대로 받드래도, 나도 이런 때 쓸라고 돈을 벌제, 당신 부르고싶은 대로 불러도, 많이도 필요 없다.

아부지 묘 들어갈 자리 한 비상만 주면은 당신이 요구하는대로 돈을 드릴테니까, 당신은 일거양득 아니냐, 당신은 돈을 많이 받고, 시세보다 훨씬 많이 받고, 또 이 없는 사람을 구제해주었으니까. 또 그 덕으로도 결부되니까, 당신은 일거양득이다, 하면서 아주 역설을 했어.

그래서 돈을 주고 아버지를 모셨제.

남편과 시숙님을 화해시키려고

자료코드 589_MONA_20171028_TJR_LHJ_006
조사장소 진도군 진도읍 성내리 천하장사 식당
조사일시 2017. 10. 28
조 사 자 박주언, 김현숙
제 보 자 이행자(여, 76세, 1942년생)

> **줄거리** 결혼하고 보니 제보자의 남편과 시숙님 사이가 좋지 않아 앙숙처럼 지내고 있었다. 시숙님에게 서운한 것이 많았던 남편은 시숙님을 만나지 않으려고 했지만 제보자는 혈육끼리 그래서는 안 된다며 남편을 설득했다. 시숙님의 마음을 풀어드리기 위해 경제적인 후원을 아끼지 않았고 말도 따뜻하게 했다. 나중에는 시숙님의 마음이 풀어져 화목하게 지냈다는 내용이다.

내가 시집을 막 오니까, 여관(제일여관) 그 집이, 야네 아베 아펐제, 어머니 아퍼 갖고, 빚이, 나 시집 강께 마당으로 하나 부엌으로 하나(가득) 들어와(빚 독촉장이 밀려).

그라는데 그나마 또 완도 시숙님하고 [남편이] 둘이 원수더라고. 우리 야네 아베 말하는 거 들어봉께. 우리 결혼하는데 오도 안 하고(오지도 않고).

그래서.

"예, 찬이 아빠, 이 하늘땅 밑에 그래도 당신 혈육이 아들로서는 완도 열수씨밲에 없는데, 어째 그렇게 원수같이 지내냐?"

라고 물었지.

어머니가 어렵게 돈을 만들어주었는데 [등록금을 잃어버려], 그때는 유일여관은 돈이 많고 제일여관은 돈이 없었어. 어머니보고 또 돈을 주라고는 못하고 완도로 갔드래요.

형님한테 가 부탁했는데, [형님은] 완도서 큰 양복점을 하는데, 돈 얘기를 항께

"너 줄 돈이 한 푼도 없다, 양복 일할 돈도 없다."

고 일언지하에 박대를 해불더라는 거여. 또 어머니가 어떻게 돈을 해주었는데, 멋은 내야 하는데 돈이 없응께, 친구들이 모도 멋을 내던 때라, 완도에 가서 옷을 한 벌 해주락 하니까, 그것도 거절하고.

또 야네 아베가 진도중학교 선생하다가 몸이 많이 아펐어. 광주 사내과에 입원하고 있는데 한번도 안 와봤다고 그래. 어머니는 나중에 뇌신경 암으로 돌아가셨어.

당신(남편)이 죽게 되어서 몇개월 동안 광주 병원에 있는데 형님이라는 사람이 한번도 안 들여다보더라 그거여.

우덜 결혼할 때도 안 왔어. 그런 놈이 사람이냐고 그래.

그래서 그 말을 듣고 내가 판단을 해봤어, 판정을.

"찬이 아빠, 내가 말을 들어보니까 당신도 단순하게 생각하면 섭섭하기도 하

겄소마는, 당신 어머니가 잘못했소. 땅속에 계시요만은 어머니가 잘못했소.
어머니는 재처 아니요? 본실에서 박열수가 먼저 태어났제, 박계수가 먼저 태
어났소? 왜 열수도 공부 잔(좀) 시키제 안 했느냐. 그 한이, 당신을 어쨌던 목포
로 서울로 학교를 보낼 때 그 말 못하는 그 한이, 어머니가 좀 잘해서 즈그덜이
공부를 안 할락 해도 하게꾸럼(하게끔) 하고 잘했더라면 왜 동생이 등록금이 없
닥하는데 안 줬겄느냐, 한이 가슴에 한나(가득) 찼는데 주겄느냐? 당신하고 나
하고는 이제부터 무조건 형님이 말씀하면 법이고, 이 집도 큰아들(형님)잉께 줘
불어요."
야네 아베는
"우리 엄매하고 사는데…."
우리엄매가 뭐냐고, 대단히 어머니가 잘못했다고. 무조건 우리는 이제 앞으로
는 형님한테 맹종하고. 시숙님이 돈 주락 하면 돈 주고, 뭣이던지 다 해줌께 나
중에는 나뺴에 몰라. 죽기 전에 전화해갖고
"지수(제수)씨, 나 지금 뭣 하는지 아요?"
그래서 뭣하시는지 제가 어떻게 알겠습니까 멀리 있으면서. 자기 동네는 노인
당이 여자는 아랫층 남자는 윗층인데 지수씨 자랑하고 있다고. 이 세상에서
제수씨 같은 사람은 없다고. 다 말을 들어봐도. 응 그런 얘기를 하시더라고.
아버지가 돌아가셨는데, 시숙님을 못 찾았어. 아침에 돌아가셨는데 완도로 연
락이 안 되아. 나중에사 다음 날 연락 되아서 늦게사 오셨덤만.
그래서 내가 50만 원을 드렸어. 그때 50만 원이면 큰돈이여.
"이놈 갖고 봉투도 만들고 쓸데 생기면 쓰십시오."
그랬는데 가실 때 19만 원이 남았다고 주시덤만. 그래서 11만 원 보태서 '이놈
갖고 여비하십시오' 하고 30만 원 드렸어. 나뺴에 몰라. 그렇게 풀어야 되고.
그라고 시숙님 돌아가셔서도 완도에 가보니까 집이 형편없는 거여. 그때 내가
목수 사서 토수하고 잡부하고 한달 이상 댕김시로 우리 집보다 훨씬 좋게 고쳐
주었어. 그라고 2,500만 원 주었어. 큰돈이제.

진돗개 찾으려다 잃어버린 대학등록금

자료코드 589_MONA_20171028_TJR_LHJ_007
조사장소 진도군 진도읍 성내리 천하장사 식당
조사일시 2017. 10. 28
조 사 자 박주언, 김현숙
제 보 자 이행자(여, 76세, 1942년생)

줄거리 제보자의 남편이 대학에 다닐 때의 일이다. 교수님이 선물할 때가 있다며 남편에게 진돗개 한 마리를 부탁했다. 남편이 개를 데리고 갈 때 호주머니에 대학등록금이 들어 있었다. 데리고 가던 진돗개가 도망가자, 정신없이 쫓아가던 남편이 그만 등록금을 잃어버리고 말았다는 내용이다.

자기(남편)가 대학 다니면서 선생이 진돗개가 유명하다고 개를 한나(한마리) 갖고 오락 하드라고 해. 선사(선물)한다고.

그래 개를 한나 사갖고 가는데, 등록금을 가지고 가는 거여.

개가 내빼댕기고 [사람은] 쫓아댕깅께 [그러다가] 등록금을 잃어불었어.

나는 거그서 그 말 듣고,

"돈이 많은 등록금이 중요하지, 개는 한 마리 사면 되는 것, 잊어불먼 잊어불고. [주머니를 가리키며] 여기다 정신을 써야제."

그것 하나 갖고도, 얼척 없다고(어처구니 없다고) 그랬지….

5 · 18 광주민중항쟁에 참여한 작은 아들

자료코드   589_MONA_20171028_TJR_LHJ_008
조사장소   진도군 진도읍 성내리 천하장사 식당
조사일시   2017. 10. 28
조 사 자   박주언, 김현숙
제 보 자   이행자(여, 76세, 1942년생)

줄거리 광주민중항쟁 중에 작은아들이 다니던 대학교의 교수가 전화를 해서 왜 아들을 데모 못
하게 하지 않냐고 했다. 제보자는 시대가 학생들 피를 보는데, 우리 자식만 귀하고 다른
자식들은 안 귀해서 우리 자식만 방에다 넣어두겠냐고 답했다고 한다. 죽어도 같이 죽
고 살아도 같이 살아야지, 내 자식만 빠지라고 하는 것은 말도 아니라고 생각한다는 내
용이다.

5 · 18 때 말입니다. 작은놈 학교도 5 · 18이었어요.(5 · 18 민중항쟁에 참여했어요).

아니, 담임한테 전화가 왔어요 대학교수한테서.

어떤 일로 전화를 하셨냐고 물응께,

'다른 학부모들은 우리 애기 데모 못 하게 하고, 모도(모두) 난린데(난리인데) 어째
창준이 엄마만, 나만 전화통화도 안 한다'는 거요.

그라면, 놈의 자식은 귀하고 우리자식은 안 귀해서, 시대가 학생들 피를 보는
데 우리 아들도 죽든 살든 운명에 맡겨야지, 놈의 자식만 나가라고 이불 속에
다 두고 따둑거리고, 너만 안전해라 하겠어요?

다른 자식이나 내 자식이나 다 똑같은데, 시대가 그래서 내 자식도 젊으니까
같이 해야지, 우리 아들만 이불 덮어놓고 방에다 여놓고(넣어두고) 따둑거리며,
나가지 마라고 하껏이냐고(할 것이냐고),

말도 안 되는 교수답지 않은 소리를 한다고 그랬더니, 교수가 나중에 나를 찾
아왔습디다. 죽어도 같이 죽고 살아도 같이 살아야지 내 자식만 빼놔서 되겠
어요 말도 아니지.

세상일이 내가 죽을 때 있어서는, 내가 피한다 해서 안 죽는 거 아니고, 어려움

속에 있어도 살라먼 사는 거요. 카만이(가만히) 있어도 죽을 놈은 죽고. 그런식으로 교육을 시켰더니 [우리] 아이들이 전반적으로 성공하는 거 같애요. 사회에서 칭찬을 받고.

부도난 아들에게 용기 주는 아버지의 사랑

자료코드	589_MONA_20171028_TJR_LHJ_009
조사장소	진도군 진도읍 성내리 천하장사 식당
조사일시	2017. 10. 28
조 사 자	박주언, 김현숙
제 보 자	이행자(여, 76세, 1942년생)

줄거리 시아버지가 학교를 짓다가 부도가 나서 폐인이 되다시피 했다. 사람들은 아들 때문에 큰 재산을 잃게 되었다고 수군거렸지만 조부님은 항상 자신의 아들을 옹호했다. 또한 아들의 자존심이 상하지 않도록 소소한 부분까지 신경을 썼다. 제보자는 그런 조부님 밑에서 교육을 받은 것을 감사하고 자랑스럽게 여기고 있다.

아버님이 군청에 계시다가, 학교 짓다가 망하셨는데,

그래갖고 나중에 폐인이 되다시피 했는데,

그 아들이 왔을 때, 요 전에도 면사무소에서 사람이 집에 오면 할아버지보고 그래요.

"아저씨, 그 훌륭한 많은 부자살림을 큰아들 이○○ 잘못 두어서 망하고 아저씨 고생하신다고."

그라면, 할아버지가 생각하실 때, 장남이 망하기는 망했는데, 그 약한 자식을 배려하는 것이 얼척(어처구니) 없었어요.

"어야~ 조카님네 잘 모르는 소리세. 진도서 누가 대학을 보낸 사람 있었는가? 우리 ○○를 서울로 대학교 보내면서 돈이 들어갔제."

○○가 [재산을] 없앤 사실이 없다는 거예요. 그래갖고 아버지가 행방불명되았다가 나중에 집에 오셨는데,

지금도 조부님 사랑이라는 것이, 항상 내가 훌륭한 분한테서 교육을 받았구나 생각되는 것이, 나보고 오락 해.

아버지는 방에 계시는데. 쩌 밑에서 나보고 손짓하면 가면은 쌈지에서 돈을 내서, 막걸리 한 말 값하고 담배 한 보루, 열 개나 살 돈을 나를 줘요.

그라면서

"니가 매일 하나씩 니가 산 것 같이 느그 아부지 사줘라."

그라고는 아버지 곁에 가시면서 나를 크게 불러 그때는

"행자야~!"

"예, 조부님~!"

나는 뭔 말인지 알제.

"나 저 피곤하다. 두부집에 가서 한 네 시간 푹 자고 오껴잉께 어디 나가지 말고 집 잘 봐라!"

나보고 집 잘보라는 것이 아니라, 아버지가 집에 있으니까, 아버지보고 집을 비우니까, 맘놓고 담배도 피고, 술도 먹고 편히 하라고 자유시간을 주시는 거예요.

진도읍 포산리 포구마을

진도읍 최초의 동외리 서당

자료코드	589_FOTA_20171024_PGR_PSL_001
조사장소	진도군 진도읍 진도문화원
조사일시	2017. 10. 24
조 사 자	박영관, 박정석
제 보 자	박상림(남, 82세, 1935년생)

> **줄거리** 진도읍의 최초 서당은 동외리 서당이다. 한때 진도에 호열자가 돌아서 서당에 환자들을 격리조치 시키자, 그때부터 서당 근처에 인적이 드물어 마을 사람 몇이 서당을 불태워 버렸다. 초기의 서당 학생들은 진도 초등학교 1회로 등록되었다.

진도읍에서 제일 먼저 생긴 서당이 동외리 서당입니다. 그란데 동외리 서당이 지금 지번으로 말하든 880번지가 될 것입니다.

한데 거가(거기) 서당에서 글을 갈치다가(가르치다가) 진도에서 그 호열잔가(콜레라인가) 그런 전염성 병이 유행이 됐어요. 그래서 진도 경찰서에서, 그 전염된 그 환자들을 전부 어디 격리할만한 데가 없으니까, 혼자 떨어져 있는 서당에다가 유치를 시켰습니다. 아니 유치를 시켜 놓으니까 동네사람들 인심이 바까져(달라져).

그 전염성 환자들이 거가 와 있으니까 서당에를 가는 사람들이 없고, 그 근처에는 사람들이 얼씬을 안 해요.

그러니까 동외리에서 임인수씨라는 몸이 좋은 사람이 있고, 또 김철수씨라는 사람이 있고 박성근 씨라는 사람 서니가(셋이)

"동네 인심이 없어지니까 이 서당문을 없애불자"

그래가지고는 서니가(세 사람) 가서 그 서당에다가 불을 질러 불었습니다.

불을 질르믄서(지르면서) 그 안에 있던 환자들은 부상을 당할까 무선께(무서워) 전부 피신을 시키고 거그다 불을 질러 불었어.

아, 근디 그 사람들이 갈 데가 없죠. 유칙(유책)이 있는 사람이라나서(사람들이라서). 그랑게 경찰서에서 다시 누가 불질렀냐 하고 찾으니까, 동밖에서 젤(제일) 못된 짓이라 할 것이 아니라, 그 사람들은 동외리를 위한 잘한 사람들이죠.

그란데 이 사람들을 그냥 경찰서에 덱고(데리고) 가서 한 대씩이나 때렸든가 봐요. 하여 맞고 돌아왔는데 아니, 이 서당에서는 서당 없어진 것이 문제가 아니라 서당은 또 생겨야 되죠. 그랑께 서당을 뭣 하는데, 가막으로 올라가는 가마굴이라는 박씨들, 이평고시진 선산이 있는데, 선산가는 길목에다가 양사재라는 서당을 맨들었어요(만들었어요).

양사재를 지어가지고 거그서 옛날 어른들이 공부를 했던 모냥(모양)이여. 그래서 그 서당을 넘어서 너메에(너머에) 있는 골창을 당너메라고 그럽니다. 그런게 당너메라는 소리가 서당너메라는 소린지, 아니면은 당너메라는 옛날 다른 골목 이름이 있었든지 당너메라고 그럽니다.

거그서는 옛날 어른들이 공부를 했다고 합니다. 그래서 거기가 진도국민학교 제1회 졸업생으로 처음에 기록이 되야(되어) 있을 것입니다.

그래서 진도가 현재는 백 몇(빛)회 졸업생이 나왔는데, 그때 그 서당부터가 제1회 졸업생이로 돼 있습니다.

흔적이 남아 있는 성터와 성 뜰

자료코드   589_FOTA_20171024_PGR_PSL_002
조사장소   진도군 진도읍 진도문화원
조사일시   2017. 10. 24
조 사 자   박영관, 박정석
제 보 자   박상림(남, 82세, 1935년생)

> **줄거리** 진도읍에 성터가 흔적이 남아 있는데 군강공원이 있고, 굵은 돌로 쌓여있는 성 뜰도 흔적이 남아 있습니다.

진도읍내에 성터가 있는데, 성 제일 높은 자리가 군강공원이고, 거기서부터 동외리, 용두리 있는데로 쭉 내려오는 길이 지금도 흔적이 남아 있습니다.

그래서 옛날에 뒷골목 개천재라는 데까지, 현재도 찾을 수 있는 성 뜰이 있습니다. 그 성 뜰이 굵은 돌로 해서 쌓아져 있고, 거그서 남쪽으로 내로는(내려오는)그 용두리 개천재라는 데까지 성이 있어요.

그 성에서 똑바로 서쪽으로 가믄은 지금 성내리 그 사거리, 남문로 있는 데까지 지금도 그 길이 있는데, 바로 그 길 옆에 성 뜰이 지금도 쌓여 있습니다. 그라고 그 성 뜰 옆이로는 성 밖에 동네, 성 밖에 길이 따로 있습니다.

지금도 거그서부터 남동리에 남문로 밑으로 해서 저쪽이로 더 나가면은 옛날에는 거기가 대륙상회라고 했나, 고 앞이로가 지금도 성 뜰 자국이 있습니다. 거기에서 옛날에 농산물 검사소 있던 그 자리 있는 데까지 와가지고 지금 중앙교회하고 서외리하고 그 사이로 군청으로 올라가는 성 뜰이 지금도 흔적이 있습니다. 군청에서 지금 군청의회 출입구 있는데서 나오면은 서외리 공무실이 됩니다.

그란데 거 성뜰에서 동쪽이로 가믄은 공원, 군강공원하고 연결이 되죠. 그라믄 거그 가다가 북문이 있고, 거그서 올라가믄은 옛날에 군강공원에서 일제 말엽에는 거그서 과정을 마친다고 그랬는데, 그 앞에 그 건네 바독에다가 이 표적을 맨들애(만들어) 놓고, 거그를 맞추는 사격연습장이었어요. 그래서 우리 들 클 때 우리들이 야닯(여덟)살, 열 살 될 때 공원에 가면은 납탄을 쥘 수가 있었어요.

그래서 옛날에는 성 뜰에서 동외리 청년들이고 쪼끔 뭣하믄은 올라가서 노래 부르는 좋은 공원이 노는 공원이 되았었습니다. 그란데 지금은 충혼탑도 있고, 그란데 누가 공원에서 뭔 일을 하는 것이 없습니다.

꾀를 내도 죽을 꾀를 내다

자료코드   589_FOTA_20171024_PGR_PSL_001
조사장소   진도군 진도읍 진도문화원
조사일시   2017. 10. 24
조 사 자   박영관, 박정석
제 보 자   박상림(남, 82세, 1935년생)

줄거리 큰 통샘 옆에 전기회사가 있었는데 퓨즈가 자주 나가서 같은 색깔 전선으로 감아야 하는데 전봇대에 올라가 구리선으로 감아서 자주 퓨즈가 타버렸다. 결국 경찰에 잡혀가서 매를 맞기도 전에 '아이고' 하며 소리쳐서 더 많이 맞았다는 이야기다.

동외리 사람들이 상당하니 단합심도 있고 상당히 좀 부잡한(말썽을 일으키는) 사람들이 많이 살았죠. 그런데 동외리는 전기 사정이 참 안 좋았어요. 그때는 전기를 여기 진도읍에서 자가발전 했습니다.

지금 저 노인복지관 앞에 거그 네거리 옆에가 큰 통샘이 있었어요. 진도읍에서 다 먹는 샘이 있었어요.
그란데 바로 그 옆에가 전기회사가 있어가지고 자가발전을 해서 쓰는데, 전기 사정이 안 좋아서 전기가 퓨즈가 나가불어요. 그러믄 하룻 저녁에 두 번도 나가고 세 번도 나가고, 또 뭐 이틀도 가고 사흘도 가고, 또 자꾸 사고가 많으니까 동네사람들이 전신주에 올라가갖고 퓨즈를 제대로 갖다 걸면 되는데, 거 약 한나(하나) 달아노믄(달아놓으면) 또 전기가 나가불고 나가불고 그러니까 동외리 사람들이 부잡한 사람들이죠.
그 전신주에 올라가서 퓨즈 색깔이 있는 놈 있으믄 그놈을 갖다 거는데, 걍(그냥) 동선으로 갖다 묶어 불었어요. 동선으로(구리선으로) 묶어 불었는데 도란스가 연기가 펄펄 납니다. 타져 불었어요.
그래서 그 회사에서 누가 했냐고 따지고, 전봇대에 올라가는 사람들을 잡아다가 경찰서에 갔어요. 세 사람이 갔는데 젤(제일) 가에가(끝에) 쫌 등치 큰 사람이 앉고, 저 앉고, 그 다음에 쪼금 더 약한 사람이 앉고, 맨 내중에는(나중에는) 쫌 약한 사람이 앉았었어요.
그랑게 서니를(세 사람을) 엎드려 뻗쳐놓고 경찰들이 한나에 한나씩 때렸죠. 그랑께 저 맨끄트머리에 있던 째끄만(작은) 사람이 가만히 고개를 돌려서 보니까 한 대씩 때리거든. 그랑게, 아 여기는 한나 때린게 젤 앞에 사람이 아이고 그라고, 두 번째도 또 한나 때린게 아이고 그라거든. '아 요번에는 나 차례구나' 그라고 기다리고 있다가, 때리도 안 했는데 두 번째 사람을 한번 더 때린게, 맞도 안한 젤 끄트머리 사람이,
"아이고!"
그랬어.
그랑께 아, 이 사람은 엄살부터 먼저 하는 사람이라고 함서, 놈은(남은) 한 대씩을 맞았는데 그 사람은 두 대, 세대를 맞았드랍니다.
그래갖고 '맞도 안 하고 소리 지른 죄로, 거짓말 했다는 죄로, 그 사람이 더 맞

앉다' 고 소문이 나가지고, 그 사람보고 꾀를 내도 죽을 꾀를 냈다고 그 사람을 비웃었다니까.

비가 와도 달리지 않는 양반

자료코드   589_FOTA_20171024_PGR_PSL_003
조사장소   진도군 진도읍 진도문화원
조사일시   2017. 10. 24
조 사 자   박영관, 박정석
제 보 자   박상림(남, 82세, 1935년생)

줄거리 동외리에 소나기가 와도 평생 달리지 않고 걷기만 하는 사람이 있는데, 그는 "뭐하러 달려가서 앞에 가는 비, 뒤에 오는 비를 다 맞냐" 며 느긋하게 걷기만 했다.

동외리에 평생 한번도 달리지를 않는 사람이 한나(하나) 있습니다.

옛날에는 오뉴월에 소내기(소나기) 오면은 아, 비 안 맞을라고 달려서 놈의 집 시렁(처마) 밑이로(밑으로) 안들어갑니까? 그란데 이 사람은 평생 안 달려.

그란데 이 사람이 뭐이라 하냐믄은 저 앞에 달리는 사람들 보고,

"저 멍청한 사람들, 아이 앞에 가는 비를 달려가서 쫓아가서 맞는다고, 아이, 나는 안 달리니까 앞에 오는 비만 맞지."

쩌으~ 쫓아가서 비를 맞는다고, 저 멍청한 사람들이라고 생전 뛰지를 않아요.

놈은(남은) 달려가서 처마 밑으로 들어가니까 옷에 비가 좀 덜 적시는데, 이 사람은 평생 안 달리니까 비가 혼드래이 다 맞죠.

그라믄 아이 저 냥반(양반) 달리는 것을 쫌(좀) 보믄 쓰겄다고 그라는데, 이 사람은 생전, 평생 안 달리거든. 그렇다고 해서 또 걸어가는 것이 걸음이 보통 늦은 것이 아니라 키도 크고 힘도 있고, 그래서 발걸음은 멀리 뛰니까는, 놈 두 번 뛸 길에 이녁(자기) 한 발 뛸 거리나 같더란 말이여.

그랑께 이 사람이 보통 걸음은 빠르고, 소나기 올 때는 달리는 사람이 빠르고 긍게 비도 인자 달리는 사람이 덜 맞고, 이 가만가만 걸어가는 사람은 평생 비 혼전에 가 있고. 그랑게 옛날에 아랫도리가 요새같이(요즘처럼) 좋은 것이 아니라, 옛날에 햇바지(핫바지) 하나 입었거등. 긍게(그러니까) 이 사람은 옷이 적시믄 정말로 아래 저 뭔 연장까지도 다 보일 정도로 젖어갖고도 댕겼드랍니다.

그래서 누구씨가 '언제 한번 저 비 맞는 꼴 좀 보자'는 소리가 많이 나왔습니다.

선산에 위패로 모신 아버지

자료코드   589_FOTA_20171024_PGR_PSL_004
조사장소   진도군 진도읍 진도문화원
조사일시   2017. 10. 24
조 사 자   박영관, 박정석
제 보 자   박상림(남, 82세, 1935년생)

줄거리 아편을 못 끊어 목포에 수감되어 있다가 행방불명된 아버지를 끝내 찾지 못하자, 대신 선산에 위패를 모시고 제사를 정성스럽게 모셨다는 이야기다.

옛날 일제 말엽에는 무슨 환자들이 많애갖고(많아서) 병을 고칠라믄 아편이 젤 좋았던 모냥(모양)이에요.

그래서 이 동외리 마을에가 아편쟁이가 상당히 많았습니다. 아편을 할라 하믄은 아편 살 돈이 있어야 하니까 어쨌든지 놈의(남의) 것을 훔쳐서 아편을 맞기도 하고 그랬드랍니다.

그란데 아편하고 저 놈의 돈 훔칠 데도 없고 뭣하고 그랑게 경찰서에서 잡아서 유치를 시켰던 모냥(모양)이에요. 경찰서에 유치하다가 경찰서에서도 그 아편을 못 띠니까(끊으니까) 이 사람을 목포 감옥에를 보냈던 모냥이에요.

목포까지 가서 감옥에가 갇혀갖고 있는데, 아~ 8·15 해방이 나불었어. 그러니까 목포 감옥이 폐쇄가 되다시피 해서 이 사람들을 간수를 못 해. 그럼 간수를 해야 그 사람들 밥을 줄 거인데, 간수를 못하니까 밥을 안 주고 이 사람들이 배가 고프니까 길거리로 나올 수 밖에 없죠.

그래 길거리에 나와갖고 돌아댕기다가 어디서 먹게 되든 먹고 못 먹게 되든 못 먹고 그란데 동외리 아편하는 그 영감은 나오기는 나왔는데, 어뜨케(어떻게) 될 줄을 모른게 그때가 추왔든지(추웠는지) 따뜻할 땐지 모르는데, 이 사람이 행방불명 되야불었어요(되었어요).

그람 자식들이 행방을 찾을라 할 거 아닙니까? 이 사람들이 행방을 찾는데 못 찾았어요. 그란데 해방된 후 까지도 못 찾아. 영 못 찾은게, 어머니 나이도 있고 아버지는 진즉 돌아가셨을 것이고, 뭣 한게 아버지 시신을 못 찾아요. 찾을라고 사방팔방을 돌아댕겨도 아버지 시신을 못 찾았는데, 자식들이 커가지고 인자 선산에 성묘도 가고 그라는데 아버지 묘가 없으니까 평생 아버지를 못 모시죠.

그런데 옆에 갔을 때는 큰아부지 묘도 있을 것이고, 작은아버지 묘도 있을 것이고, 작은어머니 묘도 있을 것이고, 아니 이렇게 묘가 있는데, 다른 데는 다 손자 손녀가 가서 인사를 드리는데, 아버지 묘가 없으니까 이 그중에 아들 한나가, 아버지 묘를 모실라 가면 제각에 위패 모시데끼(모시듯이), 밤나무 판자를 이케(이렇게) 맨들어(만들어) 가갖고, 위패를 '학생부군신위' 해서 저 아부지 성함 써서 그 위패를 선산에 모셨드랍니다.

그라고 그다음부터는 아버지 제사 날짜도 받아가지고 제사도 모시고 그랬든 가 그것이 복받았든가 큰아들이고 작은아들이고 다 벌쩍 했어요. 모다 잘 살 고 그래서, 지금은 동외리에서 상당하니 인심도 얻고 뭣하고 해서 그 형제간 들은 치사를 받고 잘살고 있습니다.

박참봉과 늦게 얻은 아들

자료코드   589_FOTA_20171024_PGR_PSL_005
조사장소   진도군 진도읍 진도문화원
조사일시   2017. 10. 24
조 사 자   박영관, 박정석
제 보 자   박상림(남, 82세, 1935년생)

줄거리 박참봉이 느지막하게 얻은 아들이 잡기에 빠져 재산을 탕진하고 가족들은 고향을 떴다. 이 집안에 옛날에 하사받은 열녀문이 있는데 관리하지 못해서 지금은 선산으로 옮겼다.

옛날에 박참봉이라는 사람이 있었습니다. 그란데 김진사도 있고 뭣하고 그랬 는데, 참봉이 어디까지 벼슬인지는 나는 모르는데, 참봉이라고 박참봉, 박참 봉 했거든요. 그란데 박참봉이라는 사람이 노인이 자식을 못 봤어요. 자식이 없어.

그랑게 늦디 늦게 사람 만나서 자식을 보고 잡아서(싶어서) 이 사람 만나도 자식이 안 생기고 저 사람 만나도 자식이 안 생기는데, 제일 끄트머리에 늦게사 자식이 한나(하나) 생겼습니다. 그란데 이 참봉네 아들이 내중에는(나중에는) 커가지고 잭기도(잡기, 노름) 할 줄도 알고 제끼 할 줄 안게 많이 컸죠. 나이가 많이 먹었죠. 잭기도 할 줄 알고 그라는데 돈이 없으니까 박참봉한테 거짓말해서 돈을 탈라고

"아버지, 내 물팍(무릎)은 이케(이렇게) 무릎이 종지기 뼈가(슬개골이) 왔다갔다 한다고, 왔다갔다 한게, 이놈을 고치러 가야 쓰겠습니다."

하고 아버지를 꼬셔갖고(속여서), 그람

"고치러 가그라."

그라고 돈을 준게, 서울 가서 잘 쓰고, 멋쟁이 옛날 저 도리후쯘가 뭔 나까무린가 뭐인가, 좋은 모자도 사 쓰고. 옷도 해 입고 그라고 와서 아버지 고치고 왔습니다. 그랑게 어디보자 그랑게 아, 물팍에다(무릎에) 이제 발을 피고(펴고) 물팍에다 힘주믄 중심뼈가 안움직이죠. 딸싹을(꿈쩍을) 안 해.

"그랑게 이케 고쳤습니다."

그랑께. '아, 그랬구나. 참 돈을 쓸 만한 데다 썼구나' 그렇게 생각하고 참봉이 자식을 뭣하고 있는데 아, 이 아들이 또 잭기(노름)를 시작했어요. 잭기를.

화투를 시작해가지고 제끼를 하는데, 이 잭기꾼이 그 노름에 빠져가지고 협장에 가서 돈만 다 잃고 왔죠. 그러다 보니 살림이 다 없어졌어요.

참, 동외리에서 저기 저 군내면으로 가는 그 들녘이 전부 그 박참봉네 들녘이었는데, 내중에는 한나씩(하나씩) 한나씩 팔아부는 것이 아, 진도읍에 부자들이 한나씩 다 사가불고, 내중에는 먹을 것이 없이 다 살림 망해갖고 즈그 선산있는 둔전리로 이버지가 참봉묘를 둔전리에다 쓰고, 내중에는 아주 새끼들까지 먹을 것이 없으니까, 그 새끼들을 데리고 그 둔전리로 가서 어렵게 어렵게 살았습니다.

그래도 그 손들이 지금은 부산이론가 나가가지고, 살림을 이상 모은 거 같습니다. 지금 현재 할아부지 산소 지키고 사는 사람 한나는 그런데로 살림을 모

으고 살고 있어요.

거 박참봉 아들은 참 오만 짓을 다하고, 오만(아주많은) 참 좋은 것이 있다 하믄 다 지(자기) 걸로 맨들라고 살림을 다 없애불어 가지고…, 옛날에는 즈그 박참봉 이름으로 뭣이 열녀문을 세웠습니다.

열녀문을 세웠는데, 그 열녀문을 뭐냐, 아이고 그 이름 잊어불었네. 일제시대서 오메 그 이름 잊어 불었네. 그 단체에서 열녀문을 줬어요. 열녀문을 하라는 승낙을 받아가지고 그 열녀를 짓었는데. 향교 아니고, 향교 아니고, 아이고~ 그 이름 잊어 불었네.

거기서 받아서 열녀문 세웠는데, 그것이 내가 지금 저 야든 넷인데 내가 야닯(여덟)살, 열 살 먹을 때까지 그 열녀문 마당에서 팽이도 치고 놀기도 하고, 아주 거기가 우리 동네 놀이터였습니다.

놀이터였는데 그것이 오래되다 보니까는 욱에(위에) 저 용머리가 비에 삭어서 허물어졌어요. 허물어 지니까는 자식들이 살림은 없것다, 먹고 살기도 바쁜데, 그거이 용머리를 고칠라믄 돈이 많이 들게 생겼거든요. 즈그 아버지 대에 옛날 한옥식으로 좋게 짓었는데(지었는데) 그러니까 그놈을 헐어갖고 안에 비각을 버려 불었드라구요. 그냥 옆에다 그냥 버려놨어. 그래서 내가

"할아버지 그 열녀문 비를 그렇게 버려노믄(버려두면) 쓰겄냐 안되겄다. 느그들이 이 어뜨케(어떻게) 해서 옮겨라!"

그랑게 즈그 선산이로 옮겼어요.

그래갖고는 아이고 그 단체이름이 잊어불었네. 그 단체에서 비를 해줬는데, 그때 면장을 했었든가, 뭣을 했든가. 이달성씨라는 분이 비에 새겨져 있어요. 그란데 거기가 이달성 씨라는 아따 그 단체 이름이 잊어 불었는데 거기가 이달성 씨라는 사람이 그 비를 내려 준 것이죠.

그랑게 그 사람 이름이 새겨진 이 비가, 지금도 묘 앞에가 서 있습니다. 그라고 그 옆에가 허원 씨라는 이름이 또 있대요. 그란데 허원 씨는 내가 알던 허원 씨가 아닌 거 같아요. 그 사람, 두 사람 명이로 해서 그 비를 받아가지고, 비가 지

금 크게 서 있습니다.

그래서 현장에 가서 내가 사진도 한번 찍어 오고 그랬는데, 그 양반 비를 뭣하고 그 자식들은 부산이로 나가고, 또 지금 현 둔전리에 사는 종생이라고 한나(하나) 있는데, 그 사람은 지금은 나름대로 잘살고 있습니다.

제사는 자시에 모셔야 한다

자료코드	589_FOTA_20171024_PGR_PSL_006
조사장소	진도군 진도읍 진도문화원
조사일시	2017. 10. 24
조 사 자	박영관, 박정석
제 보 자	박상림(남, 82세, 1935년생)

줄거리 지금은 편의상 제사 시간을 일찍 앞당겨 모시는데 꿈에 부모님이 나타나 하소연하시자 제시간에 제사를 다시 모시자 부모님이 평안한 모습으로 다시 꿈에 나왔다는 이야기다.

참! 지금 이 세상이 묘하니 되야불어서 옛날에는 부모님 제사든지 할아버지 제사든지, 제사를 모시는데 '밤중 자시'라 하겠죠. 자시 가까이에서 제사를 모셨는데, 요새는 세상이 묘하니 되야부니까, 제사가 자시에 모시는 것이 아니라 걍 아침에 차라보믄(차리면) 아침 제사가 되고, 초저녁에 차려노믄 초저녁 제사가 되야버리는데, 아니~ 이 여그서 딸만 낳다가 귀하게 아들을 한나 나가지고 그 아들이 공직에도 있고, 그래서 그 사람이 광주로 갔습니다.

광주로 가서 부부간에 살면서, 세상이 시간적으로 바쁘고 제사 지내는 것도 자시에 모시는 것이 아니라, 초저녁에 모시면 초저녁 제사, 밤중에 모시면 밤중에 제사가 되는데, 아니 제사를 초저녁에 모셔 불었던 모냥(모양)이에요.

그라고 상을 치워버리고 잠을 자는데 사촌형님이 진도에서 살면서 꿈을 꾸는데, 그 아버지들이 아버지하고 어머니하고가 이 터미널 근방에서, 둘이 아~ 쪼글치고(쪼그리고) 앉았는 꿈을 꾸었드랍니다. 그래서

"아버지, 아이고~ 어짠(어쩐) 일로 여가 계십니까?"

그랑께.

"오늘이 내 제삿날이다. 그란데 제사를 먹으러 갔더니 상을 다 치워불어서 제사를 못 먹고 내려오다가 지금 여가 섰다."

그란데 그 묘가 어디가 있냐 하믄, 저 터미널 건네서 저기 저 남산쪽 위에가, 그 묘가 있어요.그란데 거기로 갈라고 차 타고 인자트믄(말하자면) 터미널로 온 모냥이에요. 그런 꿈을 꿨어. 그래서 깜짝 놀래갖고는 인자 광주로 전화를 했더랍니다.

인자 형님이, 사촌 형이,

"제사를 어찌게 했냐?"

한께.

"예. 초저녁에요. 저 우리 밥 먹을 때 걍(그냥) 제사 모시고, 저기 치고(치우고) 우덜(우리들) 자고 있습니다."

그랑께.

"거 큰일 났다. 안 되겠다. 빨리 가서 지금 다시 제사를 모셔라!"

그래서 그 형님이 여그서 전화 해준게, 그때는 다시 제사를 음식을 차려가지고 제사를 모셨드랍니다. 그란데 그 제사 모시고, 또 사촌형이 잠을 자는데,

"참, 니 덕에 내가 오늘 잘 먹고 왔다."

그런 꿈을 꿨드랍니다.

그란데 아버지들이 잘 먹고 왔다 그라고, 아버지들은 가시고, 인자 동생하고 사촌형하고 전화함시로(하면서),

"이다음부터는 우리들이 제사를 제대로 모시는 제사같이 자시에 모셔라. 자시에 모셔야지. 초저녁에 걍(그냥) 느그들 밥 먹을 때 같이 걍 뭣하고 제사 안 모시믄 안 되겄다. 느그 아부지가 이케 이케(이렇게) 됐으니까, 인자부터는 제사를 자시에 모셔라. 열 두시 넘어서 모셔라!"

그라면서 그 제사 시간을 고쳐줬드랍니다. 그래서 딸만 낳다가 아들 한나 난 그 사람은 제사를 제대로 모시는 것 같습니다.

앞으로도 우리 사회에서 제사를 자시에 모셔야 그것이 제대로 모시는 것이지, 뭔 제각에서 모시데끼(모시듯이) 낮에 모셔불고, 밤에 모셔불고, 초저녁에 모시고, 이녁(자기)하고 싶은 때 제사 지내서는 안 되겠습니다.

진도읍 해창리 해창마을

모조밥과 미역국을 길거리에 뿌리는 해창마을 거리제

자료코드   589_FOTA_20171028_HCR_KDS_001
조사장소   진도군 진도읍 해창리 해창마을
조사일시   2017. 10. 28
조 사 자   박주언
제 보 자   김동심(여, 82세 1936년생)

> **줄거리** 모조밥과 미역국을 끓여 거리에 부려주고, 돼지를 잡아 돼지 피를 길가에 뿌리며 거리
> 제를 지낸다. 또한 동네 할머니가 집을 동네에 기증을 해 할머니 생일에 제사를 지내주
> 는데, 예전에는 마을에서 거리제와 할머니 제사를 따로 지냈다. 그러나 지금은 당주가
> 두 제사를 함께 지내며, 당주를 깨끗한 사람으로 선정한다.

돼지를 쩌그서 잡어. 그대로 상을 놔. 모조밥을 해. 그래갖고 한 그릇 내던져 주
고. 미역국 끓여갖고. 옛날 어르신들은 모조밥하고 미역국을 같이 요케요케
했는데 [내던져주는 식으로] 지금 젊은 사람들은 어찌께 하는가 몰라. 어따(어
다다) 붓으는가(붓는지) 안 부스는가 안 봬, 그것은 안 뵙디다. 그라고 돼지는 꼭
거그서 잡어. 그래갖고 피는 길가에다 뿌려. 검줄 다 치고.

그랑께 젊은 사람들은 절대로 당주를 못했지요. 월경 있는 사람은 절대로 안
돼요. 깨끗한 사람만 해요. 지금은 덮어놓고 시는(쓰는) 것이 법갈칠로(법처럼) 한
하고(계속) 무조건 차례로 돌아와.

옛날 어른들은 절대 글안했어. 아주. 보름에 하는 것 누구 둘이 딱 정하고, 2월
열엿샛 날이 동네할머니가 집을 동네에다 그 집을 바쳤어. 그라고 그 할머니
생일에 낮에 제사를 지내줘. 그 돈으로 논을 한단지 샀던가 그랑께, 그 할머니
제사도 동네잔치로 논 버는 사람이 그 비용을 다 대지요.

옛날에는 제사 모시는 사람 따로, 거리제 모시는 사람 따로, 이케 했는데 지금
은 전부 함께해요. 당주가 벌초도 하고.

그랑께 우리도 추석 세고 할라다 아직 안 했어. 당주는 우리 집이 동족끝잉께
요 옆집하고 금년에 끝이요. 내년부터는 서쪽 끝에서보탐(부터) 시작해서 둘이
썩 당주를 하지라. 당주차례인데 무슨 문제가 있으면 딴 사람하고 당주를 하
고. 나도 요 뒷집하고 해야 하는데, 서울 가게됭께, 요 옆집하고 하지라. 제사모
시는 물건들은 이장이 사다주는데 같이 가기도 하고. 거리제 당주는 거그서
밥해서 차리고, 당제는 당주가 집에서 제사음식을 하는데 저 사람이 교회 댕
깅께 늙었어도 내가 음식을 장만했어.

2
군내면
설화

군내면 개관

군내면은 남·서쪽으로 진도읍에 접하고 동쪽으로 고군면, 쪽으로는 바다를 사이에 두고, 해남군 문내면·황산면 및 신안군에 면한다. 부속도서로는 4개의 무인도가 있다. 진도의 북부로 돌출한 반도부를 차지하여 진도군의 관문 구실을 한다. 남부에 100~200m의 구릉성 산지가 동서로 뻗어 있고 중부에 넓은 간척지가 조성되어 있다.

선사시대 유적인 고인돌이 상가리, 송산리, 월가리 등에 산재하고 있어 이 시기에도 많은 사람들이 거주한 것으로 보인다. 마한시대에는 군내면의 추산현(抽山縣)에 마한(馬韓) 54국 중 초산도리비국(楚山塗離卑國)이 있었던 것으로 추정하는 견해도 있다.

백제 때에는 도산현(徒山縣), 일명 추산현(抽山縣), 원산현(猿山縣)에 해당되었으며 치소는 진도현 북쪽 10리로 되어 있어 군내면 월가리, 분토리, 정자리 일대로 비정된다. 삼국을 통일한 후 추산현을 도산현으로 고치게 된다. 경덕왕 16년(757)에 도산현을 뇌산군(牢山郡)으로 승격시키고 첨탐현(瞻耽縣)을 거느린다. 고려 태조 23년(940) 뇌산군이 가흥군(嘉興郡)으로 바뀌고 영현인 첨탐현은 임회현으로 바뀐다. 현종 9년(1018) 진도현이 무안군 소속에서 나주목 소속으로 바뀌면서 가흥현과 임회현은 진도 속현이 된다. 가흥현이 진도 속현이 된 시기를 인조 21년(1144)으로 보는 견해도 있다. 공민왕 6년(1357)에 조희직이 유배되어 압구정(鴨鷗亭)을 건립하였고, 이 시기에 가흥현에 가흥향교가 있었다는 기록이 있다.

『호구총수』, 『여지도서』 등 조선시대 문헌에는 군내면(郡內面)으로 기록되었다. 1895년 전국이 23부제로 개편되었다가 1896년 23부제가 폐지되고 13도제가 실시되는 등 행정구역개편이 이루어지면서 군내면이 군일면(郡一面)과 군이면(郡二面)으로 분리된다. 구한말 군일면 관할리는 17개리로 동산, 송산, 연산, 대사, 녹진, 분토, 세등, 덕병, 신동, 상가, 용장, 용인, 죽전, 한사, 둔전, 한의, 나리이다. 군이면 관할리는 10개리로 월가, 정자, 북치, 수역, 수유, 전두, 산월, 소포, 해창, 매향이다. 1914년 행정 구역 개편으로 군일면과 군이면을 다시 군내면으로 통합한다. 개편 당시 군내면 관할리는 나리(나리), 녹진리(죽전, 녹진, 대사, 신동 일부), 덕병리(용인, 한의, 덕병 일부), 분토리(분토, 한사, 동산, 월가 일부), 송산리(상가, 송산), 세등리(세등, 유교 각 일부), 둔전리(둔전, 연산, 신동, 덕병, 세등 각 일부), 월가리(월가, 정자, 동산, 당동, 석현 각 일부), 정자리(정자 일부), 수역리(북치, 수역, 매향), 수유리(수유, 전두), 산월리(산월), 해창리(해창, 소포), 용장리(세등, 용장 각 일부)이다.

1973년 군내면 수역리, 수유리, 산월리, 해창리를 진도면에 편입하였고, 1974년 죽전리를 분리하였다. 1975년에는 녹진리에서 대야리를 분리하였고 2005년 월가리에서 정거리를 분리하였다.

교통편은 해남군 문내면과 군내면 녹진간 해협을 잇는 연육교가 1983년 완성되어 광주와 진도가 두 시간대 거리로 단축되었다. 진도~해남 간 18번국도가 면내를 통과한다.

명승 및 문화유적으로는 많은 지석묘군을 비롯하여 금골산 5층석탑, 금골산 마애불, 해언사지, 용장산성, 용장사지 미륵석불, 망금산 강강술래터, 이충무공 파왜철환지, 명량해전지, 진도대교, 백조도래지 등이 있다.

〈참고문헌〉
『진도군지』(진도군지편찬위원회, 2007)

군내면

조사마을

군내면 나리 나리마을

군내면 나리마을 전경

나리(나리마을)는 진도군 군내면에 속하는 법정리이자 행정리이다. 진도군의 최북단에 위치하여 목포와 가장 가까운 거리에 위치한 마을로 '나리꾸지(羅里串), 날꾸지, 나루꾸지' 등으로 불리며 나리와 갈음목(가는목) 자연마을로 나뉘어 있다. 마을의 입향조는 나씨와 이씨이다. 본래 군일면의 지역으로서 나리라 하였는데, 1914년 행정구역 개편에 따라 범바우, 신기를 병합하여 '나리'라 하여 군내면에 편입되었다.

지리적으로 동쪽의 건배산(118m)이 있을 뿐 대체로 주변 지역이 낮게 형성되어 있다. 마을 뒤에 있는 나리저수지의 물로 논농사를 경작한다. 또한 마을 앞은 바다를 막은 방조제는 넓은 호수로 변하여 군내호를 이루며, 주변에는 넓은 농경지로 되어 있다. 면의 북서부 해안가에 있으며, 동쪽은 녹진리, 서쪽은 바다, 남쪽은 한의리, 북쪽은 신기리와 각각 접하고 있다. 교통은 마을 앞으로 지나는 803번 도로가 있으며, 이 도로는 녹진리에서 18번 국도와 만나 면소재지

와도 쉽게 연결된다.

2017년 현재 총 102세대에서 176명의 주민이 살고 있다. 예전에는 삼면이 바다로 김양식과 어업을 많이 해 왔으나 90년대 초 군내간척지가 막아져 많은 농지가 조성되어 쌀과 대파농사를 지으며 살고 있다. 주요 농산물로는 쌀과 대파, 봄배추, 고추 등이 생산되고 있다. 마을의 공동 재산으로는 마을회관이 있으며, 조직으로는 상여계 두 개가 운영되고 있다. 주요 성씨는 진주정씨, 밀양박씨 등이 거주하고 있다. 유물·유적은 진주정씨의 사당인 추원사가 있다.

군내면 나리 신기마을(무조마을)

군내면 무조마을 전경

신기마을(무조마을)은 나리 3반으로 있다가 해변에 산재되어 살고 있는 무조리와 범바우골 등을 아우르며, 1968년 6월 신기마을 행정리로 분구되었다. 진도군의 최북단에 위치하며, 마을의 입향조는 김해김씨와 하동정씨로 조도면과 신안, 완도, 목포 등에서 새로운 삶터를 찾아 들어와 살게 되었다. 주민들의 주소득원은 어업과 김양식, 고추와 대파 재배를 하며, 타 지역 이주민들로 생활력이 강하다. 마을 공동 재산으로 마을회관이 있다.

2017년 현재 총 81세대에서 152명의 주민이 살고 있다. 교회가 본 마을과 무조리에 두 개가 있으며, 마을 뒤 산 위에 해상교통관제 레이더가 있다.

군내면 녹진리 녹진마을

군내면 녹진마을 전경

녹진리(녹진마을)는 진도군 군내면에 속하는 법정리이자 행정리이다. 지형이 사슴의 뿔처럼 생겼으므로 '녹진'이라 하였다. 본래 진도군 군일면의 지역으로서 1914년 행정구역 폐합에 따라 죽전리, 대사리, 신동리 일부를 병합하여 녹진리라 해서 군내면에 편입되었다.

지리적으로 동쪽의 망금산(望金山, 111m), 서쪽에 도암산(122m)이 있을 뿐 대부분 지역이 낮은 지형으로 이루어져 있다. 면의 북부에 있으며, 동쪽과 북쪽은 바다, 서쪽은 나리, 남쪽은 대야리, 만금리와 각각 접하고 있다. 교통은 진도의 첫 관문인 진도대교를 지나오기 때문에 도로의 여건이 좋아 교통편은 아주 편리하다.

2017년 현재 총 94세대에서 189명의 주민이 살고 있다. 4반으로 나누어져 있는데 1, 2반은 상업 3, 4반은 주로 농업에 종사한다. 마을의 3분의 1정도가 상업을 하며, 2세대는 어업을 하고, 나머지는 주로 농업을 한다. 주요 농산물로는 쌀, 대파, 봄배추 등이 생산되고 있다. 이 마을 동쪽과 해남 간에 1982년 다리가 놓여 진도의 관문이 되었다. 주요 기관 및 시설은 이충무공 동상, 진도타워, 조류발전소가 있으며, 현재 녹진국민관광단지가 조성 중이다. 식당, 여관이 있고 경찰파출소, 울돌목 해상무대 관광안내소, 토산품 판매소, 진도대교 주차장, 준공기념조각 등이 있다.

군내면 녹진리 대사마을

대사리(대사마을)는 진도군 군내면 녹진리에 속하는 행정리이다. 1670년경 이씨가 처음 거주하였다고 한다.

지리적으로 마을 뒤 도암산이 있을 뿐 비교적 낮은 지형을 이루고 있다. 면의 중북부에 있으며, 동쪽은 금성리, 서쪽은 나리, 남쪽은 도암산, 북쪽은 대야리와 각각 접하고 있다. 교통은 마을 앞으로 2차선 도로가 있어 북쪽으로는 대야리를 지나 진도대교, 남쪽으로는 용인리를 거쳐 연산리와 연결되어 진도

읍으로 통하고 있다.

2017년 현재 총 44세대에서 84명의 주민이 살고 있다. 주요 농산물로는 쌀, 대파, 봄배추 등이 생산되고 있다. 마을의 주요 성씨는 남평문씨 등이 거주하고 있다.

군내면 녹진리 대야마을

대야리(대야마을)는 진도군 군내면 녹진리에 속하는 행정리이다. 1670년경 이씨가 처음 거주하였다고 한다.

지리적으로 마을 앞 도암산이 있을 뿐 비교적 낮은 지형을 이루고 있다. 면의 중북부에 있으며, 동쪽은 만금리, 서쪽은 죽전리, 남쪽은 도암산, 북쪽은 녹진리와 각각 접하고 있다. 교통은 마을 앞으로 2차선 도로가 있어 북

군내면 대야마을 전경

쪽으로는 녹진리를 지나 진도대교, 남쪽으로는 대사리를 거쳐 용인리와 연결되어 진도읍으로 통하고 있다.

2017년 현재 총 31세대에서 56명의 주민이 살고 있다. 군내북초등학교가 마을에 위치한다. 전에는 주변 다섯 개 마을의 중심지 역할을 했다. 주업은 농업이며, 주요 농산물로는 쌀, 대파, 봄배추 등이 생산되고 있다.

군내면 녹진리 만금마을

만금리(만금마을)는 진도군 군내면 녹진리에 속한 행정리이다. 망금산 아래가 되므로 만금리가 되었으며, 또는 명량을 망보는 망터가 있기 때문이라고도 한다. 전의이씨가 진도군 고군면에서 살다가 만금리로 입주하면서 형성되었다

고 전한다. 본래 진도군 군일면의 지역으로서 1914년 행정구역 개편에 따라 죽전리, 대사리, 신동리 일부를 병합하여 '녹진리'라 해서 군내면에 편입되었고, 1960년대에 만금마을이 본격적으로 형성되었다.

지리적으로 망금산(望金山, 111m)이 있으나 주변은 대체로 낮은 구릉지대의 지형으로 되어 있다. 면의 북동부에 있으며, 동쪽과 북쪽은 바다, 서쪽은 대야리, 남쪽은 금성리, 신동리와 각각 접하고 있다. 교통은 해안을 따라 진도대교와 함께 둔전방조제를 연결하는 도로가 있다. 이 외에도 18번 국도와 연결된다.

2017년 현재 총 54세대에서 105명의 주민이 살고 있는데 대부분 노인들이다. 젊은 사람으로 5명이 대농을 하지만, 대부분 소농으로 소일 삼아 농사를 짓고 주로 대파, 배추, 벼농사를 한다. 또한 호박 작목반이 조직되어 농가소득 증대에 일조하고 있다.

마을의 공동 재산으로는 마을회관이 있으며, 조직으로는 마을 창립 시 수립하여 주민 전체가 참여하고 있는 등 상두계가 있다. 마을의 성씨로는 김씨 등이 거주하고 있다. 유적으로는 망금산에 강강술래 터가 있으며, 근래는 망금산 남쪽 기슭에 무궁화동산을 조성하였다.

군내면 덕병리 덕병마을

덕병리(덕병마을)는 진도군 군내면에 속하는 법정리이자 행정리이다. 1445년 이 마을 뒷산에 국영목장이 개설되고 둔전으로 간척사업이 이뤄졌던 것 같다. 목장을 위해 신안주씨가 들어오고 간척을 위해 밀양손씨가 들어왔던 것으로 보인다. 본래 진도군 군일면의 지역으로서 '덕저리', '떡저리', 또는 '덕병'이라 하였는데, 1914년 행정구역 폐합에 따라 용인리, 한의리를 병합하여 '덕병리' 라 해서 군내면에 편입되었다.

서쪽에는 달마산(134m), 남쪽에는 고두산(高頭山, 252m)이 있다. 면의 중앙에 있으며, 동쪽은 송산리, 서쪽은 한의리, 남쪽은 고두산, 북쪽은 용인리와 각각 접하고 있다. 교통은 연산리에서 갈라진 도로가 마을을 지나 간재를 넘어 진도읍의 서쪽으로 지난다. 동쪽으로는 연산리에서 18번 국도가 진도대교를 지나거나 진도읍과도 쉽게 이어진다.

2017년 현재 총 92세대에서 167명의 주민이 살고 있다. 주요 농산물로는 쌀, 봄배추, 대파 등이 생산되고 있다. 신안주씨 사당과 교회가 있다.

군내면 덕병리 한의마을

한의리(한의마을)는 진도군 군내면의 법정리인 덕병리에 속한 행정리이다. 원래
는 섬이었으나 1970년대 간척사업으로 연륙되었다. 정자리 북쪽 섬이라 옛말
에 따라 '하늬섬'이라 했던 것이 한문으로 한의(寒衣)가 되었다.

마을의 입향조는 현풍곽씨와 경주김씨로 1815년경에 입촌한 것으로 전해온
다. 본래 진도군 군일면의 지역으로서 '덕저리', '떡저리', 또는 '덕병'이라 하였
는데, 1914년 행정구역 폐합에 따라 용인리, 한의리를 병합하여 '덕병리'라 해
서 군내면에 편입되었다.

지리적으로 동쪽에 달마산(134m)이 있으며, 주변의 대부분은 낮은 지형으로
되어 있다. 예전에는 바다였으나 1970년대 간척사업으로 육지화가 되어 주변
에는 넓은 간척지가 형성되어 있다. 군내천이 흐르고 있어 간척지로 이룬 농경
지에 농업용수를 제공하여 경작하고 있다. 군내면의 중서부에 있으며, 동쪽은
덕병리, 서쪽과 북쪽은 바다, 남쪽은 정자리와 각각 접하고 있다. 교통은 마을

에서 도로 여건이 좋은 분토리를 지나 진도읍과 진도대교 그리고 고군면의 오일시리 등으로 이어지고 있다.

2017년 현재 총 46세대에서 84명의 마을 사람들이 옹기종기 모여 살고 있다. 주업은 농업이며, 대파, 봄동, 고추, 마늘, 벼농사를 주로 한다. 1세대만 낙지 주낙을 하고 있다. 주변에 하수종말처리장이 있다. 1815년 마을 창설시 조직한 상두계가 현재까지 운영되고 있다. 주요 기관 및 시설은 1968년 설립된 군내초등학교 한의분교가 있었으나, 1995년 폐교되었다. 주요 성씨로는 현풍곽씨, 경주김씨, 김해김씨 등이 거주하고 있다. 유물유적으로는 마을 입구에 곽태봉, 김해조, 정준연, 곽명춘의 도로공적비가 있다.

군내면 둔전리 둔전마을

둔전리(둔전마을)는 진도군 군내면에 있는 법정리이자 행정리이다. 조선시대 때 둔전이 있으므로 둔전이라 하였다. 1350년경에 연안차씨가 입성하였다고 전해온다. 본래 진도군 군일면의 지역으로서 1914년 행정구역 개편에 따라 연산리와 신동리 등을 병합하여 둔전리라 하여 군내면에 편입되었다. 예전 둔전마을 앞부터 금골산 아래까지 해언둑이 있어서 '길다 길다 해언둑'이라는 강강술래 가사가 나왔다.

지리적으로 서쪽에 있는 고두산 줄기의 사면에 있다. 마을 앞에 형성되어 있는 둔전들은 둔전방조제로 인하여 이루어진 들로서 이 들의 농업용수는 둔전저수지의 물을 이용하여 농경지를 경작하고 있다. 면의 중남부에 있으며, 동쪽은 세등리, 서쪽과 남쪽은 송산리, 북쪽은 둔전들과 각각 접하고 있다. 교통은

군내면 둔전마을 전경

마을 앞을 동서로 연결하는 도로가 있어 면소재지를 비롯하여 고군면의 오일 시리와 진도읍 등으로 이어져 편리하다.

2017년 현재 총 57세대에서 117명이 살고 있는 예로부터 풍요로운 마을이다. 대부분의 마을 주민이 농업에 종사하며 농사의 95%는 외대파를 가꾸며 벼농사도 일부 하고 있다. 주요 농산물로는 쌀, 대파, 배추, 고추 등이 생산되고 있다. 마을의 공동 재산으로는 마을회관과 창고가 있고, 임야 1,360평이 있다. 조직으로는 마을 창설 시부터 있는 상여계와, 1820년 창립되어 주민 전체가 참여하는 동계, 1970년 1월 창설되어 주민 전체가 참여하는 수리계가 있다. 주요 성씨로는 원주이씨, 밀양박씨, 김해김씨 등이 살고 있다. 시설은 둔전교회가 있으며, 유물유적으로는 원주이씨 사당인 영모사와 짐대가 있는데, 이를 할아버지와 할머니라 칭하고 있다.

군내면 분토리 외동산마을

군내면 외동산마을 전경

외동산리(외동산마을)는 진도군 군내면에 있는 법정리인 분토리에 속하는 행정리로, '바깥동살매'라 불린다. 산이 동쪽에서 서향하여 왔으니 산 밑에 있는 동네라 하여 '동산'이라 하고 바깥에 있어서 '외동산'이라 했다.

북쪽의 고두산(高頭山, 252m)이 동서로 걸쳐 있으며, 동쪽은 철천산(161m), 서쪽은 철마산(304m), 망적산 등이 있다. 면의 남부에 있으며, 동쪽은 석현리, 서쪽은 정자리, 남쪽은 월가리, 북쪽은 분토리와 각각 접하고 있다. 교통은 진도대교를 지나 18번 국도가 고두산의 간재터널을 지나면서 마을 앞을 통과하여 진도읍과도 연결된다.

2017년 현재 총 30세대에서 63명의 주민이 살고 있다. 주요 농산물로는 쌀과 구기자, 대파 등이 생산되고 있다. 마을의 공동 재산으로는 마을회관이 있으며, 주요 성씨는 밀양박씨가 들어온 이후 이씨, 곽씨, 조씨 등이 거주하고 있다. 마을에는 300년 가량 된 송림과 외동산 지석묘군, 외동산 유물 산포지가 있다.

군내면 분토리 한사마을

군내면 한사마을 전경

한사리(한사마을)는 진도군 군내면의 법정리인 분토리에 속한 행정리이다. 본래 진도군 군일면 지역으로서 1914년 행정구역 개편에 따라 한사리, 동산리 일부와 군이면의 월가리 일부를 병합하여 분토리라 하여 군내면에 편입되었다.

북쪽에는 고두산(高頭山, 252m)의 줄기가 동서로 걸쳐 있는데, 그 중간 아래에 마을이 형성되어 있다. 군내면의 남부에 있으며, 동쪽은 송산리, 서쪽은 분토리, 남쪽은 월가리와 고군면 석현리, 북쪽은 고두산과 각각 접하고 있다. 교통은 마을 앞으로 11번 지방도가 동서로 연결되어 동쪽은 고군면 오일시리와 서쪽은 진도읍의 서부와 각각 연결된다. 이 외에도 18번 국도가 남북으로 연결되어 있어 도로 여건이 좋아 아주 편리하다.

2017년 현재 25세대에서 63명이 모여 살고 있는 군내면사무소 소재지이다. 대파와 양배추는 각각 2가구가 경작하고 있다. 대부분 벼농사와 고추, 봄동, 구기자 등을 소농으로 짓고 있다. 유물유적은 고려 때 분토에 가흥현이 있을 때 자리 잡은 한산사(寒山寺)터가 남아 있다. 절터에 탑이 있었으나 도둑맞고 미륵암만 남아 있다. 동네 뒷산에는 오래된 차나무 밭이 있다.

군내면 송산리 상가마을

군내면 상가마을 전경

상가리(상가마을)는 진도군 군내면 송산리에 속한 행정리이다. 1789년 호구총수기록에는 상가흥(上嘉興)으로 나오는 것으로 보아 고려 때 가흥현의 위쪽 마을이란 뜻이다. 상가마을은 1437년 양경군수가 진도군수가 되어 설군 작업을 할 때 따라온 조카 양진회(梁進淮)가 설촌했다고 전해온다. 본래 진도군 군일면의 지역으로서 1914년 행정구역 개편에 따라 상가리를 병합하여 송산리라 하여 군내면에 편입되었다.

지리적으로 서쪽에 있는 고두산(高頭山, 252m)의 지맥 동쪽에 해당되며, 동쪽에는 철천산(161m)이 자리하고 있다. 면의 동남부에 있으며, 동쪽은 고군면 도평리, 서쪽은 한사리, 남쪽은 고군면 고성리, 북쪽은 세등리와 각각 접하고 있다. 교통은 마을 앞으로는 면소재지와 벽파리로 연결된 도로와 고군면의 오일시리에서 만나는 국도 등이 있어 편리한 편이다.

2017년 현재 50세대에서 86명의 마을 사람들이 양지바른 곳에 터를 잡아 살

고 있다. 주업은 농업이며 벼농사, 외대파, 구기자, 봄동, 배추 등 채소류를 가
꾸며 생활하고 있다. 마을의 공동 재산으로는 마을회관이 있으며, 조직으로
는 150년 전에 창립된 상두계가 있다. 마을의 성씨는 제주양씨 등이 거주하고
있다. 주요기관 및 시설로는 진도군 농업기술센터가 있다. 유물유적으로 580
여 년 정도 되는 팽나무가 있으며, 제주양씨 사당인 충현사(忠賢祠)와 두 개의
학계사당, 열녀각 등이 있다.

군내면 송산리 송산마을

군내면 송산마을 전경

송산리(송산마을)는 진도군 군내면에 속한 법정리이자 행정리이다. 소나무가 많
아 솔뫼 또는 송산이라 하였으며, '챙골'이라 불렀다. 입향조로 1400년경 현풍

곽씨가 먼저 들어와 살기 시작했다고 전한다. 본래 진도군 군일면 지역이었으나 1914년 행정구역 개편에 따라 상가리를 병합하여 송산리라 하여 군내면에 편입되었다.

지리적으로 서쪽에 있는 고두산(高頭山, 252m)지맥의 동쪽에 해당되며, 동쪽에는 철천산(161m)이 있다. 군내면의 동남부에 있으며, 동쪽은 고군면 도평리, 서쪽은 상가리, 남쪽은 고군면 고성리, 북쪽은 세등리와 각각 접하고 있다. 교통의 경우 마을 앞으로는 면소재지와 벽파로 연결된 도로와 고군면의 오일시리에서 만나는 국도 등이 있어 편리한 편이다.

2017년 현재 41세대에서 77명이 살고 있는 조용하고 풍요로운 마을이다. 대부분이 농업에 종사한다. 주로 외대파, 고추, 배추 등 채소류와 벼농사를 주로 하고 있다. 마을의 공동 재산으로는 마을회관과 경로당이 있으며, 조직으로는 1916년에 창립된 애사 시에 상부상조하는 상여계와 1925년 창립된 동계가 있다. 주요 성씨로는 밀양박씨, 현풍곽씨, 경주이씨, 김해김씨 등이다. 유물유적으로는 곽씨 사당과 박씨 사당이 있다. 송산서당은 진도의 대표적인 서당 중의 하나이다.

군내면 세등리 세등마을

세등리(세등마을)는 진도군 군내면에 속한 법정리이자 행정리이다. 가는 등성이가 되므로 가는골재에서 마을 이름이 나왔다. 세등리 마을은 참봉공의 증손 곽호례(郭好禮, 1541-1591)가 1560년대에 밀양박씨 박령의 사위가 되어 해남에서 건너와 살면서 형성되었다고 전하며 '애낭골', '시등', '원앙골'이라 불린다.

본래 진도군 군일면 지역이었으나 1914년 행정구역 개편에 따라 고이면의 유교리 일부를 병합하여 세등리라 하여 군내면에 편입되었다.

지리적으로 고두산의 동쪽사면에 있으며, 남쪽에는 고군면과의 경계를 이루고 있는 철천산(161m)과 동쪽에는 선황산이 있다. 군내면의 남동부에 있으며, 동쪽은 용장리, 서쪽은 고두산, 남쪽은 송산리, 북쪽은 둔전리와 각각 접하고 있다. 교통의 경우 마을 앞으로 도로가 북쪽에 있는 면사무소까지 연결되며, 남쪽으로는 고군면의 오일시리에서 국도와 연결되어 진도읍 등으로 갈 수 있다.

2017년 현재 64세대에서 136명이 벼농사와 배추, 외대파, 고추 등 농업을 주업으로 살아오는 마을이다. 마을의 공동 재산으로는 마을회관과 논 900평, 임야가 약간 있으며, 시설로는 경로당과 창고가 있다. 조직으로는 애사 시에 상부상조하는 상두계와 마을동계가 있다. 주요 성씨는 현풍곽씨로 전체의 70%를 차지하고 있다. 한 마을에 9개 사당이 있는 것이 특징이며 마을 북쪽 갯가에 미륵당이 있다. 유물·유적으로 청운사와 진도입도조의 제각 영모사(永慕祠)가 있다.

정월 보름에 미륵제와 별신제를 모시며 상두계와 마을동계가 있다.

군내면 월가리 월가마을

월가리(월가마을)는 진도군 군내면에 속한 법정리이자 행정리이다. 월가리 마을
은 약 600여 년 전 홍씨와 양씨가 자리 잡고 살기 시작하면서 형성되었다고 한
다. 그러나 현재 홍씨와 양씨는 한 사람도 없다. 본래 진도군 군이면 지역이었
으나, 1914년 행정구역 개편에 따라 정자리 일부와 군일면의 동산리 일부, 부
내면의 당동리 일부, 고이면의 석현리 일부를 폐합하여 월가리라 해서 군내면
에 편입되었다.

지리적으로 서쪽과 남쪽에는 망적산(266m)과 북산(北山, 295m), 철마산(鐵馬山,
304m) 등이 남북으로 형성되어 있으며 그 안쪽에 마을이 자리하고 있다. 남쪽
의 도로변에는 월가저수지가 있어 마을 앞의 넓은 농경지에 농업용수를 제공
하고 있다. 군내면의 남부에 있으며, 동쪽은 분토리, 내외동산리와 고군면의
석현리, 서쪽과 남쪽은 진도읍, 북쪽은 본토리와 각각 접하고 있다. 교통은 국
도 18호선이 마을 앞을 남북으로 지나가며, 남쪽으로는 10여분 거리에 있는

진도읍과 연결되어 있어 도로 여건은 좋은 편이다.

2017년 현재 97세대에서 197명이 살고 있는 마을이다. 대부분이 농업에 종사하며 주로 외대파, 양배추, 고추, 배추, 구기자 등 채소류와 벼농사를 경작한다. 또한 단호박을 재배하여 소득을 창출해내고 있다. 특히 청년회 주관 사업으로 장미마을 가꾸기 마을로 선정되어, 온 마을에 장미가 아름답게 활짝 필수 있도록 노력하고 있다. 마을의 공동 재산으로는 마을회관과 노인정, 마을창고가 있으며, 조직으로는 청년회, 부인회, 그리고 상여계가 있다. 주민의 주요 성씨는 김해김씨, 경주김씨, 해주최씨 등이다. 유물유적으로는 사당과 미륵선돌 그리고 향교터와 서당터가 있다.

군내면 용장리 용장마을

용장리(용장마을)는 진도군 군내면에 속한 법정리이자 행정리이다. 용장산성 밑이 되므로 용장골 또는 용장이라 하였다. 본래 진도군 군일면 지역이었으나 1914년 행정구역 개편에 따라 세등리 일부를 병합하여 용장리라 하여 군내면에 편입되었다.

지리적으로 동쪽에는 군내면의 경계를 이루는 선황산이 있으며, 남쪽에는 상봉, 일출봉 등이 있다. 농경지의 농업용수로 용장저수지의 물을 이용하고 있다. 군내면의 동부에 있으며, 동쪽은 고군면 연동리, 서쪽은 세등리, 남쪽은 고군면 오산리, 북쪽은 고군면 오류리와 각각 접하고 있다. 교통은 801번 도로가 남북으로 연결되어 있으며 고군면의 벽파리와 면소재지 그리고 오일시 등으로 도로가 나 있다.

2017년 현재 총 75세대에 145명의 주민이 살고 있다. 주요 농산물로는 쌀과 월
동배추, 대파, 구기자 등이 있다. 마을의 재산으로는 마을회관과 노인정, 공터
366평이 있으며, 조직으로는 1772년에 동계(洞契)가 형성되어 현재까지 유지
되고 있다. 이외에도 상여계와 호상계, 노인회, 부녀회가 있다. 주요 성씨는 박
씨이다. 마을의 시설로는 교회가 있으며, 유물·유적으로는 동계안, 용장사,
진도 용장성, 공덕비 2기, 추모비 1기, 열녀비 1기, 선돌 1기 등이 있다.

군내면 정자리 정자마을

정자리(정자마을)는 진도군 군내면에 속하는 법정리이다. 본래 진도군 군이면의
지역으로서, 고려 말엽 창녕조씨의 입향조인 조희직이 압구정을 지은 데서 연

유했다. 1914년 행정 구역 폐합에 따라 정자리라 해서 군내면에 편입되었다. 남동쪽은 군내면 월가리, 동쪽은 군내면 분토리, 서쪽은 진도읍 수역리, 북쪽은 군내면 덕병리와 각각 접하고 있다. 마을의 입향조는 밀양박씨로 박맹수의 증조부이다.

2017년 현재 62세대 117명의 마을민이 모여 정답게 살고 있다. 농업이 주업이며, 특용작물로 외대파를 경작한다. 양배추, 월동배추, 고추, 봄동 등 채소류도 가꾸며 의좋게 살아가고 있다. 마을공동 재산으로 마을회관과 주차장이 있다. 마을조직으로는 상여계가 있는데, 1904년 3계 상여계 조직 후 1998년 2계 계로 재조직하였고, 제1상여계에 27명, 제2상여계에 25명의 회원이 참여하고 있다. 마을 내 유물유적으로 열녀각과 열녀비가 있다.

군내면 죽전리 죽전마을

군내면 죽전마을 전경

죽전리(죽전마을)는 진도군 군내면의 법정리인 녹진리에 속한 행정리이며, '큰대 꾸지'라 불린다. 1400년 말 능성구씨가 입향하였다고 전해진다. 해남에서 처음 진도로 건너온 원주이씨, 남평문씨 등의 첫 정착지이다. 본래 진도군 군일면 지역으로서 1914년 행정구역 폐합에 따라 죽전리, 대사리, 신동리 일부를 병합하여 녹진리라 해서 군내면에 편입되었다.

마을의 서쪽에는 건배산(118m)이 있을 뿐 대부분은 낮은 산으로 형성되어 있다. 건배산에서 흘러내린 물을 모아 이룬 죽전저수지는 마을 앞의 농경지에 농업용수를 제공하고 있다. 군내면의 북부에 있으며, 동쪽은 잿등과 대야리, 서쪽은 나리, 남쪽은 대사리, 북쪽은 바다와 각각 접하고 있다. 교통은 마을 앞으로 803번 지방도가 동서로 지나며, 이 외에도 북부의 해안가로 연결된 도로가 있다.

2017년 현재 총 89세대에서 190명의 주민이 살고 있다. 주요 농산물로는 쌀과 월동배추, 대파 등이 있다. 마을의 공동 재산으로는 마을회관과 마을공동창고가 있으며, 조직으로는 청년회와 부녀회, 65세 이상의 노인으로 구성된 노인회, 마을 전 주민이 참여하는 상두계가 있다. 주요 성씨는 무안박씨, 원주이씨, 밀양박씨 등이다.

〈참고문헌〉
디지털진도문화대전(http://jindo.grandculture.net)
『진도군지』(진도군지편찬위원회, 2007)

군내면

설화를 들려준 사람들

김기율 (남, 67세, 1950년생)

제보자는 1950년에 나리마을에서 태어나 목포상업고등학교를 졸업하고 진도 일대 농협에 근무하다 정년하였다. 현재 마을 주민들과 화합하면서 마을 일을 주도적으로 참여하고 있다. 그는 마을의 역사와 문화적 전통을 소중하게 여겨, 마을 공동으로 치루는 행사나 제의에 대한 가치와 의미를 소상히 알려주었다.

제공 자료 목록

589_FOTA_20170717_NR_KGW_001　　진도와 목포를 왕래한 황포돛배
589_FOTA_20170717_NR_KGW_002　　수백 명이 몰려와 고기 잡던 개매기
589_MONA_20170717_NR_KGW_001　　백구 때문에 징용 간 아버지

김성조 (남, 61세, 1956년생)

제보자는 바다를 삶의 터전으로 일평생을 살아왔다. 비록 바다에서 사랑하는 가족을 잃었지만 자연에 순응하는 삶이야말로 자연친화적인 삶임을 알고, 이곳에서 이웃들을 살피고 정을 나누며 순박하게 살고 있다. 제칠일 안식일교회 장로이기도 한 그는 자상한 성품과 사람을 아끼는 마음으로 인근 섬에 사는 분들까지도 잘 챙겨주며, 사람 사는 이치를 몸소 잘 실천하는 분이다.

제공 자료 목록

589_FOTA_20170419_MJR_KSJ_001	땅이름에 담긴 조상의 선견지명
589_MONA_20170419_MJR_KSJ_001	우수영 장에서 돌아오다 좌초된 조각배
589_MONA_20170422_MJR_KSJ_002	팔려가는 어미 소와 송아지
589_MONA_20170422_MJR_KSJ_003	잃어버린 고향 광대도
589_MONA_20170419_MJR_KSJ_004	일 년 내내 자식 기다리는 손꾸락섬 노부부
589_MONA_20170419_MJR_KSJ_005	사라호 태풍에 구사일생한 정명부씨
589_FOTA_20170419_MJR_KSJ_001	새가 춤추는 형국인 무조마을

김성산 (남, 80세, 1938년생)

제보자는 21세부터 선원 생활을 시작하여 60세까지 배와 함께 했다. 27년간 선장을 하면서 나룻배, 옹기배, 고기배, 모래배 등을 운영하였다. 그래서 바다 위에서 벌어지는 생과 사의 순간과 집과 가족들을 떠나 바다를 터전으로 생활하는 인간들과 부대끼며 생기는 애환들을 잘 전달해 주었다. 후에는 상경하여 화훼 재배를 한 후 현재는 귀향하여 노후생활을 보내고 있다.

제공 자료 목록

589_MONA_20170628_NJR_KSS_001   위험한 울돌목 물살
589_MONA_20170628_NJR_KSS_002   바람 불면 아싹아싹 깨지던 옹기
589_MONA_20170628_NJR_KSS_003   가득 실으면 가라앉고, 덜 실으면 돈이 안 되고
589_MONA_20170628_NJR_KSS_004   칠산 앞바다 삼치배에서 만난 태풍

김효종 (남, 69세, 1949년생)

제보자는 젊은 시절 일찍이 농업을 시작하였는데, 한때 담배 농사로 성공하기도 했다. 그리고 군복무 시절 타 지역에서 통일벼 종자를 얻어와 진도에 전파하였으며, 성실과 책임감으로 마을 이장직을 맡아 마을을 위해 봉사하였다. 그래서인지 구연해주는 이야기 속에서 그의 성실하고 의지가 강하며 책임감도 뛰어난 성품을 고스란히 느낄 수 있었다. 그간 경찰자문위원 15년, 라이온스회장 등 봉사단체장을 역임하였고, 현재는 진도군노인회부회장직을 맡고 있다.

제공 자료 목록

589_MONA_20170526_NJR_KHJ_001   진도에 최초로 심은 통일벼
589_MONA_20170526_NJR_KHJ_002   빚 7만 원으로 배운 세상
589_MONA_20170526_NJR_KHJ_003   담배농사가 적격인 녹진

명춘희 (여, 78세, 1940년생)

제보자는 젊은 시절부터 농사와 담배농사로 가족들을 위해 허리 펼 새 없이 일해 왔다. 천성이 부지런하고 싹싹해서 일이 있으면 부지런히 찾아서 하는 성품으로, 자식들에게 아낌없이 베풀면서 살고 있다. 슬하에 2남 3녀를 두었는데, 선원 생활을 하는 남편의 뒷바라지를 하며 성실하게 자녀를 교육시켰다. 특히 시집가기 전에 위독하신 아버지를 위해 단지를 하여 목숨을 연명케 한 효녀이기도 하다.

제공 자료 목록

589_MONA_20170526_NJR_MCH_001 쉬지 않고 일만 하며 살아온 인생
589_MONA_20170526_NJR_MCH_002 무명지를 베어 아버지를 살리다

문종욱 (남, 69세, 1948년생)

제보자는 1948년 진도군 군내면 대사마을에서 태어나 고성중학교를 다닌 후 군복무를 마치고 26세에 서울에서 낙향하였고, 한때 사우디아라비에 가서 일하다 귀국하였다. 현재 농사를 지으면서 마을 이장으로 마을 주민들을 위해 일하고 있다. 그는 마을의 유래와 역사, 문화에 깊은 관심을 가지고 있는데, 특히 조상들이 소중하게 지켜온 문화와 정신이 가치 있게 계승되기를 간절히 바라기도 했다.

제공 자료 목록

589_FOTA_20170717_DSR_MJW_001 대꾸지라 불렀던 대사마을
589_FOTA_20170717_DSR_MJW_002 우수영에서 헤엄쳐 온 개
589_FOTA_20170717_DSR_MJW_003 금골산에서 떨어지면 살고 독굴산에서 떨어지면 죽고

박병림 (남, 68세, 1950년생)

제보자는 어렸을 때 어른들께 들은 지역유래와 샘에 얽힌 이야기와 그 당시 풍경들을 잘 기억하고 있었다. 그리고 그 기억과 추억들이 시간과 함께 옅어지고 사라지는 것을 안타까워했다. 젊은 시절에는 서울로 유학한 후 정치에 참여하기도 하였다. 현재는 고향에서 전원생활을 하며 문중의 대소사에 협력하며 진도 문화의 발전에 기여하고 있다.

제공 자료 목록

589_FOTA_20170624_DYR_PBL_001	조상들의 예견대로 큰 들이 된 대야리
589_FOTA_20170624_DYR_PBL_002	벽파 앞에 멈춰버린 감부도
589_FOTA_20170624_DYR_PBL_003	오빠를 부르는 도깨비불치

고만술 (남, 74세, 1940년생)

제보자는 진도군 카톨릭 회장을 역임했으며 친환경농법을 널리 알리고 실천하고 있는 신념과 의지가 누구 못지않게 강한 분이다. 제보자의 목소리가 쩌렁쩌렁 힘차고 분명해서 조사자들이 모든 이야기에 빠짐없이 집중할 수 있었는데, 특히 어머니에게 들었다는 원님이 다니던 길 이야기는 옛날 지형들을 구체적이면서 상세하게 묘사해 주었다.

제공 자료 목록

589_FOTA_20170603_MGR_GMS_001 어제바위와 피섬의 유래
589_FOTA_20170603_MGR_GMS_002 원님이 다니던 길
589_FOTA_20170603_MGR_GMS_003 도깨비가 자주 출몰하는 강재
589_MONA_20170603_MGR_GMS_001 진도에서 실천한 친환경농업

김종식 (남, 78세, 1940년생)

제보자는 농업에 종사하다 최근에는 양봉업을 하면서 봉침 시술을 배워, 병마에 시달리는 이웃사람들에게 의술을 펼쳐 여러 사람들의 질병을 고쳐주고 있다. 또한 마을의 어려운 일이 있으면 봉사활동을 하면서 노후를 보내고 있다. 자상하고 다정다감한 성품으로 마을 주민들과 화합하면서 살아가고 있다.

제공 자료 목록

589_FOTA_20170528_MGR_KJS_001 이순신 장군이 만들었다는 녹진 쇠고리
589_FOTA_20170528_MGR_KJS_002 고래가 지나가던 녹진 앞바다

조상심 (여, 73세, 1945년생)

제보자는 차분하고 자상한 성격으로 마을 사람들과 잘 화합하며 마을을 위해 봉사하는 마음으로 생활하고 있다. 또한 이웃에게 받은 도움을 마음 깊이 새겨 고마움을 간직하고 있는 속 깊은 분이기도 하다.

제공 자료 목록

589_MONA_20170528_MGR_JSS_001 봉침으로 효과 본 허리 통증

한추향 (남, 80세, 1938년생)

제보자는 일평생 이 지역을 삶터로 생각하면서 농업에 종사하고 있다. 그간 마을 노인회장을 역임하였으며, 어려운 이웃을 보면 그대로 보고 넘기지 않을 만큼 항상 솔선수범하여 봉사활동의 귀감이 되어 TV에 소개되기도 하였다.

제공 자료 목록

589_MONA_20170528_MGR_HCH_001 봉침 무료봉사자 김종식씨

이상문 (남, 76세, 1942년생)

제보자는 이장으로 마을일을 맡아 가족을 돌보는 마음으로 마을 사람들과 함께 했다. 이야기 속에 등장하는 덕병마을의 오랜 파숫꾼이자 상징인 돌장승에 대한 애착과 자부심이 대단하였다. 이는 제보자뿐만 아니라 덕병마을 사람이면 누구나 돌장승을 자신의 분신처럼 여기고 있다는 것을 이야기 속에서도 확인할 수 있었다.

제공 자료 목록

589_FOTA_20170518_DBR_LSM_001　며느리의 한이 서린 가심재
589_MONA_20170518_DBR_LSM_001　다시 세운 장승
589_FOTA_20170518_DBR_LSM_002　돌장승에 소 피 뿌리는 액막이
589_FOTA_20170518_DBR_LSM_003　삼별초 군사들의 원혼과 돌장승
589_FOTA_20170518_DBR_LSM_004　호랑이산보다 기세등등한 덕병사람들

김재근 (남, 90세, 1928년생)

제보자는 한의마을 사람들이 학처럼 깨끗하여 남에게 피해주지 않고 사리사욕에 덜 물든 사람들이라고 했다. 그는 한평생 고향을 지키며 살아왔고 고향에서 정든 이웃들과 소소한 이야기를 나누며 여생을 살고 싶어 했다. 슬하에 3남 4녀를 두었으며, 자녀들 교육을 위해 마을 앞 바다에서 낙지, 게, 굴, 운조리 (망둥어) 등을 잡아 생계를 유지했다.

제공 자료 목록

589_FOTA_20170624_HYR_KJG_001   학처럼 깨끗한 한의 사람들
589_FOTA_20170624_HYR_KJG_002   흔적뿐인 마가패마을
589_FOTA_20170624_HYR_KJG_003   너무나 아까운 동서샘

김수자 (여, 65세, 1953년생)

제보자는 군내중학교를 졸업하고 목포전신전화국에서 근무하다가 이 마을로 시집와서 지금까지 농사를 지으면서 강강술래 등 진도 문화재에 관심을 가지고 적극 참여하고 있다. 특히 박관용 북춤과 남도들노래 이수자로 진도문화 발전에 혼신을 다하고 있다. 제보자는 어렸을 때 올라 다니던 북산재 길을 어제 다녀온 듯 세밀하게 잘 묘사해 주었다.

제공 자료 목록

589_FOTA_20170624_HYR_KSJ_001   북산재에서 만난 도깨비
589_FOTA_20170624_HYR_KSJ_002   발 담구고 놀던 시원한 도구통샘

박세종 (남, 80세, 1938년생)

제보자는 목포공고를 졸업하고 국세청에서 근무하다 정년하였다. 그는 지역의 유래와 역사에 박학다식한 분으로, 이야기를 통해 선인들의 삶의 모습을 놓치지 않고 잘 전달해 주셨다. 특히 지역에 깃들어 있는 의미 있는 숨은 유적과 이야기를 가치 있게 되살리는 부분에 많은 관심을 갖고 있다. 그는 진도축협장과 진도향교평의회의장을 역임하였으며, 현재는 단군성전종모회 원로상임위원으로 활동하고 있다

제공 자료 목록

589_FOTA_20170528_DJR_PSJ_001	연안차씨와 반귀등
589_FOTA_20170528_DJR_PSJ_002	둔전리 팔경
589_FOTA_20170528_DJR_PSJ_003	해언사와 용샘 그리고 조새바우
589_FOTA_20170528_DJR_PSJ_004	상골산 석공 박중순
589_FOTA_20170528_DJR_PSJ_005	뒤롱이묘와 금골산 유래
589_FOTA_20170528_DJR_PSJ_006	세골합에서 안농까지 해원바닥
589_FOTA_20170528_DJR_PSJ_007	금골마을과 안농의 유래

박규배 (남, 81세, 1936년생)

제보자는 군내면사무소와 진도군청에서 공직자로 근무했으며 퇴직 후에도 진도군의회 의원과 의장으로, 지역을 위해 솔선수범하여 올바른 대안을 제시하고 그 대안이 말로 그치지 않도록 발로 뛰어 정책을 입안하는 지역일꾼으로 활동해왔다. 지역민 모두가 살기 좋고 후손들에게 자랑스러운 진도를 만들어가기 위해 일평생 헌신하고 있는 분으로 평가받고 있다.

제공 자료 목록

589_FOTA_20170424_YDSR_PGB_001 진도의 백두대간, 금골산

박성배 (남, 80세, 1938년생)

제보자는 말수가 적지만 지역의 어른으로서 듬직하게 꼭 할 말은 하는 분으로, 지역에서 공무원으로 재직했다. 지역 유물과 유적에 대해 각별한 애정을 갖고 있으며, 사라져가는 지역문화와 풍습을 많이 안타까워하기도 했다. 그는 마을의 대소사를 함께하던 물레방아의 출현과 퇴장을 통해 우리 삶의 근현대화를 들여다 볼 수 있다고 했고, 한산사 녹차가 일본인들에게 건너간 것으로 짐작된다는 이야기 등을 들려주었다.

제공 자료 목록

589_FOTA_20170603_HSR_PSB_001   폐사된 한산사와 사라진 5층 석탑
589_MONA_20170603_HSR_PSB_001   지금은 사라져버린 물레방아

양상훈 (남, 84세, 1934년생)

제보자는 광주숭고를 졸업하고 강진 천일상사(수산물가공공장)에서 상무로 5년간, 진도군 고군면 오일시 고군주조장에서 상무로 6년을 근무하였다. 젊은 시절에 뜻을 품고 통일주체국민회의 의원에 출마하기도 했고, 약초(신선초, 당귀 등)를 재배하며 농업에 종사하기도 하였다. 현재는 건강을 관리하면서 진도의 역사와 문화에 대해 연구하고 있다.

제공 자료 목록

589_FOTA_20171002_SGR_YSH_001   크게 번성했던 상가마을
589_FOTA_20171002_SGR_YSH_002   울둘목까지 연결된 동밖굴
589_FOTA_20171002_SGR_YSH_003   도깨비가 나타나는 요골 서당
589_FOTA_20171002_SGR_YSH_004   상가리의 열부 박씨

김용태 (남, 82세, 1936년생)

제보자는 평생 농사를 지으면서 마을 일에 적극적으로 앞장서고 있는 분으로, 현재는 송산 노인회장을 맡고 있다. 설화 제보에 적극적으로 도와주었으며 주위 분들을 소개해 주기도 했다.

제공 자료 목록

589_FOTA_20170603_SSR_KYT_001   많은 제자를 배출한 송암 선생과 이근 선생

조재홍 (남, 76세, 1942년생)

제보자는 기억력과 언변이 좋은 분으로, 어렸을 때 부모님과 주위 어른들에게 들은 별신제, 진도 공부방의 시초인 문헌방, 말무덤과 선바우독까지 모두 이 지역과 마을에 얽힌 이야기를 실감나고 재미나게 전달해주었다. 특히 현재의 장소를 구체적으로 알려주기도 해서 이야기를 듣는 내내 생생한 현장감을 느낄 수 있었다.

제공 자료 목록

589_FOTA_20170603_SSR_JJH_001   송산과 상만은 진도 문헌방
589_FOTA_20170603_SSR_JJH_002   정성을 다해 모셨던 송산마을의 별신제
589_FOTA_20170603_SSR_JJH_003   삼별초 군인과 말무덤
589_FOTA_20170603_SSR_JJH_004   서쪽을 막기 위한 선바우독과 제방둑

곽재복 (남, 78세, 1940년생)

제보자는 집안에 면면히 내려오는 유형과 무형의 가풍 그리고 정신적 유산들을 지키고 다시 세우는 일에 많은 긍지와 보람을 가지고 있다. 조상들의 삶의 흔적을 잘 찾아서 계승하는 일이야 말로 지금의 내가 올바로 서는 길임을 몸소 실천하고 있기도 하다. 제보자는 도회지에 나가서 생활하다가 다시 고향에 내려와 현풍곽씨 집안의 숭조돈종에 힘쓰며, 향리에 대한 긍지를 가지고서 향토문화 발전에 힘써 오고 있다.

제공 자료 목록

589_FOTA_20170606_SDR_KJB_001 세등마을의 미륵제와 별신제
589_FOTA_20170606_SDR_KJB_002 세등은 새가 둥지를 튼 형국
589_FOTA_20170606_SDR_KJB_003 친정 명당 자리를 차지한 입도조 할머니

김선원 (남, 74세, 1944년생)

제보자는 평생 월가리에서 농사를 지으면서 현재 진도군 문화원에서 주관하는 짚풀공예에 적극적으로 참여하고 있다. 그는 조용하고 차분한 말투로 이야기 전개를 일목요연하게 전달해주었는데, 부모에 대한 효행을 전하는 이씨보의 기념비석에 씌여진 문구까지 자세히 소개해 주기도 했다.

제공 자료 목록

589_FOTA_20170420_WGR_KSW_001 어머니 몰래 놓은 노둣돌

곽재설 (남, 75세, 1943년생)

제보자는 용장마을에 전해오는 이야기와 유물 유적들에 얽힌 사연들을 구체적으로 들려주었다. 제보자의 부모님이 일제강점기 때 겪은 공출이야기에서는 험한 시대 칼바람 속에서 가족을 지키기 위해 고군분투한 흔적을 읽을 수 있고 그 이야기를 전하는 제보자의 낮은 음성 속에서 부모님에 대한 그리움과 고마움을 확인할 수 있었다.

제공 자료 목록

589_MONA_20170413_YJR_KJS_001	추모비에 새겨진 전쟁의 상처
589_FOTA_20170413_YJR_KJS_001	걸어가다 멈추어버린 지심매산
589_FOTA_20170413_YJR_KJS_002	삼별초와 망바위
589_MONA_20170413_YJR_KJS_002	공출을 피해 산밭에 감춘 쌀 항아리
589_FOTA_20170413_YJR_KJS_003	현몽으로 일으켜 세운 용장사 부처
589_FOTA_20170413_YJR_KJS_004	바위 속에 보물창고가 있는 맘바등바위
589_FOTA_20170413_YJR_KJS_005	풍년과 흉년을 점치는 귀목나무

강남철 (남, 63세, 1955년생)

제보자는 진도읍에서 농약사를 경영하고 있으며, 현재 정자리 이장을 맡으면서 마을 일에 솔선수범하고 있다. 성품이 원만하여 이웃과 돈독한 신뢰를 쌓아 가면서 지역 문화 활동에 적극적으로 참여하고 있다.

제공 자료 목록

589_FOTA_20170518_JJR_KNC_001   아흔아홉 골짜기 물이 모이는 정자리
589_FOTA_20170518_JJR_KNC_002   지바구산에서 정성을 다해 모시는 충제

김진일 (남, 68세, 1950년생)

제보자는 마을 풍수에 대해 상세히 알고 있으며, 이야기를 통해서도 자세히 설명해 주었다. 재경진도농고 총동문회장과 재경 구로 향우회장을 역임하였다. 또한 문인협회 회원으로 활동하며 육자배기 등 민요에도 남다른 재능을 보유하고 있다. 현재 한원그래픽스 대표로 『아름다운 여행 진도』를 발행하고 있다.

제공 자료 목록

589_FOTA_20170518_JJR_KJI_001   정자리는 암소가 넓은 들녘을 품은 형국
589_FOTA_20170518_JJR_KJI_002   부주산 밑의 연주사 절터
589_FOTA_20170518_JJR_KJI_003   물이 마르지 않는 망산 십샘

김행규 (남, 73세, 1945년생)

제보자는 비교적 조용한 성품으로, 옛날에 마을 저수지 둑을 막을 때 떠돌이 행인들을 제물로 써서 마을 공사를 해서인지 날이 궂으면 저수지에서 마장께, 마장께 하는 소리가 난다는 전설을 이야기 해주었다.

제공 자료 목록

589_FOTA_20170518_JJR_KHG_001 날이 궂으면 마장재에서 나는 소리

박옥준 (남, 79세, 1939년생)

제보자는 한평생 농업에 종사하면서 마을 일에 협조를 아끼지 않는다. 이웃과 화목하고 살고 있으며 지역 문화에도 관심을 가지고 활동하고 있다. 특히 마을과 지역에 깃들어 있는 이야기에 많은 관심을 보이기도 했다.

제공 자료 목록

589_FOTA_20170518_JJR_POJ_001 오동메산과 금골산 사이 살막재

이승희 (남, 89세, 1935년생)

제보자는 진도의 대표적인 이야기꾼 중의 한 분으로, 추자도 낚시 도중 바닷물에 빠져서 뭍에 다시 올라올 때까지 긴박하고 다급했던 상황을 아주 실감나고 생생하게 들려주었다. 특히 자신이 그 일촉즉발 위기의 순간에 느꼈던 마음까지도 자세히 전달해 주었다. 한시 동호회장을 역임하고, 군내면 노인회장을 맡고 있다.

제공 자료 목록

589_MONA_20170418_JJR_LSH_001   구사일생으로 살아 돌아온 추자도 낚시
589_FOTA_20170418_JJR_LSH_001   옛 지명에 담긴 조상들의 선견지명
589_FOTA_20170418_JJR_LSH_002   나무를 태워서 소금기를 빼는 화렴
589_MONA_20170418_JJR_LSH_002   전 재산을 기부한 박정준씨
589_MONA_20170418_JJR_LSH_003   자연물로 유일무이한 수림석

군내면

마을에 전해오는 설화

군내면 나리 나리마을

진도와 목포를 왕래한 황포돛배

자료코드 589_FOTA_20170717_NR_KGW_001
조사장소 진도군 군내면 나리 나리마을 제보자 자택
조사일시 2017. 7. 17
조 사 자 박정석, 박영관
제 보 자 김기율(남, 67세, 1950년생)

> **줄거리** 노란 돛을 달고 바람으로 이동하는 황포돛배는 목포로 드나들며 물건을 싣고 가서 팔고, 필요한 물건을 진도로 실어오는 중요한 운송수단이었다.

1600년대 전후하여 나주 나씨와 양성 이씨가 마을을 이루고 살았다고 구전으로 전해져 내려오거든. 자연적으로 나리골, 나리곶, 나리구지로 지명되어 오다가 현재의 지명인 나리로 행정명이 되었다고 그랍니다.

그라고 우리 마을 경제 활동에 대해서 말씀드리자믄 교통이 불편하던 칠십 년대 초 중반까지 해상 교통을 이용해서 경제 활동 중심지가 주로 목포시로, 벼, 김 등 농수산물 출하는 주로 황포돛배에 풍선을 이용하는 운송수단이 되었다고 합니다.

(조사자 : 그 당시 황포돛배가 어떻게 생겼어요?)

지금 말하면 옛날 추억 속으로 사라지고 없지만은 진정한 황포 돛대는 그야말로 노란 돛으로 해서 황포돛배가 되었습니다. 본래 우덜이(우리들이) 물건을 싣고 목포로 갔다 내다 팔아서 그 돈으로 학교도 다니고 생활필수품도 사고 그랬던 것으로 기억이 납니다.

(조사자 : 황포 돛대가 영산강 같은 강에서나 운항을 하는 줄 알았는데, 그것이 아니고 이렇게 바다에서도, 진도에서도 목포를 가는데 그런 황포 돛대를 단 풍선으로 다녔군요.)

그랬었제. 그니까 제일 작은 배는 돛대가 하나였어. 그건 일대선, 돛대가 두개 있는 것은 이대선, 돛대가 세 개 있는 것은 삼대선, 그것이 지금 이야기하는 상고선(장사할 물건을 싣고 다니는 그리 크지 않은 배)을 삼대선이라 했을거여 여그 말로. (청중:맞어 맞어 삼대선.)

수백 명이 몰려와 고기 잡던 개매기

자료코드 589_FOTA_20170717_NR_KGW_002
조사장소 진도군 군내면 나리 나리마을 제보자 자택
조사일시 2017. 7. 17
조 사 자 박정석, 박영관
제 보 자 김기율(남, 67세, 1950년생)

줄거리 나리마을과 덕병마을 사이의 바닷물을 막기 전에는 그곳에 그물을 쳐서 고기를 잡았는데 이를 '개매기'라고 하였다. 어장 주인은 있지만 인근 마을 수백 명이 이곳으로 몰려와 고기를 잡기도 했으나 지금은 그러하지 못한다.

(조사자 : 옛날에는 나리하고 덕병하고 사이에 바다 막기 전에 거그까지 넓은 지역을 개매기(개막이)를 하면서 고기를 많이 잡았다는데 어떤 고기를 주로 많이 잡았어요?)

그런 때 숭어제. 숭어하고 전어가 주종이고 뭐 장어, 뱀장어 같은 것도 그런 시

절에 많이 있었제. 옛날에는 고기도 풍부하고 돔도 많이 들었고, 농어 같은 것
도 옛날에는 다양했었는디.

나리는 이미 간척이 되아부렀지만은(됐지만) 나리서 직접 막은 것은 아니고 개
매기 하는 것은 나리에서는 간속꾸미라든지 비들지기라든지 이런 적은 소형
이 있었고 대형은 덕병 앞에서 한의 그 쪽을 막는 것보고 당맥개라고 했는데.

(청중 : 그란게 거그 당맥개가 덕병서 안치섬 까지가 당맥개고, 큰개가 안치 섬
에서 나리까지 서석금 거까지. 그란게 큰개 그물질 할 때는 그 안치섬 요케 하
고, 또 덕병쪽에 당맥개 할 때는 안치섬 앞에서 저쪽 한의 앞에까지 그캐 막고
그랬어. 그럼 고기가 진짜 엄청났지. 고기 뛰는 소리가 뭐 우는 소리 같이 들렸
다고.)

(청중 : 그런 때는 뭐 미늘을 가지고 물이 빻기(빠지기) 전에 가서 이렇게 찍어서
고기를 잡어. 망태를 들쳐미고(들쳐 매고) 가서. 그람 한 망태 갖다놓고 가서 또
다시 또 잡어서 또 갓에다(가에다) 부어놓고 하고 막 그렇게 수십 번 했어.)

어장 주인이 있어도 주변에 사는 사람들이 모두 다 와서 고기를 잡아간게 군
내면 주민이면 다 달라들었제.

(청중 : 본래 그물 논(친) 사람은 한 사람인데 먹을 것도 없고 하니까 전부다 잡어
도 다 쫓아도 쫓을 수가 없는 거여, 그게.)

구역이 넓어 노으니까(넓으니까).

(청중 : 일부러 그걸 쫓는 사람이 하나 있어. 그 사람 별명이 '쫓친바'라고. 응
사람을 쫓아 내야 되닌까. 응 일명 '쫓친바'라고. 한 사람 두 사람씩 그물 하는
사람이 그 사람들을 사갖고 고기 잡으러 오는 사람을 몰아내는데 그래봤자
소용이 없제.)

보통 한 두 명이 객들을 못 오게 하니까.

(조사자 : 나는 나리에서부터 덕병 있는데 까지 싹 다 막는 줄 알았는데, 그것
이 아니고 중간 중간 요케 막아가지고 하고 그러는구만요.)

그랑게 당막개 막고 큰개 막고 그렇게 두 군데로 해서 그렇게 하면 그물이, 어

장이 엄청나게 커져 군내면 일원이 다 고기를 잡습니다. 근처 모든 사람들이 아마 수백명 모였긋지, 그 때는.

더군다나 그 근처 사람들이 훨씬 더 오것제. 나리서 공지를 하게 되면 죽전이나 대사, 용인, 덕병, 한의, 연산 이런 데까지 전부가 와서 같이 잡제 그람. 아니 지금 개매기 체험하는데 그거는 껫임도 안되제.

(조사자 : 지금은 거기가 군내 간척지가 제방이 막아졌는데 만약 제방을 터버린다면은 그러면은 개매기 재현을 아주 넓은 지역을 할 수 있겠네요.)

제방을 튼다 하면은 옛날처럼은 안 되긋지. 뻘이 올라 와 버리고 잠수해서 뻘을 파서 올려버렸기 때문에 옛날 구도하고는 안 맞을 거여. 복원하는 데는 상당히 시간이 걸리긋지.

백구 때문에 징용 간 아버지

자료코드   589_MONA_20170717_NR_KGW_001
조사장소   진도군 군내면 나리 나리마을 제보자 자택
조사일시   2017. 7. 17
조 사 자   박정석, 박영관
제 보 자   김기율(남, 67세, 1950년생)

줄거리 제보자의 조부가 털이 길고 사자 모양의 갈기가 있는 백구를 키웠는데, 그 백구가 너무 영리하고 사냥도 잘 하여 가족들 모두가 아꼈다. 이를 안 일본 경찰이 백구를 팔라고 했으나 조부가 거절하자 이를 빌미로 아버지가 강제 징용에 착출되었다.

옛날에 저희 조부 시절에, 일제 말엽 되었습니다. 그럴 때에 조부님이 먼 거리에 논과 어장터를 가지고 있었는데, 그 때 당시 저희 집에 백구라는 개가 살고 있었습니다.

원래 출생지는 군내면 월가리로 숫놈이고 털이 아주 길어갖고, 사자 모양의 그런 형태의 개였다고 합니다. 근데 이 개 때문에 저희 아버님이 일본 징용에 끌려가게 되었습니다.

그 때 당시 녹진 경찰서에 일본 주재 경찰관이 있었는디, 그 경찰관이 저희 개를 아버님께 팔라고 해서 저희 아버님이 개를 못 팔것다고 했어요. 그걸로 아버님이 일본 경찰관한테 밉보여 일본에 징용으로 가게 된 동기가 되겠습니다.

그리고 개가 저희 할아버지 친구나 다름없는데, 저희 할아버지가 매일 아침 그 백구랑 같이 행동을 하시거든요. 먼저 백구에게 밥을 먹이고 들일을 나갈 때는 백구를 데리고 나가는데 나리에서 신기리까지는 한 4킬로 정도 됩니다. 옛날에는 신기리라는 동네는 사람이 살질 않았고 보통 사람 혼자 행동하기도 좀 어중간한 거리에 마을도 아니고 사람 사는 곳이 아니었습니다.

그 개가 친구처럼 매일 함께 다니는데 개가 영리해가지고 저희 할아버지가 시키는 것도 아니었는데 사냥을 해서 굵은 노루를 잡고, 그러면은 나무 밑에 숨겨 놨다가 개가 와서 바지가랭이를 물고 따라 가서 보면은 노루도 잡어 놓고 여우도 잡어 놓고 그 때 당시에는 여우도 있었다네요.

그리고 꿩 같은 것은 물고 오고 그런 일이 다반사로 있고, 또 저희 집에 옛날에 쥐가 많았는데 쥐를 잡으면은 키순으로 놓기도 하고 또 우리 식구가 아주 많았다고 합니다. 한 십삼 명 정도 살았다고 합니다. 신발을 전부다 짝을 맞춰 놓고 심지어 날랜 꿩도 잡고 그랬다고 해요.

그리고 저희 할아버지가 어장을 하는데 자망이라고 있습니다. 지금도 현재 그 그물터에서 누가 그물을 하고 있더만요. 뻘에 물이 완전히 빠져 나가지 않으면 고기를 못 잡습니다. 뻘에 빠지면서 할아버지가 고기를 잡았는데 우리 할아버지가 술을 좋아해서 술을 한 잔 자시고 고기잡으러 가면 물이 안쓰면은(안빠지면) 기다렸다가 그 사이에 잠이 든다는 거에요. 그러면은 우리 백구가 와서 막

얼굴을 핥으면서 깨웠답니다. 고기 잡으라고.

그런 것이 일본놈들한테 알려져갖고 그 개를 파라고(팔라고) 강요한게, 그 개는 아버님의 친구라 팔 수 없다고 하자, 저희 아버님 강제 징용의 빌미가 되었다고 저희 어머님이 들려주드라고. 현재 이장하시는 분도 우리 개가 얼마나 이삐고 (예쁘고) 멋있었는가 얘기를 하더라고요.

진돗개는 장모는(긴 털은) 안쳐주는(안알아주는) 모양인데 그 때 당시 이 백구는 장모였대요. 그래 가지고 이캐(이렇게) 개가 앉어(앉아) 있으면은 사자가 앉어 있는 것처럼 보여서 외부 사람 처음 오는 사람이 보면은 거의 기겁을 할 정도 개가 아주 웅장하니 생겼대요. 그래 가지고 이 개가 달려가면은 진짜 사자 갈기 머리처럼 갈기 머리랑 꼬리를 늘어뜨리고 달리면은 그야말로 멋있었다고 이장도 이야기 하드라고요.

그렇게 해서 그 개 땀에(때문에) 저희 아버지가 일본으로 징용 끌려가게 된 빌미가 되었다고 하니까 그래서 저도 이 얘기를 지금도 안 잊고 쭉 있었던 것이 생각이 나서 이야기한 겁니다.

군내면 나리 신기마을(무조마을)

땅이름에 담긴 조상의 선견지명

자료코드 589_FOTA_20170419_MJR_KSJ_001
조사장소 진도군 군내면 나리 신기마을(무조마을)
조사일시 2017. 4. 19
조 사 자 박정석, 박영관
제 보 자 김성조(남, 61세, 1956년생)

> **줄거리** 옛날부터 죽전리에는 공성구지, 분무골 등과 같은 지명이 있었는데, 그 지명에 맞는 조선소가 들어서자 조상들의 선견지명에 감탄하였다.

저희 마을은 68년도에 신기리라는 마을로 이렇게 분구를 했는데 그 전에 죽전리에 속한 전설이 있습니다.

옛날에 어르신들이 전했던 그 지명이 하도 신기해서 제가 말씀을 드립니다.

죽전리에는 '공성구지' 라는 지명이 있고 또 '분무골' 이라는 지명과, '돈밭골' 이라는 지명을 가진 곳이 있습니다.

그런데 어느 날 갑자기 그 지역에 조선소가 들어와서 빈 배가 서게 되어 공성 구지라는 말이 맞게 되었고, 또 그 조선소를 할려면 쇠를 녹이고 불을 붙여야 하는데, 또 분무골이라는 골에 조선소가 자리를 잡았고, 또 밭하고 돈하고 바꿨다는 그 돈밭골까지 어떻게 어르신들이 그 옛날에 그렇게 이름을 지었는지 모르나, 시간이 지나고 나니 오늘날 그 사연들이 이렇게 딱 들어맞는 것을 볼 때 '정말 그 옛 어르신들의 선견지명이 대단하구나' 그런 것을 느꼈습니다.

우수영 장에서 돌아오다 좌초된 조각배

자료코드   589_MONA_20170419_MJR_KSJ_001
조사장소   진도군 군내면 나리 신기마을(무조마을)
조사일시   2017. 4. 19
조 사 자   박정석, 박영관
제 보 자   김성조(남, 61세, 1956년생)

줄거리 신기마을을 개간하러 모여든 인근 섬 주민들이 어느 날 조각배를 타고 우수영 장에 나갔다가 돌아오는 밤길에 센물을 만나 배가 좌초되는 사고를 당해 결국 두 분만 살고 열한 분이나 사망하는 비극이 발생했다.

저희 마을은 아픔이 있는 마을입니다. 1974년 음력 1월 12일, 그 날은 이곳 우리 무조리 주민들은 잊을 수 없는 날이거든요. 왜 그러냐하면 그때 당시 신안, 완도, 해남 등지에서 여기서 살기 위해 개간하러 이곳까지 찾아 왔는데, 이제 야산을 개간해서 밭을 일구었으나 길이 없어서 정말 지게로 먼 곳을 져 날르는 그런 상태였습니다.

그런데 이제 우리가 진도 읍장에 가면 하도 멀고 해서 해남 우수영으로 쪼각배를 타고 댕기든지 글안흐믄(그렇지않으면) 녹진 나루에서 댕기는데, 하도 가는 길이 멀고 힘들어서 저희 마을에서 저 유비씨 라는 분이 이렇게 배를 하나 지었습니다. 쪼깐한 거룻배를 하나 지서갖고 이제 처음으로 그 배를 지어갖고 마을 사람들이 정월 대보름날 장을 보러 갔어요.

그래서 인자 참- 걸어만 다니다가 그 배를 타고 우수영 장에 강께 얼마나 좋긋습니까? 그래서 열세 분이 그 배를 타고 갔는데 어르신들이 우수영에 도착해서 기분 좋다고 술 한 잔 씩 하시는 바람에 밀물 때를 놓쳤습니다.

물때를 놓쳐가지고 다시 인제 노젓으는 배라 썰물에 못 가니까, 밤에 일곱 시 되어서 물이 다시 들거든요. 그 밤에 인자 달은 훤하니 떴는데, 노를 저어서 이렇게 오다가 울둘목 쎈물에, 그때 일곱물 때라 물이 쎘는데 어르신들이 술은 자셨고, 밤이라 그 조류를 잘 몰라가지고 배가 뒤집혔습니다.

그래갖고 열세사람 중에 두 분은 그냥 흔적 없이 떠낼려가고 나머지 열 한사람은 배를 잡았는데 배가 나무배기 때문에 떠올라서 그 때에 저의 아버지가 형님하고 같이 동승했습니다. 아버지는 배를 잡고 저희 형님은 배를 못 잡았는가 아버지가 저희 형님을 불렀습니다. 형님이 김선택씬데,

"선택아! 선택아!"

불러도 아무 반응이 없고 나머지 사람들은 다 이렇게 배를 잡았는데, 엎어진 배에 아들이 없어진께 아버지가 아들을 불러도 통 반응이 없자 그냥 배를 놓쳐서 아버지가 돌아가셨거든요.

그래서 선장 되시는 분이 아버지 손목을 노 젓은 줄로 묶어가지고 그 배랑 같이 와서 아버지 시신은 저희들이 모셨는데, 지금 저희 형님은 찾지 못했습니다. 그때에 이제 장을 보러 갔으니까 가에서는 어머니하고 애들이 전부다 불을 피고 기다리고 있었습니다.

바다에서 뭐 악작한(왁자지껄) 소리가 나기 시작해서 바닷가에 있던 그 어머니들은,

"이제 배가 온다."

그라고 있어서 그 소리는 점점 미미해지고 10시가 넘으고 11시가 되어도 오지 않으니까 참 이상하게 생각을 했지만 다 그냥 집으로 돌아왔는데 새벽 6시에 한 사람이 저 공성구지라는 데로 배가 이케 가로 떠밀려 와서 육지에 닿아가지고 가니까 그 공성구지는 주로 조도서 오신 분들이 삽니다.

조도서 오신 분들은 해난 사고를 많이 당했기 때문에 경험이 있어갖고 이 사람이 와서 문을 두드리면서 쓰러지자 '아 이건 해상사고다' 그렇게 알고 그 사람을 마당에다 짚을 깔고 그 사람을 누이고 쥐불로 그 사람을 서서히 몸을 풀어서 살렸습니다.

한데 그 분이 살아나서 하는 소리가,

"나 말고 한 여인이 또 있다!"

해서 사람들이 또 가니까 그 여인은 배에가 묶어져 있었는데 약혼녀랑 같이 갔는데 약혼자는 참 건장한 사람이기 때문에 남자는 배 욱으로(위로) 올라와서 가슴을 대고 있었고 그 부인은 못 올라오니까 물에 담긴 채 그 줄로 이렇게 묶어 놨는데 그래서 물에 담긴 그 여인은 살고 약혼자는 동사해서 그 때 열세 분 중에 두 분만 생존하고 열한 분이 돌아가셨거든요

그래서 이 마을에 참 희망을 갖고 와서 살던 분들이 다 돌아가셔가지고 이곳은 슬픔 땜에 정말 힘이 들었고 참 낙후 되었지만은 저희들은 후손이기 때문에 그 일이 있음으로 해서 자연을 거슬리는 일은 하지 않고 더 주의하고 이제 어떻게든 길을 열어야 쓰긋다는 생각으로 이렇게 길이 열려서 지금 이곳에 서부 해안도로가 개설 되어서 이제 살기 좋은 마을로 되아갖고 그 아픔을 언제나 잊지 않고 살고 있습니다.

팔려가는 어미소와 송아지

자료코드   589_MONA_20170419_MJR_KSJ_002
조사장소   진도군 군내면 나리 신기마을(무조마을)
조사일시   2017. 4. 19
조 사 자   박정석, 박영관
제 보 자   김성조(남, 61세, 1956년생)

줄거리 해남 우수영에 사는 친척이 가사도 솔섬에 있는 소를 실어 달라고 부탁하여 소를 실러 갔는데, 어미 소는 절대로 배에 타지 않으려고 버텼다. 결국 송아지를 먼저 배에 싣고 나니 어미 소가 따라서 배에 올라왔는데, 목적지에 도착하도록 솔섬만 바라보고 있었다.

저는 여기 바닷가에 살면서 1.8톤짜리 조그마한 배를 운영하고 있습니다. 그런데 해남 우수영에 사는 범치아재라는 분이 저한테 오셔가지고 저그 가사도 솔섬에다가 소를 사났으니까 소 좀 실어다 주라 하기에 제가 어르신한테

"어르신, 저 배에다 소 실으면 위험하니까 안 싣겠습니다."

"그래도 누가 실어다 주겠냐. 꼭 좀 한번만 실어다 주라."

그래서 참 어쩔 수 없이 어르신을 모시고 그 섬에 가니까 그 섬에는 한 가정이 사는데 젊은 부부가 살았어요. 그래서 배를 바닷가에다 접안해 놓고, 어미 소하고 송아지를 끌고 와서 이제 어미 소를 먼저 실어야 균형이 잡히는데 근데, 어미 소가 도저히 배에 오르지 않는 겁니다.

그래서 배에 있는 노라는 기구를 통해 잡아 끌어 올려도 배에 실어놓으면 다시 바다로 빠져서 수영해갖고 가버리고 세 차례 반복을 해도 어미 소가 배에 올라타지 않는 거예요. 그래서 인제 포기하고 어르신들이 이제 어미 소는 실을 수 없으니까 송아지를 싣고 가자 그리고 송아지를 밀어 실었는데, 세상에 그 광경을 보던 어미 소가 지가 스스로 와서 그 배에 따라 올라와서 겨우 출발을 했어요.

근디 소를 싣고 어디로 갔냐면, 저그 지산면 거제 그 뒤로 이제 배를 대야 하는데 일반 배 같으면 한 삼십분이면 가거든요. 항해를 하는데 소가 지가 살던 섬을 꼭 바라보고 있어. 눈 하나 깜짝 안하고 보고 있기 때문에 배가 항해할 수가 없어요. 배가 기울러 있기 때문에.

그래서 뭐 한 시간 한 사십분에 걸쳐서 거제 그 항에 닿거든요. 항구에. 그랬더니 그 때에 인제 가서 기다리던 소 장수들이 어미 소는 도살장으로 갖고 가고 그 송아지는 킬(키울) 사람이 사가는 것 보고 저도 참 마음이 아팠습니다. 심지어 저 짐승도 자기 새끼를 위해서는 그렇게 정말 사랑하고.

지 죽을 줄 알지만 배에 올랐는데 지금 오늘날 만물의 영장이라는 사람은 지금 어떻게 살고 있는가, 그것을 잊지 안했기 때문에 이 사연을 산에 오르는 모든 사람들에게 좀 이케 보게끔 해서 부모님에 대해서 생각 좀 해 봐야 되겠다 그래서 지금 기록한 사연입니다.

잃어버린 고향, 광대도

자료코드   589_MONA_20170419_MJR_KSJ_003
조사장소   진도군 군내면 나리 신기마을(무조마을)
조사일시   2017. 4. 19
조 사 자   박정석, 박영관
제 보 자   김성조(남, 61세, 1956년생)

> **줄거리** 5대째 광대도를 지키며 살던 가족이 섬을 팔고 나갔으나 먹고 살기 위해 다시 들어와 살고 있었다. 그런데 섬을 새로 산 주인이 섬을 비워 달라고 하자 고향을 영원히 잃게 되었다.

우리 진도군에는 256개 섬이 있어요. 사람 사는 유인도는 마흔 다섯 곳이고 사람이 안 사는 곳은 이백 열한 곳인데 이 무인도마다 다 특성이 있는데, 조도면 가사군도에는 광대도라는 섬이 있습니다. 그란디 그 섬이 일명 진도에서는 사자섬으로 불리고 있습니다. 왜 그러냐면 모습이 꼭 사자를 닮았거든요.

그런데 그곳에 한 가정이 살고 있는데 오대 째 살고 있습니다. 그 산소가 다 쓰러져 있고 오대 째 살고 있는데, 그 섬에 사는 사람들이 이제 떠나게 되었습니다. 왜 떠나게 되었냐면, 그 부모님은 연로하시고 딸 아들들이 오남맨데, 이제 그 재산 때문에 제주 사는 딸이 어머니를 내가 모시겠다 그래갖고 섬을 팔자고 해서 저 전남대 교수님한테 한 이십년 전에 일억 칠천만 원에 팔았습니다. 그 섬을.

그 섬을 팔아갖고 형제간에 뚤뚤이(뿔뿔이) 나누니까 큰 아들 몫이 팔천만 원이 되았는데 그놈 갖고 목포로 가서 하당에다가 삼성아파트 하나 사부니까 딱 맞아갖고 그분은 직업이 없으니까 벌어먹고 살 수 없어서 다시 섬으로 돌아왔습니다. 저보다 두 살 더 위에기 때문에 지금 육십 여섯입니다.

그래가지고 왔는데 이십년이 지나자 그 전남대 교수가 이 땅을 저그 거제에 있

광대도(사자섬)

는 외도처럼 개발할 테니까 비워주라 그랬답니다. 그래서 거기 도랑에는 지(제사)가 묶어져갖고 광대도, 손꾸락 섬, 발꾸락 섬, 혈도, 솔섬 그 다섯 섬에는…. 그라고 어떤 제사 때도 한꺼번에 제사를 모시고 또 톳 작업을 해도 해조류 작업을 해도 같이 품앗이를 하고 그러고 있었는데, 나머지 네 섬엔 자기도 고향을 지키고 살았는데 이 섬 광대도에 있었던 사람은 고향을 못 지키고 팔아버렸기 때문에 오대째 살았는데 그 섬을 떠날 수밖에 없었습니다.

그 사연이 참 바다에 사는, 같이 지내는 사람의 입장으로 너무나 안타까우고 그래서 정말 고향을 잃어버리는 사람들이 되지 않도록 할려면 우리도 정말 옛날 조상님들이 아꼈던 그 땅들을 가볍게 생각하지 말고 잘 지키고 가꾸어야 되겠다는 생각을 가져서 참 고향이 귀중하다는 것을 말하고 싶습니다.

일 년 내내 자식 기다리는 손꾸락섬 노부부

자료코드   589_MONA_20170419_MJR_KSJ_004
조사장소   진도군 군내면 나리 신기마을(무조마을)
조사일시   2017. 4. 19
조 사 자   박정석, 박영관
제 보 자   김성조(남, 61세, 1956년생)

> **줄거리** 주지도(손꾸락섬)에는 노인부부만 사는데, 집 네 채가 말끔하게 청소되어 있어 연유를 물었더니, 여름 휴가철에 오는 자식들을 위하여 일 년 사시사철 빈 집을 쓸고 닦아 청소해 둔다고 했다.

조도면 가사군도 오석도 중에 속하는 손꾸락섬에는, 그 동쪽으로 집이 한 집 살고 있었습니다. 그래서 어느 봄날에 제가 집사람하고 바다에 톳 작업하러 가서 그 섬에 오르니까, 나이 지긋하신 분이 저희를 반갑게 맞이했거든요. 그래서 이제 저희들도 올라가서 인사드리고,

"어떻게 사십니까?"

하고 물었더니 자식들은 다 떠나고 부인하고 둘이 산대요. 그 때에 연세가 한 팔십 되셨습니다. 그래서 어떻게 사신가 하고 제가 그 섬에 올라와서 그 어르신네 집을 가보니까 깜짝 놀랠 일이 있었습니다.

어르신하고 아주머니하고 두 분 사는데 집은 네 채가 깨끗이 치워져 있었어요. 그래서 왜 집이 네 채냐고 물어 봤더니, 옛날에 학교가 있어서 한 채가 있었고, 또 경찰관들이 간첩 때문에 근무해서 한 채가 있었고, 자기 집이 하나 있었고, 또 그 관사라는 것이 하나 있었다고 해요.

그래서 아들들이 함께 살았는데 이제는 아들들이 모두다 객지에 살기 때문에 올 수가 없다는 겁니다. 그러나 명절 때 와야 맞는데, 그 섬에 정기 여객선이 안 다니기 때문에 바람 불면 못 오고, 아들들이 이제 오는 것이 언제냐 여름 피서

철에 온답니다.

명절 때는 못 오니까 피서철에 자기들이 다 날 잡아서 오는데, 그 부모님은 자식이 여름에 한번 와서 며칠간 쉬어 가는데, 그 자식들을 위해서 그 집 네 채를 깨끗이 치워 놨습니다. 사람 사는 것보다 더 깨끗이 치워 놓고 그래서 제가 굉장히 감명을 받았거든요.

부모는 자식들을 위해서 그렇게 날마다 집을 치우면서 기다리는데, 우리 자식들은 부모를 어떻게 대하는가. 참 옛날 어르신들 말씀이 생각났습니다. '한 부모는 열 자식을 거느려도 열 자식은 한 부모를 못 거느린다는 말이 맞구나.'

그래서 우리들은 정말 교통 좋은 데 사는 것도 좋은 일이지만은 좋은 데 살면 뭐하겠습니까. 부모님들에게 참 효도를 못하고 사는 것이 잘못이겠죠. 그래서 그 부모님은 떨어져 있는 자식들을 여름에 한 번 오지만은 그 날을 손꼽아 기다리면서 그 집을 치우고 간섭했던 것을 본께 정말 부모님의 마음을 알 수 있었습니다.

사라호 태풍에 구사일생한 정명부씨

자료코드   589_MONA_20170419_MJR_KSJ_005
조사장소   진도군 군내면 나리 신기마을(무조마을)
조사일시   2017. 4. 19
조 사 자   박정석, 박영관
제 보 자   김성조(남, 61세, 1956년생)

> **줄거리** 1959년 사라호 태풍이 불 때, 바다에서 조업 중이던 정명부씨 일행이 태풍의 징조를 무시하고 일을 계속하다 배가 전복되었다. 삼일 동안을 나무판자에 의지하여 바다 위를 떠돌다가 군산 가는 배에 의해 구조되어 다섯 달 만에 집으로 돌아왔다.

1959년 9월 17일 그 사라호 태풍이 불 때에는 저희들은 나이가 아주 어렸을 때입니다. 그런데 그 태풍이 잠깐 사이에 우리나라를 지나갔어도 굉장히 위력이 쎘다고 저희가 들었거든요.

그런데 저희 어머니와 같은 연갑이신 정명부씨라는 분이 조도면 관사도에서 사셨습니다. 그런데 그분이 이 진도 신기리로 오게 된 동기를 저한테 말씀해 주셨는데,그 때 추석 전 날 태풍이 불었기 때문에 자기는 선원으로서 그 섬 선주 아들들하고 주낙을 놓고 고기를 인자 건져 올렸는데, 고기가 많이 잡혀서 그물을 걷던 중에 동풍이 불면서 태풍의 징조가 있기 때문에, 그분은 경험이 많아 가지고 그 선주 주인 아들들에게,

"집으로 가자, 이게 큰일 날 바람이다."

그러니까 그 아들들이,

"아재, 이렇게 고기가 많이 걸리고 내일 모레가 명절인데 그냥 가면 되겠습니까?"

그래서 반대를 해서 그물을 걷다가 인자 비가 오면서 바람이 터지니까 그때사 이제 집으로 가자고 해갖고 배가 돌아오는데, 관사도이기 때문에 흑산 쪽에서

고기를 잡았으니까 그 섬을 갈라믄 동쪽으로 가야 되는데 바람은 동쪽에서 불기 때문에 배가 올라갈 수가 없어서 배 항해를 하믄 인자 갈지(之) 자 식으로 몰려서 하는 항해가 있어요.

그리 가다가 바람이 너무 세니까 치가 키 다리가 뿌려져갖고 기능을 잃으니까 자식들이 이제 겁을 먹고 이 나이 드신 어르신한테 배를 맡겼습니다. 그랑께 이 어르신은 경험이 있기 때문에 치가 없으니까 배 모든 줄을 풀라 해갖고 뒤에다 흘리니까 배가 돌지 않고 균형을 잡았습니다.

그래서 '흑산으로 가면 산다' 그라고 흑산으로 들어갈려고 상륙을 할려고 했으나 치가 없기 때문에, 줄만 차고 갔기 때문에 반듯이는 가도 방향은 잡지 못해서 자은 뒤로 배가 가게 되었습니다.

그래서 자은 뒤에로 가면은 그 쪽은 인제 모래가 있기 때문에 풀등이라고 갑자기 등이 솟았다 없어지는 그런 등이 있는데, 그 등에 배가 걸려서 파산을 당했어요. 눈을 떠 보니까 물속에서 들어가 나와서 보니까 그 배 후다짝 우리로 말하면 그 간판이죠.

배에 짐 실은 것을 덮는 것을 일본말로 하면 후다짝이라 했다 하대요. 그게 떠 있어 그 놈을 잡았는데 같이 갔던 다른 청년들은 보이지 않고 배는 인제 다 뿌서져 부러서 밤에 떠 댕기는 데, 밤에 그냥 그 태풍이 굉장히 빨리 지나가 버려서 별이 굉장히 밝아서 잠을 안 잤고 낮에 졸면 갈매기가 머리를 쪼아 가지고 잠을 깨고 삼일간 떠 댕겼는데, 그분이 증언하시기를 '하나님은 살아 있다. 하나님은 계신다' 자기 입에서 평소 같으면 '어머니 나 살려주쇼' 할건데 자기는 그 때부터,

"하나님, 나 좀 살려주쇼! 나 좀 살려주쇼!"

했는데, 낮에 졸면은 갈매기가 머리를 쪼아서 잠을 못 자게 했고, 밤에는 별이 초롱초롱해서 잠이 안 들고 해서, 군산 가는 배를 삼일 만에 만나가지고 살아서 한 다섯 달 만에 집에를 갔는데 관사도에 가니까 동네 사람들이,

"아, 이거 명부가 살아왔다!"

함서 다 반겼는데, 그 선주 배 주인들이 와서

"내 아들들은 어따 두고 니 혼자 왔냐?"

그렇게 어떻게 심하게 박해를 하는가 고향에 살 수 없어 저 신기리 마을로 이사 오셔서 저희들에게 당부하시기를,

"바다는 위험하니까 절대 부자지간에 배를 타서는 안 되고, 자연을 거스러서는 안 되고 정말 또 하나님은 살아계시고."

자기 살려 줬기 때문에 그렇게 말해요. 한디 그분은 인제 글씨를 모르시는 분이었습니다. 어르신이 그래서 우리에게 하는 말이 제 이름이 성조인데,

"성조야, 하나님은 있어야."

그래서 제가 아직까지 그 말을 늘 안 잊고 생각하고 있습니다.

새가 춤추는 형국인 무조마을

자료코드   589_FOTA_20170419_MJR_KSJ_001
조사장소   진도군 군내면 나리 신기마을(무조마을)
조사일시   2017. 4. 19
조 사 자   박정석, 박영관
제 보 자   김성조(남, 61세, 1956년생)

줄거리 1955년에 형성된 무조마을은 외지인들이 살기 위해 정착한 곳으로, 수려봉에서 바라보면 새가 춤을 추는 형국이어서 무조라는 지명을 갖게 되었다고 한다. 이름처럼 언젠가 유명한 관광지가 될 것으로 믿고 등산로와 둘레길 개발, 해조류 체험장을 조성하고 있다.

저희 마을은 현재 신기리인데 행정상으로 나리에 속해 있고, 또 자연 마을로 신기리라는 마을은 68년도에 자연 마을로 떨어졌습니다.

이 마을이 생긴 연유는 1955년 초에 진도읍 서외리에 사는 박종기씨가 이곳에 이주해 와가지고 사람이 처음 살게 되었습니다. 그분이 들어와 살고 계시다가 이제 그 이후로부터 63년도부터 조도, 신안, 완도 그런 분들이 가정에 어려움이 있는 분들이 참 고향을 떠나서 이렇게 무엇인가 해볼려고 이곳에 오기 시작해서 이 마을이 이루어졌거든요 63년도에.

그랬는데, 지금 무조리는 어떻게 무조리인가 그래 물어 봤더니 저 쪽에 있는 범바우가 죽전에 있는 그 건배산 가 범바우가 지금 저 죽전에 밀양 박씨들 족보에가 300년 전에 어떻게 나와 있냐면 수려봉으로 나와 있습니다.

우리는 범바우라 불렀는데 그 사람들은 수려봉이라고 불러서 제가 질문했습니다. 어르신들한테,

"어르신 왜 그 봉우리가 수려봉입니까?"

그랬더니 그쪽을 더듬어 올라가면 그 봉우리로 올라가면 이쪽 경관이 굉장히 수려해서 수려봉이다 이름을 지었고, 여기는 무조리라는 지명이 있다 해서 왜

무조리냐고 물었더니 '없을 무'가 아니고 '춤출 무'해서 '새 조'자를 쓰는데, 저 수려봉에서 이쪽 지형을 보면 새가 춤추는 형상이다 그랍니다.

그래서 '여기는 언젠가는 관광지가 될 것이다.'지금 이 무조리를 이캐(이렇게)좀 돌출되고 어딘가 모르게 우리 진도군에서 좀 발전을 시켜 보고자 노력을 하고 있는데,지금 두 시간 코스 등산로가 개설 되어 있고, 둘레 길도 세 시간 코스로 되어 있고 바닷가로 한 시간 반짜리 해안도로가 나 있습니다.

그래서 인제 앞으로 저의 꿈은 이 무조리가 녹진하고 7분 거리 밖에 아니기 때문에 녹진에 오신 손님들이 이곳에 와서 산행도 하고, 해조류 체험도 하고, 또 여그서 해조류 체험장을 개설해서 만든다 하면 여기를 다녀간 어린이들이 성장해갖고 나중에 가정을 가졌을 때, 그 연어가 자기 고향으로 돌아오는 것처럼 얘들을 뎃고(데리고) 어렸을 때 추억을 더듬어서 이곳에 오게 되면, 관광할 때 사람들이 더 많이 오게 되지 않을까 그런 것도 한 번 생각을 했고, 또 등산로가 개설 되서 간판을 세우는 꿈이 있었습니다.

군내면 녹진리 녹진마을

위험한 울돌목 물살

자료코드　589_MONA_20170628_NJR_KSS_001
조사장소　진도군 군내면 녹진리 녹진마을 제보자 자택
조사일시　2017. 6. 28
조 사 자　박영관, 박정석
제 보 자　김성산(남, 80세, 1938년생)

> **줄거리** 30년 이상 나룻배를 운영하면서 겪은 일 가운데, 사람과 소를 싣고 가던 중 풍랑을 만나 배가 뒤집혀 세 명의 사람이 죽고 소도 죽은 일을 잊을 수 없다.

여그서 나룻배를 운영함시로 우수영을 가는데 뭣이 제일 기억에 남냐하믄은 (남느냐하면) 사람이 배가 아프다믄 노저(노 저어) 가는데 그거이 제일 머리에 남더라고. 얼른 병원에 가서 약을 타먹어야 할거인데 이 노차상에 언제 가것습니까? 그거이 제일 마음이 바쁘단 말이요.

그라고 또 한 가지는 우수영 장날 돈 갖고 장에 가거든. 가믄은 컬컬한 때 막걸리 한 잔 묵은 것이 제일 기억나. 고생하고 노 젓고 갔으니까 막걸리 한 잔이 꿀 보담 더 맛있드라고.

(조사자 : 그전에 누구부터 여기 배를 운항을 했습니까?)

아따 그 양반 임영수라고 그 양반은 죽어 부렀어. 임영수씨가 하다가 그 후로 누가 했냐믄 저 아옥씨라고 그라다가(그러다가) 즈그 아들이 되가지고 또 발동기 갖고 그 후로 몇 년이 돼야 발동기 갖고 왔다갔다 물위를 떠서 지나갔제. 성 석씨라고 그 사람이 했단께. 교통이 이제 좋아지니까.

아~ 옛날에 그 쩌이 하면은 여기서 울돌목, 녹진에서 울돌목 있는데로 쑥 우
기로(위로) 막 가요. 물이 세니까. 그러면은 그 물살에 떠올라 가갖고 쩌으 해남
양도 있는데 그리 밀려가지고 다시 이케 쑥 올라가가지고 우수영으로 왔는데
그런 때는 무척 위험했어요.

아따 그라다가 사람 싣고 가다가 추석 보름날 소 두 마리하고 사람하고 죽어
불었어. 한 사람은 부인인디 소타고 나왔고 그리고 또 한 사람 저 사람 거저 서
니,(셋이) 너니(넷이) 죽어 불었구만. 한나, 둘, 서니(셋이) 죽어 불었어.

건네 가다가 빠제갖꼬(빠져서) 소 죽고 사람도 죽고. 그 쎈물에다가 배가 휙 찌
그라진께(기울어져서) 소가 미끄러져 밑으로 가분께 배가 쩨깐한(작은) 것이 할딱
까바져(뒤집혀) 불었어. 그래갖고 사람들이 죽었어.

옛날에는 그 나룻배로 여기 군내면 분들이 전부 우수영 장에 모도 댕겼제. 덕
병까지 장에 이래(이렇게) 다녔소.

바람 불면 아싹아싹 깨지던 옹기

자료코드   589_MONA_20170628_NJR_KSS_002
조사장소   진도군 군내면 녹진리 녹진마을 제보자 자택
조사일시   2017. 6. 28
조 사 자   박영관, 박정석
제 보 자   김성산(남, 80세, 1938년생)

줄거리 별암 용기가마에서 옹기를 한 굴이나 반 굴만 사서 진도에 있는 섬으로 들어가서 옹기를 팔았다. 조도는 멀어서 가는 길에 옹기가 깨질까봐 들어가지 못하고 인근 섬에서 여러 달씩 옹기가 다 팔릴 때까지 머무르곤 했다.

옹기를 배에 싣고 갈 때 제일 애로사항이 뭣이냐 하믄, 출발할 때는 날이 좋은 데 바다에 가다가 바람이 불어불믄 아싹아싹 옹기 깨지는 소리가 나는데, 그놈이(그소리가) 신경질 나.

옹기가 깨진 것이 직접 돈이 깨진 것인데 그랑께 그놈이 제일 골치가 아팠고 이 동네 안좌에서 5개월을 오기로 보는데, 쪼까 여기서 옹기를 살란가 안 살란가 꺽정이 되는디 사람들이 많이 와서 5개월을 재밌게 팔았어.

5개월을 재밌게 폴고 또 쩌으 도초도 가고 비금도 가고 쩌으 진도로 말하자믄 나리도 가고 그 어디여 벌포도 가고 원포도 가고 그케 돌아댕김서 폴았어. 마산도 가고 바로 거가 거근디.

조도 쪽으로는 안 갔어. 조도는 바다가 쪼깐(조금) 머니까(멀어서) 옹구보다 바람만 살짝 불어불믄 배안에서 와작끈 와작끈 옹기 깨지는 소리가 난단께. 바람에 배가 움직이니까 그랑께 그케 멀리는 못갔어.

(조사자 : 그 옹기를 어디 요에서 모두 가져 왔어요?)

거가 아까침 말한데 어디였더라. 뱔암(별암) 어. 뱔암리에서 옹구를 이짝(우리) 사정대로 맞춰. 한 굴만, 한 굴 해준데(해주는데) 일단 삼십만 원인데, 그때 돈으로

반 굴만 하든 십오만 원이로 반 굴만 해줘.

그람 그 반 굴도 싣고 댕기고 한 굴도 싣고. 한 굴 실으면 배에 삼백 오십 개 싣는 배라 이빠이(가득) 채워. 반 굴만 실을랍니다 그라고 반 굴 실으믄 배로 한나 못 채워 그라든마. 그렇게 폴고. 강진서는 안 가봤어. 거가 있는 줄만 알제, 강진 마령.

어 그라고 강진은 왜 안갔냐 하믄 강진 옹기도 좋은데 거리가 더 머니까 거기서 싣고 오믄은 바람이라도 불어불믄 큰일난께 잘 안가고 가깐데서(가까운데서) 싣고 댕기제.

(조사자 : 진도의 옹기는 별암 요에서 모두 가져왔구만요?)

응. 별암 요에서 다 거기 뭐 그때 신안군도 다 별암요에서 다 하고. 옹기배가 진도에는 나 말고 없었어. 옛날에 십일시가 한나(하나) 있었어.

아, 옹기가 종류가 여러 가지여. 항(항아리) 있고 동우 있고 오가리 있고 다 여러 가지죠잉. 고롷게(그렇게) 여러 가지 싣고 댕기고. 그란께 큰 항 사는데다 쪼까난(작은) 오가리 한나(하나), 단지 한나 끼어서 주것더라고 갖고 가라고. 그래도 그 큰 옹기에가 포하니까(포개니까) 대안으로 들어가서 한나 줘도 오꼬시 준거 같어.

(조사자 : 어르신이 그것을 대충 몇 살 때부터 언제까지 하셨어요?)

그란께 그때가 서른한 대 칠팔년 되얏을 것이요. 그때부터 시작해얏꼬 응. 배는 열아홉 살 먹어서 탔고. 내가 일을 그만 두고 그 후로 옹기배가 한 삼사년 있다 없어졌제. 옹기를 갖다 팔아도 수지가 안맞은게 걍(그냥) 옹기굴도 없어져불고 옹기 사갖고 폴로(팔러) 댕기는(다니는) 사람도 없고 그랬어. 그 사오년 후로. 배가 없어져분게 그때는 강진서 이고 지고 팔러 댕겼어.

가득 실으면 가라앉고, 덜 실으면 돈이 안 되고

자료코드   589_MONA_20170628_NJR_KSS_003
조사장소   진도군 군내면 녹진리 녹진마을 제보자 자택
조사일시   2017. 6. 28
조 사 자   박영관, 박정석
제 보 자   김성산(남, 80세, 1938년생)

줄거리 신안군 증도 진동리에서 모래를 싣고 진도 해창으로 다니던 시절에 모래를 조금 덜 실
으면 배가 가볍게 잘 나가고 또 가득 실으면 돈은 되는데, 만약 오는 도중에 바람이 불
면 배가 가라앉을 수도 있어 죽느냐 사느냐로 마음고생이 심했다.

진동리 가서 모래를 싣고 진도 해창이로 다니는데 모래는 쪼깐(조금) 덜 실으믄
오기가 편하구 한디 이빠이(가득) 실어야 돈이 된께, 이빠이 싣고 올때는 바람
불어노믄 아 이 모래 실어 까라앉아불믄(가라앉아버리면) 죽냐 사냐 그런 고통이
있어.
또 날 좋은 때는 재밌고 열배를 실어다주믄 간조대 준데 그놈 갖고 선원들하
고 술 한 잔 먹는 것이 제일 좋았고 그것 뿐이제. 뭐 별거 있것어.
(청중 : 모래 싣다 보면 배가 어디 올라가갖고 못 내려온다면서요?)
그런 일은 없었어. 진동리가 신안군 증도에 있는 마을이여. 그라고 거 모도 그
해변에 있는 모래를 했어. 그라믄 그 우에 산에가 산 임자가 있거나 밭 임자 있
으믄 세를 줬어. 산 임자는 산이로 이케(이렇게) 세를 주고 밭 임자는 모래속에
밭이 거진(거즘) 들어가분게 세를 주고 그랬어. 그때 돈으로 한 삼만 원썩 줬어.
그라고 이두, 개로 된 거 이두도 그 원 막아 부렀은께. 막기 전에 가서 모래는
어찌케 거그는 돈 안주고 한데 배가 물속에 딱 내려 앉았시믄(앉았으면) 모래를
거둬서 배에다 싣고 와서 돈 안주고 공꽂이로(공짜로) 아무튼 바닷물에 했구만.
모래 실을 때 전부 지게로 싣고 와서 지게로 푸고 응. 인자 거그까지요.

칠산 앞바다 삼치배에서 만난 태풍

자료코드　589_MONA_20170628_NJR_KSS_004
조사장소　진도군 군내면 녹진리 녹진마을 제보자 자택
조사일시　2017. 6. 28
조 사 자　박영관, 박정석
제 보 자　김성산(남, 80세, 1938년생)

> **줄거리** 선원 여덟 명을 태우고 칠산 앞바다에서 삼치를 잡던 어느 날, 태풍을 만나 죽을 지경에 처하자 오히려 마음이 차분해지고 담담해졌다. 그렇지만 젊은 선원들이 장가도 못간 채 죽는 게 제일 마음에 걸렸다고 한다.

삼치배를 타고 삼치 잡으로 가믄은 삼치가 영 마음대로 잽히믄(잡히면) 얼른 부자가 될거 같는데 그게 안 잽힙디다. 안 잽힌께 고생, 고생함서 벌고.

한번은 삼치배를 타가지고 태풍이 불어서 바닥에서 가세를 못허니까 줄을 질게 뻐찌르고 그 바닥에서 나갈, 그것보고 나가리라 하거든. 나가리를 차고 있는데 그 당시에 죽게 생겼으니께 뭣이 걱정되냐 하믄, 처자식도 생각하고 부모도 생각하고 자식들 생각나는디, 막다른 골목에 들어가분께 아무 생각이 안 나드라고. 그란께 마음이 편해지드라고 오히려.

인자 죽어불믄 죽어불제 이케 마음은 편하고 또 나는 결혼을 해갖고 아그들도 두엇이(두셋) 나서(낳아서) 괜찮다만은 장개(장가), 결혼 안한 사람들 그 사람들이 불쌍하드라고. 내가 봤을 때는 배에 댕긴다 해도 그게 느그들은 장개도 못가고 죽는다 한 그거이 제일 짠합드라고(짠하더라고).

그리고 삼치를 쪼깐 잡아갖고 파시에다 오믄 저 배가 삼치 잡었단다 하믄 유도로 많이 댕겼거든. 유도로 댕기믄 유도하고 흑산하고 많이 잡아갖고 왔단다 하믄 돈을 많이 번 줄 알고 그 아가씨들이 나와서 뱃사람들 날름날름날름 해갖고 대꼬(데리고) 술 한 잔 폴라고 그랬싸.

그 속없는 뱃사람들 이참에 한 앞에(한 명당) 돈 십만 원썩 된께 한 삼만 원썩 묵어도 괜찮하것다 하고 가서 묵으믄 인자 배나갈 시간이 되얏는데 선원들이 안 오믄 선장이로서 얼마나 애터지제(애가 타제).

이리 찾아보고 저리 찾아보고 흐다가 찾으믄 그때 기분이라하믄 뺨 한나(한 대) 때리고 잡어도(때리고 싶어도) 내가 뺨 때려불믄 '나는 그냥 배 안댕길란다' 하고 내려불믄 뱃사람이 없어서 운행을 못할 거 같고 그란께 사정사정해서 데꼬(데리고) 그 바닥에가 고기 잡고 그랬어요.

저 삼치를 거가 칠산 바다에서 잡았어요. 바다에서 바다에 위도로 댕겼거든. 거그까지 삼치 잡으러 다녔어요. 그 배는 선주가 여그 녹진사람 한대길이, 대호 아부지였어. 진도 배였어. 진도 배였제.

(청중 : 이숙네여 이모부.)

그 배를 한 몇 년 간 했는지도 모르것어. 몇 년 간 탔어.

(조사자 : 그래가지고 삼치를 어디다 팝니까?)

아~일본배가 와서 섰제. 싣고 갈라고. 화산 가믄 일본배가 딱. 상고선, 거그서 삼치를 키로수로 달아서 그렇게 줬제. 삼치배가 한 십삼톤 짜리나 되얏어. 큰 배는 아니었어요. 선원은 야달이(여덟이) 탔었어. 아따 거시기 했구마.

이런 얘기를 안하고 가세가(옆에서) 쩌으 가서 사진 찍고 그란 줄 알았으믄 삼치는 어찌케 했다 사진도 찍고 다 역사를 써놀(써놓을) 것인디.

진도에 최초로 심은 통일벼

자료코드	589_MONA_20170526_NJR_KHJ_001
조사장소	진도군 군내면 녹진리 녹진마을 제보자 자택
조사일시	2017. 6. 28
조 사 자	박영관, 박정석
제 보 자	김효종(남, 69세, 1949년생)

줄거리 대구에서 군복무를 하면서 통일벼 종자를 한 말을 구해 와서 농사를 지어 많은 수확을 거두면서 진도에 최초로 통일벼 품종을 널리 알리게 되었다. 또한 힘들 때 돈을 빌려 쓴 경험으로 반드시 빚은 갚아야 한다고 다짐했다.

우리 가족이 7남 2녀였어요. 내가 두 번째로 태어나서 내가 아홉 살 때 우리 친어머니는 돌아가시고 지금 있는 어머니를 모시고 살게 된거인디요. 그란게 내 친어머니는 4남 2녀를 낳았고 지금 내가 모시고 사는 어머니는 3남을 낳았어. 그란게 동생 중에 제일 큰놈이 올해 60살이여. 그래 내가 어머니를 근 49년차 모시고 있어.

그래서 아 저 군대 가기 전에는 그렇게 뭐 성가시도 안했었는데 군대 3년을 갔다 오니까 그때 당시에는 농사를 못 짓고 옛날에는 나락농사가 경동실이라고 그 나락을 했는데 한 마지기에 두 가마니도 하고 세 가마니도 했대. 수확량이 적어서 그래갖고 아주 형편없이 됐어.

그때 당시에는 일꾼도 다 뿔뿔이 헤어졌고 어머니가 여자 혼자 하느라 못하니까 전부 사람 사서 하다 보니 농사지어도 남는 것이 없었던거 같애. 그런데 내가 대구에서 군대 생활 하면서 그때 이 진도에서는 통일벼 계통은 내가 제일 처음에 원조여. 내가 대구에서 있으면서 통일벼 종자를 한 말을 가지고 왔어. 그래가지고 통일벼 한말로 서 마지기 농사를 졌는데(지었는데) 우리가 농사를 총 한 삼십 마지기 건졌었는데 그 서마지기가 삼십마지기 진(지은) 수확이 나와 분

거여. 통일계통 나락인게. 그래서 군 농촌지도소에서,

"이건 뭔 나락인데 당신이 가꿨소(가꾸었소)? 이래 농사를 수확을 많이 냈냐?"

그라고 나한테 물어봐. 그래서 경상도에서는 벌써 이 나락을 심은 지가 3년이 됐다해서 제가 한 말을 갖고 와서 했다고 그러는데 그때 당시에는 지도소에서도 통일벼 계통을 잘 모르듭마이(모르더라). 그래서 내가 1년차하고 2년차 딱 하니까 보급이 됐어. 그때부텀.

빚 7만 원으로 배운 세상

자료코드   589_MONA_20170526_NJR_KHJ_002
조사장소   진도군 군내면 녹진리 녹진마을 제보자 자택
조사일시   2017. 6. 28
조 사 자   박영관, 박정석
제 보 자   김효종(남, 69세, 1949년생)

> **줄거리** 자식들 가르치느라 한참 힘들 때, 돈 7만 원을 빌리기 위해 집을 저당 잡힌 경험을 한 적이 있어서 빚은 반드시 갚아야 한다고 다짐했다.

내가 농사를 자꼬(자꾸) 하는데 그때 당시에 우리 가족이 애들 갈치고(가르치고) 어짜다 보니까 완전히 빚에 아주 쪼달리게 됐어. 그래 7만 원이 꼭 있어야 될 입장이어서 그날 계가릿(계거리) 돈을 썼는데, 어머니가 만금으로 곗돈을 얻으러 가니까 곗돈을 준다 하는데 그분들 중에서 누가 이야기를 하는데,

"자네는 살림이 넘어가게 되얏다는데 우리도 본전(원금) 안띠여야(떼이지 않아야)

하니까 자네 등기를 잡히게."

그래. 그란게 울 어머니가,

"아, 우리 등기는 한 뻔에(한번에) 전부 나있는데 어뜨케(어떻게) 그놈 잽히것소."

그란께, 그래도 잽혀야 돈을 준다고 그라길래.

"그라믄 내가 집이 가서 갖꼴랍니다(갖고올랍니다)."

그랴서 집이 와서 등기를 딱 갖고 가면서 생각할 때, '아, 이 사람들이 등기를 7만 원대 잡으라 하니 나도 요구조건을 해야 되것다'는 생각을 가지고 갔었어.

그래갖고 빌린 돈 딱 7만 원을 호주머니에 담고,

"당신들도 나를 못 믿어가지고 7만 원대 우리 전 등기를 잽히라 했는데, 나도 당신들 일곱이를 못 믿것소. 아니, 오늘 당신들이 돈이랑 다 잽혀먹어불믄 내가 어떻게 확인하것소. 당신들이 7만 원대에 나를 등기를 몇 필지를 저당 잽혔다는 것을 써줘야 될거 아니요?"

그란께 너니는(넷은) 못 하겠다 하고 서니는(셋은) 암말도 안하고 앉았든마. 그란데 ○○○씨라는 분이 그람 내가 개인적이로 써줄라네. 이래가지고 딱 써주고 도장을 찍애주든마.

담고 오면서 내가 앞으로 어뜨케 하든지 빚을 갚으고 살아야것다 이런 각오를 하고 집이로 넘어왔었어. 집이~.

담배농사가 적격인 녹진

자료코드   589_MONA_20170526_NJR_KHJ_003
조사장소   진도군 군내면 녹진리 녹진마을 제보자 자택
조사일시   2017. 6. 28
조 사 자   박영관, 박정석
제 보 자   김효종(남, 69세, 1949년생)

줄거리 녹진은 밭 경작면적이 넓어 담배농사에 최적의 환경으로, 서로 격려하고 교육받은 대로 경작하면서 정성을 쏟은 결과, 나락농사보다 배가 되는 수익을 거두어 동생들을 가르치고 지금까지 화목하게 살고 있다.

그 후로 담배농사를 짓기 시작하는데 또 내가 담배 총대를 겸하게 됐어. 우리 진도 주재기사가 김홍엽 씨였는데 그 분하고 내가 본래 담배농사 안 할 때부터 굉장하니 친했었어. 그라는데 나를 잘 봤든가 어뜨케 했든가 나한테,

"동생이 담배 총대를 해주게."

그래. 우리 동네가 논 경작면적은 적은데 밭 경작면적은 우리 5개 마을이 제일 많애. 밭 경작면적이 상당한게 그때 당시에 반 절 이상을 담배농사를 시작한 거야.

아주 열심히 모도 담배 하는 사람들을 격려하고 교육 받는대로 해가지고 우리 녹진 동네가 담배에 대해서는 이 5개 마을에서 죽전하고 우리 동네하고 시합 할 정도로 이케 담배농사를 잘 지게(짓게) 됐었어.

그러니까 옛날에 녹진을 바우독 끄트머리라 그라면서 상당하니 대사, 죽전서 업신여겼는데 담배농사를 하면서 돈이 많이 들어온게 그때 당시에 담배농사 해갖고 몇 년 하니까 대사, 죽전하고 거의 동등하니 같이 올라가게 된 거죠.

그래서 나도 담배농사에서 그렇게 끌텅을 잡았었고 나는 아까도 이야기 했지만은, 우리 목포 사는 동생하고 학교 저부터 시작해갖고 이반, 일반 전부다 변

소를 다 퍼서 니아까로(수레로) 도라무탕 (드럼통) 두 개를 싣고 다니면서 담배다가 줘가지고 담배가 그렇게 한발 반쩍이나(씩이나) 잎사구가(잎사귀가) 크게 해가지고 담배로 해서 우리 빚을 갚게 됬제.

그 후로 우리 동생들 가르치고 또 대학교를 다니게 만든 것도 전부 순전히 농사 지어갖고 동생들 결혼해서 몇(몇) 개 또 뭣 해줬고, 그러니까 형님 한 분 돌아가시고 여섯이는 지금 현재 다 살아 있어요. 또 작년, 그 작년에 누나 또 한 분 돌아가시고 또 형제간은 지금도 이렇게 화목하게 살고 있습니다.

담배농사는 상당하니 전매사업이니까 일손은 많애도 수익성은 많애요(커요). 그러믄 그 당시에 나락 농사는 녹진 경작면적이 적으니까 수매 대금이 적은데, 녹진은 밭만 있으니까 담배농사는 수매 대금이 배나 더 많이 썩(씩) 들오고 그래서 동네사람들이 거의 다 담배농사를 했었어요.

쉬지 않고 일만 하며 살아온 인생

자료코드   589_MONA_20170526_NJR_MCH_001
조사장소   진도군 군내면 녹진리 녹진마을 제보자 자택
조사일시   2017. 6. 28
조 사 자   박영관, 박정석
제 보 자   명춘희(여, 78세, 1940년생)

줄거리 이웃이 짓던 밭을 사서 담배농사를 십년간 정성을 들이고 재미나게 지었다. 그러다가 경제적으로 큰 도움이 안 되자 전주로 가서 식당을 하였으나 그것도 여의치 않아 서울로 올라가 20년을 살다가 다시 고향으로 돌아와 살고 있다.

담배를 처음에 시작할 때 우리 큰집 시동생이 담배 총대를 했어요. 그 시숙님이 이렇게 이렇게 하라고 갈쳐주고 와서 봐주고 그래갖고 담배씨를 내서 그놈을 과식해갖고 또 모종을 해갖고 밭에다 키우는데도 아주 뭔 밤나(밤낮으로) 밭에서 살아서 잘 키웠어요. 남들보단 더 엄청나게 잘했어요. 그래갖고 십년을 했습니다. 딱 십년을 하다본게 잘 해갖고….

첨에 이 동네 살든 어떤 사람이 자식하고 뭣이 안맞아갖고 여름에 쩌그 바굿 땅에서 삽디다. 그라길래,

"성님, 거그서 살지말고 우리 여그(여기) 행랑이 있었는데 행랑채 들어와서 여그서 자고 밥해 잡수쇼, 집 구하도록."

명선네라고, 일홍이네 식구들인데 우리 행랑채에 들어와서 살았어요. 와서 삼시로(살면서) 그집가(그 집이) 농사가 많은데 일 년 농사를 짓고 있다가 친정동네로 간다고 나한테 밭 몇 마지기를 사라합디다. 그래서,

"돈이 한나도(하나도) 없는데 어찌케 성님 밭을 사것는가?"

그란게,

"올해 자네가 농사 져서 그걸로 밭 값은 하고 우리는 여그를 떠날텐게 그리 알고 그놈 사갖고 가게."

그 밭 몇 마지기를 구십이만 원에 대호가 흥정을 해갖고 사주고, 거그다 담배를 심어 일 년 농사를 해갖고 구십이만 원 주고 담배를 해갖고 백만 원 해줬어요, 담배값을.

내가 지은 담배가 피기도 잘하고 관리를 잘했다고 거진(거의) 담배 판매하는 우리 동네 사람들 전부 가서 담배수매를 보는데 그기서 나한테 상을 줬어요. 상으로 수건 한나(하나) 줍디다. 수건 한나 줬는데 나는 또 기분이 좋아갖고 막걸리를 한 말을 먹으라고 사줘 부렀어. 담배로 그케(그렇게) 재미를 봤는데.

중복 며칠 앞두고 달밤에 가서 내가 담뱃대를 다 뽑아서 쳐내 부렀어. 그래갖고 거그다가 그 다음 날 서숙을 갈았는데 물이 빠져갖고 촉촉하니 존께(좋아서) 금방 나갖고 막 삼일 되고 나갖고 금방 커갖고 또 서숙을 일곱 가마니를 했어.

또 거그서 차조를. 그래갖고 그놈 갖고 평풍도(병풍도) 사고, 상도 사고, 목비도(목기도) 사고 지사(제사) 뭐 하니까 그걸 일체를 내가 샀어요.

그렇게 나머지 쓰고 재밌게 담배농사를 하고 계속 끝까지 하도록 담배를 잘해갖고 놈 뒷돈 안 쓰고 그게 잘했습니다. 십년을 딱 하고 농사를 그래도 막 놈의(남의) 논조차 밭조차 우리 밭조차 논조차 막 거덜나서 다 했어요.

밤인지 낮인지 모르고 일만 하고 저 양반은 집이가 없고 그렇게 일을 하고 살다가 저 양반이 한 번 들와서 이르케(이렇게) 일년농사 계산을 해보드라고. 뭣에서 얼마하고 뭣에서 얼마 했는가 그라고 적어서 계산을 빼본께(했더니) 아무것도 안 남고 내 고생만 남은다고 아니, 집하고 밭하고 논하고 막 걍(그냥) 금방 내놓고 싸디싸게(아주값싸게) 내놔분께 삼일 만에 싹 팔아져 부렸어.

여가 그 집 자린데 삼일 만에 폴아불고 애기들 가르치고 기술 가르친다고 기냥(그냥) 떠나 불었어. 여그서. 그래갖고 전주가 육촌 새아제가(시아재가) 있는데, 그 시숙님이 한 번 오셨는디 부탁을 했어.

"성님, 여그서 암만 농사짓고 나 그타고(그렇다고) 돈 벌어도 빚만 지어."

동네 여자들 뒷돈은 다 써져불어. 용돈이 없은께. 그런데 쓰고 살다가 기냥 삼일 만에 폴아 불고 저 소문도 없이, 소문 들어 아는 사람은 사고 모르는 사람은 못 사고 싸디 싸게 폴아불고 갔는데 그렇게 해갖고 전주 가서 2년 식당을 하는데 안해본거 한께 못 하것습디다.

딱 장사들이 쪼르르니 장사지기가 있는데, 그 골목에 들어가는데 얼마나 텃세가 심하고 또 할 줄도 잘 모르고 요령도 없고 저 이런 식당을 했는데 전주여대 앞에서 못 하것길래 거그서 인자 또 서울 우리 동생한테 부탁을 해갖고,

"여기서 2년 장사를 해봐도 거그 서울로 어찌께 가서 살믄 어쩌것는가?"

그란께는 내가 알아볼라마 그라더니 그 다음날 금방 가서 서울 그 신촌 연대 입구 거그다 식당자리 하나 해놨다고 그냥 거그 얼른 처리해 불고 올로쇼 그래. 거그 가서 장사 하는데 거그는 더 더 팔세가 심해갖고 못하것소. 거그도 장사가 굵은 건데.

그래서 그라고 저라고 못하고 있다가 또 여그 사람이 쩌그 구파발, 구파발에서 지충리 그 사이 거그다가 그 사람이 꽃 화원을 하는데 그리 오라합디다. 그래서 거그 가서 이십년을 했어.

거그 하면서 먼저 난 애기들은 여그서 삼시로 중학교만 포롯시(겨우) 배우고 공부를 못 가르쳤어. 그란데 거그가서 우리 막내만 잘 갈차나서(가르쳐서) 둘째는 기술 갈치고, 우리 큰아들도 기술 갈치고, 기술 6개월 가르쳐갖고 전선 철탑하는 그 일등자격증을 땄어라. 큰 아들이 그라고 둘째 아들은 아니 뭐 땅 파는 거 뭐이지? 포크레인 그거 사갖고 지금 석산에 들어가서 거그서 일합니다.

또 막내는 대학 4년제 나오고 대학원 나오고 그랬어요. 그랬는데 조경사업하고 있고 그렇게 갈치고 다 해놓고는 도로(다시) 내려와 부렀어. 왜냐하믄은 나이는 먹고 못하것고 장사도 안되야붑디다.

처음에는 그르케(그렇게) 부산사람들이 올라댕김시로 물건만 해노믄(해 놓으면) 전화로 연락해노믄 밤새 그 물건을 다 싸서 포장해서 내고 그란데 똑 끊어져부러. 부산 쩌그 우게(위에) 김해라데 어쩌랴? 그런데다 전부 하우스를 지서갖고 그런데서 중간에서 다해분께 꽃 주문이 여그까지 안 올라옵디다.

그라고 암만해도 못하고 장사도 안 되고 힘도 부족하고 못하고 있는데 거가 쩌뭣이 땅이 전부 개발돼 불었어. 개발돼야 분께 거그서 우리 땅이 아니기 때문에 세를 670평을 빌려갖고 했어요. 그래서 그 땅 세를 그 뭣만 받은게 얼마 못 받았지.

그래서 다 자식들은 집을 갖고 있는데 두째가(둘째가) 여그서 포크레인 사업을 하다가 실패해 불고 몸뚱아리만 가갖고 전셋집가 살고 있었어요. 그래서 전셋집에서 살다가 월세로 살고 있는데 가가 집이 없을 때 2천만 원 주고 처음에 저 포크레인 중고를 거그다 사줬는데, 그걸 잘못 사줘갖고 그것이 다 넘어가 불었어. 빈 몸뚱아리로 처갓집서 서울로 오라 해서 거그 가서 살고 그 아들 집 사줘불고 나머지 쪼깐(조금) 갖고 와서 여그 육천만 원 딱 들었어요.

새로 요케(요렇게) 짓다시피 해갖고 육천만 원 들었어요. 그래서 요케 집 지서(지에)놓고 이라고 두 노인네 사요. 그란게 즈그들이 얼만씩 보내준게 그놈으로 살고 있습니다.

무명지를 베어 아버지를 살리다

자료코드   589_MONA_20170526_NJR_MCH_002
조사장소   진도군 군내면 녹진리 녹진마을 제보자 자택
조사일시   2017. 6. 28
조 사 자   박영관, 박정석
제 보 자   명춘희(여, 78세, 1940년생)

줄거리 제보자가 열아홉 살 때 아버지가 병이 나서 돌아가시게 되자, 목포에서 진도 집으로 모시고 와서 효성을 다해 모셨다.

내가 어려서 열아홉 살을 먹었을 때 우리 아부지가 병이 나서 동생들 육남매를 놔두고 병이 나서 돌아가시게 생겨서 목포로 갔어요. 20일을 목포서 살다가 아무래도 안 좋아지고 그란께. 우리 작은 아부지, 나는 열아홉 살 먹어서 아무 뭣을 모른데, 우리 여 지름회사(기름회사) 다닌 사장, 작은 아부지가 막 저 적십자 병원 원장보고 그때 뭐이라 함시로(하면서) 왜 환자를 이래 놓고 우리들이 여가 다 사는 줄 암시로 말을 안했냐고, 진즉 연락을 해서 퇴원하라고 말을 하제 왜 말을 안했냐고 막 뭐이라고 시퍼렇게 나무랍디다.

그란께 그때사 막 서둘러서 뭣을 어찌케(어떻게) 어찌케 하고 점심 전에 했는데 저녁 네 시 된게 막 부랴부랴 퇴원을 하라고 그랍디다. 퇴원해 갖고 중간에 여

그 녹진 앞에쯤 와서 그렇게 어머니하고 같이 왔는데 돌아가시게 생겼어. 돌아가셨어, 완전히.

그때 폭깍질을(딸꾹질을) 맺(몇) 번 하더니 기냥 숨을 딱 멈춰 붑디다. 그래서 돌아가셨는데 어머니는 애기 때문에 밖에 나가고 없을 때 내가 쇠통을(자물쇠를) 주서갖고(주워서) 이 무명지 손꾸락을(손가락을) 깨서 입에다 넣을란디 입은 안 벌어지고 못한게, 요쪽에가 이빨이 빠졌은게 거그다 손꾸락을 한참을 엿코(넣고) 있으니까는 발부터서 따땃해지고 손도 따수와지고 발도 따수와지고 따땃하니 이케 타올릅디다. 그래갖고,

"엄마, 아부지 살았소, 살았소!"

하고 엄마도 들여다보고,

"살았구나 인제."

그래갖고 집이까지 갔어요. 집이 가서 배를 쩌으 남강에다 띄워 놓고 물이 있어서 거그서 동네 사람들을 부른게 동네사람들이 나와서 환자를 업고 집이까지 가서 집이서 녹두하고 메주하고 같이 폭폭 삶아서 그 물을 손가락에 한나씩 떠 요그다 입에다 요케 한께는, 꿀떡 넘어가 소리가 꿀떡, 꿀떡 세 번을 그랍디다. 그라니 네 번차에는 이리 주르라니 낼쳐(흘려) 붑디다.

주르라니 흘러불고 못 생키고(삼키고) 그라더니 또 그 자리에서 돌아가셔 부렀어요. 그래갖고 목포 사는 우리 작은 아부지들이고 오빠들이고 거 다 그때 명신은, 명륜은 거의 전보(전부) 모도 우리 집안들 배였소.

그란께 잘 살고 있은게 오빠가 동아일보, 동아일보 뭣이제? 신문국장이었기 때문에 그 오빠가 목포서 신문기자들 데꼬고(데려오고) 모도 사진 찍고 그래갖고 신문에도 나고 그랬어. 그래 갖고 그 소문이 퍼져갖고 동네사람들은 다 알제만 진도도 거의 알았어요.

우리 큰집 어머니가 한동네에서 살아갖고 나 먼저 큰집이서 와서 사는데 큰어머니가 우리 저 양반이(남편이) 조카 되는데 조카를 나한테 중매를 해갖고 우리 할아버지가 또 그 당시 오래 살아계셨었어. 여그 시할아부지가. 그분이,

"그람 내가 한번 가볼란다."

그래갖고 아니 우리 동생들 다섯을 데꼬(데리고) 내가 저그 밥을 토지 옛날에 토지라 하지. 여그 귀퉁에 어떤 하얀 노인이 와서 딱 이라고 앉었드니

"누구쇼?"

그란디

"쩌으 웃동네 느그 큰아부지가 내 친구다. 잔(좀) 쉬어갖고 갈란다."

그래.

동생들하고 뭣도 모르고 밥만 먹고 있는데 할아부지는 한참 왔다 가셨어. 그랬는데 우리 집에 와서 나를 첫눈에 볼 때 내가 밥을 먹고 있은께 데려다 노믄 잘 살것다. 그래서 할아부지가 그렇게 성사를 시켜서 요리 결혼을 했습니다. 그래서 아들 삼형제 낳고 딸자매 낳고 그라고 잘 살고 있습니다.

군내면 녹진리 대사마을

대꾸지라 불렸던 대사마을

자료코드   589_FOTA_20170717_DSR_MJW_001
조사장소   진도군 군내면 녹진리 대사마을 제보자 자택
조사일시   2017. 7. 17
조 사 자   박정석, 박영관
제 보 자   문종욱(남, 69세, 1948년생)

> **줄거리** 옛 문헌에는 대사마을이 커서 '대사읍곳'이라 불렸다고 한다. 큰대꾸지, 작은 대꾸지로 불렸던 곳들이 지금은 녹진리로 합쳐졌다.

전에는 대사마을을 대꾸지라고 불렀다고 합니다. 그리고 현재 지금 남평 문씨들이 집성촌을 이루고 있는데, 예 남평 문씨가 입도한 것은 약 오륙백 년 전으로 봅니다. 그리고 그 전에 남평 문씨가 들어오기 전에는 지명이 있었는데 거기는 오씨들이 많이 살았고, 또 고지라는 지명에서는 고씨들이 많아 살았다고 얘기를 들어왔습니다.

그리고 또 밤골이라는 지명도 있는데, 거기는 바로 도암산 뒤쪽으로 거기도 사람들이 살았던 흔적들로, 나무하러 가서 땅을 파보믄 기왓장 같은 것이 나와요.

그리고 어 문헌에 보면, 세종 때는 '대사읍곳'이라고 되어 있습니다. 그리고 자세한 것은 우리가 문헌을 안 봐서 모르겠습니다만은 전에 박문규 문화원장께서는 대사라 해서 '사' 자가 '절 사' 자로 되어 있는 문헌을 봤다고 합니다.

그리고 도암산에는 큰굴과 작은굴이라는 굴이 두개가 있는데, 작은굴은 할미

굴이라 하고, 큰굴은 그냥 크니까 큰굴이라 하는데, 거기는 우리가 초등학교 다닐 때 소 먹이러 다니면서 비가 들어오면 거기 들어가서 의지하고 그랬거든요. 예 그 우층(위쪽) 사람들 얘기를 들어보면, 이순신 장군의 칼 났던(났던) 자리라면서 좀 반반하니 그런 부분을 가르켜 줬던 것이 사실인지 아닌지는 모르겠습니다만은 어 그렇게 들어 왔습니다.

그리고 뭐 크게는 아까 나리처럼 군내 간척지를 같이 끼고 있기 때문에 어업하는 방식은 비슷했으리라고 보고 그 뒤로 어 거그를 1차 간척을 하면서 대사제라는 큰 저수지를 반포 되는데 막었어요. 그래갖고 물이 마을 앞으로 오는데 진도서 터널을 통해서 저수지 물이 오는 데는 거그 밖에 없을 것입니다. 터널을 통해서 지금 군민들이 다 그 물을 쓰고 있습니다.

(청중 : 거 옛날 문헌에가 대사읍곶이라고 그렇게 된 것으로 볼 때는, 대사 마을이 무척 큰 마을이었다고 생각이 되아요. 그래서 대사읍곶, 대사골곶, 대사골이다, 골곶이다 하고 진도에가 많은 마을이 있는데, 거그를 대사읍곶이라 했거든요. 그래서 큰 마을이 거가 있었다 그렇게 생각이 들고, 거기 죽전 앞에 있는 죽전 마을 거그를 큰 대꾸지라고 하고 대사 마을은 작은 대꾸지라고 해서, 옛날에는 그 쪽이 모두 한 마을이었던 모양이여. 전체 해안가 갓으로(바깥쪽으로) 옛날에는 거 죽전, 대사, 대야 또 녹진 그런데가 전부가 한 마을이었던 것 같애요.)

지금 행정 구역으로는 전부 녹진리로, 그래서 그때 당시는 진도 사록에 본 문헌대로 한다면 주위에가 큰 마을들이 없었던 것 같애요.

우수영에서 헤엄쳐 온 개

자료코드   589_FOTA_20170717_DSR_MJW_002
조사장소   진도군 군내면 녹진리 대사마을 제보자 자택
조사일시   2017. 7. 17
조 사 자   박정석, 박영관
제 보 자   문종욱(남, 69세, 1948년생)

> **줄거리** 우수영 사는 사람한테 개 한 마리를 팔았다. 녹진 선창에서 뗏목을 타고 명량리로 가서 우수영으로 걸어가야 하는 여정인데도 며칠 후 그 개가 바다를 헤엄쳐서 집에 돌아왔다.

내가 어렸을 때 할머니한테 들은 얘기인데, 우리가 개 한 마리를 우수영 사람한테 팔았다고 합니다. 그란데 그 때는 녹진 선창까지 걸어가갖고 거기서 뗏마로(뗏목으로) 명량리까지 배로 가서 다시 우수영으로 걸어가야 되아요.

개를 팔고 돈도 다 받았는데 며칠 후에 개가 물에 흠뻑 젖어갖고 집으로 왔드래요. 그래서 나중에 온 시간하고 맞춰보니까 울돌목이라 해도 만조 땐 물이 잔잔하거든요. 그래서 개가 그때 헤엄쳐 가지고 집에 왔다고 그런 얘기를 내가 들었습니다. 물길이 한 사백미터 남짓 되는데 한 사 오일 만에 돌아온 거여.

금골산에서 떨어지면 살고, 독굴산에서 떨어지면 죽고

자료코드 589_FOTA_20170717_DSR_MJW_003
조사장소 진도군 군내면 녹진리 대사마을 제보자 자택
조사일시 2017. 7. 17
조 사 자 박정석, 박영관
제 보 자 문종욱(남, 69세, 1948년생)

> **줄거리** 도암산은 마을에서 '독굴산'으로 부른다. 옛날부터 금골산에서 떨어지면 살고 독굴산에
> 서 떨어지면 죽는다는 말이 있을 만큼 독굴산은 산이 높다. 어렸을 때 소 먹이러 가면
> 큰굴에서 비도 피하고 많이 놀았다.

우리 마을에서는 독굴산이라 하는데 지도에는 도암산으로 표시되었습니다.
옛날에 금골산을 상골산이라고도 합니다만은, 금골산에서 떨어지면 살고 독
골산에서 떨어지면 죽는다고 그런 설이 있었습니다.

그런데 도암산은 정유재란때 이순신 장군께서 마람을 엮어서 돌려가지고 적
군들에게 노적봉으로 위장을 했든 그런 자리가 되겠습니다.

거기에 도암산 북쪽으로 큰굴이 한나(하나) 있고 서북쪽으로 또 작은굴이 한나
있는데 좀 깊어요. 그 굴은 일명 할머니굴이라고도 합니다만은 그런데 큰굴에
는 옛날에 우리가 어렸을 때 소 먹이러 다니면서 비가 오믄 거그서 의지해서 놀
고 했습니다만은 우리 위층 사람들이 얘기할 때 이순신 장군이 여기에 칼 났
던(났던) 자리라고 좀 반반한 자리 그런 것을 들었던 기억이 있습니다.

큰굴은 앞이 굉장히 넓어요. 넓고 사람도 많이 들어갈 수 있어요. 굉장히 굴이
큽니다. 작은굴은 깊으면서 길어요.

군내면 녹진리 대야마을

조상들의 예견대로 큰 들이 된 대야리

자료코드 589_FOTA_20170624_DYR_PBL_001
조사장소 진도군 군내면 녹진리 대야마을 제보자 자택
조사일시 2017. 6. 24
조 사 자 박영관, 박정석
제 보 자 박병림(남, 68세, 1950년생)

줄거리 옛날 어른들이 마을을 '큰 들'이라 불렀는데, 후에 잿등 너머에 사천평 규모의 논이 조성되고 또 제방을 막아 200 마지기 이상의 농토를 형성하게 되었다. 옛 어른들이 마을 이름을 큰 들이라고 예견한대로 마을의 전답이 커져 잘 사는 마을이 되어서 조상들의 선견지명에 감탄했다.

저희 대야리를 전에는 큰 들이라고 불렀습니다. 어르신들이 여기를 큰 들이라고 부른 것이 지금은 딱 맞아 떨어지는 여러 가지 이유가 있는데, 지금 저희 마을을 보면은 동쪽으로 군내북초등학교가 있어요. 거기서 잿등으로 넘어가는 골짜기에 한 사천 평 되는 논이 있었습니다. 우리 진도는 밭이 많지 논이 아주 귀할 적에 거가 한 사천 평 정도 지금으로 얘기하면 이십 마지기 정도 논이 있어서 그래서 큰 들이라 했고 공교롭게 딱 들어맞는 그런 지명이 있다는 것을 어르신들 말씀으로 들었습니다.

청구에서 포천이란 분이 여그(여기) 제방을 쌓아가지고 제가 대강 봤을 적에 한 이백 마지기 이상이 수도작 논이 형성 돼야 가지고, 포천이란 분이 저수지도 막아서 지금까지 이쪽 사람들이 다른데 보다는 쌀을 더 많이 먹었다고 해.

우리가 흔히 얘기할 때 조도에서 시집온 여자가 평생 쌀 서 말만(세말만) 먹고 와도 부잣집이다 했는데 여기는 뭐 일 년에 서 말 이상 먹은 걸로 제가 그렇게

얘기 듣고 있습니다.

그 이후에 여기가 큰 들에 걸맞게 저 아래쪽에 보시면 아시겠지만 나리하고 대사하고 건너가는 좁은 통이 있는데 저희 아버님이 1965년도에 그 통을 연결하는 제방을 쌓아가지고 하시다가 지금 우리나라에서 재벌에 들어가는 이랜드 그룹 회장 아버지인 박정준씨란 분이 저희 아버님하고 친분이 있었는데 저희 부친이 힘이 부치니까(힘들어서) 땅을 그 분한테 팔아가지고 지금 이렇게 큰 들녘이 형성돼 있습니다.

근데 정말로 이름에 걸맞게 그런 큰 들녘이 하나, 둘 이렇게 돼야 가지고 지금은 읍내 분들도 이쪽에 와서 농사를 짓고 가고 그럽니다. 우리가 75년도에 다시 동네가 죽전리 마을에서 분가하면서 큰 들이니까 대야(大野)로 하자해서 마을이름을 개명 해가지고 지금은 자연마을 단위로 저희가 이장도 뽑고 대야리(大野里)라고 하니까, 정말 옛날 어른들이 큰 들이란 이름을 정말 잘 지었구나 생각하고 '큰 대' 자, '들 야' 자 써서 얼마나 좋습니까? 우리 마을 특징에 딱 맞는 이름이라고 생각합니다.

옛날에 구원이 바로 저희 집 앞에서 교회 이런 데까지 입니다. 골로(거기에) 뚝방이 있습니다. 지금은 그게 없어지고 아래쪽에 농로길이 돼야 있는데, 바로 여그서 한 백메타나 오십메타 가면은 갯벌이 있어 가지고 거그서 우리 어렸을 적에 걍(그냥) 팬티도 안 입고 우리가 놀던 그런 기억도 있고 그래요.

벽파 앞에 멈춰버린 감부도

자료코드   589_FOTA_20170624_DYR_PBL_002
조사장소   진도군 군내면 녹진리 대야마을 제보자 자택
조사일시   2017. 6. 24
조 사 자   박영관, 박정석
제 보 자   박병림(남, 68세, 1950년생)

줄거리 감부도섬이 떠내려가다가 애기 업은 여자가 이를 보고 "어, 섬이 떠서 가네" 하자 벽파 앞에서 멈추어버렸다. 만약 그 섬이 더 떠내려가 울돌목을 막았다면 진도가 크게 발전 했을텐데, 여자 때문에 일을 그르쳤다는 것이다.

여자 분들이 어떤 말씀을 하시면은 방정맞다고 핀잔을 주고 이러는데 거기에 꼭 맞는 이런 얘깃거리가 저희 고군면 벽파리에서 아마 있었던거 같습니다.

제가 어른들한테 들은 얘기로는 감부도섬이 벽파 바로 앞에 있는 데, 그 섬이 바다에서 둥둥 떠가지고 녹진 지금 울돌목 쪽으로 이렇게 향하고 있는데 애기 업고 지나가던 아주머니가 보니까 섬이 둥둥 떠서 가니까 이상하거든.

"얼레(어머나)! 섬이 둥둥 떠서 간다."

그렇게 한마디 했더니 그 섬이 흘러가다가 그 자리에 멈춰버렸어. 그거이(그것이) 벽파 앞에 있는 감부도란 섬 같습니다. 근데 만약에 그 섬이 우리 녹진 쪽으로 와가지고 울돌목을 막았으믄은 우리 진도군이 엄청난 큰 도시가 형성되고 발전됐을 것이다.

그런 얘기 들으면 아쉬움도 있고 하필 그 순간에 여자가 말 한마디 잘못해서 섬이 서버린거니까 그 뒤로는 여자가 무슨 얘기하면은 방정맞다고 그런 얘깃 거리를 어르신들이 늘 얘기해서 저희도 듣고 한 기억이 납니다.

오빠를 부르는 도깨비불치

자료코드   589_FOTA_20170624_DYR_PBL_003
조사장소   진도군 군내면 녹진리 대야마을 제보자 자택
조사일시   2017. 6. 24
조 사 자   박영관, 박정석
제 보 자   박병림(남, 68세, 1950년생)

> **줄거리** 갯벌에서 오빠 내외와 여동생이 함께 낙지를 잡고 있는데, 물이 차오르자 오빠가 자기 부인만 데리고 나와서 결국 여동생이 죽었다. 이후 비가 내리면 오빠 부르는 소리와 도깨비불이 날아다닌다고 해서 '도깨비불치'라고 불렀다.

도깨비불치는 둔전리서 쳐다 보믄은 왼쪽으로 보이는 하나의 불친데 거기가 전엔 그 옛날에는 갯벌이었습니다. 6·25 이후로 간척사업을 해가지고 이북에서 반공포로나 넘어오신 피난민한테 제공했던 그런 농지였어요.

그전에는 거기가 갯벌이어서 인근마을에서 그 갯벌에 나가 낙지도 잡고 뭐 여러 가지로 채취했는데 그 과정에 오빠하고 또 올케, 시누가 같이 가갖고 갯것을(갯벌에서 나오는 것들 채취) 하다가 하도 정신이 팔려가 물든(물이 들어오는) 일을, 민물이 들어오는지를 모르고 있다가 그 민물이 들어와서 서니(셋이) 같이 나오기는 힘들어 가지고 오빠가 자기 부인만 데리고 나오고 자기 여동생은 바다에서 죽은 걸로 알아요.

그 이후로 또깨비불(도깨비불) 찾아서 비가 온다던가 어떤 날에는 오빠 부르는 소리와 같이 불이 왔다 갔다 해서 '또깨비불치'란 했던 그런 얘기가 있습니다. 그래서 우리가 여동생보다는 부부일심동체라고 자기 부인이 더 소중했던 것 같다는 그런 참말로 안타까운 얘깃거리도 있고 그럽니다.

군내면 녹진리 만금마을

어제바위와 피섬의 유래

자료코드 589_FOTA_20170603_MGR_GMS_001
조사장소 진도군 군내면 녹진리 만금마을 제보자 자택
조사일시 2017. 6. 3
조 사 자 박영관, 박정석
제 보 자 고만술(남, 78세, 1940년생)

> **줄거리** 밀물이 들 때 바위에 올라가면 다 죽는다 해서 어제가 제삿날이라고 그 바위이름을 '어제바위'라고 부른다. 그리고 썰물이 되면 전부 피가 있었다고 해서 '피섬'이라고 했다.

어제바우는요, 그게 임진왜란 때요. 그 바우를 들물에(물이 들어올 때) 올랐다가 올라가믄 다 죽는다고. 그라믄(그러면) 어제가 제사다고 이래서 어제바우라 한 거 같아요.

두 번째로 그 앞에 근네가(근처가) 피섬인데요. 썰물이 내려가믄(물이 빠지면) 전부 피가 있었다고 피섬이라 했대요. 나는 그거배께(그것밖에) 몰라요.

(조사자 : 어제바위 위치가 어딥니까?)

어제바우, 어제바위가요? 지금 여그(여기를) 녹진쪽으로 돌아가자믄은(돌아가면) 신도로로 돌아가자믄 톡 기어나온(튀어나온) 섬이 한나(하나) 있습니다.

(조사자 : 그 섬을 피섬이라고도 부르는데요?)

아, 명량영화에 사진을 찍으면서 그기가 피섬이라고 나왔대요. 그란데 여기 사람들이 아는건 그렇지 않습니다. 피섬은 쩌 근네(건너) 사슴쯤을 피섬이라고 그래요.

원님이 다니던 길

자료코드 589_FOTA_20170603_MGR_GMS_002
조사장소 진도군 군내면 녹진리 만금마을 제보자 자택
조사일시 2017. 6. 3
조 사 자 박영관, 박정석
제 보 자 고만술(남, 78세, 1940년생)

줄거리 원님이 당동재를 넘어 이씨보 위의 좁은 목인 돌다리를 건너서 솔개재를 지나 덕병으로 넘어갔다. 거기서 연산을 거쳐 상동 밑에 흰재를 넘어 만금리 큰길로 지나갔다는 것이다.

제가 어렸을 때 저희 어머니한테 들은 얘깁니다. 원님이 댕기던(다니던) 길이 있었는데요. 본래 원님이 읍에서 출발하믄은 향동재를 건너서 월가리를 건너믄 거가 이씨보가 있었어요. 거 우게(위에) 가믄은 건널목에 아주 좁은 목이 있었습니다. 그 좁은 목이 이렇게 돌다리로 해서 거가 젤 낮찹고(낮고) 그랬었어요. 우리들이 학교댕길 때 그리 댕겼으니까. 그리(거기로) 해서 솔개재로 그 새김몰이라는 분토에서 말하자믄 이케(이렇게) 뽁 기어나온데가 (뛰어나온곳이)있어요. 그란데 거그서부터 올로온(올라오는) 솔개재라 하믄 그때 부역을 해서 만들어낸 제일 넓은 길이었습니다. 그 넓은 길로 쭉 나오믄은 덕병으로 넘어와갖고요. 덕병서 지금 연산 쩌그(저기)에서 상동 밑에로 해서 흰재, 상동 밑에서 넘어 지금 국민학교 뒤에 중학교 뒤로 나오믄 흰재라고 있었어요.

흰재를 넘어서 쩌 신동 뒤로 해서 만금리, 지금 큰길로 만금 지방도로 큰놈으로 해서 그러고 저희 집 앞으로 이렇게 지나갔습니다. 요롷케 바로 이 옆에가 길이거든요. 원님이 요기 넘어가서 지금 도로가 난데로 이렇게 넘어간 줄로 알고 있어요.

근디 그것은 어르신들이 얘기를 한 거에서 듣고 알고요. 워째 원님이 그리 댕겼냐 한게 저희 어머니가 그런 얘기를 해.

"저기 원님이 댕긴 길이란다"

그래서 내가 원님이 댕긴 길이라고 알고 있습니다.

도깨비가 자주 출몰하는 광재

자료코드 589_FOTA_20170603_MGR_GMS_003
조사장소 진도군 군내면 녹진리 만금마을 제보자 자택
조사일시 2017. 6. 3
조 사 자 박영관, 박정석
제 보 자 고만술(남, 78세, 1940년생)

> **줄거리** 광재는 도깨비가 자주 나오는 무서운 곳으로 어른들한테 익히 들어왔다. 사람처럼 아기를 업고 사라지기도 하고 술 마신 사람 앞에 나타나 씨름을 하자고 해서 다음날 보면 빗자루가 묶어져 있곤 했다.

내가 어렸을 때 열다섯 살까진 분산서 살았어요. 그런데 거그서 살 때 어르신한테 들을때요. 광째(광재)가 무시무시한 자리였대요. 또깨비도(도깨비도) 나오고 도채비도 나와서 사람을 잡아갈란다 하고 저놈이 어떤 놈이야 함서(하면서) 쫓아가기도 하고 막 그랬대요. 그랬는디 막 없어져 불드래.

애기 업은 여자가 앞에 쭉 가니까 여보 여보하고 쫓아갔는데 나중에 거 없어져 부렀대요. 그래 우리 아부지가 술을 굉장히 좋아해. 나도 아버지처럼 좋아하거든요. 하튼 술을 좋아했다고 해요. 우리 아부지가 나 다섯 살 먹던 해에 돌아가셨는데 우리 어머니 말씀 들으믄 술을 아주 좋아했대. 그런디 광재에서

애기 업은 그 아줌마가 가는디,

"앞에 누구냐 같이 가자."

그란게 쨍하고 없어져 불었 드래요. 또 술먹은 사람들이 왔다갔다하고 잡기하는 사람들이 왔다갔다하면서 많이 넘어가던 길인데요. 뭐 이상한 놈들이 씨름하자고 나오니까 씨름을 해서 그놈을 잡어갖고 나무에다 딱 묶었는데 다음 날 보니까 빗자루가 됐대요. 그거 참 이상한 일이 요새는 있을 수 없는 얘기죠. 요새 내가 그것이 사실인가 아닌가는 모른데 옛날에 군대 갔다가 제가 그리 휴가를 오믄은 여그 다른 데로는 올 수 없고 어쩔 수 없이 고작굴로 오게 되얏었습니다. 여그 다른 길이 없었거든요. 배가 고작굴로 닿게(내려줍니다) 되요.

그래 휴가여서 넘어오는데 저녁에 고작굴로 떨어지믄(도착하면) 인자 캄캄하드라고요. 그런디 거기 광재를 넘어와서 집이로 와야 되는데, 군대에서 휴가 오는 젊은 놈이 또깨비 그거 뭔 소용이냐 하고 용감하게 한번 와 봤어요.

그런데 지금 솔직하니 고백하는데 아 노래를 부르는데 노래 목소리가 안 나오대요. 그 참 이상하더라구요. 그래서 인삼담배를 갖고 오다가 거그 도팍이(바위가) 한나 있어서 도팍에 딱 앉아 담배를 다 폈어요. 담배를 피고도 소리를 한 번 질러봤는데 소리가 안 나분거예요(안나와요). 거 야코가(패기가) 죽어서 그러겠죠. 그런 일이 한 번 있었습니다.

어르신들이 광재 들은(들판은) 좋다고 하시는데 좋은 것은 아니고요. 옛날에 미신들, 그것이 있을 때, 또깨비나 도채비 뭐 이런거 있을 때에는 가장 다니기 어려운 도로였습니다.

지금은 길이 괜찮하니 되얏는데 거그 내려다 보믄 정자 뒤에 대밭이 한나(하나) 있어요. 대밭에서는 또깨비가 잘 나왔대요. 그래 거그 자리는 오믄서 굉장히 더 무섭더라구요. 그런 말을 들어서 그런지 거기는 지금도 낮에 가면 쪼금 어려워요. 그렇습니다.

진도에서 실천한 친환경농업

자료코드   589_MONA_20170603_MGR_GMS_001
조사장소   진도군 군내면 녹진리 만금마을 제보자 자택
조사일시   2017. 6. 3
조 사 자   박영관, 박정석
제 보 자   고만술(남, 78세, 1940년생)

줄거리 제보자는 농민운동을 하면서 시위가 거칠어지자 비폭력으로 바꿔 농민들과 친환경농업 운동을 시작했다. 우리 몸에 이로운 농법으로 농사를 짓고 그 생산물은 광주 천주교구에서 매장을 꾸려 판매를 하게 되면서 점차 안정적인 농업의 구조로 자리 잡았다.

제가 친환경운동을 하게 된 동기는요. 처음에 농민운동을 시작했었습니다. 88년도에 시작해갖고 89년도에 시위를 크게 했죠. 시위를 하는데 그 목적은 수세거부운동이었습니다. 수세가 (물세가) 많이 나온다 해서 수세거부운동을 했는디 열서니가(열세 명이) 했어요.

그거 열서니 하는디 그게 처음부터 사람 열서니가 안되고 처음에는 서니(세 명) 시작했었죠.

서니에서 시작해서 열서니 정도 만드는데 천주교 각 공소를 돌아당기믄서 '참여를 해주라, 참여를 해주라' 해갖꼬 열서니가 시작한 것이 수세거부운동이었습니다.

처음 수세거부운동이 어뜨케 전국적으로 같이 이루어졌기 때문에 이거 하다 보니까 수세거부운동이 성공을 했어요. 근데 그 다음에 고추판매운동을 했었어요.

수세 거부할 때 내가 참 가슴이 아픈 것이 하나 있는데요. 그때 이름이 인자 박종~지금 돌아가셨는지 어쨌는지. 지금 저 뭣이냐. 토조장(토지조합장) 하시던 분이요. 제가 2년 선뱁니다.

근데 그분이 토지조합장, 토수세 받는데 거그 가서 야단할 때 우리 회원들이 전부 인자 일어나서 할 때에 아이~ 그분이 나한테 와갖고 이케 안하믄 안되냐고 묻더라구요. 그래서 우리가,

"알았습니다. 우리 그만 가께요."

그라고 거의 나왔죠. 근데 제가 제일 가슴 아픈게, 겁이 난 것이 뭐이였냐 하믄은 군청 가서 시위하는 거여요. 그런디 지산면 여그 지산리 사람들도 거그 나왔는데 이분들이 겁이 없어요.

젊은 아그들이 뭔 경운기를 들고 가서 군청 그저 뭣이냐 문을 때려 부술라고 들고 갔잖어요. 그래서 내가 뭐라 그랬냐.

"야, 데모를 할때는 데모만 해. 평화적으로 해. 군청 문은 우리 재산이여. 재산 때려 부수면 누가 책임져야지. 책임 안 질라믄 뒤로 물러낫."

깨부수기는 안해서 다행이고요. 그러다 보니까 그것이 선동이나 뭣이 정 심해져 부렀어요. 그래서 카톨릭, 천주교를 믿는 사람은 이거 하지말어라. 그라고 친환경으로 돌아가자. 그라고 친환경이 우리 삶의 길이 되어야지. 맨날 정부하고 싸워서 쓰것냐.

친환경 하던 사람들은 처음에 회장으로 박종구씨를 세워서 시작해갖고 그 다음에 제가 2회 회장을 했었어요. 89년도에 시작했습니다. 89년도 그때 시작을 했는데, 사람들이 '친환경 친' 자도 모르는 거에요. 뿐만 아니라 왜 친환경을 하는 건지도 모르는거에요.

근데 내가 겁을 먹은 것은 그 월남전 전쟁에서 쓴 그 약이요. 그 제초제를 16그램을 썼대요. 그런디 그 비디오를 우리 농민회에서 보여 주는데요. 전부 폐인이 되야부는거에요.

결혼해서 낳은 아들 자식들이 나믄은(태어나면) 장애인, 환자가 되고요. 그것을 먹은 짐승들은 어찌케 되어 버리냐하믄 전부 다리가 없던지, 발이 앞다리가 없던, 뒷다리가 없던 이렇게 되야불더라구요. 비디오를 보여 주는데 아~이거 아니구나 하고 생각했어요.

그런디 그런 농약을 친 농산물을 먹은 사람들은 보통 떱니다. 손발이 떨어요. 그런 농산물을 많이 먹어서 중독된 사람들은 떠는데. 우리가 수입도 거부하는 이유가 뭣이냐하믄 수입한 것을 비디오로 보여주는데요.

그게 길티하고 밀하고 같이 섞어서 들어가요. 수확하믄 안썩게 버러지(벌레) 못 먹게 섞어서 들어간데 그것이 우리 한국으로 수출해 넘어오는 거에요. 그것을 우리가 먹었던 거에요. 아~ 저거 먹으믄 우리는 죽것구나. 우리 국민이 죽것다. 우리 국민의 생명을 위해서 나부터 우리들부터 시작하자고 농민들이 시작한 것이 친환경 운동입니다.

근데 친환경 운동을 그렇게 하다보니까 무식하게 했죠. 얼마나 무식하게 했냐 하믄 시키는 대로 기냥 그렇게 하는 거이 된다 한께, 농약도 안 해불고 비료도 안 해불고 안 하다보니까 어떻게 됐냐하믄 삼년동안 농사가 안 되부는거요. 모두가 풀이 천지고.

지금 제가 말하는 것이 저 우리 군민한테 전체적으로 보도가 된다 하믄 참 좋 것구요. 제초제는 휘발이 안 된대요. 땅속이로 계속 들어간대요. 그때 월남전에서 쓴지가 이십년이 넘었는데 그때까지도 그 물을 먹고 있던 월남사람들은 (베트남사람들) 기형아를 난대요(낳는대요).

우리 한국도 걱서(거기서) 일하고 오신 이 군인들이요. 사천 몇 백 명이 제초제병에 걸린 사람들이 있습니다. 피해가 막심하다고 해요. 앞으로 우리 국민이 잘산다는 것은 국민이 건강해야 잘산다는 것이잖아요. 그래서 친환경농업 그걸 하다보니까 망하기도 무지하게 망했구요. 우리 집사람이 보따리 싸갖고 농사 그만 짓는다고 나간다고까지 했습니다. 그러나 나중에 인제 그 농산물을 사서 먹어주고 고생을 알아주는 사람들이 있어가지구요.

저희들이 모임하는데 대전, 서울, 광주는 물론 처음에 저희가 대사리라는 이름으로 어서부터(어디서) 시작했냐하믄 목포서부터 시작했습니다. 저희가 친환경 농사로 재배를 시작한 물건을 목포서 판매해주고 하는데 목포서 안 팔리드라구요. 왜 안팔리는가 했드니 목포사람들은 친정이 농촌이고 시가가 농촌이에요. 안 사먹고 고향에서 농산물을 갖다 먹는거에요. 그래서 매장을 광주로 옮겼습니다.

그때 광주로 매장을 옮길 때, 윤곡리 쪽이로 주교님한테 뭐라고 얘기했면,

"매장 몇 평만 빌려주십쇼."

그래갖고 광주로 올려가지고 진도 사람들이 그때 칠만 원, 팔만 원 이렇게 해가지고 가게를 냈어요. 진도에서 갈 수 없으니까 광주 신자들 느그들이 판매를 해라 그래가지고 고롯케 시작한 것이 지금 대사리라는 이름으로 판매를 시작했고요.

그러다 보니까 지금 사는 형편이 아마 잘 됐지 않았냐 저는 그렇게 생각합니다. 지금은 농산물을 잘 팔고 있구요. 친환경 제품을 먹는 사람이 늘어나니까 우리도 살 수 있었다는 겁니다.

이순신 장군이 만들었다는 녹진 쇠고리

자료코드	589_FOTA_20170528_MGR_KSJ_001
조사장소	진도군 군내면 녹진리 만금마을 제보자 자택
조사일시	2017. 5.28
조 사 자	박영관, 박정석
제 보 자	김종식(남, 78세, 1940년생)

줄거리 녹진 바닷가에 큰 쇠고리가 있었는데, 이는 이순신 장군이 전투 때 쓰기 위해 만든 것이라고 전한다 그런데 어느 틈엔가 사라졌다고 한다.

내가 임회에 송정서 여기 녹진이로(으로) 온지가 시물(스물)일곱에 왔습니다. 내가 그 다음해부터 녹진 바닷가로 낚시를 매일 댕겼습니다. 그란데 그때 쇠고리가 상당히 퉁겁게(두껍게) 있었어요. 그랬는데 그것이 나중에 가서 보니까 그것이 삭아가지고 몇 년(몇 년) 되니까 쇠고리 박은 자리는 큰데 많이 가늘아(가늘어)졌습디다. 연육교 놓으면서 그것이 그 뒤로는 없어진거 같애요.

나도 송정서 두 부부랑 똑같이 동갑인게 같이 와갖고 이케(이렇게) 농사짓고 삼시로 만날 바닷가 댕김시로(다니면서) 고동 따다가, 꿀(굴) 깨다가 그런것 해다 먹음시로 거그를 가믄 그러케(그렇게) 쇠고리가 있드라구요.

그란데 쇠고리가 그때 볼 때 이상(제법) 큽디다. 그란데 그 뒤로는 그것이 여그 연육교 놈시로는(놓으면서) 댕기모리를(댕기머리를) 댕겨서 가서 고동 따러 가도 없드라고요.

(조사자 : 그럼 예전 지역 분들이 이충무공이 옛날에 이 쇠고리를 걸어서 전쟁을 했다는 그런 얘기하는 것을 모두 들었습니까?)

예. 다 그렇게 얘기했어요. 나도 오산서 여그 온제가(온 지가) 스물넷에 들왔어요. 들와가지고 어른들은 세상 일칙하니(일찍) 떠불고(돌아가시고) 혼자 농사를 짓고 바닷가를 잘 다녔어요.

초사길 큰애기라고 해서 가믄 이케 쇠고리 같은 것이 그걸로 이순신 장군이 싸웠다는 그런 것이 바위에가 있었는데, 지금은 가서 본게 없어졌붓대. 나도 놀래서 그것을 유심히 봤어요. 그라고 살았는데 뭣했것어요. 그 뒤로도 농사 짓고 심심하믄 바닷가로 고동 잡으러 다니고 그랬어요. 잘 다녔어요.

저도 80년대에 여기 와서 거주를 하면서 마을일 보면서 실질적인 현지답사는 내가 바다를 잘 안다니까 안보고 아주 그전에 돌아가신 분들한테는 많이 들었습니다.

우리가 듣는 얘기로는 분명히 거기서 이순신 장군이 아마 해적을 물리치기 위해서 쇠고리를 해놨던 것이다. 이르케 (이렇게) 얘기를 직접적이로 하셨어요. 그후로 아마 확실한 내용은 몰라도 그것이 지금 현재에 와서는 없어졌다 이케(이

울돌목에 세워진 이순신 장군 동상

렇게) 얘기를 하는 것을 누차 많이 들었거든요.

그라고 만금산에 대한 여러 가지 유래라던가 또 우리 마을이 형성되얐다는 여러 가지 얘기를 누차 많이 들었습니다. 그래서 저도 그르케(그렇게) 인정을 하고 있고 그것이 사실인거 같아요. 지금 돌아가신 분들이 분명히 그것은 뭐 한자(혼자) 둘이 말 한 것이 아니고 지금 돌아가시고 안계시니까 그렇제. 녹진서 거주하시는 분들은 많이 알 줄로 알고 있습니다.

그란데 실지 지금 녹진서 거주하고 계시는 분들이 그때 노인들은 많이 돌아가시고 지금 이 대교를 만들면서 상인들이나 외지인들이 타지에서 많이 와서 살거든요. 그러니까 그 사람들은 잘 모르지 않냐 이런 생각이 들거든요.

고래가 지나가던 녹진 앞바다

자료코드   589_FOTA_20170528_MGR_KSJ_002
조사장소   진도군 군내면 녹진리 만금마을 제보자 자택
조사일시   2017. 5.28
조 사 자   박영관, 박정석
제 보 자   김종식(남, 78세, 1940년생)

줄거리 울둘목은 날이 흐리고 비가 오려고 하면 물살이 더 커지며, 심지어는 마을까지 물살소리
가 들린다. 그리고 녹진 앞바다에 고래가 많이 지나갔다고 한다.

(조사자 : 어르신 옛날에 이 부근에서 밤에 자면은 울둘목 물살 흐르는 소리
가 막 들리고 했다는데 그 말씀 좀 해주십시오.)

그러니까 여기서 비나 올라하고 날이 쫌 흐리고 그라믄 물소리가 훨씬 쎘어요
(컸어요). 뭐 여기서 들어도 '우우'하니 날이 흐려지고. 집에서 들어도 그래요. 근
데 원(저수지) 막고 모도 사방에 원 막은 뒤로는 물소리가 안 나요.

그전에는 물소리가 세게 나믄 요. '앗따, 또 날 궂을란 거이다' 그라고 그랬어.

(청중 : 아마 그런 신호가 왔었던거 같애. 내가 들을 때도. 왜냐하면은 예전에
지금도 마찬가지제만은(마찬가지지만) 일기변화, 예를 들어 비가 오던지 할라믄
막 파도도 많이 치고 바람이 많이 붑니다.)

그럴 때 조류가 심할 때 분명히 소리가 역력히 더 들렸어요. 내가 들을 때는 그
런 얘기를 하더만요. 그때는 고래도 자주 보였어. 날씨가 가믄 날씨가 쫌 이상
하고 소리가 확실하니 들렸다. 지금은 고래 같은 거 전연(전혀) 볼 수가 없은께
그라제 응. 맞어. 그런 얘기도 하듬마. 옛날에 여그 고래도 이리 지나갔어. 고래
가 막 많이 지나다녔대. 여그 저 둔전리 앞에 계속 밀려갖고 있는 놈 뭣하고 그
랬어.

봉침으로 효과 본 허리 통증

자료코드   589_MONA_20170528_MGR_JSS_001
조사장소   진도군 군내면 녹진리 만금마을 제보자 자택
조사일시   2017. 5.28
조 사 자   박영관, 박정석
제 보 자   조상심(여, 73세, 1945년생)

줄거리 수술하고도 계속 허리가 아프자 양봉을 하는 마을 분에게 봉침을 계속 맞아서 효과를
보았다는 이야기다.

저는 허리가 작년, 그전부터 작년에까장(작년까지) 아팠는데 올해는 덜 아퍼요.
침 맞고 그란데(그런데) 허리가 수술한 허리였단 말입니다.

수술하라 한 것을 안할라고 집이서 그라고 댕긴께(다니니까) 그케(그렇게) 아프다
고 늘 병원에 왔다갔다 댕기믄(다니면) 원장님이 여그서(여기서) 침을 맞아보라고
그래서 침을 맞었어요(맞았어요). 계속 맞었어요. 침 맞고 허리는 좋아졌어요.
그란께(그러니까) 외부에서 오믄(오면) 원장님, 원장님 그래요. 우리 마을에서는
저절로 그렇지만요. 나는 봉침 맞고 효과를 봤어요.

봉침 무료봉사자 김종식씨

자료코드 589_MONA_20170528_MGR_HCH_001
조사장소 진도군 군내면 녹진리 만금마을 제보자 자택
조사일시 2017. 5.28
조 사 자 박영관, 박정석
제 보 자 한추향(남, 80세, 1938년생)

> **줄거리** 양봉을 하는 김종식씨는 수십 년간 마을 사람들에게 봉침 무료봉사를 해주고 있다. 그리고 마을 사람들을 세심하게 신경써주고 마을 일에 적극적으로 참여하는 분이다.

내가 우리 마을에 온 것이 약 한 삼십오, 육년 되면서 마을에서 여러 가지 행정을 보고 그랬는데 김종식씨라는 분이 양봉을 수십 년 하고 아마 전라남도 양봉 협회장도 하고 그런 줄로 알고 있습니다.

마을에서 이분이 봉침을 하고 계시는데 본 마을뿐만 아니고 이웃마을에도 좀 몸이 괴롭고 아픈 사람들은 참 무료봉사로 많이 해주는 것을 제가 많이 보고 느끼고 그럽니다.

그리고 우리 마을 주민도 실질적으로 봉침을 맞고 효과를 많이 보고 또 거즘(거의) 완치가 되얏다는(되었다는) 이런 분도 계시고 그러거든요.

그래서 언제나 제가 생각하기로 아주 감사하게 생각하고 또 마을에 회관 설립을 할 때 약 한 십년이 됩니다만은, 여러 가지 음으로 양으로 참 많이 찬조를 해주고 또 많이 협조를 해주고 그런가 하면 지금도 마찬가지에요.

매일 본 마을 경로당에 시간만 있으믄 경로당에 와서 좀 잘못된 것이라든가 모든 것을 신경을 써주고 지금도 그러고 있습니다. 참 좋은 일을 많이 하신다하고 이런 칭찬을 수십 년 간 많이 받고 있죠.

조○○씨라는 분이 가정이 좀 어렵고 혼자 사시는데 어쨌든간에 지금 봉침을

하고 계시는 김종식씨가 추천을 해서 마을회관에서 실은 일자리를 마련해주었습니다. 어려운 사람들에게 일자리를 마련해줘서 도와야 되지 않냐 이런 뜻 깊고 세심한 신경을 써주었습니다.

군내면 덕병리 덕병마을

며느리의 한이 서린 가심재

자료코드   589_FOTA_20170518_DBR_LSM_001
조사장소   진도군 군내면 덕병리 덕병마을 제보자 자택
조사일시   2017. 5. 18
조 사 자   박영관, 박정석
제 보 자   이상문(남, 76세, 1942년생)

> **줄거리** 가심재에서 며느리가 죽은 이후로 비 오는 날이면 우는 소리가 들린다고 한다. 또한 부부가 헤어진다는 말이 있어 결혼식 날에나 신혼 때는 가심재를 다니지 않는다.

주로 장에 다니고 우덜 학교 다니는 '모재'가 있었어요. 모재가 분토리 뒷산인데 그리 학교 다니고 거그는 뱉(별) 뭣이 없는데, '가심재'라는 데를 왜 그런 이름으로 지었는가 하고 어른들 하는 말씀을 들으니까는, 옛날에 우덜 때 몇 백년 되얏는가는 몰라도 어느 사람이 가심재 거그서 즈그 며느리를 칼로 살인을 했다 이래갖고 비오는 날이면 꼭 거그서 울음소리 나오고 한다고. 비올라하믄 가심재 거그서 여자 귀신이 나와서 우는 소리가 나온다고 그랬어.

 옛날 우덜도 가마 타고 나귀 타고 장가갔지만은 그 가심재를 안 다녔어요. 그 가심제는 신혼끼리 오믄은 패하는 확률이 많다 그래갖고는 안 다녔어요. 그렇게만 알지 더는 잊어뿌러서 잘 몰라요. 그렇게 전해 듣기만 했습니다.

다시 세운 장승

자료코드 589_MONA_20170518_DBR_LSM_001
조사장소 진도군 군내면 덕병리 덕병마을 제보자 자택
조사일시 2017. 5. 18
조 사 자 박영관, 박정석
제 보 자 이상문(남, 76세, 1942년생)

> **줄거리** 1988년도에 마을을 지키는 장승을 도둑맞은 이후에 마을에 좋지 않은 일들이 연이어 생기자 마을 사람들이 합심하여 장승을 복원하여 그 자리에 세워놓았다.

내가 이장을 할 때 88년도 3월 29일 날, 면에서 이장단 선진지 견학이라 해갖고 서울서 자고 자는 날 저녁이었어. 장승보존회장이 손복동씨였어요. 장승보존회가 있었어요 따로. 새마을지도자 백연석씨가 지금 살아계셨고 해서 뭔 일이 생기믄 그분들한테 이케 연락해서 원만하니 하고, 나도 2박 3일이니까 금방 오겠습니다 하고 갔는데 와서 딱 물으니까는 장승을 도난당했다고 그래요. 그래 바로 잠 한숨 자고는 새북(새벽)부터 녹진이로 가서 녹진파출소 가니까는 파출소 일지 썼냐고, 어제 저녁에 이케 장승을 도난당했는데 차량 출입하는 그 차량일지 써논 놈(것) 있냐고 물은께는 명군장군하고 글케 대답합디다.
그래서는 내 글자도 잘 못 쓰는 놈이 청와대, KBS, MBC, 도지사, 군청, 군수 해서 내가 보냈습니다. 편지를 네 분께 보냈는데 이거 감사 대비해야 된다고 그케 말을 해.
그 뒤로 또 걍 말이 수그러져 불고(사그라들고) 없고 영 장군은 못 찾았어요. 못 찾어. 그라고 저그 저 서울 장한평 거그를 갔어요. 그거 찾일라고 거그를 가서 보니까는 아무리 찾아도 없어요. 없고. 그 후로 도사 마사끼라는 사람, 장승을 가지고 연구하는 사람이 있었어.

일본 사람인데, 도사 마사끼라는 사람이 덕병서 먹고 자고 일년을 살면서 연구를 했어. 그 사람이 혹시 장난쳤나 그라고는 기어이 경찰에 신고했는데 그 사람도 아무 뭣이 없고 그래서 그 뒤로 걍 허무맹랑하게 그케저케 걍 이 세월만 가부렀어요.

그라고 복원할라는데 아이 그 장승을 잊어분 뒤로는 아 느닷없이 멀쩡한 청년이 정신병자가 되버리고 막 사방에서 느닷없는 사람이 교통사고 나서 죽고 아이 엄청나요. 그래서 청년들이 우리가 이러고 있을 것이 아니라 복원을 합시다 그래요.

이래갖고 동네 돈하고 청년회 돈하고 같이 해서 당시에 김수복씨가 청년회장이였는데, 그 석장승을 맞췄어요. 지금 서 있는 것이 그때 복원한 것이에요. 복원비를 좀 주라고 그란께 군청에서 예산이 없다고 안주고 그래 우리 동네 돈으로 걍 했어요.

그래갖고 지금 보존하면서 인구전(인두세) 좀 걷고 했더니, 마을 어른들이 사람 못된 놈 인구 좀 볼라고 겨(기어) 나왔다고 그렇게 욕을 했어요. 그렇게 인구전을 중요시하고 정월 초하룻날 깽하고 나오믄은 인구 좀 볼라고 나왔다고 그랬어요. 그 인구전 걷어갖고 제물 가시고 했어요. 다른 건 뭐 특별한 거 없어요.

돌장승에 소 피 뿌리는 액막이

자료코드 589_FOTA_20170518_DBR_LSM_002
조사장소 진도군 군내면 덕병리 덕병마을 제보자 자택
조사일시 2017. 5. 18
조 사 자 박영관, 박정석
제 보 자 이상문(남, 76세, 1942년생)

줄거리 옛날 장승제를 할 때 살아있는 소를 잡아서 피를 장승에 뿌려 액막이를 하고 소머리를 삶아 머리뼈를 장승에 걸쳐놓았다. 그러나 지금은 고기 삶은 물을 뿌리고 연기불을 피워놓는다.

먼저 그 장승에 대해서 말씀을 드리겠습니다. 오로지 우리 덕병(德柄)이라는 이름 자체가 장승을 위해서 이름이 지어진 거 같습니다.

우리 덕병 주민들이 장작 한 개비씩 들고 나와 제물을 준비해서 그날 저녁에 제물을 익혀 가지고 장승제를 모시는데 장승 그걸로 인해서 인구전도 없고 서로 이케 모도 협력해서 장승제사를 모시고 전부 밤 여덟 시에 나와서 거그서 행사를 치룹니다.

징, 모도 농악을 치고 나가서 장승제 하고 불 피고 나오믄서 특이한 것은 소 머리를 구해갖고 현장에서 익혀요. 머리고기를 익혀요. 아가리 뼈만 발가갖고(발라내서) 아가리 뼈는 뼈대로 그 장승 모가지에다 걸어놓고, 또 옛날에는 소를 잡아서 했다는데 액막음 한다 해갖꼬 소 피도 뿌리고 해서 하는데, 지금은 소를

잡을 수 없고 해서 간단하니 좁쌀로 죽 쒀서 그 죽이로 전부 하고 고기 삶은 물로 이케 장승 몸에다 모도 뿌려주고 불 피워 주고는 집이로 들옵니다.

동네로 들와서 그 음식은 아무나 먹는 것이 아니고 제관들 하고 그 동네 어른들로만 모셔 가지고 그날 저녁에 술 한 잔씩 하고 그러고는 그 뒷날은 전부 호호방문해서 뭐 국태민안하고 뭐 가정호호초풍, 호호추풍, 호풍하고 어짜고 해 갖고는 그런 것을 문구로 지어서 어른들이 집집마디 전부 다니면서 걸궁(농악)을 치고 다녀요.

그 음식갖고 또 점심 먹고 술 받고 모도 해서 동네 사람들 전부 걷어갖고 자발적이로 가지고 나와서 또 그날 하루 즐기고 이렇게 해서 그 유래가 지금까지도 전해 오고 있어요. 다른 것 없고.

삼별초 병사들의 원혼과 돌장승

자료코드 589_FOTA_20170518_DBR_LSM_003
조사장소 진도군 군내면 덕병리 덕병마을 제보자 자택
조사일시 2017. 5. 18
조 사 자 박영관, 박정석
제 보 자 이상문(남, 76세, 1942년생)

줄거리 고려시대 앞바다에 수장된 삼별초 병사들의 원혼 때문에 마을 주민들이 무서워하자, 원혼으로부터 마을을 지키기 위해 석장승을 만들어 해마다 제관들이 정성스럽게 장승제를 모셔왔다.

장승 때문에 단순히 덕병이라는 이름이 지어졌다라고 나는 글케 생각해. 옛

날에 장승이 왜 거가 지어졌냐믄, 삼별초 때에 왕하고 배중손 장군은 다른 데로 도피해 버리고 지금이로 말하믄 쫄병들만 거가 있으니까는 그 당시 몽고군인가 그 사람들이 데려다가 덕병 앞바다에다가 바닷물이 많이 들었을 때 거그다 침몰해 갖고 죽였는데, 그 죽은 귀신들이 저녁이믄 동네를 아주 뫼 쓸고 다니면서 해만 저물만하믄은 무섬에 동네사람들이 아주 덜덜 떨고 바깥을 못나오고 이웃 나들이도 못하고 그랬드랍디다.

그랬는데 그래서는 어른들이 이럴 것이 아니다 해갖고 석장승을 파서 만들어갖고 그 소 아가리 뼈하고 소 피하고 해서 뿌려주고 거그다 걸어주고 함서 진수성찬으로 해서 다시는 동네로 올로지 마라고 불 피워주고 일케 헐세 하고 난 뒤로는 나 안 올론다고 인자 그런 전설적인 이야기만 들었제. 내가 어찌께 안답니까마는 그렇게 됐어요.

제관 선정할 때는 지금이로 말하자믄 예를 들어서 제관을 운이 생기 복덕일이 좋아도 부인이 월경을 하거나 어린애를 갖고 있거나 하믄 거의 안 되고 생기 복덕일이 좋고 부인도 그런 것이 없고 깨끗한 사람으로 선정 해갖고 제관을 올린 모양입디다.

늘 바까지고(바뀌고) 그 작명가, 옛날에는 작명가 김치환씨 그 양반이 살아 그케 했을 때 우덜도 봤는데 그 제관 선정하기도 상당허니 어렵게 선정합디다. 진짜 어렵게 선정해요. 지금은 막 대충해 불지만은 그런 때는 엄격하니 합디다. 그런 것만 봤지 우리가 뭐 알 수가 없어요.

호랑이산보다 기세등등한 덕병사람들

자료코드   589_FOTA_20170518_DBR_LSM_004
조사장소   진도군 군내면 덕병리 덕병마을 제보자 자택
조사일시   2017. 5. 18
조 사 자   박영관, 박정석
제 보 자   이상문(남, 76세, 1942년생)

줄거리 덕병마을에서 정면으로 마주보는 곳에 호랑이산이 있는데, 이 산의 기운을 막기 위해
대나무를 심었더니 이후 마을에 큰 인물들이 많이 배출되어 마을도 한층 발전했다.

날씨가 이케 미세먼지가 껴갖고 호랑이산이 정확하니 안보이는디 세밀히 보
믄은 앞에 코잔등 하얀 가운데 그 콧뿌리 마냥 안 있소이. 안보이요? 있소? 그
것이 청감. 청감이라는데 저 덕병서 보믄은 아주 정확하니 앞에 쩌으 쑥 나오
는 왼발이 이케 있고 오른발은 딱 오글씨고 있고 작은 상호산, 둘째 상호산, 셋
째 상호산이 그 몸뚱아리고 이렇게 해갖고 영락없이 호랑이 산이어요. 틀림없
어요.

내가 생각할때는 개도 닭이나 쥐나 이런 거이 보이믄은 왈칵 이케 물어 부는
데 호랑이는 저보다 큰 사람이니까 얼른 왈칵 못 물고 으그리고만(웅크리고만)
있는 것이 우리 덕병 사람들을 상당히 대차다고 보거든요. 내가 생각할 때 대
차요.

옛날 어른들이 지금 쩌그 가믄은 대도 심어지고 있어요. 대가 심어져 갖고 있
는데 그 옛날에 주구장이로 주병용씨 그 양반이 대를 심었는데, 큰 사람 없고
큰 부자 없다 이래갖고 이 호랑이산 입을 막아야 된다 해갖고 대를 심었는데,
아까 얘기했지만 내가 생각할 때는 덕병 사람들 뿐이 무서우니까 웅그리고만
있다 이래서 그런지 몰라도 지금 덕병에 고시 패스한 이가 다섯인가 될거요.

다섯인가 있제.

그라고 여검사 매느리가 있고 서울대 법대 나와갖고 고시 패스 해서 거그서 둘이 짝을 지어갖고 부인은 검사하고 남편은 변호사 하고 있고, 지금 미스코리아 진인가 미인가 어찌게 해서 지금 저 SBS 근무하다가 지금 인도 파견 나가 있는 모양입니다. 상당히 유명한 덕병이예요.

옛날에 용석씨 아들도 고시패스 했고 상당히 유명해요. 고위층 분들이 많이 지금 탄생하고 있어요. 내가 우리 동생이라 해서 자화자찬 하는 거 같습니다만 청화대 대통령 홍보 수석 하는 것도 나는 그 덕이라고 봐요. 상당히 돈도 많이 내려오고 사업도 많이 내려왔어요. 진도 사업 많이 내려 왔어요. 박연수 군수님 박승만 군수님한테 많이 내려 보냈어요. 많이 내려갖고 그때 발전 다 됐어요.

군내면 덕병리 한의마을

학처럼 깨끗한 한의 사람들

자료코드   589_MONA_20170624_HYR_KJG_001
조사장소   진도군 군내면 덕병리 한의마을 제보자 자택
조사일시   2017. 6. 26
조 사 자   박영관, 박정석
제 보 자   김재근(남, 90세, 1928년생)

> **줄거리** 6·25전쟁 때 한의마을은 어느 누가 다치지 않았고 피해도 입지 않았다. 이는 마을 사람들이 서로 사이가 좋고 남을 탓하지 않는 학처럼 깨끗한 마음씨를 지녔기 때문이라 한다.

6·25 때 모도 그런 때 한의마을에서는 하나 피해도 없고 그랬어요. 6·25사변 났어도 한의 생각나네. 인민군이 들어와서든지 왜 자위단 순경이 들와서든지 경찰이 들왔던지 그래도 사람 한나(하나) 누구 한나가 끽끽한 이가 없어요.

6·25 때고 자위단 세력 때고 그만치로 한의인들이 깨끗한 사람들이었어. 그란께 동네이름이 학동이라 나서 그래가 학처럼 마음씨들이 전부 깨끗했던 모양입니다.

모도 참말로 그란께 원칙은 아주 똑똑한 놈도 없고 아주 못난 놈도 없고 평등하니 사람들이 사이가 좋게 살아서 인민군이 들어왔어도 누가 악의적이로 누구는 니가 잘못했으니 누구 죽이겠다 이런 사람이 한나도 없고, 한의는 깨끗허니 군내가 27개 마을인데 한의는 사람 한나도(하나도) 안죽었어.

흔적뿐인 마가패마을

자료코드   589_FOTA_20170624_HYR_KJG_001
조사장소   진도군 군내면 덕병리 한의마을 제보자 자택
조사일시   2017. 6. 26
조 사 자   박영관, 박정석
제 보 자   김재근(남, 90세, 1928년생)

> **줄거리** 마씨들이 모여 살던 마을을 '마가패'라고 했다는데, 지금도 그곳에서 기와 조각과 방구들을 했던 넓적한 돌덩이가 나온다.

그란께 아부지가 얘기해서 나도 들었는데 마가라는 그 마(馬)씨가 외딴 섬에서 그거하고 살다가 마을이 폐지가 되얏다 해서 마가패라고 그랬는데, 그기에 마을이 있었다는게 분명하다는 것은 거기서 지화(기와)가 나와서 옛날에는 다른 것으로는 녹을 닦을 수 없은께 그놈(기와) 뽀사서(빻아서) 그릇을 닦으믄은 놋그릇에 녹 팰(녹이 생길 때) 때 쯤 그릇을 닦으믄은 잘 닦아졌어요.

나도 지화를 줏어다가 뽀사갖꼬(빻아서) 그리 한 적이 있는데 분명히 거그서 재화가(기와가) 나오고 그 밭 부근을 매는디 어찌께해서(어떻게) 세맨도(시멘트도) 아니고 쪼각을(조각으로) 되갖고 있는데 거 세멘가치로 몇센치까 일메타는 못되고 그케 갈믄은 그 돌이 나오거든.

그란데 그집 방독마칠로(방독같이, 온돌처럼) 아주 너릅게(넓게) 그것이 나왔거든요. 그래 내가 그러믄은 꼬갱이로(곡갱이) 파갖고 들여논 적도 있는데 그란데 그것이.

어찌케 해서 그케 (그렇게) 세면공구리 만치로 누리끼리 해갖고 이런 방만치로(방만큼) 너릅게(넓게) 돼얏꼬 있을까요. 그것도 모르겠고요. 그거이 꼭 세면바닥가치 똑같애요.

(조사자 : 기왓장 나오는데가, 집터자리라는 거죠?)

네. 거가 그케 이런 방 문 정도 이케 너룹게, 쟁기질하믄 지금은 노타리친께 기계로 한께 그란디 그때는 소로 했거든요. 소로 쟁기질 하믄 뭣이 쟁기 끄트머리에 다갖고(닿아서) 파보믄은 그케 넓적한 돌이 나왔는데 어찌케 해서 그랬는가 나도 모르것소.

너무나 아까운 동서샘

자료코드   589_FOTA_20170624_HYR_KJG_003
조사장소   진도군 군내면 덕병리 한의마을 제보자 자택
조사일시   2017. 6. 24
조 사 자   박영관, 박정석
제 보 자   김재근(남, 91세, 1928년생)

줄거리 한의는 학이고, 학동은 학이 날아온 곳이라 하며, 예전에 물을 막기 전에는 한 마을이었으나 이후로 물이 들어오면 두 개 마을로 나뉘고 물이 빠지면 하나의 마을이 되곤 한다. 그리고 마을에 동서샘이 있어서 24가구가 모두 이 샘물을 길어다 먹고 살았다.

그란께 '동서샘'이라고. 옛날에는 돈 통 꽉 있는거 밑구덩(밑바닥)빡 떼갖고 돈을 세느라고 거그 샘에 거따(거기에)돈 통을 묻었는데, 거서(거기서)참말로 온수가 겨울이믄은 따땃하고 여름에는 시원하고 그래갖고 24호 동네가 순준(순전히)그 물을 먹고 살았어요.

그라고 학동 한의에 한의는 학동에 요건네짝인데 요건네서는 일곱 집이 살고 저건네서는 열두 집? 몇 집이것냐? 일곱 집 빼불믄은 24에서 열일곱 집이 살고

갈라져서 학동 안에 갈라져서 살았어요.

그란께 학동, 한의가 갈라져불데. 동네가 한의는 한의대로 살게 되고, 학동은 학동대로 살게 되고. 그란게 한의리 가믄 완전 섬이 되갖꼬 뭐 묻으믄은 완전 섬이 되갖고 오도 가도 못하게 되얏고 있어.

물을 막은 지 이십년 전 더 될거입니다. 한 삼십년이나 되얏것소. 그전에는 거기를 노들을 놔서 건너 다녔어요. 물이 아주 깊지는 안했던 모양입니다. 물이 썰믄은(빠지면) 싹 갈라지고 저 어디 회동같이로 물 들이믄은(들어오면) 바닥이 바다가 돼야 불고(되고).

한의학동이 한의가 섬 돼야불고 그 물이 써믄은 인자 또 같이 한동네가 돼야 불고. 그란께 옛날 어른들 말이믄 쩌으 한의가 날아댕기는 학, 겨울 학자 학, 그 학인데 '학이 한의리가 학등으로 날아왔다.' 그래서 학동 보고 학동이다. 학이 날아와서 요건네로 그란께 학의 섬이 학이로 돼얏꼬 있어. 학이 여기 거 한의학동으로 날라온다 그런 뜻이구만요. 그런 뜻이죠. 그래서 학동이라고 한의리라고도 하고.

북산재에서 만난 도깨비

자료코드   589_FOTA_20170626_HYR_KSJ_001
조사장소   진도군 군내면 덕병리 한의마을 제보자 자택
조사일시   2017. 6. 26
조 사 자   박영관, 박정석
제 보 자   김수자(여, 65세, 1953년생)

줄거리 학동에서 북산재 넘어가는 길은 산이 깊은 돌길인데, 하루는 제사지내고 돌아오는 김서 방에게 누군가가 씨름을 하자 해서 힘이 센 김서방이 그를 나무에 묶어놓고 다음날 가 서보니 싸리 빗자루 몽동이가 묶여 있었다.

옛날에 아부지가 말씀 하는 것을 제가 어렸을 때 들었는데요. 우리가 학교를 갔다오면 인자 학동에서 넘어가는 길이 하나 있어요. 산속에가. 그거는 자전 거도 못다니고 사람만 다녀요. 우게(위에) 올라가믄 비가 많이 오믄은 돌이 씻 쳐(쓸려) 내려가지고 막 돌백께(돌밖에) 없어요. 흙이랑은 하나도 없어. 온통 돌로 되야가지고 운동화를 신고 이 높은 데를 올라서 학이 쪽으로 갔다하면 운동 화가 일주일도 못 걸려요. 신발이 다 찢어져불어.

거그를 갔다오면 산하고 하늘백께(하늘밖에) 안 보여요. 아무것도 없어. 거그 다 닌 데가 허술해갖고 쫌 무섭다고 다들 그렇게 말했어요.

아부지 말씀이 쩌그(저기) 한의에 사는 김서방이란 놈이 어찌나 담이 신데(용감 한데) 지사를 지내고 조랑에다가 음식을 갖고 오는데 어떤 놈이 나와서,

"네가 담이 시단께 너랑 나랑 씨름을 한번 해보자."

그라드래. 그래서 둘이 씨름을 하고 그 아저씨가 힘이 세갖고 발로 탁 자빨셔 갖꼬(넘어뜨려) 인자 그 사람이 쓰러진께,

"니가 나한테 졌은께 내가 너를 인자 곧 보겠다"

함서(하면서) 자빠진 사람을 소나무에다가 자기 허리띠를 딱 풀어서 묶어놓고

아침에 자고 일어나서 니가 나한테 졌은께 죽었는가 살았는가 가서 보자 그라고 가서 본께, 소나무에 그 빗지락 몽댕이, 싸래비찌락(싸리빗자루) 몽댕이가 묶어져갖고 있어서,

'아, 사람이 아니고 이것이 뭐실까?'

그라고 자기 허리띠만 띠고 빼갖꼬 허리띠를 묶고 와서 질끈 묶고 가서 '자아, 어제는 분명히 내가 사람하고 씨름을 해갖고 사람을 묶었는데, 왜 비찌락 몽댕이가 묶어졌는가' 또 그것이 소문이 다 퍼져가지고 거그는 무선데다(무서운곳) 거가 무선데니까 거그는 저녁에는 못 지나온다고 했어요.

그라고 큰집 오빠가 진고(진도고등학교)를 걸어다녔어. 거그 뭐냐 학동길에서 북산재 있잖아요. 진도 읍내. 정자리에서 북산재를 넘어서 학교를 다녔는데, 갔다오믄 늦은께 큰어머니가 꼭 거그 마중을 다녔어. 그 기종이 오빠를, 기준이 오빠를. 밤에 늦게 오면 무섭다고 꼭 큰엄마가 마중을 다녔어. 그런 거를 쫌 알아요. 아부지가 얘기를 해줘서.

발 담구고 놀던 시원한 도구통샘

자료코드　589_FOTA_20170624_HYR_KSJ_002
조사장소　진도군 군내면 덕병리 한의마을 제보자 자택
조사일시　2017. 6. 24
조 사 자　박영관, 박정석
제 보 자　김수자(여, 65세, 1953년생)

> **줄거리** 마을 주민뿐만 아니라 근처에서 갯것을 잡으러 오는 사람들도 도구통샘에서 시원하게 물을 마시거나 발을 담그며 어울려 놀곤 했다. 그러나 지금은 이 도구통샘이 없어졌는데, 잘 보존되었더라면 하는 아쉬움이 든다는 것이다.

아, 도구통요. 옛날에 도구통샘이 겁나게 가뭄들 때 있잖아요. 근데요. 동네 사람들이 군내고 아니 월가리고 동산이고 그런 어르신들이 기고(게고), 고동이고 따러 오믄요. 그 샘이 쪼끔해요(작아요). 바가치로(바가지로) 그냥 앉아서 이렇게 떠요.

물이 들면은(들어오면) 물이 이 정도(가슴 위) 차요. 물이 다 들어붙어요. 우리 집 앞에가. 찰랑찰랑하면 발을 거그다 넣잖아요. 그럼 발이 시원해요. 그때도 물이 나와요. 거기서 물이 나오니까 시원하죠.

우게는(위에는) 따뜻한데 거그만 대믄 발이 시원해요. 그러니까 우리 친구들이 해수욕 가믄(가면) 거그 도구통샘이 어딘지를 모르니까 찾으러 다녀. 발이 시원하니 담굴라고(담그려고) 막 찾으러 당겨갖고(다녀서) 친구들이 발을 거그다 다 한나썩(하나씩) 담구고 있어요.

물이 쏙 빠지면은 거가 또 뻘하고 모래하고 한나(가득) 차. 그라믄 먼저 간 사람이 거그서 바가치로 막 다 히쳐(씻어서 퍼내) 부러요. 히쳐서 깨끗이 해놓으면 거가 자갈로 되얏어요. 샘은 쪼끄매갖고(조그맣고) 바가치로 떠갖고 거기서 엄마들이 앉아서 빨래도 다 하고, 생수로 떠다 먹고 그래요.

그 동네사람들이 개 잡으믄은 도시락 싸갖고 와서 거그 앉아서 먹고 그렇게 했는데, 원을(갯벌을) 막아부니까. 지금 같으면 내가 문화를 알고 뭔갈(뭔가를) 알 았다면, '이건 아니다 여그까진(여기까지는) 막지 말고 이놈은 놔둬라 이것이 앞으로는 문화재가 되니까 놔둬라' 그렇게 할 수도 있었는가 몰르는데(모르는데), 그때는 어려가지고(어려서) 그 생각을 못했어요.

그래도 '여그를(여기를) 막으믄 너무 아깝다 너무 아깝다' 그 말은 내가 자주 했어요. 이거는 정말 너무 아까운 샘인데 막아버린다고. 그란데 그때만 해도 나는 어리고 문화에 대해서는 전혀 몰르것고(모르고) 어른들이 하는 일이라 그란갑다 그랬더니 지금 생각하니까 그것이 너무 아까워요. 아까워.

그라고 이분들이 오랜 세월이 가니까 원을 안막았어야 했다고 후회해요. 아부지 같은 사람은 인자 돌아가셔 불고 모다 늙었지만 젊은 사람들은 바다에가 돈은 다 있어요. 바다에.

그라믄 물쓰믄(물이 나가면) 아부지랑도 그 바다에서 순전 생계를 낙지고 꿀이고(굴이고) 깨갖꼬 생계를 이어가잖아요.

군내면 둔전리 둔전마을

연안차씨와 방귀등

자료코드   589_FOTA_20170528_DJR_PSJ_001
조사장소   진도군 군내면 둔전리 둔전마을 제보자 자택
조사일시   2017. 5.28
조 사 자   박영관, 박정석
제 보 자   박세종(남, 80세, 1938년생)

줄거리 연안차씨들이 귀신을 막는 개모양의 방귀등을 방파제로 세웠는데, 일제강점기 때 저수
지를 막아버리자 갯물을 못 먹은 개가 죽어서 그때부터 차씨들이 망해버렸다. 이후에
차씨들이 살던 마을을 뜯어서 옮긴 곳이 둔전리라 한다.

둔전리는 예전에 민간인이 주둔해갖고 생활을 하면서 자급자족한 마을이라
둔전이라고 했다고 그랍니다. 그래 둔전리는 지금 와서 연안차씨가 둔전이라
는 이름을 가지고 마을을 형성했는데 그런 때는 연안차씨를 모르고 뒷굴 차
씨라고 했었습니다.

둔전리 마을에 저수지가 있는데 여가 '방귀뚱'이라 그러는데 방파제 이러트믄
적을 방지한다는 방, 방귀뚱이 있고 그래갖고 차씨들이 연산편모둥이라고 있
는데 편모둥 옆에가 방귀뚱이라고 있습니다.

방귀뚱은 뭐이라 하냐 그라믄 방귀라는 것은 바다에 사는데 항상 돌대가리
같은 개가 있씨요. 꼭 방귀같이 생겼어요. 요 등이, 이따 여그 보믄 뵈는데.

거가 그 양반들 산소가 있었는데 우리 어려서 가보믄 경주 가믄 능 같이로 크
나큰 그런 묘가 있었어요. 그래갖고 모도 개간해갖고 다 없애불어서 딸기밭 그
런 것이 되야 불었습니다 거가.

어째서 차씨들이 망했냐 그라믄은 여그 구원이라고 왜정때 일본사람들이 침공하기 전에 막었던 구원이라고 있었습니다. 여그 바로 산 밑에 요리, 여그서 쪼 둔전리 못 가서 연산 요리(여기). 구원을 막은께 여까지 바닷물이 철렁거려서 고기도 낚고 그랬드랍니다. 그랬는데 거그를 막어분께 방귀가 죽제. 갯물을 못 먹은께.

그래서 차씨들이 망해갖고 이 사람, 저 사람 어디로 뜬지 모르고 다 떠불었어 (떠나버렸다). 그 집을 냐두고 그런 때는 집도 살 사람이 없고 하기 때문에 저런데서 곤란하게 살다와갖고 거그서 뜯어다 맞춰갖고 한 것이 지금의 둔전립니다. 차씨들이 부르던 둔전 마을을 요 밑에로 인자 옮겨서 그거이 둔전리로 인자 되얏죠.

그런께 내가 지금 생각할 때는 고려말 아니면 이조 아닌가 400여년 400년이 더 된께. 여가. 예, 조선조 중기나 되것습니다. 그란께 사백 한 오십년을 겪는데 그 전에 차씨들이 반촌이라 해갖고 양반들 반촌, 민촌이 있는데 둔전리 여그는 차씨들이 양반이었드랍니다.

그래야만 잘못하는 사람이 있으믄 덕석머리도(덕석몰이) 시키고 한 저 지금 동계, 저 동계 마을에 가믄 동계 책이 있는데 그거이 내려오던 그 누구네가 몇섬,

맺섬 하던 그거이 내려 왔었는데 누가 이장함시로 누가 가져가 감춰불었어. 지금은 없어. 참 좋은걸 놓쳐 불었제(잃어버렸다).

그래갖고 이 차씨들이 완전히 망한 것은 구원을 막아분께 갯물이 안들온께 방귀가 몰라져(말라) 죽제.

방귀등, 여가 방귀등이 차씨들 선산, 선산이여. 지금은 개간해갖고 모도 밭 같은거 하고 지금은 원주 이씨 선산 되얏는데 차씨가 망해불고 둔전이라는 이름이 나왔습니다. 그런데 그전에는 말 타고 마을 앞에 못 댕기겠드랍니다. 둔전이란 데가 어찌게 씬지(드세서). 옛날에는 둔전마을 바로 앞에까지 바닷물이 다 들왔습니다.

둔전리 팔경

자료코드   589_FOTA_20170528_DJR_PSJ_002
조사장소   진도군 군내면 둔전리 둔전마을 제보자 자택
조사일시   2017. 5.28
조 사 자   박영관, 박정석
제 보 자   박세종(남, 80세, 1938년생)

> **줄거리** 둔전리는 연안차씨들이 모여 살았는데, 그중에 학식과 인품을 갖춘 분들이 이곳 둔전리의 여덟 가지 경치를 뽑았다고 한다.

차씨들이 차지해갖고 있을 때도 꽹장히 의식 있는 어른들이 많앴던(많았나) 거입디다(봅니다).

연안차씨 세장산비

서당쌤이라고 서당터가 있습니다. 그 애기들 가르치고 어른들 댕기는 서당, 그런데 그만치 의식 있는 어른들이 있기 때문에 둔전리 경치라 할까 그런 뭣을 봐서 팔경이라는 그걸 됐는데 차씨들, 그 어른들이 그 당시 지은 팔경이요.

하나는 장상노송, 또 두 번째는 옥녀탄금, 세 번째는 오동야경, 네 번째는 빙암낙조, 다섯 번째는 문암절벽, 또 여섯 번째가 반계똥, 일곱 번째가 조산똥, 야닯 번째가 상골산인 모양입니다. 아~ 해언야월, 야닯번째가.

이 얘기는 전에 고학문도 유식하시고 하시던 이연암씨하고 행교(鄕校) 출입하시던 어른한테 들은 얘깁니다.

해언사와 용샘 그리고 조새바우

자료코드   589_FOTA_20170528_DJR_PSJ_003
조사장소   진도군 군내면 둔전리 둔전마을 제보자 자택
조사일시   2017. 5. 28
조 사 자   박영관, 박정석
제 보 자   박세종(남, 80세, 1938년생)

줄거리 금골산 위에 해언사라는 절이 있었는데, 지금은 터만 남아있으며, 조새바위 뒤에 있는
용샘은 여전히 물이 마르지 않고 나오고 있다. 그리고 조새바위는 비둘기가 떼를 지어
살았다 해서 붙여진 이름이다.

지금은 금골산이라고 그랍니다만 전에는 거기를 상골산(上骨山)이라고 했습니
다. 웃 상(上)자, 뼈골(骨)자. 그리고 고 옆에 가면 소골이라고 있습니다. 소골. 그
래서 상골산 여그 밑에가 해남 대흥사부담(보다) 더 멈첨(먼저) 생긴 해언사(해언
사)라는 절이 있었드랍니다.

절이 있는 상골산 쩌 우게(위에) 가믄 큰바위라고 있는데 그곳에 암자가 있어갖
고 배꼬랑치(배꼽부위) 있는 데를 까마니(검게그을린) 그랍니다.

암자에 스님이 한 분 계셨는데 어디서 손님이 와서 암자에서 같이 밥을 하는
데 쌀이 꼭 한 사람 먹을치만 나오는데 아무리 기도를 하고 빌어도 쌀이 안 나
오드랍니다. 그란께 비땅으로(빗자루로) 거그 암자 배꼬랑치를 쑤셔부셔서(쑤셔
대서) 끄마니 그랍니다. 거가.

그런 전설이 있고 거그 가면 현재 물통, 도구통 요론(요런) 것이 있습니다. 그라
고 고 뒤에 가믄 용샘이라고 있어요. 거기는 사시사철 물이 안 모릅니다(마르지
않습니다) 용섬은. 그 물을 떠다가 밥을 해자시고 한 그 뭣이 있습니다.

그란데 이 해언사가 어째서 없어졌냐 그라믄, 절은 물이 흔해야 할거인데 물이
없어서 해언사가 없어졌다고 그랍니다. 쩌그(저기) 용샘은 상골산 꼭대기에가

있습니다. 그란데 어째 거가 물이 나까 누구든지 가봐도 의심스러.

또 조새바우라고 있는데 조새바우 뒤에 가믄 용샘이라고 있는디 이 석장을 깎아서 니모(네모) 반듯하게 해서 해놨어. 생전 안 몰라요(마르지않아요).

조새바우는 그 바위를 보고 어째 조새라 했든가 지금도 조새바우, 조새바우 그랍니다. 그기(거기) 삐둘기가 한 몇 만 마리가 살았어요. 그래갖꼬 우우하니 떼가서 앉아불믄 콩이고 서숙이고 다 없어져불어. 그란데 60년 전에까진 삐둘기가 있었는데 지금은 한나도 없어불어.

그래 상골산 저 암자 거그 가믄 꾸울 꾸울 모도 물맞어갖고 저런데 도팍(돌) 밑 한데 굴이 있어요. 이런데(그런데가) 전부가 비둘기 집이여. 노래에도 상골산 비둘기하고 있는데.

상골산 석공 박중순

자료코드   589_FOTA_20170528_DJR_PSJ_004
조사장소   진도군 군내면 둔전리 둔전마을 제보자 자택
조사일시   2017. 5.28
조 사 자   박영관, 박정석
제 보 자   박세종(남, 80세, 1938년생)

줄거리 해남에서 이사 온 석공 박중순씨가 상골산 위에 있는 큰 바위를 깨서 절구, 구유, 맷돌을 만들었으며, 마을의 구관씨네 집도 그 돌로 지었다.

상골산에 박중순씨라는 사람이 해남에서 이 마을로 이사와서 석공을 했던 것입더이다(했나봅니다). 상골산 옆 저 중학교 뒤에가 암자 바우가 있는데 그걸 전부 손으로 깨서 도구통(절구통)을 만들어갖고 도구통(절구), 구수(구유), 맷독(맷돌)을 만들었어요.

그라고 지금 저 금성국민학교가 돌을 지금 구관씨네 집이 지금 그 돌로 지서졌어요(지었어요). 깎아서. 구관씨네 집. 그러니 그 돌을 그게 깨서 한 것이 얼마 안됐구만요. 그 사람들이 순전 생계가 그것이었어. 석공하는 일하는 사람이, 그란께 그 양반들이 죽어분께 지금은 그런 것이 귀하제. 도구통 만들어서 팔고 구수, 맷독, 맷돌 그런거 또 요케 밭 구르는 고론 것도 만들고.

둔전리 역사를 생각하믄 또 뭐 지금은 가장, 가장 마친다고, 가장굴이네 모도 방군인 모도 죽어갖꼬 요리 밀리믄(밀려오면) 그것을 사람들이 주와갖꼬(주워와서) 전부 묏을(묘를) 다 했는데 제관해 불었어. 요 쪼그만 저수지 그 부근이라 거가 방적골이라고 그란데 고 뒤에 가믄 사장터가 있어요. 요기 활 쏘는 터가 있고. 활 맞치고 하는 곳.

뒤롱이묘와 금골산 유래

자료코드 589_FOTA_20170528_DJR_PSJ_005
조사장소 진도군 군내면 둔전리 둔전마을 제보자 자택
조사일시 2017. 5.28
조 사 자 박영관, 박정석
제 보 자 박세종(남, 80세, 1938년생)

줄거리 둔전리 앞 뒤롱이묘는 예전에 걸어가던 바위를 보고 각시가 한마디 해서 바위가 그대로 그 자리에 주저앉아 생긴 것이다. 상골산은 돌을 깨보면 그 속에서 쇠붙이 같은 것이 나와서 그것을 보고 상골산이라고 부르다가 나중에 금골산으로 부르게 되었다.

내가 예전 그 할아부지들한테 들은 얘기를 전설을 얘기할라고 합니다. 전에는 바위, 이런 뭣이 막 걸어댕겼던 것입디다.

그란데 둔전리 앞에 뒤롱이묘라는 묏뚱(묘)이 있는데 저것은 어찌게 생겼다냐고 그란께 다시 생기잖애(생기지않고) 어떤 예쁜 각시가 떡을 해갖고 친정을 간다고 가는데 길에 바우독이 걸어가는 걸 보고,

"어으, 바우독이(바윗돌이) 걸어댕기네."

그란께 바우독이 그 자리에 딱 주저앉아갖고 산이 되야불고 뒤에 떡이 있는데 상골산 쩌 뒤에 가믄 지금 있는지 없는지 모르것습니다. 우리 어려서 가믄 꼭으 저으 찹쌀떡 같일로(같이) 집어서 먹고 그랬는데 우리 올라댕긴께. 그란데 인자(이제)늙어갖고 올라댕기것소? 떡도 거기에 있는지 없는지 모르것소. 그런 전설이 있어요.

우리가 상골산 옆에 올라댕기는 절벽 옆에가 그 쩌이(저기) 거 상골산에 의지 나온 자리이고 황토가 있습니다. 황토가 있어. 거그에 우리가 올라댕겨서 그 뭣 해서 집어서 먹어보고 그랬어.

그래서 인자 그때 상골, 상골하는데 사람들이 다리 아프고 다리 부러지고 어

짜고 생각하믄 돌 속에서 *끄집어내는* 상골이라고 있거든요. 독(돌) 속에가 상골이라고 백여(박혀) 있어요. 돌 속에가 쇠붙이 같이 생긴 것이 나와.

여그서 그런 돌을 깨믄은 나왔습니다. 이런거 쇠붙이가. 그래서 난 여그를 상골이라 했는갑다 그랬어. 그런데 나중에는 인자 금골로 되야 부렀지만은 맹맹한께(명명한 것이) 그전에는 상골이었어.

세골합에서 안농까지 해원바닥

자료코드	589_FOTA_20170528_DJR_PSJ_006
조사장소	진도군 군내면 둔전리 둔전마을 제보자 자택
조사일시	2017. 5.28
조 사 자	박영관, 박정석
제 보 자	박세종(남, 80세, 1938년생)

> **줄거리** 예전에는 서해리 밑 세골합에서 안농까지 이어지는 저수지가 있었다. 수문이 두 개나 있고 둑이 길어서 강강술래 가사에도 등장한다. 그 당시 저수지 공사를 하면서 모여든 사람들이 지금 세등마을 2구를 이루었다.

해원바닥이라고 여그(여기)보고 해원이라 했는데 해원둥에 해원뚝, 큰 원이(저수지가) 있었습니다. 그 원이 쩌그(저기) 서해리 밑에 세골합이라고 있는데 거그서 여그 안농, 안농 여까지(여기까지) 원이 있었는데, 원을 만들 때 그전에 장군들이 가래로 해서 순전 흙으로 해서 막았어. 흙으로.

그라고 수문통이 큰 수문이 있고 작은 수문까지 두 개가 있었고 그래서 강강술래 할때 '길다 길다 해원둑' 하고 가사에도 나오대요. 그런 것은 문화재 최소심씨 같은 그런 분들이 하제. 우리야 뭐 어려갖고 모르고 그런 것을 했다고 우덜(우리들)은 들었죠.

그라고 장언이라는 마을은 여그 둔전리 공사, 저수지 막고 쩌 앞에 뚝 막을 때 모도 어디서 살다 와서 방도 안내주고 한께 모도 막을(천막을) 쳐갖고 살다가 흙으로 해서 집 짓고 해갖고 지금 거가 세등 2구입니다.

그란데 거그 보고 장언이라고 곽국환씨가 세등서 이사와갖고 여그 살믄서 해원이라고 그 이름을 붙였죠.

거그 해원막이라고 원보는 사람이 있는데 논 서마지기가 고(그) 뒤에가 있었습니다. 원이 터지믄 요새는 마이크로도 하고 전화도 있고 하지만은 그때는 사람이 댕기면서 윗소리 합니다.

어디 원터졌다고 나오라 하믄 그런 때는 뭐 갖고 나갈게 가마니나 짚이나 그런 것 백게(밖에) 없었어요. 가마니나 짚을 갖고 가서 그놈으로 물드는데다 흙으로 해서 막고 그라고 있는데 한 번은 소를 믹이로 갔는데 막 사람 살리라고 해싸서 가봤어요.

가보니까 그 수문이 요로케 앞으로 닫아지믄 뒤로는 물이 안 들오게 되고 쩌그서 물이 딱 차갖고 썰물에는 요놈이 나가믄은 물이 흐르고 그러거든.

물이 드는데 도팍이(돌이) 개아져갖고 물이 들온께 그 도팍 친다고(치운다고) 해갖고 수문이 어깨를 내 잘라부렀어. 그런께 또 연암씨 어른이 면에도 댕기고 유식한 어른이라 몽댕이 통통한 나무를 막 갖꼬라(갖고오라) 해갖고 깍아서 그 새다구에다가(사이에다) 여갖고 살았어요. 글안하믄 영락없이 물이 차서 죽어불 거인데.

저기 그 세골합, 그것이 용장에서 내려오는 물하고 세등에 가능골에서 내려오는 물하고 만나는 거가 세골합이요.

금골마을과 안농의 유래

자료코드   589_FOTA_20170528_DJR_PSJ_007
조사장소   진도군 군내면 둔전리 둔전마을 제보자 자택
조사일시   2017. 5.28
조 사 자   박영관, 박정석
제 보 자   박세종(남, 80세, 1938년생)

줄거리 돌을 깎아 물건을 만들던 석공들이 많았던 상골마을은 처음에는 가난했으나 지금은 살기 좋아졌고, 안농은 다른 곳에서 유입된 사람들이 모여서 이룬 마을이지만 지금은 살기 편안한 마을이 되었다.

군내면 안농마을 전경

지금은 금골마을이라고 부르고 백 세대 이상 삽니다만은 전에는 상골이라고 그랬습니다. 서씨들이 한 대여섯 집 살고 다른 사람들 석수들, 석공들이 와서 모도(모두) 모여 살았지요. 도구통(절구)에, 구수(구유), 맷독(맷돌) 그런거 만들어 갖고 살던 곳으로 그때는 참 곤란하니 살던 동넵니다. 지금은 학교가 둘이나

금골산 아래에 자리 잡은 금골마을 근경

금골산 아래에 자리 잡은 금골마을 원경

생기고 뭐 보건소 있고 아조(아주) 문화재가 되얏습니다만은 전에는 가난한 동네죠.

그라고 안농이라는 데는 피난민들이 와서 사는데 쩌그 저 거그 왕무덤재 옆에, 거그 사는데 국회의원 ○○○씨가 그 사람들을 요리 데려와서 정부에서 집도 지서주고(지어주고) 논 두 매미썩(두 배미씩) 안 줬습니까? 한 백 여 세대 이상 되더니 한 이십오 세대 남고 다 나갔어. 집을 놔두고. 거가 그래서 안농이 생겼 습니다.

거기 국회의원 ○○○씨가 표 얻을라고 사람들을 왕무덤재에서 요리(여기에) 데 려다 놓은 그때 면장 최○○씨 할 땐데, 그 국회의원하고 면장이 싸우고 난리 났죠. 왜 여그 사람들은 논을 안 나눠주고 이주해 온 그 사람들은 두 자리썩 주냐? 그것도 젤 존(좋은) 자리만 두 자리썩 주니까.

군내면 분토리 외동산마을

진도의 백두대간, 금골산

자료코드   589_FOTA_20170424_YDSR_PGB_001
조사장소   진도군 군내면 분토리 외동산마을 제보자 자택
조사일시   2017. 4. 24
조 사 자   박영관, 박정석
제 보 자   박규배(남, 81세, 1936년생)

줄거리 진도의 백두대간은 금골산이며, 금골산에서 첨찰산으로 이어져 풍요롭고 살기 좋은 진
도가 형성되었다.

진도의 백두대간 금골산을 저는 항상 그게 평범한 생각으로 보질 않습니다.
저 백두대간 금골산이 있기 때문에 진도라는 이런 섬이 '보배 진(珍)' 자, '섬 도
(島)'로 이름이 된 것 아니냐 하는 그런 생각을 혼자 가져 봅니다.

그래 거기에서 간재라는 잔등을 넘으면은 이제 분토굴이라는 마을이 보입니
다. 그람 분토굴 앞에 냇갓을 건너 가지고 월가리 뒤에 산을 넘어서 진도읍 고
을까지 가게 그렇게 길이 나있었습니다. 그래서 월가천하고 군내천하고 같이
합류가 되는 거기를 이씨보라고 그렇게 되얐습니다. 이씨보의 역사도 월가리
서 살던 어느 어머니가 남편이 돌아가셔 가지고 덕병으로 재가를 한 그런 그
내용의 내용도 있고 합니다.

그란게 더 이상 자세한 것은 모르것습니다만은 그렇게 해서 이제 우리 동네는
내동산, 외동산, 그리고 내동산 건너편에 군내면 소재지 한사 상가마을이 그
렇게 되야 있습니다.

백두대간을 넘어서 우리 동네 뒷산이로 해서 고군면 사동이라는 마을이 있는데 그 사동재를 지나서 첨찰산하고 연결된 산맥을 유지하고 있다 그래서 산수지리학적으로 말씀하시는 어르신들 얘기를 들으면은 첨찰산 물이 사동 잔등을 넘어서 그렇게 오니까 거기가 저수지 하나 없이, 큰 둠봉(웅덩이) 하나 없이, 그렇게 많은 면적은 아닙니다만은 논농사 짓는데 아주 물이 풍부하니 그런 좋은 땅이 있습니다.

그라고 이제 진도 4차선 국도가 나면서 약간 지리학적으로도 모도 위치가 바까지고 또 예전 어르신들이 얘기하던 그 지리학설 풍수지리설이 많이 바뀌었습니다만은 그런데로 이어서 살고 있는 실정입니다.

지 생각은 어런덜한테(어른들에게) 들은 얘기 모도 잊어뿔고 했습니다만은 그렇게 말씀을 드리고 내가 내 동네라 해서 자랑하는 것이 아니라, 외지에서 오신 풍수지리학을 하는 학자들의 말씀을 들으면은 보믄 볼수록 정겹고 보믄 볼수록 마을이 평화롭게 보인다고 합니다.

그런데 동네 막 들오는데 서풍을 막기 위해서 소나무를 심고 거기에 큰 바위가 두 개가 있었는데, 하나는 없어지고 하나만 논 가운데 점 같이 있고 또 하나가 이케 막아지고, 돌종 지나는데 아주 큰 바위가 있었는데 분명히 역사적으로 해서 어떤 근거가 있으리라 생각이 됩니다. 거기에 바위가 무려 한 일고 야달(여덟)개가 쪼그만한 면적에가 있었습니다.

그란데 그 큰 바위를 깨서 없애믄 그런 것이 또 있었고 돌아가믄 동근메라고 아주 둥근 산이 있습니다. 그래 거기는 돌종 지나는 거그하고 보면은 불과 거리가 백메타 거리도 안되는데 거기는 바윗독 하나가 없습니다. 맨 산에다 소나무 밖에는 없어요. 그렇게 마을이 형성되야 있습니다.

간재 너매 금골산 사이의 그 마을이 그 연산마을 연산입니다. 연산 한자로 해서 '이을 연(連)'자, '뫼 산(山)'자를 씁니다. 그래서 내가 뭐 깊이 알것습니까만은 진도 백두대간의 금골산에서 산맥이 이어져서 이쪽에 우리 진도에 오만 산이 다 형성이 되었다 그렇게 나는 생각을 합니다.

군내면 분토리 한사마을

폐사된 한산사와 사라진 5층 석탑

자료코드   589_FOTA_20170603_HSR_PSB_001
조사장소   진도군 군내면 분토리 한사마을 제보자 자택
조사일시   2017. 6. 3
조 사 자   박영관, 박정석
제 보 자   박성배(남, 80세, 1938년생)

줄거리 고려 말경 조성된 한산사는 빈대가 성해서 폐사되었고 그 주변 차밭에는 가끔 보성 사람들이 와서 차를 만들어 가곤 했다. 절터에는 와상 부처님과 5층 석탑이 있었는데, 5층 석탑은 사람들이 학교로 양어장으로 이리저리 옮겨두었으나 비 오는 어느 날 결국 도둑을 맞았다

한산사는 고려말경에 여승들이 살고 있는 절터였는데, 그런 때는 뭣도 없고 약도 없고 그러니까 빈대가 하도 많이 성해가지고 거기 전부 여승들이 나가 불고 나중에 그 절터를 그냥 소각시켰다 그런 전언이 있습니다. 그렇게 우리한테 말해주신 분이 상진씨라고 지금 살아 계시다믄은 백 삼십 살이나 될 거 같습니다.

그 여승들이 차를 끓여서 그란지 몰라도 그 한사리 뒷산에가 차나무가 많이 있는데, 우리는 그런 차나무에 대한 관심이 없었고 가끔 읍에서 한 두 사람 와서 간간이 차를 뜯어 갔어요.

그라고 보성사람들이 해년마다 한 세 사람이나 와가지고 그때 하철네 할아버지가 살아계실 때 하튼 그 집이서 꼭 찾아와. 거기서 차를 삶아갖고 덕금질 허대께(차를 덖어서) 해갖고 그거 말려갖고는 그 사람들이 가지고 간다고 그래. 그것이 오월, 사월 말부터 오월 초나 될 거이여.

그 사람들이 오는 해가 항시 그때는 꼭 와. 근데 그렇게 해가지고 차를 만들어 갔는데 뭐 그런 사람들이 혹시 여기서 차나무도 가져가지 않았는가 그런 생각도 들제. 글 안하믄 저 씨를 받아가든지.

(조사자 : 차가 아주 원종이구만요? 옛날 고려 때 것이니까.)

지금 그 절터에가 얼마 전까지도 모도 거그 부처님도 있고 요즘도 있었죠. 그것이 두루 와상이라, 비낏하니(비슷하게) 두루누운(드러누운) 부천데 아마 그 무게가 약 2톤 정도 될 거이여. 그러고 오층석탑 그것이 높이가 5미터, 2미터나 될 거이여.

그란데 그것이 옛날에 일제시대 때는 국민학교다 갖고 갔어. 왜 그랬냐믄 국민학교 주위환경을 뭣하기 위해서 그런거 갖다가 교무실 앞에다 놔두고 그랬는데, 그 다음에 그 있다 폐교되고 그랑께 양어장에다 저 석탑을 세워놓고 그랬어. 주민들이 얘기를 한께 도로 원상복구를 그 밭으로 해놨는데 그랑께 한 5, 6년 전, 비가 많이 오는 밤에 밭에 있는 그놈을 통째 다 실어가 불고 지금은 흔적도 없어.

그라고 차나무는 그런 때부터 쪼금 있었는데 지금은 차에 관심이 없은께 지금은 저절로 많이 퍼졌어. 사람들이 여러 군데 해놔서 퍼졌어. 전에는 한군데 밖에 없었거든. 그 뭣이 그란데 지금은 근처 산에가 많이 퍼져 있어. 그란데 그것이 자연차로서 개발할 필요가 있지 않은가 그런 생각도 들제.

지금은 사라져버린 물레방아

자료코드   589_MONA_20170603_HSR_PSB_001
조사장소   진도군 군내면 분토리 한사마을 제보자 자택
조사일시   2017. 6. 3
조 사 자   박영관, 박정석
제 보 자   박성배(남, 80세, 1938년생)

줄거리 6·25전쟁 후 물레방아를 만들어 마을에 정착한 가족은 몇 년간 운영하였으나 점차 물이 적어지고 환경이 변하자 마을을 떠났다. 이후 다른 사람이 운영하였으나 이후 멈춘 채 방치되다가 지금은 흔적도 없이 사라졌다.

물레방아는 6·25 쪼금 지나서 그란께 1951년이나 3년 그런 때 됐을 거이여. 그 때 함평 김부억씨란 사람이 자기 부인하고 딸 하나 데리고 와서 물레방아를 한 삼, 사개월인가 만들었는데 집도 짓고 그거를 만들었어.

그 때는 독 떡방애가(돌 떡방아가) 우리 동네는 없고 상가리 한나, 분토리 한나, 내동서 한나, 월가리 하나, 정자리 하나 있었는데 그런 때 그 방애 찧을라믄 옆에 차례를 기달려 갖고 하고 그라는디. 물레방아도 다행히 거그도 돌아갔는데 근디 물레방아도 뭣이 안디야. 물이 적어진게 환경이 변화되어서 그라고 둘이서 물레방아를 운영할 수가 없고 그란께 동네 이양윤씨한테 인계를 해주고 갔지. 그 뒤로 양윤씨가 운영함시로도 뭣이 계산이 안맞은께 그걸 그냥 놔두고 있었는데 거그서 어느 여자 한 분 과부가 와서 살았을 거이여. 거기 사는데 또 어느 집 사람들하고 무슨 소문이 있어갖고 그냥 그 사람들이 나가 불고 그래서 빈 공터로 있다가 정리하는 바람에 그 터가 싹없어져 불고 기냥 논이로 되고 하천이로 바까져불제. 지금 흔적도 없어.

그러니까 그것이 한 7~9년 돌았을거이여. 그란께 59년, 60년도까지 돌았을 거이여. 그란께 우리 군대 갔다오기 전에 없어졌을 거이여.

군내면 송산리 상가마을

크게 번성했던 상가마을

자료코드 589_FOTA_20171002_SGR_YSH_001
조사장소 진도군 군내면 상가리 상가마을 제보자 자택
조사일시 2017. 10. 2
조 사 자 박영관, 박정석
제 보 자 양상훈(남, 84세, 1934년생)

> **줄거리** 상가리는 성조 때 진도와 해남이 분리되면서 처음 부임한 진도군수가 상가리의 산세를
> 보고 둥지를 튼 곳이다. 상가리는 예전에는 제주 양씨의 집성촌으로 크게 번성했으나
> 지금은 쇠락해졌다.

선조 정사년 해진군이 해남과 진도로 분리되면서 첫 해 진도군수로 제수받은
양경해 군수의 가손들이 도진하여 칩거, 산세를 보니 한복판에 세등산, 좌측
에 소등산, 우측에 굴곡, 우편에 적골, 쌍봉을 이루어 좌청룡, 우백호로 좌장
하니 가히 진토라 둥지를 트니 정남향으로 전면에 누에모 동쪽을 향하여 머리
를 구하니 진좌만수형이라. 부귀형이라.

인재와 부가 경청한다 하고 이 동네는 앞으로 흐르는 가흥천에 송산과 석현이
이 하천에 접점이 되어 합치게 하니 가흥교로 흘러 서해에서 서해와 만나니 가
히 강물과 바다가 만나 세가 등등하도다.

상가동네 연혁은 동네 복판에 늠름히 서있는 느티나무는 마을나무로 수령이
231년으로 추정, 동네 설립과 맥을 같이 하는 동네 수호신, 방목신으로 자리
매김하고 있습니다.

설에 의하면 상가리 설립 전에 동편에 있는 엄맛골이 엄씨와 마씨가 살았다는

설을 뒷받침으로 엄맛골이라는 곳에서 다수의 생활도구가 출토되었습니다.

상가리의 애당초 이명은 가정리로 현 서류지 서편에 자리 잡았으나 신작로가 생기면서 남쪽으로 200미터 내려앉았습니다. 특이한 것은 제주양씨 집성촌으로 진도 동네 구조 중 유유자적하겠습니다.

한때는 80여 세대가 살았으나 이농 현상으로 지금은 40여로 동네가 세력도 약해지고 쇠락해가는 추세입니다. 옛날 한문 시대에는 훈장, 약방 등 그 새 시대의 반상 대열에 세를 과시한 때도 있었습니다.

울돌목까지 연결된 동밖굴

자료코드   589_FOTA_20171002_SGR_YSH_002
조사장소   진도군 군내면 상가마을 제보자 자택
조사일시   2017. 10. 2
조 사 자   박영관, 박정석
제 보 자   양상훈(남, 84세, 1934년생)

줄거리 동밖굴에는 물이 흐르는 소리가 나는데, 이곳에서 도굿대를 던지면 울돌목으로 나온다는 말이 있었다.

상가리 대등산 우편에 동바꿀(동밖굴)이라는 돌이 있습니다. 거기는 지상에서 3미터정도 암벽으로 돼있는데 꼭대기에 올라가면 어린아이들이 기어서 약 2~3미터 들어갈 수 있습니다.

굴로 들어가면 그 속에서 물이 흐르는 소리가 들리고 위에서 떨어지는 물소리

도 들리는데 옛날 어른들 말씀이,
"너희들 그 굴에서 도굿대를 던지면 울돌목으로 나온단다."
하는 속설도 있었습니다.

도깨비가 나타나는 요골 서당

자료코드 589_FOTA_20171002_SGR_YSH_003
조사장소 진도군 군내면 상가마을 제보자 자택
조사일시 2017. 10. 2
조 사 자 박영관, 박정석
제 보 자 양상훈(남, 84세, 1934년생)

> **줄거리** 상가마을 앞산에 요골이라는 골짜기가 있다. 그곳에 서당이 있었는데 도깨비가 나타나 서생들을 홀린다는 소문이 돌아 점점 서생들 수가 줄어들자 서당은 결국 폐쇄되었다. 지금도 서당 터에서 기와 조각들이 출토되고 있다.

저희 동네 앞산에 요골이라는 골짜기가 있는데 거기에는 옛날 서당도 있었는디요. 근데 하도 험해서 서생들이 자꾸 도깨비에 홀렸다는 소리가 들리면서 서생들 수가 많이 줄어들고 결국 그 서당이 나중에 폐쇄되었다고 해요.

폐쇄된 뒤 지금까지도 서당 터에서는 그 당시 기와 조각이 출토되고 근대에 와서 문화재 도굴꾼들이 그 부근에서 많은 문화재를 도굴해 간 것을 나중에야 확인을 하게 됐다는디.

그 뒤에 동네 사람들이 그곳에서 깨진 도자기 조각도 수습함서 그 당시 도깨비가 많이 출몰하고 또 그곳에 많은 문화재가 매장 되었을 걸로 추정이 됩니다.

상가리의 열부 박씨

자료코드   589_FOTA_20171002_SGR_YSH_004
조사장소   진도군 군내면 상가마을 제보자 자택
조사일시   2017. 10. 2
조 사 자   박영관, 박정석
제 보 자   양상훈(남, 84세, 1934년생)

줄거리 상가마을의 열부 박씨는 벙어리 머슴과 결혼하여 남편을 잘 섬기고, 남편의 운명 직전에 자신의 손가락을 단지하여 생명을 연장시킨 분으로, 마을에 열녀각이 세워져 있다.

상가리 동네 동천 도로변에 효열각이 세워져 있습니다. 여기 효열부는 밀양 박씨로 양상기라는 벙어리 머슴과 혼인하여 서방님의 귀여움을 받고 극진히 모시던 중 서방님이 운명 직전에 자신의 손가락을 절지하여 피를 뽑아서 서방님의 운명을 연장시킨 일도 있었답니다.

그리고 가세가 워낙 빈곤해서 서방님이 고공살이로 벌어온 새경을 저장할 그릇이 없어서 담장 덕석에다가 너두고(넣어두고) 돌아가신 후에 남은 사람들이 돌담 속에서 박씨가 너둔(넣어둔) 엽전도 수습했다고 하는 이야기도 사실로 인정되었습니다.

그래서 그 효행이 진도군내 널리 전파되어 진도향교에서 중앙향교에 상달하여 효행비를 세우도록 조치를 하였다고 합니다.

군내면 송산리 송산마을

많은 제자를 배출한 송암 선생과 이근 선생

자료코드   589_FOTA_20170603_SSR_KYT_001
조사장소   진도군 군내면 송산리 송산마을 제보자 자택
조사일시   2017. 6. 3
조 사 자   박영관, 박정석
제 보 자   김용태(남, 82세, 1936년생)

> **줄거리** 송산서당에서 이근 선생과 송암 선생이 수많은 제자를 배출했고 제자들이 다시 서당에서 선생을 하며 제자를 길러냈다. 후에 제자들이 문덕에 송암 선생과 이근 선생 비석을 세웠다.

내가 송산으로 온 지 한 육십년 되얏는데(되었는데) 그때 당시 여 송산이로 와서 살다가 서당 선생도 하고 서당에 댕기기도 한 건우씨라는 사람, 그 어르신의 아버지가 바로 이근 선생이 그분 아버지여. 우리 마을서 서당도 하시고 송암 선생이라고 그가 박지원씨 형수의 할아버지여.

할아버진데 그 사람하고 그라고 문배씨라고 동네 종일씨 어르신 그 사람들이 선생들도 했어요. 그란데 당시 서당을 하기는 했어도 일제 때라 조선사람 모이는 것을 싫어하고 사람 모이믄 잡어가고 그래가지고 그때 쫌 하다가 제일 마지막 판에는 세등 진사인데 어르신 그 이름이 누구지? 거가 또 했다 하든마.

그란데 거가 또 하다가 내중에는(나중에는) 인자 서당이 또 없어져 불고 그 뒤로는 안하게 되얏는데 제자들은 전부 있지만은 제자들이 뭣 해갖고 문덕에 송암 선생비나 이근 선생비를 전부 세웠어요. 거가 현재 비가 있는데 그케만(그렇게만) 우리가 알제. 서당한 놈만 알제.

송산과 상만은 진도 문헌방

자료코드 589_FOTA_20170603_SSR_JJH_001
조사장소 진도군 군내면 송산리 송산마을 제보자 자택
조사일시 2017. 6. 3
조 사 자 박영관, 박정석
제 보 자 조재홍(남, 76세, 1942년생)

줄거리 송산마을은 마을 전답을 만들어 원하는 주민들에게 모두 교육을 받을 수 있도록 하여서 마을이 전반적으로 한학에 조예가 깊다. 그래서 자식 교육도 잘 시켜 출세한 후손들이 많다.

(조사자 : 옛날에 거 송산마을이 아주 유래가 있는 곳이고, 진도에서 상만마을이 제일 큰 서당 역할을 하고 학자들을 많이 배출하고 했는데, 그것에 대해서 어르신이 아시는 대로 한 번 얘기 해주십시오.)

제가 알기로는 진도 문헌방이 우리 송산마을하고 임회면 상만이로(상만마을로) 기록되얏대요. 그랬는데 임회면 상만서 송산 오셔갖고 어르신들이 학자들한테 배워가지고 인자 상만 자기 마을에 가갖고 후학들을 가르쳐서 지금 진도 문헌방이 되얏어요. 그란게 역사적으로 문헌방으로 기록된 것은 송산리 하고 임회면 상만, 두 마을로 제가 알고 있어요.

우리 마을은 백팔십년 전부터 의무교육이었습니다. 마을 사람들이 십시일반 돈을 걷어가지고 전답 세두룩을 샀어요. 거그서 나오는 임대료 가지고 서당 훈장님, 지금 같으믄 선생님 봉급도 주고 서당 운영하는데 돈도 거다 개고(지출하고) 그랬기 때문에 우리 마을에서는 백팔십년 전부터 의무교육이어서 누구나 내가 공부하고 싶은 사람은 공부를 모다 했어요.

그랬기 때문에 후세에 우리 아버지, 할아버지들의 그런 영향을 받아가지고 옛날 구학문을 아는 사람들이 많았어요. 지금은 누가 집을 짓는다 해도 상량문

463

쓸 사람이 없어요. 제사를 지내도 축문을 읽을 사람도 없고. 그란데 우리 웃대 어르신들까지는 그런 것을 다른 동네사람들은 따라올 수 없게끔 한학에 대해서는 조예가 깊었습니다.

그래서 우리 마을이 박사가 현재 서니고(셋이고) 우리 출향한 주민들 손들이 의사가 다섯이고 우리 마을 조상들이 많이 배워나서 그란가 그냥 붓만 들믄은 대같은(대나무를) 것을 하나씩 탁탁 쳐요.

그 동기씨 안 있소. 초등학교 때 동기를 본께는 갸가(그 사람이) 누구한테 배운 것도 아닌데 아, 죽을 치는데 아주 잘 치드라고. 거가 이근 선생 손지여요(손자예요). 그란께 그 피를 받아갖고 아마도 그란 모냥 같어. 대를 그리는데 갈쳐주도 않고 그랬는데 차악 먹을 갈아갖고 잘 치드라고. 그라길래 역시 피는 못 속인다.

그리고 서당이 폐쇄된 것은 형님께서 말씀하셨지만은 일본놈들이 조선사람 모이는 것을 싫어하고 그래서 일제시대 폐쇄 되얏어. 폐쇄된 뒤로 서당은 운영도 안하고 허물어졌다가 우리 용태형님이 새마을지도자 하고 병균씨가 이장할 때 마을 제사를 모시면서, 마을 사람들이 산소로 제물을 가지고 가서 제사를 지내는 것보다 우리가 제각을 하나 짓자 해요.

(조사자 : 박지원 대표 할아버지가 서당 선생님을 하셨어요?)

거 사둔(사돈)이지라. 사둔, 거 지원씨 형수 할아버지 거가 송암 선생이라고. 거 이 유명한 선생님이제.

정성을 다해 모셨던 송산마을의 별신제

자료코드 589_FOTA_20170603_SSR_JJH_002
조사장소 진도군 군내면 송산리 송산마을 제보자 자택
조사일시 2017. 6. 3
조 사 자 박영관, 박정석
제 보 자 조재홍(남, 76세, 1942년생)

줄거리 송산마을에서는 정월대보름에 별신제를 지냈는데, 곽씨, 박씨가 모여 살기 때문에 각 성받이에서 한 사람씩 제관을 뽑아 이들이 제를 모셨으나 지금은 모시지 않는다.

우리 마을이 한 사 오십년 전까지만 해도 그 사당터에서 별신제를 지냈어요. 별신제를 정월 보름날 모시는데 이틀 전부터 제관들 서너가(셋이) 정성을 들여 가지고 제물을 준비해서 공을 들여가지고 우리 마을 해도 없이 모든 것이 잘 되라고 제사를 지냈거든요.

그 제사를 지내믄은 보름날 그 뒷날은 농악놀이도 하고 그랬는데 인자 세월이 흐르다 보니까 사람이 귀해지고 또 그렇게 하던 사람들도 돌아가시고 신세대 사람들은 그런데 대해서 또 먹고 살기가 바쁜께 또 관심도 없어지고 그래서 폐지가 되야 부렀습니다.

별신제 제관은 옛날부터 우리 마을은 그저 여러 성바지가 사는 것이 아니고 곽씨, 박씨 위주로 살았는데 제관은 곽씨믄 곽씨끼리 안하고 각 성바지서(성받이) 하나씩 골라가지고 제관을 모셨어요.

충제는 제가 알기로 어렸을 때, 아주 어렸을 때도 아니여요. 아주 어렸을 때도 아닌데 여름, 백중 무렵에 그 충제를 올랐거든요. 해마다 충제를 지낸 것이 아니라 그런 때는 농약도 없고 병충해가 심하고 그라믄은 마을에서 인자 제물을 장만해가지고 제관들이 가서 돼야지 머리 놓고 충제를 한 삼일 공들여갖고

465

제사를 모셨어요. 산에서 막 쳐놓고 잔골에(작은골짜기) 그 막 쳐놓고 그 태현씨네 산 거그 가믄 물 있고 그 뜨글뜨글해. 잔골이라고. 큰골할 때 잔골, 작은 골이 잔골 되얏구만.

해마다 모시는 것도 아니고 충이 있을 때. 충이 있으믄은 벌레를 없애주라고 산신제에 산신님한테 기우제 모시듯 비 안오믄 기우제 모시대끼. 그래, 오늘 기우제 지낸대매. 월요일날 금골산에서 우리 군내 기우제해요.

그란께 지금 기우제 모시대끼 그런때 충이, 옛날에 충이라고 쩌 농약도 없고 벼멸구랑 모든 병충해가 있으믄은 제사를 하제. 축문도 있지~그 별신제 축문책에가 별신제 있어요. 그럼 지각(제각)안 가도 아~여가 있지. 회관에 갖다논 거 여가 있어.

삼별초 군인과 말무덤

자료코드 589_FOTA_20170603_SSR_JJH_003
조사장소 진도군 군내면 송산리 송산마을 제보자 자택
조사일시 2017. 6. 3
조 사 자 박영관, 박정석
제 보 자 조재홍(남, 76세, 1942년생)

> **줄거리** 삼별초 군인들이 쫓기다가 죽자 마을 사람들이 군인이 탄 말을 묻어준 곳이 지금의 말무덤이다. 지금도 수풀 우거진 곳에 무덤 한 기가 남아 있다.

이 마을에 멀무덤(말무덤)이라는 지명이 있어요. 왜 멀무덤이냐고 우리가 어려

서 어르신한테 물어보믄은 거저 그 삼별초 용장산성 군인들이, 우리 삼별초 군인들이 쫓겨 가면서 말이 죽어서 거그다 묻었다 해서 현재까지 지명이 멀무덤이고.

옛날에는 거그서 말에다 달았던 장식물, 구슬같은 것도 우리 할머니, 할아버지네들은 줏었대요(주웠대요). 줍고 쩌그 큰골 가믄은 저수지 있는데 냉갓이(냇가가) 있는데 우리가 어렸을 때 요롷게 냇가 제방둑에가 무덤이 있대요. 그라믄 우리 할머니들이 저 무덤은 옛날에 멀무덤이다 그러드라고.

거 뭔 멀무덤을 쩌그다가 갖다 묻었냐고 물어보니까, 우리나라 삼별초 때 군인들이 도망가면서 밤이라 냇갓인지를(냇가인지) 모르고 말도 모르고 가다가 거그서 떨어져갖고 죽어서 말을 거그다 동네사람들이 묻었다 해갖고 묏이 됐닥해. 지금도 수풀이 우거졌은께 그라제 무덤은 있어요. 무덤이 하나가 있어.

서쪽을 막기 위한 선바우독과 제방둑

자료코드   589_FOTA_20170603_SSR_JJH_004
조사장소   진도군 군내면 송산리 송산마을 제보자 자택
조사일시   2017. 6. 3
조 사 자   박영관, 박정석
제 보 자   조재홍(남, 76세, 1942년생)

줄거리 송산마을은 서쪽을 막아야 재물이 새지 않는다 하여 조상들이 선바우독을 세워두었다. 그리고 제방둑에도 소나무를 빽빽하게 심어 서쪽을 막았다.

또 우리 마을이 선바위독이라는 돌이 옛날에는 길가에다 요롷게(요렇게) 독을 세워놨어요. 왜 세워놨는고 했는데 옛날 사람들이 우리 마을은 서쪽을 막아야 재물이 안 흐른다고 그것을 하나의 방패로 그래서 선바우독을 시어놨는데 (세워놨는데) 현재는 도로가 나면서 인자 그 지형만 남았지 선바우독은 없습니다.

그리고 방천 제방둑에다가 우리 마을 옛날 어르신들이 우리 동네는 서쪽을 막아야 한다고 솔나무를 제방에다가 **빽빽**하게 심어놨었어요. 경지정리하면서 다 없어져 불었제. 몇 십 년 전까지, 한 이십년 전까지만 해도 제방이 있었어요. 막어놨코(막아놓고).

군내면 세등리 세등마을

세등마을의 미륵제와 별신제

자료코드   589_FOTA_20170606_SDR_KJB_001
조사장소   진도군 군내면 세등리 세등마을 제보자 자택
조사일시   2017. 6. 6
조 사 자   박정석, 박영관
제 보 자   곽재복(남, 78세, 1940년생)

줄거리 세등마을에는 정월에 미륵제와 별신제를 모시는데, 마을에서 가장 깨끗한 분들로 제관
을 뽑아 정월 열 사흗날부터 정성스럽게 제물을 장만한다. 그리하여 열 나흗날이 되면
제장 주변을 청소하고 제물을 미리 운반한 뒤에 자시가 되면 제를 모신다.

세등에서 일월에 년중 행사로 하는 미륵제에 대해서 이야기를 합니다. 미륵제
사를 준비할려면 언제든지 마을 이장과 새마을지도자, 반장 이 분들이 모든
제물을 준비하시고 그 사이에 제관, 축관, 헌관, 집사 이 세 분을 모든 선택을
잘 하셔서 거기를 가시게 됩니다.

그 분들 모두 품행이라기보다 가정사에 어떠한 불미스런 점도 있어서는 안 되
고 될 수 있으면 청결하고 좋으신 분들로 선정해서 미륵제에 갈 수 있게 해서
정월 열 삿 날 오후에야 입주를 하게 됩니다.

입주를 하게 되면은 이장은 거기에 대한 모든 필요한 제물이나 식사할 수 있는
생활도구를 전부다 운반하여서 준비를 해가지고 열 낫 날 미륵에 가서 에, 문
을 깨끗이 정리를 하고 주위 환경 청소 이런 것을 전부다 합니다. 그런 다음 그
날 저녁 일몰이 되면은 집사는 거기 가서 촛불을 켜 놓고 다시 막으로 돌아오
게 됩니다.

밤 열한시부터 한시 사이가 자시니까, 언제든지 열한시 넘어서 축관과 제관은 예복을 입고 정한수를 들고, 동 서 남 북 헌신할 수 있는 제물을 들고 가서 미륵에 당도하기 전, 문턱바우에서 제를 모시고 산신을 모시고 동서남북으로 헌신을 한 다음, 미륵에 가서 정한수를 떠놓고 마을의 모든 안녕과 건강을 위해서 미륵제 축을 읽도록 합니다.

축문을 읽은 뒤로 거기서 재배를 하고 막으로 돌아와서 별신제를 지냅니다. 별신제도 미륵제와 같이 마을의 안녕과 모든 농사 풍해, 수해 등 재난을 다 막아 달라는 뜻에서 아, 별신제를 모시고 난 다음 짐대에 가서 제를 지낼 때에는 마을에 남아있는 남자들을 전부다 동원을 해서 즐겁게 행사를 하고, 짐대 밑에서 술 한 잔과 모든 음식을 나눠서 잡수고 놀지요. 거기 짐대에다 고기 그런 것을 넣어요. 그 짐대에 제수를 달아매지요. 소뼈하고 소 턱뼈하고 명태하고 창호지 하고.

세등은 새가 둥지를 튼 형국

자료코드   589_FOTA_20170606_SDR_KJB_002
조사장소   진도군 군내면 세등리 세등마을 제보자 자택
조사일시   2017. 6. 6
조 사 자   박정석, 박영관
제 보 자   곽재복(남, 78세, 1940년생)

> **줄거리** 420년 전에 마을이 생기면서 새가 둥지를 튼 형국이라 부부간에 다정하게 살겠다고 해
> 서 '원앙골'로 지은 것이 '외앙골'로 불리게 되었다. 후에 일제강점기 때 한자어로 이름
> 이 정착되면서 가느다란 새의 등줄기 같다고 하여 세등으로 정하였다고 한다.

세등마을은 사백 한 이십 여 년 전으로 추상이 됩니다. 진도 입도조 할아버지
로 해서 년대수로 계산해서 그렇게 되는 걸로 제가 알고 있습니다. 에, 세등 본
래 옛날 관문이 벽파인데 옛날에 어느 한 지사님이 세등 성재재를 당도해서
세등마을을 보니 본 마을 형국이 새가 둥지를 틀고 알을 품은 그런 형국으로
보고, '아 이 마을은 참으로 부부간에 다정하니 살겠다' 하는 그런 느낌으로
'원앙골'이라고 말씀을 해서 마을어른들이 원앙골, 원앙골이라 한 것이 외앙
골, 외앙골로 변질이 되가지고 나이 드신 분들은 '외앙골'로 알고 있습니다.

그러다가 일제강점기 지나서 우리 대한민국 정부 수립이 되어갖고 어느 지사
님이 세등에 와보시고, 세등은 사방 팔방으로 완전히 산 능선이 가느락게(가느
다랗게) 빙 둘려 싸여 있어서 이 산의 가늘게 생긴 등을 오르는 듯해서 그래서
'세등' 이라고 했대요.

그것도 일부에서는 세등이라는 발음이 좀 그렇게 되어서 시등이라고 얼른 변
질이 된 걸로 알고 있습니다. 그래 이 마을의 유래는 진도 입도조 할아버지의
아들 또 아들이 자기 어머니와 여 마을로 이주를 해서 그때부터 여기 자리 잡
고 용장, 신리 뭐 여러 군데로 전부다 분포된 걸로 알고 있습니다.

친정 명당 자리를 차지한 입도조 할머니

자료코드   589_FOTA_20170606_SDR_KJB_003
조사장소   진도군 군내면 세등리 세등마을 제보자 자택
조사일시   2017. 6. 6
조 사 자   박정석, 박영관
제 보 자   곽재복(남, 78세, 1940년생)

> **줄거리** 입도조 할머니가 남편이 죽은 후 묻을 묘자리가 마땅치 않아 초분을 해두었다. 마침 친정에서 잡아둔 명당자리에 몰래 물을 부어놓았더니 친정에서 그 자리에 묘를 쓰지 않고 다른 곳으로 정하였다. 그러자 사정을 말하고 남편을 그곳에 묻은 이후로 후손들이 크게 번창하였다.

저희 진도 입도조 그 할머니가 여 세등에 와서 살 때는 본래 진도읍 동외리에서 사시던 분이었는데 저희 입도조 '호' 자, '열' 자 할아버지와 결혼해서 읍에서 사실 때, 그 할머니 친정아버지보다 남편인 진도 입도조 할아버지가 먼저 돌아가셔 가지고 뫼를 쓸 만한 자리가 없어서 어죽산에다가 초분을 했다고 합니다.

초분을 해서 놔두고 있던 중, 그냥 할아버지가 그 윗대 아버지가 돌아가셔서 진도읍 정거름재 거기다가 도사님 말씀을 듣고 묘를 파서 거이 사전에 위에 챌(차일을) 치고 놔 뒀는데, 할머니가 옛날 통나무 그거로 밤새 물을 질러다가 그 묘에다 붓고 붓고 해서 정작 할아버지를 바로 출상해서 묘를 쓸라고 보니까 그 하관할 자리에 물이 고여서 '자리에다 어디 쓰겠느냐.' 해가지고 다시 제긴동(재경동)이라는 거기를 자리를 잡어 가지고 거기다가 친정 아버지를 쓰고 물이 고인 이 묘는 그대로 덮어 묻어 원래 위치로 할려고 할 때 할머니가,

"이왕 파논 묘, 올 데 갈 데 없는 우리 남편을 여그다가 묻어주면 엇짜겠냐."

해가지고 양해를 얻어서 거그다가 우리 입도조 할아버지를 모시게 되었다고 합니다. 그 후로 아들과 그 할머니가 세등으로 와서 살면서 손지를 낳아 가지

고 손지가 십 삼형제나 되게 많이 번창을 해서 오늘날 이렇게 후손들이 많이 살고 있다고 알고 있습니다.

군내면 월가리 월가마을

어머니 몰래 놓은 노둣돌

자료코드   589_FOTA_20170420_WGR_KSW_001
조사장소   진도군 군내면 월가리 월가마을 제보자 자택
조사일시   2017. 4. 20
조 사 자   박영관, 박정석
제 보 자   김선원(남, 74세, 1944년생)

줄거리   어머니가 밤마다 월가리 하천을 건너 덕병으로 가서 남자를 만나자 이씨 성을 가진 아들이 찬물에 어머니 발이 젖는 것을 근심하여 몰래 노둣돌을 놓아두었다. 이를 안 사람들이 그의 효행을 칭찬하며 노들 앞에 '이씨보'라는 비석을 세워주었다.

월가리에 큰 하천이 있습니다. 예전에 그 하천을 이씨보라는 그저 노두를 놓는 역사가 있는데요. 우리 동네에서 어머니하고 아들하고 이르케(이렇게) 생활을 하는 분이 있었습니다. 그란데 어느 날 어치케(어떻게) 어머니란 분이 덕병이라는 동네에 사는 남자와 눈이 맞았든가 홀어머니가 그 하천을 건너야 덕병을 가거든요.

그란데 하천이 쫌 깊어갖고 그 하천을 한겨울 그 추운데도 맨날 발벗고 건너 다니고 그랬었대요.

남자는 덕병 살고 어머니는 월가린데 하로는(하루는) 아들이 자다본께 어머니가 안 계셔요. 분명 한 방에서 같이 잤는데. 그래 이 밤중에 어딜 가셨는고 그라고 그냥 그럭저럭 있다 보니까 자꾸 그런 징조가 나오거든요.

새벽이 되믄 아들이 잠들믄 어머니가 없어져요. 그래 어찌케 하다 보니까 어머니가 밤마다 나가는 것을 목격을 했어요. 그래갖고 살살 뒤를 따라 가는데 월

가리서 덕병 가는 하천을 어머니가 그 겨울에 발을 벗고 건너드래요. 춘데(추운데) 물을 이케 건너간께 아들이 야 이거 이것을 거까지 동네까지 따라갔대요. 뒤를 밟아서.

그란데 그걸 한 두번 아들이 보고는 너무 깊은 하천을 춥게 건너가니까,

'와, 이거 다리는 못 놓고 내가 이거를 어찌케(어떻게) 해서 편하게 건너시게 다니게 만들것냐.'

이래갖고 보통 사람은 짊어지기도 힘든 그런 돌을 지게에다 져다가 그 노두를 놓아 줬어요. 하천에다가 큰 돌을.

어머니 발을 차가운 물에 안적시게 해갖고는 하천을 무난히 건너가게 만들었다 해얐꼬 효자라는 소문을 듣고는 어느 지역에서 저 구에서 소문을 듣고 이씨보에 이 비를 세웠어요.

나도 인자 그 비를 봤거든요. 그때는 그 비가 논에가 있었어요. 남의 농사짓는 논에가 가세(가에)에가 있었는데 그것을 경지정리를 하면서 그 비가 뽑혔는데 월로(어디로) 간지를 몰랐는데 그 비를 다시 찾았어요. 어찌케 찾았는고.

지금 현재도 이 비를 새로 좋게 만들어가지고 지금 저 냇가 옆에가 정자까지 만들고 해서 비도 좋게 만들고 한 그런 내력이 있습니다.

이씨보라는 같은 비석이고 정확하진 않지만 지금 현재 군수님하고 같은 형제간 내력이 아니라 그런 같은 뭣이거든요. 이씨라 해도 경주 이씰 거이여. 전주 이씨. 그랑께 군수님도 지금 알고 계십니다. 그 아들이 이씨요. 그래갖고 보존을 잘 하고 있습니다.

군내면 용장리 용장마을

추모비에 새겨진 전쟁의 상처

자료코드　589_MONA_20170413_YJR_KJS_001
조사장소　진도군 군내면 용장리 용장마을
조사일시　2017. 4. 13
조 사 자　박영관, 박정석
제 보 자　곽재설(남, 75세, 1943년생)

> **줄거리** 6·25 전쟁 때 용장마을에서 서로 이념간의 대립으로 83명의 인명피해가 났다. 그 이
> 듬해 군수가 마을의 비극을 위로하고 추모하는 의미의 비석을 세워 마을의 화합을 위
> 해 노력했다.

이 비는 6·25 전쟁 때 용장 한 개 마을에서 83인이라는 무고한 인명피해를 본
마을 사람들을 추모하는 그런 비입니다. 내용은 지주, 또는 공무원, 또 유식한
가족 이런 사람들을 무차별적으로 공산당들이 와서 83인의 사람들을 무참하
게 살해를 했습니다. 그래서 용장 출신이기도 합니다만은 진도 군수도 하셨던
곽충로씨가 이 비를 세웠습니다.

또 반대로, 수복이 된 다음에는 여기에 가담했던 모든 사람들을 공회당에다
가 모아 놓고 한 사람 한 사람씩 인민재판식으로 해갖고 반대편에 서서 조금이
라도 조력을 한 사람들을 전부 묶어서 일렬로 해가지고 여 오류굴 바다 앞에
수장시킨 그런 반대편의 비참한 역사도 있는 그런 의미의 비입니다.

그리고 1950년도에 6·25가 났으니까 바로 그 이듬해 51년도에 추모의 비를 세
웠어요. 바로 일 년 후에 이런 큰일을 하셨습니다.

걸어가다 멈추어버린 지심매산

자료코드 589_FOTA_20170413_YJR_KJS_001
조사장소 진도군 군내면 용장리 용장마을
조사일시 2017. 4. 13
조 사 자 박영관, 박정석
제 보 자 곽재설(남, 75세, 1943년생)

줄거리 지심매산이 도사의 명령으로 걸어가고 있는데, 이를 본 임산부가 산이 걸어간다고 웃어 버리자 산이 놀래서 그 자리에 우뚝 서버렸다고 한다.

 저 산이 전설이 있는 '지심매산'입니다. 저 산이 저 위에 쮸쮸봉에서부터 내려와 도사 명령에 의해서 이렇게 내려가고 있었는데 마치 그때 등 뒤에서 임산부가

"산이 걸어가네!"

흠서 웃고 뭐라는 바람에 움직이고 있던 산이 놀래 가지고 딱 서부렀다고 합니다. 여기서 저그를 열어 보면 그 목이 있는 데를 보면은 하얀 백토가 나옵니다. 그때 도사께서 그 여자한테 임산부한테,

"얘기를 배지를 말든지, 오지를 말든지 하지."

함서 부정 타게 여기서 그래갖고 가는 산을 막았다고 그런 전설이 있습니다. 재미있는 전설이지요.

삼별초와 망바위

자료코드   589_FOTA_20170413_YJR_KJS_002
조사장소   진도군 군내면 용장리 용장마을
조사일시   2017. 4. 13
조 사 자   박영관, 박정석
제 보 자   곽재설(남, 75세, 1943년생)

> **줄거리** 망바위는 삼별초군과 여몽 연합군이 대립할 때 삼별초가 망을 보던 자리라고 하는데, 몽고군은 바다를 통해 건너온 것이 아니라 산쪽으로 들어와 전투를 한 것으로 추정된다는 것이다.

멀리 내다보이는 망바위와 제보자

저기 저 보이는 바위가 '망바위'라고 합니다. 저 바위는 삼별초군이 여 용장성에 주둔하고 있을 때 적군이 쳐들어오는지를 감시하는 일, 요샛말로 하면 초소입니다. 초소 역할을 했던 곳입니다.

망바위까지 한 이 킬로미터쯤 되요. 저거 저가 벽파잖습니까? 벽파에서 이리

쳐들어 왔을 때 저기서 망을 보고 했던 자립니다. 그런데 그때도 이리 안 들어오고 이 산으로 점령해서 온 것 같습니다.

대투개재라고 큰 전투가 벌어진 곳이 저쪽에 있거든요. 저쪽에서 큰 전투가 벌어졌었습니다. 저쪽으로 좀 가면 지심면 산 이렇게 내려오는데 있죠? 지금 저묘 하나 보이는 곳, 큰 전투가 벌어졌던 곳이라 해서 대투개재라고.

공출을 피해 산밭에 감춘 쌀 항아리

자료코드 589_MONA_20170413_YJR_KJS_002
조사장소 진도군 군내면 용장성 옆 임성게 가는 길목
조사일시 2017. 4. 13
조 사 자 박정석, 박영관
제 보 자 곽재설(남, 75세, 1943년생)

> **줄거리** 일제강점기에 공출을 피하기 위해 어머니가 산밭에 쌀 항아리를 묻어두고 날마다 2~3
> 킬로를 걸어서 끼니를 채울 만큼만 쌀을 퍼 날랐다는 이야기다.

요 밭이 쪼끄만 하기는 합니다마는 나로서는 상당히 의미가 있는 밭이어서 산되븐 밭을 다시 내가 개간을 해서 옛날식으로 만들었습니다. 의미가 있다는 것은 내가 한 다섯 살이나 먹었을 때 일제시대였습니다. 일제시대, 그런데 부모님께서 여기서 용장마을까지 가믄, 갈라믄 2~3킬로 될 겁니다.

집에다 곡식을 놔 두믄 공출하라고 일본 놈들이 다 뺏어가기 때문에 여기다 옹기 이것을 묻어 놓고 쌀하고 보리쌀 이런 것을 여기다가 저장을 해 놓았다가

용장리 용장성 옆 임성계 가는 길목 밭

한 끼 먹을 것만 딱, 하루 먹을 것만 딱 퍼았고 가서 먹고 또 다음날 다시 와서 또 그만큼만 가지고 그거를 집에다 갖다놓고 먹으믄 얼마나 편하고 하긋습니다만은, 뺏기니까 안 뺏길라고. 그런 기억이 있습니다.

그래서 참 지금 생각해보면 서글픈 일이지만은 앞으로 그런 일을 당하지 않을라믄 굳건하게 나라를 지켜야 되지 않을라나 그런 생각이 듭니다. 이 말씀을 드릴라고 여까지 왔습니다.

그 밭이 한 요쯤 되요. 여기를 난굴이라고 합니다. 삼별초군하고 여몽 연합군이 왔을 때 여기서 대판 전쟁이 붙었던 그런 난, 난이 났던 바로 옆에가 용장사절이 있고 여기서 용장마을까지는 한 2~3킬로 됩니다.

우리 부모님이 여기까지 오셔가지고 일제 강점기 때 여기서 쌀을 갖다가 식량을 하고 여그다 감쳐 놓고 했던 서글픈 역사입니다. 서글픈 역사입니다 참.

480 마을에 전해오는 설화 | 군내면

현몽으로 일으켜 세운 용장사 부처

자료코드   589_FOTA_20170411_YJR_KJS_003
조사장소   진도군 군내면 용장산성마을
조사일시   2017. 4. 11
조 사 자   박영관, 박정석
제 보 자   곽재설(남, 74세, 1943년생)

줄거리 용장사 부처는 국란이 예상되거나 사회가 혼란스러울 때 땀을 많이 흘린다고 전한다.
마을의 몇 몇 분들이 현몽을 한 후 서로 결의하여 넘어져 있던 부처님을 지금과 같은 형
태로 일으켜 세웠다.

용장사 아미타 삼존불

우리 용장사 부처님께서는 국란이 예상되거나 또는 사회가 혼란스럽고 그러
믄 땀을 많이 흘리시고 그랬답니다. 그런데 그 땀을 씻을 때도 일반 천으로는
씻어지지 않고 명주 천으로 씻을때만 그 땀이 닦아졌다고 합니다. 그런 용한
부처님이십니다.

조금 추가해서 말씀드리면은 가운데 계신 부처님은 아미타 부처님이시고 보실 때 오른쪽에 합장하고 계신 분은 대새지 보살님, 왼쪽에 호리병을 들고 계신 분은 관세음 보살님이십니다.

그래서 아미타 삼전도가 모셔져 있어서 이제 정각을 밖에서 보시면 아시겠지만 극락전이라고 현몽을 모두 받으셨는데, 그 당시에 주측이 되시는 몇몇 어른 분들이 마을 회당에 같이 모이셔 가지고 '아, 이것은 우리가 부처님을 일으켜 세워 드려야겠다.'이런 뜻으로 받아들이고 그분들이 위주가 되시겨갖고 부처님을 지금과 같은 모습으로 일으켜 세우셨다고 그래요.

근데 그 당시에는 재정적으로 부족한 면이 많으셔서 어떤 지원을 받지 못한 상태에서 신심으로만 인제 부처님을 모셨기 때문에 아주 허름하지만 조그마한 움막에 아주 협소한 곳에 모셨는데 그때 당시에 그분들이 이케 모시고 난 이후에 시절이 제일 많이 지나가지고 눈 밝으신 분에게 부처님이 이제 다시 알려지고 도문화재로 지정이 되면서 지금과 같이 장엄한 모습을 갖출 수 있었다 그래요.

그래서 지금 모셔진 이 세분의 부처님과 보살님은 당시에 국란으로 어려웠던 중생들을 위해서, '나무아미타불 염불을 하는 자, 누구든지 극락세계에 왕생할 수 있다.'고 하는 가르침을 주시면서 중생들의 마음을 어루만지시고 또 그분들을 많이 제도하셨다고 합니다.

바위 속에 보물창고가 있는 맘바등바위

자료코드   589_FOTA_20170424_YJR_KJS_004
조사장소   진도군 군내면 용장리 용장마을
조사일시   2017. 4. 24
조 사 자   박영관, 박정석
제 보 자   곽재설(남, 74세, 1943년생)

줄거리 옛날부터 맘바등바위 속에는 보물창고가 있다고 하는데, 마을에서 그 바위를 마주보면 액운이 든다고 해서 지금은 나무를 심어 바위를 보이지 않도록 했다.

저 바위는 용장에서 '맘바등바위'라 합니다. 옛날 전설에 의하면 저 큰 바위 속에 보물창고가 있었는데, 그때 당시에 신선이 그 문을 열라고 마음먹으면 열렸고 지금은 신선이 잠적한 상태라서 문이 안 열립니다. 언젠가는 신선이 나타나서 저 문이 열리면 용장이 크게 발전할 것입니다.

그 기간 동안에 용장에서는 저 바위를 마주 바라보면 마을에 액운이 있다 해서 지금은 나무를 심어서 바위가 보이지 않도록 그렇게 했다는 전설이 있습니다.

(조사자 : 옛날에 도선 같은 신선이 주문을 외우면서 억새풀로 탁 때리면 그 큰 바위 문이 열려서 출입했다 하는 이야기가 전해지는데, 혹시 그런 이야기는 들으셨어요?)

예, 예 그런 전설이 있습니다.

풍년과 흉년을 점치는 귀목나무

자료코드 589_FOTA_20170424_YJR_KJS_005
조사장소 진도군 군내면 용장리 용장마을
조사일시 2017. 4. 24
조 사 자 박영관, 박정석
제 보 자 곽재설(남, 74세, 1943년생)

> **줄거리** 용장마을 귀목나무는 풍년과 흉년을 점치는 나무로 잎이 활짝 피면 풍년, 아래서 위로 돋아나면 흉년, 또 위에서부터 돋아나면 그 해는 풍수해가 없는 해라고 한다.

용장마을 앞 풍흉을 점치는 귀목나무

이 귀목나무는 수령이 오백년 되는 점치는 나무라고 합니다. 영한 나무라고 해 갖고 지금은 보호수로 정해서 관리하고 있는 나무라고 합니다. 전설에 의하면 이 이파리 싹이 탁 피면은 그해 풍년이 들고, 밑에서 부터 돋아서 이렇게 위로 올라가면 그 해는 흉년이 든다 하고, 반대로 저 위에서 부터 이파리가 돋아 내려오면 그 해는 풍수해가 없는 그런 해로 그렇게 영악하게 잘 맞춘다고 합니다.

그래서 우리 마을에서는 이 나무를 영한 점치는 나무로 그렇게 여기고 있습니다. 금년에는 보니까 일제히 한꺼번에 순이 돋았습니다. 아마 금년에는 대풍년이 들거라고 생각됩니다.

군내면 정자리 정자마을

아흔 아홉 골짜기의 물이 모이는 정자리

자료코드 589_FOTA_20170518_JJR_KNC_001
조사장소 진도군 군내면 정자리 정자마을 제보자 자택
조사일시 2017. 5. 18
조 사 자 박영관, 박정석
제 보 자 강남철(남, 63세, 1955년생)

> **줄거리** 고군면과 군내면 사이에 아흔아홉 개의 골짜기에서 나온 물들이 모여 내려오는 정자리
> 는 물이 많아 농사는 잘 되지만 잦은 침수로 어려움이 많았다는 이야기다.

우리 마을은 옛날 어르신들이 물줄기를 말씀하시는데요. 쩌기(저기) 첨철산을
비롯한 그 면단위로 해서는 고군면과 군내면 사이에 골짜기에서 나오는 물이
아흔 아홉 고랑이라 이렇게 말씀하셨거든요. 그런데 우리가 실지로 보면은 농
사를 짓다 보니까 침수가 가장 심한 곳이 우리 정자리 마을이었습니다.

그란데 정자리가 물이 가장 많은 것은 골짜기에서 많이 물이 나와갖고 논에
침수가 되지 않나 이런 생각을 한번 해봅니다. 우리가 지금 물이 필요한 그
런 위치도 있지만은 그 당시에는 우리 마을을 넓은 뜰로 본다면은 농사는 쉽
게 지은 것 같지만은 물난리로 해서 굉장히 어려움을 겪지 않았나 이런 생각
도 한번 해봅니다.

지금은 길이 다 포장되어서 아스콘으로 되얏지만 순식간에 갑자기 물이 쏟아
지는 광경을 보면, 다리가 하나 있는데 물이 넘쳐서 그 다리에 있던 오물들이
전부 떠내려와 물줄기가 막히고 그것도 상당히 많은 골짜기에서 나오는 물이

라 힘이 굉장합니다. 우리 마을에서는 많이 위험하다 그런 생각을 했습니다.
그리고 골짜기에서 나오는 물은 2개면에서 마을로 친다면은 약 15개 마을에
서 나온다고 보믄 될거 같습니다.

지바구산에서 정성을 다해 모시는 충제

자료코드　589_FOTA_20170518_JJR_KNC_002
조사장소　진도군 군내면 정자리 정자마을 제보자 자택
조사일시　2017. 5. 18
조 사 자　박영관, 박정석
제 보 자　강남철(남, 63세, 1955년생)

줄거리　음력 유월 초하룻날, 진등산 바로 밑 지바구산에서 두 명의 제관이 충제를 모시는데, 돼
지를 잡아 머리를 삶고 지샘에서 물을 길러와 마을에 풍년을 기원하고 병충해를 막는
제를 정성스럽게 모신다.

우리 마을에서 충제를 모시는데요. 옛날부터 어르신들이 계속 모셔왔었습니
다. 그런데 인자 날짜는 유월 초하룻날 음력으로 되겠습니다. 제관은 두 명이
하시는데요. 지금도 계속 연이어서 하고 있습니다.
충제를 계속 모시면서 오다가 중간에 충제를 안 모신 해가 있었는데, 그 해에
동네에서 불미스런 일이 많이 일어나가지고 어른들이 두 명이 돌아가셨고 젊
은 사람 한 사람이 돌아가셨습니다. 그래서 어른들이 충제를 안 모셔가지고
그런 일이 있었다 그래갖고 그 다음해 바로 충제를 모셔서 지금까지 계속 모시
고 있습니다.

전에는 제관들이 하루, 거기서 모든 것을 준비해가지고 제사를 모셨지만은 지금은 산이 너무 우거지고 또 모든 것이 불편사항이 있어갖고 집에서 준비를 해서 그날 하루 이케(이렇게) 제관을 두 분 모셔갖고 하고 있습니다. 제관들은 인자 손이 없고 또 삼재가 안 든 사람으로 해서 우리가 선정을 해가지고 아주 철두철미하게 제사를 모시고 있습니다.

제를 모시는 장소는 지바구산이라고 마을 뒷산에가 있습니다. 산이 상당히 쫌 넓습니다. 진등산 바로 밑에 그 지바구산이 있는데 거기서 모시고 있습니다. 샘이 하나 있는데 그게 천수답이 있는 그런 곳인데요. 그란데 그 샘이 가을에는 다른 데로 가면서 여름에는 그 샘물이 보는 데로 옵니다. 그 물이 하도 청명하고 물이 없는 것 같지만은 그 물이 그렇게 깨끗하고 그 마을에 가장 보배스런 물터로 살고 있습니다.

우리 마을에서 그날 충제를 모시는 것은 우리 마을에 병이라든가 충이라든가 없애는 날로 해가지고 일제히 그 날은 하루 들녘에 안가고 집안에서 동네 안에서만 생활하고 있습니다.

아주 옛날에 내가 알기만 해도요. 아침 새북에(새벽에) 제관이 두 명이 딱 차출이 되믄요. 이른 아침 새벽에 올라갑니다. 전부 첼(천막)을 갖다 치고 그 우게(위에) 지샘이라 해서 그 샘에서 그 물을 다 퍼서 건져 내불고 다음에 올라온 새 물을 질러서(길러서) 이고 가서 질 때까지 가서 거그서 돼지잡고 전부 그랬습니다. 지끔은 그런 것이 없어졌지만.

돼지는 삶아서 머리만 쓰죠 거그서는. 일단 그라고 그놈 갖고 와서 이자 제 모시고 와서 그 다음날 마을 사람들 모도 나놔서 같이 자시고 그랬습니다. 우리 알기로는

정자리는 암소가 넓은 들녘을 품은 형국

자료코드   589_FOTA_20170518_JJR_KJI_001
조사장소   진도군 군내면 정자리 정자마을 제보자 자택
조사일시   2017. 5. 18
조 사 자   박영관, 박정석
제 보 자   김진일(남, 68세, 1950년생)

줄거리 정자리는 물이 풍부하고 넓은 지역이라 먹을 것이 풍부하고 인물도 많이 배출된 곳이다. 옛 지관 말에 의하면 정자리는 암소가 넓은 땅을 품고 웅크리고 앉아있는 형국이라고 한다.

정자리 위치가 옛날 어른들이나 지관들 말씀을 들어 보면은 정자리 앞 동네, 저기 동산에서 바라보았을 때는 정자리 위치가 갯갓으로는 보이지 않는다고 그래요. 정자리 뒷산이 마치 암소가 웅크리고 앉아있는 형상이라는 거예요. 뒷산이.

그리고 지금 우리들이 확실히는 모르지만 정자가 지어졌던 자리가 우리말로 오동메산이라고 그러는데 오동메라는 산이 딱 똥그랗게 이렇게 산이 지어져 있어요. 산이 조성이 돼있는데 이것은 그 소의 배설물인 똥, 소똥인 자리다 이렇게 얘기합디다. 그리고 그 소가 이 앞에 넓은 지역을 딱 안고 있기 때문에 물은 많아도 옛날 말로는 물이 많으믄 부자라고 안그럽니까.

그런데 저쪽에 그 오동메산하고 저쪽에 분산지역하고는 수로가 짧아요. 그래서 반대로 정자리가 지역이 넓어가지고 부자가 되지 않겠느냐 그래서 흐르는 말로는 뭐 어렸을 때 들은 얘기론 저 앞에 동산에서 정자리로 바라볼 때 수역으로 넘어오는 가은 광재가 있는데 옛날에는 숲이 이렇게 우거졌기 때문에 멀리서 보믄 길이 뻥 뚫렸지. 그러니까 마치 소 목이 짤리는거 같이 보인다는 건데요.

그 앞에가 아까 연골이란 지역 쪽이 부주산이 소머리로 보이고 정자리 뒷산이로 소 몸통이고 그 다음에 오동메 산은 소똥으로 보이는데, 그때 지관이 저기에 큰길을 내면 정자리는 사고가 생길텐데 이래요.

내가 어렸을 때 동산으로 지관을 모시러 갔다 올 때 당골네하고 같이 그런 말씀들을 한 걸 들은 적이 있어요. 어쨌든 정자리 여그가 그런 걸로 봐서는 인구, 사람 사는 거에 비해서는 넓은 지역을 가졌잖아요.

그러고 창목만 넘으면 지금은 저쪽에 한일을 막았지만 옛날에는 다 바다였으니까. 또 갯것도 먹을 것이 많고 안쪽으로 들어오믄 농산물도 많고. 그래서 정자리는 동네가 발전이 될 것이다. 그러고 여튼 이것은 지어낸 말인지 모르겠습니다만은 이 앞산이 오동, 저기 중매산이라 우리는 중매라 하는데, 어느 어른들은 옛날 한 육칠십년 전 기준으로 봤을 때, 유일하게 정자리 한 동네에서 판검사가 나온 동네다 한 동네서.

넓은 들녁을 가진 지역이라 먹을 것이 충족하고 앞에 중매를 문필봉으로 바라보면 이 정자리에는 문장가나 세도가가 나올 수밖에 없다고 옛날 어른들이나 지관들이 말을 하고, 정자리 산세를 그렇게 봐왔습니다.

부주산 밑의 연주사 절터

자료코드   589_FOTA_20170518_JJR_KJI_002
조사장소   진도군 군내면 정자리 정자마을 제보자 자택
조사일시   2017. 5. 18
조 사 자   박영관, 박정석
제 보 자   김진일(남, 68세, 1950년생)

줄거리 부주산 밑의 골짜기인 연골에는 집터가 있고 많은 기와 조각들이 나온 것으로 보아 연주사 절터였을 것이다.

연골이란 지역은 정자리에서 대충은 서쪽 지방으로 철마산, 그랑께 요새는 지명상으로는 그 산 보고 부주산이라 해요.

그 철마산 수역 넘어서 이쪽 그 산 아래쪽에 계곡이 한 두 겹, 세 겹으로 지어진 적이 있는데 물이 좋습니다. 물이 끊어지질 않는데, 제일 아래쪽에 넓은 공터가 있는데 거기에 우리 어렸을 때 보니까는 가을에 철나무라고 할 때 보면은 이장 어르신이나 우리 작은 아부지나 동네 어른들이 옛날에는 이렇게 마름을 지어갖고 품앗이로 나무를 하고 했는디요. 글면 나는 밥해 갖고 인자 심부름 갈려고 하고 있는데 그 고기 파는 사람들이,

"이 근처에가 절터가 있다 하는데 어디인 줄 아느냐?"

그러니까 옆에서 들으시던 우리 어머니가,

"바로 여기가 절터였는데 아마 캐보믄 뭣이 나올거요"

라고 그렇게 얘기를 하시더라구요. 그래가지고 부지깽이 같던 쇠지팡이로 찍으니까는 그 좋은 고기(古器)가, 넓적한 사발 같은 고기가 이렇게 나와요. 그래서 많이 캐갔어요. 나도 하나 얻었는데 부정탄다고 아부지가 내던져 버려가지고. 지금 같으면 그거 돈인데 놔뒀으믄….

근데 절이 왜 망했느냐 했더니 빈대가 많아서 그 절이 망했다한데 옛날에는 절이 망했다 하믄 핑계가 다 빈대 때문에 망했다고 그랬다 하는데 그 지역이 연골이라고.

왜 연골이라 했을까 하는디 연꽃 연(蓮)자였을 거다 하고 생각해요. 절 이름이 없으니까 그 뒷산이 부주산인가 그럴거이여. 아마 연주사가 아니었을까 이렇게 얘기를 합디다.

이것은 동네 사람들 얘기가 아니고 한 지금부터 한 십 한 오년 전에 각 진도의 지역을 연구하시던 어느 분이 계셨는데 그분들이 상당히 많은 지역을 채록을 하고 할 때 그 뒤에가 부주산이고 연골이었으니까는 연주사가 아니었을까 합디다.

그란데 진도 북산에 있는 절 청룡사, 지금 저쪽에서 보면은 청룡사가 말사가 아니었는데 그 때 이진 의원 말씀 들어보니까는 그런 중간 사찰에 말사 정도가 되지 않았을까 해요. 그런데 지금도 동네 어르신들 말씀 들어보믄 거기서 기왓장도 나오고 상당히 넓은 지역에 대충 그 집터가 될 만한 지역이 거기가 있습니다. 그래서 그 지역을 지금도 우리 동네 분들은 연골이라 합니다. 한문으로는 '연꽃 연'자 써서 연골이라고 그렇게 얘기를 합니다.

철마산은 여 동쪽이고 그래 거기는 북산, 망적산 그래요. 부주, 그니까 부주산 뒤예요. 부주산이고 그 옆에 망적산은 십샘 꼭대기가 망적산이에요. 절터는 제 생각에는 그니까 부주산 밑에 골짜기. 우리 정자리에서는 철마산, 망적산, 부주산 다 합해서 무조건 북산이라고 부르니까. 정자리에서는 그렇게 불러요. 북산 너메다 그거죠.

물이 마르지 않는 망산 십샘

자료코드   589_FOTA_20170518_JJR_KJI_003
조사장소   진도군 군내면 정자리 정자마을 제보자 자택
조사일시   2017. 5. 18
조 사 자   박영관, 박정석
제 보 자   김진일(남, 68세, 1950년생)

줄거리 정자리 망산 올라가는 곳에 바위가 있어 그 틈에서 물이 흐르는데, 마치 여자 음부처럼 생겨 사시사철 물이 마르지 않는다. 또 아이를 가지려는 부인들이 치성을 드리러 오기도 하는 곳이다.

우리 동네에 십샘이라는 지명이 있는데 이 십샘이라는 지명은 정자리에서 진도읍으로 한 2킬로 지점에 우리들이 부르기는 망산. 왜 망산이라 하냐면은 철마산을, 북산 철마산을 망보는 우에가(위에) 봉오지도(봉우리)있고 그러지 않습니까?

그래서 망산이라 하는데 정자리하고 망산에 올라가는 산 초입 계곡에 바위가 하나 있는데 일 년 내내 거기는 물이 잘 안 끊어져요. 그래서 마치 그 바위가 여자들 음부같이 이렇게 있어갖고 물이 떨어지는 것을 보면은 여자들이 일을 볼 때 소변을 보든 물 떨어지는 식으로 그렇게 떨어져요. 약간 움막같이 돼있어요 삼각형으로.

우리 어렸을 때 제가 중학교, 고등학교를 북산, 그 산을 넘어서 읍에로 학교를 다녔는데 그 뒤에가 우리 집안 외삼춘이 묵은 밭을 팠어요. 거기 아침에 일찍 가 보면은 큰 함박이 엎어지고 그 엎어진 위에가 촛불이 켜졌어요.

거기서 누가 치성을 들이는데 외숙모 말씀을 들어 보니까, 애기 못 낳는 아주머니가 당골네를 데리고 와서 밤새 치성 들이면은 애기를 낳는다고 했답니다. 그런데 요근래는 안 가봤습니다만은 언젠가 거기를 가는 길에 북산 넘어서 일

부러 한번 가봤더니 촛불 켜는 자리가 지금도 있고 작은 돌을 이렇게 탑같이 쌓은 것이 지금도 있습디다.

우리들이 부르기는 쫌 곤란합니다만은 여자들 그 생식기같이, 생겼기 때문에 십샘이라고 우리 어렸을 때, 우리 동네 사람들은 다 그렇게 부르죠. 그란데 그 물이 일 년 내내 안 말라요.

날이 궂으면 마장재에서 나는 소리

자료코드	589_FOTA_20170518_JJR_KHG_001
조사장소	진도군 군내면 정자리 정자마을 제보자 자택
조사일시	2017. 5. 18
조 사 자	박영관, 박정석
제 보 자	김행규(남, 73세, 1945년생)

줄거리 옛날에 저수지를 막는데 산사람을 제수로 쓰기 위해 지나가는 거지 부부에게 한상 차려 줄테니 제수가 되달라고 물으니, 남자 거지는 그러자 하고 여 자거지는 하지 말자고 하였다. 결국 거지 부부는 같이 한상 걸게 먹고 제수가 되었다. 그 후 날이 궂으면 그곳에서 "마장께, 마장께" 하는 소리가 들려 그곳을 '마장재'라고 불렀다는 이야기다.

아주 옛날에요. 못사는 거지 둘이 부부간이었는데요. 거기가 원(저수지)을 막게 됐어요. 마장재가. 거기 원을 막는데, 옛날에는 원을 막을 때 사람을 지속(祭需(제수))으로 달았다는가 봐요.

그래서 남자는 거기 지나가는데 이케 잔뜩 상을 걸게 차라놓고 그 사람들이 여기 지속다는데 먹고 여그서 죽을래 하니까 남자는 예 그러자 하고 여자는 하지말자고 그랬대요. 안 죽는다 그말이죠.

그랬는데 그래도 남자가 한다고 그래쌓니까 거그서 같이 먹고 둘 다 지속을 달았겠죠. 그랑께 그 후로 인자 비가 오나 눈이 올라고 날이 궂으믄 이케 '마장께(하지말자니까)' 글쎄 꼭 그랬대요.

그라고 그때는 마장재인데 지금은 한양길 이래 되어 있습니다. 그때가 일제 때요. 일제 때 거그를 막고 지금 그 자리가 이 정자리하고 분사리를 막은 것이죠. 예, 연결을 막은 원인이죠. 지금은 다 없어져 부렀지만.

오동메산과 금골산 사이 살막재

자료코드	589_FOTA_20170518_JJR_POJ_001
조사장소	진도군 군내면 정자리 정자마을 제보자 자택
조사일시	2017. 5. 18
조 사 자	박영관, 박정석
제 보 자	박옥준(남, 79세, 1939년생)

> **줄거리** 정자마을로 들어오는 모든 운송수단과 사람들에게 따라오는 역병이나 나쁜 것을 막기 위해 오동메산과 금골산 사이를 '살막재'라고 불렀다.

살막재는 오동메산과 금골산과의 연결부분인데 거기 살을 막기 위해서 살막재라고 명명해서 지금까지 부르고 있습니다. 사람 죽인다할 때 '살(殺)' 자, 장막한다 할 때 '막(幕)' 한문으로 그렇게 씁디다.

옛날 어른들이 왜 거기가 살막재냐 그랬더니, 정자리로 넘어오는 갯바람이 굉장히 쎈데 옛날에는 거기가 창목이니깐 모든 운송수단이 배로 오는데 외지사람이 거기로 들와요. 조도나 신안이나 무안 이런데서 배가 들오믄(들어오면) 그 사람들이 거기를 넘어오게 돼있어요. 큰길이 없으니까.

내 생각에는 아마 그런 사람들이 외지에서 들어옴서 역병이나 또는 나쁜 것이 따라오는걸 막을라고, 그 당시 어른들 말씀이 거기 차경조씨, 조의식씨 그 유업이 있는 자리 거그를 '살막재'라고 했답니다.

거기가 지금은 이케 묵혀졌는데 옛날에 약간 고개, 언덕바지였어요. 옛날 어른들이 그렇게 말씀하셨어요.

군내면 죽전리 죽전마을

구사일생으로 살아 돌아온 추자도 낚시

자료코드   589_MONA_20170413_JJR_LSH_001
조사장소   진도군 군내면 죽전리 죽전마을 제보자 자택
조사일시   2017. 4. 13
조 사 자   박정석, 박영관
제 보 자   이승희(남, 82세, 1935년생)

줄거리 낚시를 좋아하는 제보자가 35살 때, 추자도로 낚시를 갔다가 바다에 빠져 구사일생으로 살아온 이야기로, 긴박하고 다급했던 장면을 아주 실감나고 생생하게, 또 자신이 그 위기의 순간에 느꼈던 마음을 구체적으로 표현하였다.

"예, 형님 괜찮한게 형님 겁 먹지 말고 암토(아무렇지) 안 하거잉께 물 올라왔을 때 시간은 충분한께 같이 따라서 내려가쇼. 이렇게 내려가면은 충분히 건너갈 수 있소. 호비 형님도 건너간데 형님이 못 하긋쏘."

그런깨 저 그 현모 형님은 또 뭐냐 운동도 했고 그래나서 몸이 가바(가벼워). 그란데 그 병희 형님보고 내려가라 항께, 그렇게 하세 물 왔다가 그놈 보고 같이 따라 내려 가듬마. 그라더니는 아니 여기에다가 발 하나를 놔두고 여기서 훌쩍 뛴다고 뛰더니는 어마 한 발은 저 건너다가 딛고 한 발을 물에 빠져부네 그 물에가 이렇게. 카 인자 소리를 지르고 얼릉 그 앞에 잡으쇼 잡으쇼 그래갖고는 그 앞에를 잡아갖고 뽀똑뽀똑해서 뽀돗시(겨우) 올라갔어 인자 거그를.

거그를 올라갔는디 인자 나머지 나가 가는 것은 나는 자신 있게 젊고 나이도 젊고 그랑께 인자 두 형들 보냈응께 나야 인자 뭐 못하긋냐 그라고는 인자 마음 단단히 먹고 그리고 물이 이렇게 올라오길래 그놈하고 같이 따라서 뽀짝 내

려 가갖고 여기서 인자 얼른 쩌 건너로 뛴다고 깊이 뛴다고 훨떡(훌쩍) 뛴게는 나는 뛰도 못하고 여그서 물속으로 쏙 들어가부렀써.

거기서 그 물 오르는데 거그서 그 속으로 쏙 들어가 부렀어 어째서 그것이 들어가잖냐. 그런깨 그것이 낚시하는 데도 절대 경험이 있어야써. 그것이 경력이제 그런 생각 하더라도 그 가에가 그 소태 돌에서 깃는 김, 그 소태가 그것이 돌에가 꽉 껴~~만히 해갖고 물은 쓴게 인자.

그 꺼만이 길어갖고 그놈이 있어갖고 굉장히 미끄럽제 그것이 그 김이.

그랑께 인자 그것이 미끄렁께 그란 줄 알았으믄 이 김이 질어갖고 미끄렁께 동생 천천히 하고 조심이 하게 그랬으믄 할 꺼인디 자신만 갖고 어, 뭐 저 가찹디(가깝다고) 가찬거 물 따라 내려가믄 금방 뭐 안 가긋냐 훌떡 뛴께 쑥 들어가불어.

물이 쫙 밀고 올라와 그간에 타이밍이 인자 안 맞응께 못 나온께 물이 쫙 올라강께 웜마 요놈을 나를 싣고 데려다가 그 여(섬) 있는데 꼭 거까지 밀고 가듬마. 쏴 밀어다가 여그다가 갔다가 탁 때려 붙여. 그란데 거기 돌들은 이 파도에 뭣해갖고는 이렇게 움푹하니, 미끄러(미끄러워). 거기 가서 인자 난리가 났제.

빠져갖고 물에 씻겨서 그란데 내가 족히 올라강께 막 사방에서 소리를 지르고 거 욱에놈 어찌 잡아라 잡아라 그란데 아 잡응깨는 요놈이 물이 왔다가 인자 다시 내려간단 말이여. 미끼러져갖고 손을 어디 잡을데가 없어. 그 물에 싸여갖고 같이 물하고 따라서 쫙 끗고(물에쓸려) 내려가는데 쫙 그놈을 끗고 내려가는디 몇 십 미터까지 끗고 내려 갔는가 몰라.

그란데 그쪽 지형이 뭐 어찌게 생겼냐 그라믄 우리가 여기 와갖고 이케 뛰어 넘는데 거기가 너리석(넓은바위))이 그 밑으로 한나가 이케 넓적한 놈이 이케 깔려갖고 있어. 너리석이 이케 깔렸는데. 그놈 욱이로도 물이 오고 밑에서도 이렇게 뚫어져갖고 밑에서도 이리 기어오고 그래. 그런데 그 돌이 여그 우리 방 보담도 더 크꺼여.

여기서 이렇게 깔려 있는 놈이 아니 요놈을 쭉 밀고 가더니는 욱으로 떠갖고

가는 것이 아니라 쪽 뽈아댕긩께 너리석 밑으로 내 끗고 들어가불었네. 나를
쏘옥 끗고 들어가붕께 깜깜해 불든마. 저 욱에서는 휜하더니. 하 이래갖고 사
람이 죽는 것이구나. 아 인자 쩌 밀고 쩌 밑에까지 쓱 끌고 내려가붕께 인자 깡
깡해(깜깜해). 뽈려 들어가붕께 속수무책이제 뭐 나올라 해바치고 나와 지근는
가?

타이밍이 쪼깐 있어갖고 마칭께는 물이 다시 쩍서(저기서) 밀기 시작하는디 또
올라 올라고 요 통에 내가 안 나가믄 인자 인자 난 죽는다 싶드라고. 가만히 보
고 있응께 물이 쭉 밀어준께 요쪽으로 도르고 휜한 쪽으로 헤엄을 쳐았고 헤
엄을 그래도 잘 친게 쑤욱 나온께 물이 이래 이렇게 허리 욱에까지 사람이 푹
올라와지듬마. 올라와 졌는데 같이 밀고 온 것이 아까 붙었던 그 자리로 또 간
그라.

아까 그 거그서 손 잡아서 미끄러 진데로 그런데 살라고 거그를 또 강깨(가니까)
사방에서 한번 끌려 들어갖고 이캐 나온께, 나왔응께 소리를 지르면서 거 위
에를 어떻게 붙들어 잡아라, 붙들어 잡아라 그라고 가갖고는 어찌게 산 것이
돌 세타구(사이) 구멍에 이 한 손이 이렇게 딱 들어가듬마.

그래갖고 그놈을 잡고 올라갈 기운이 없어 고 구멍에서 손잡고 이렇게 꽉 보둥
께(보듬고) 이렇게 엎졌응께 물이 거기까지 와서 이렇게 있더이는 쫘 또 끈고 내
려간다. 나만 거기다 놔두고 물이 쩌그 저 떨어진께 저그 욱 꼬대기 그 요 욱에
가 나만 그 붙들어 요 잡고 있는거여.

그랑께는 사방에서 인자 막 소리를 치면서 더 욱에 높이 욱에로 올라가라고
그란데 그 쩍에는 다리에가 힘이 없어갖고, 겁도 먹고 그래갖고 안되는데, 그
럴 때는 인자 담배를 많이 피는 판이거든. 그래 욱에로 뽀득뽀득 기어 올라가
갖고 담배가 피고 싶응께 그 파도 소리땜시 말을 막 해도 뭐시여 안 드킹께(들려
서) 담배가 피고 싶응께 담배 한나 해서 이렇게 보내라고 그렁께 수건에다가 라
이타하고 담배하고 해갖고

(청중 : 거기서 어치꼬 담배를 펴?)

으 땡겨주듬마. 그래 거기서 담배를 한대 피고 가만히 생각함서 물을 내려다 봉께 내 생각이 세상에 어 위험하다고 형님들 먼저 가믄 쓴다고 그래놓고 먼저 보내놓고 나는 뛰도 못하고 쏙 기어들어가서 내가 지금 살란 캥이냐 죽을 캥이 냐 그게 그 때에는 죽는단 그런 생각은 없드만.

그란데 그 정도 힘을 쓰고 그래놓고 난께 담배를 한대 피고 그러고는 있는데 거기서 그 사람들은 경력이 있응께 로프 줄을 갖고 다니듬마. 로프줄을 갖고 댕기면서 고를 내갖고 거기서 신호를 해. 그래갖고 그 고를 해서 요 앞에다가 하지 말고 어 저 뒤에다가 하지 말고 고를 앞에다가 내라 하듬마. 앞에다가 놔 두라. 그렇게 해서 그 로프 줄 한 삐짝을 끈을 땡겨.

그래 그놈을 갖고 이놈을 늘인 거여. 내 몸을 묶어 이렇게 내고는 인자 그래갖 고 거그서 뛰어들어 가는거여. 저리로 오지 말고 그 물로 물 오면은 무리가 뛰 어 들면 거기서 가만히 잡아당기면 벽에가 붙으면 이렇게 잡아 올릴려고

그래서 묶어갖고 뛰라고 뛰라고 그라는데 인자 겁을 먹어갖고 어디 뛰어진가. 안 뛰어져. 이렇게 보믄 그냥 겁이 나갖고 그러니 에기, 인자 살기 아니면 죽기 다 그라고 내가 그란데 점점 몸이 굳어져 오드라고 추워갖고. 거기서 물로 확 뛰어등께 저 건너서 로프줄을 이렇게 확 땡기더니 거가 절벽이라나서 그 우리 가 있던 낚시대로 고놈 남은 놈 두어 개가 있었어.

그랑깨 그 진(긴) 낚시대를 밑에다 이렇게 내려주듬마. 고놈을 잡으면은 저 욱에 서 끊고 고놈을 잡아서 인자 올라오라고. 그래 고놈을 잡고 거그를 가갖고는 겨우 본 섬으로 올라섰어.

올라서갖고 있는데 그 다음에는 마비가 오는 것이, 내가 지금 저 사람들 형님 들을 불러았고 나를 조금 어찌게 부축을 해주라고 말을 하고 싶은데 굳어져가 말이 안나오는거라. 혀가 굳어져갖고 그러면서 걸음도 못 걷근고.

그런데 그 사람들은 전부 먼저 가고 나만 이렇게 떨어지고 그래가지고는 내가 여기서 여기서 낙오가 되면 인자 인자 죽는다 말도 못하근고 죽근듬마.

사력을 다해서 보돗시(겨우) 거그 뻥크까지 찾아갔어. 찾아강께 거그다가 불을

펴놓고 옷을 우선 얼른 뱃겨불고 내복을 한 벌을 마른 놈을 그놈을 하나 벗어 았고 주덤마. 그래았고 그놈을 입고 그 곤로에다가 불을 인자 피워. 그래았고 그 곤로에다 불을 거기다 피워논께 그놈을 쬐고 어짜고 그라고 막 주물러야 되 굿듬마….

사방에서 주물러 주고 그래았고 있응께 인자 쪼끔씩 이것이 순환이 되는가. 말이 나오고 그래가지고는. 그런데 바람이 말이여 어찌께 씨게 불고 막 해일이 일어나갖고 눈보라가 막 때려 치고 그란데 뭐 배소리가 풍풍풍 나더라고.

그라더니 허정영이 그 사람이,

"아 우리배 소린데 저 배소리는 우리배 소리여!"

우리가 시방 이렇게 바람 나았고 해일 이렇게 일어난 줄 알고 위험한줄 알고 지금 틀림없이 우리배가 왔다고 얼른 준비하라고 어찟게 할라냐고 더 있다가 한번 더 하고 갈 것이냐? 말 것이냐? 그런데 정내미가 떨어져서 뭐 낚시가 뭐여 지금 살면 다행인데. 아이구구 다 가야 된다고 일어났제.

전부 모도 옷 벗어서 놔두었던 놈 그놈 모도 뭉뚱그려서 싸고 그래갖고는 인자 그 배 있는 데로 이렇게 내링께 배를 갖다가 제일 그 파도가 씰(셀) 즉에는 바다 가운데서는 괜찮한데 가세다가(가에다) 대는 것이 문제듬마.

거기다가 가세다가 대기를 못해 어찌게 이것이 막 이렇게 까바지니(뒤집히다). 그 랑께 잠깐 갔다가 이마빡(뱃머리)을 갖다 들어댈 때 한사람 뛰어 올르고 또 한사 람 뛰어 올르고 이렇게 올라야 올리지 글안흐믄 못 올르굿듬마. 그라고 가에 다 계속 붙여놓고 있으면 한번 만에 파도가 와갖고 해불믄 배에 즈그장장 해 먹어 불고(우장창 부서져버리고).

그래갖고 살아 나와서 어란으로 해서 섣달 스물 여드레 날인가. 벽파진서 걸어 서 그때는 마이크로 버스 댕길 판. 마이크로 윤교씨가 마이크로 버스 가지고 있을 판이여[47년 전이여].

벽파에서 그 솥단지 그 놈을 짊어지고 그래도 나올 적에 그 쩍에 고기를 낚을 지 못 낚을지 모릉께 조기 거저 상처난 조기는 싸거든. 그 한 상자 뭣 해봤자 그놈을 한 박스를 사주라 했더니 주인네가 그놈을 사 났듬마. 그래서 그 놈 한나 해서 짊어지고 서니서(쎄) 저그 벽파에다 대 주길래 오류굴 고리 해갖고 걸어서 집이를 건너 온거여.

그래갖고 와갖고 집이 와서도 한 몇 년 간 집사람한테 그 얘기를 안 해. 사고 나 갖고 고기만 못 낚았다고 그랬제. 그런 낚시… 지금도 하도 밤에 낚시질을 댕겨 쌈서 옛날 일 잊어분다 한께.

옛 지명에 담긴 조상들의 선견지명

자료코드 589_FOTA_20170418_JJR_LSH_001
조사장소 진도군 군내면 죽전마을 제보자 자택
조사일시 2017. 4. 18
조 사 자 박정석, 박영관
제 보 자 이승희(남, 89세, 1935년생)

> **줄거리** 공선구지에는 지금 조선소가 들어서 있고, 독구불, 분무굴, 쇠당섬도 모두 조선소와 관계있는 쇠를 다루는 지명이다. 이 지명대로 후대에 조선소가 들어온 것은 우연의 일치라고 하기에는 믿기지 않을 만큼 딱 맞아 떨어져, 조상들의 선견지명에 감탄했다는 것이다.

그 지형이라는 것이 참 이상한 것인데 이쪽 지역에 보믄은 이쪽에 '큰들'이라는 지명을 가진 동네가 있고, 그 다음에 우리 동네로 와서 '공선구지'라고 옛날부터서 공선구지라고 그러는데, 공선구지라는 그 얘기가 우연의 일치가 아니고 지금 와서 보믄은 몇 백 년 전에 어떻게 했으믄, 우리 선조들이 이름을 그렇케 진 것이 지금에 와서 꼭 그 지명과 현실과 꼭 맞게 되느냐 하는 것이 참 우연의 일치가 아닐 것이고, 지금 우리가 생각을 해보믄 큰들만 하데라도 누가 봐서 큰들에 동네가 있었는데 거기가 들이 생길 줄을 알거이냐 그말이여.

근데 한문이로 써서는 대야(大野), 그러믄은 인자 큰들 아닌가? 그런데 큰들이라는 것은 옛날 몇 백 년 전부터 큰들, 그렇게 해서 이름을 지어 왔는데 지금은 완전히 거기가 박정준씨 매립한 백정복 그거를 중심으로 해서 완전하니 큰들이 되야부렀다 하는 것이 딱 맞어 들어가고, 공선구지만 하더라도 보통 이야기를 공선구지, 공선구지 그라는데 '꾸지' 그러믄은 육지가 바다 쪽에 쭉 뻗어 나간 것 보고 꾸지라고 이러는데, 입구 구에다가 이래 하나 내려 끗는 다음에 '곶지'라고 그라고 '고지'라고도 하거등.

근데 공선구지 그러는데 나는 공선구지 하는 얘기가 공선, 빌 空(공)자, 배 船(선)자. 공선꾸지거등. 그래서 진즉이 공선꾸지라는 얘기는 조선소를 암시하고 있지 않으냐. 그런 것이 인자 이케 이제 일치가 되는데.

그런데 그쪽 지역이 또 이제 이상한 것이 공선구지 뿐만이 아니라 죽전 동네를 에워싸고 있는 산이 '근대산'이거든. 근대산인데 그것이 바로 조선소가 시작을 했던 바로 그 울타리 한나 그 곳에가 속에 들어가 있단 말이여. 그래서 근대산, 근대산 그러는데 걸어진 배다 그렇게 해석을 하믄은 지형적으로 맞을거 같고.

또 한 가지는 내가 지금 조선소 독구불이 자리에가 원래 우리 선조들의 선산이 거기가 있던 자린데 그 선산에 이묘를 할라 할 적에 옛날에 덕병에 살던 김치화씨라는 분이 있어. 내가 어렸을 땐데 김치화씨 라는 분이 오랜동안 지사로 이래 돌아다닐 땐데, 그 분을 모시고 가서 고 부분에를 갔더니 치화씨 그분이 가서 자리를 잡어 주면서 첫 번째 하는 얘기가 뭔 얘기를 하는고 하니,

"아이참, 이상하네. 여기는 묘가 들어갈 자리가 아니고, 쇠소리가 날 자리라고 되어 있는데 이상하니 묘가 들어갔네."

아, 그런 얘기를 하더라고. 그러길래 그적에는 먼저 그런갑다 하고 그라고 그냥 듣고 흘러 보낼 정도로 그렇게 됐는데 인자 지나고 보니까 분명하니 거기는 쇳

소리가 나는 독구불 자리다 그 말이여.

그러고 그 바로 앞에 있는 산이, 조그만 산이 하나가 있는데 그 산이 인제 분무굴이라는 굴이 이케 쏟아져 나와서 거기 보고 여기서는 속칭 불무굴, 불무굴 그러는데 불무굴이라 하믄 불무에 들어갔다 나왔다 하는 그것들을 얘기 하는데 그 치화씨라는 분이 그쪽을 또 얘기를 하더라고.

"저 건네 저것이 뭐시라 한다야?"

"아, 거기 보고 이제 분무굴이라 한답니다."

그란께.

"어, 그려. 분무굴이 맞것다."

"그라나 저 건네 있는 저 섬은?"

그쪽에는 지금은 거기까지 이제 매립이 되얏고 물이 안들어 오지만은 그쪽에는 섬이 또 뭐라하냐 하나 있어갖고 물이 사방으로 이케 들어오게끔 들어갔다 나왔다 하기끄름(하게) 되었는데.

"저 섬은 뭔 섬이디야?"

"서당섬이라 그럽니다."

그랑께.

"아니다. 이놈아, 그거이 뭔 서당섬이여? 쇠당섬이다."

그래. 그 쇠당섬이 뭐냐 하믄 그 머릿독을 얘기를 하는 거 같어. 성냔간에 머릿도올. 그것을 얘기 하는거 같어. 그러고는 그 양반 얘기한데로 거기는 완전히 그 부분에는 쇳소리가 나고, 불을 담굴고, 쇠로써 뭣을 만들고 하는 데가 조선소여.

현재 일하다 나는 독구불이 자리라 그래, 독구불이 자리. 그러믄 그것이 그 지형하고 이름하고 현재 요런 것 하고 똑같이 맞어 들어가지 않느냐 이 말이제. 그래 그런 것들을 봤을 적에 참 모두 그 지형이나 사람 이름도 물론 그러겠지마는 그 지형이름이라는 것도 그렇게 옛날에 지었어도 요즘까지 그게 딱 맞아 들어갈 수가 없다 그런 것을 말씀 드리고 잡고.

나무를 태워서 소금기를 빼는 화렴

자료코드   589_FOTA_20170418_JJR_LSH_002
조사장소   진도군 군내면 죽전마을 제보자 자택
조사일시   2017. 4. 18
조 사 자   박정석, 박영관
제 보 자   이승희(남, 89세, 1935년생)

줄거리 옛날에 죽전 앞의 땅 3정보를 매립해서 소금기를 빼기 위해 산에서 나무를 해다가 화염을 했다. 그 후로 나무가 없는 민둥산이 되어 이곳이 가뭄 상습 지역이 되었다.

이쪽 지역에 특이한 것이 옛날부터 여기는 전두환 대통령이 있을 적에 한해 상습지역이라 해가지고 이제 들멕이(언급) 됐었네.

이제 행정에서 잘 알고 있을 거야.

그래 왜 그것이 원인이 어디서 왔냐하믄, 1774년도에 죽전 앞에 부원 자리가 삼정보를 옛날에 매립을 했는데, 삼정보 거기를 매립을 한 이후에 그럴 적에 화염을 시작을 해갖고 산에서 나무는 다 해다가 화염을 해서 소금을 빼내느라구 하기는 산을 기냥 있는데로 기냥(그냥) 전부 그 나무를 짜다가 화렴을 하느니라고 해서 이제 산에가 나무가 없이 이르케 되아갖고.

그래서 이 저 물론 그럴 때만 하데라도 농토도 없고 그랑께 빈촌은 빈촌이었지만은 여기 원인이 이 산림이 훼손이 많이 되고 했던 그 원인이 화염 덕분에 그렇게 많은 산림에 피해를 입었다 하는 것이 이쪽에 그 뭣이고.

마을을 위해 전재산을 기부한 박정준씨

자료코드 589_MONA_20170418_JJR_LSH_002
조사장소 진도군 군내면 죽전마을 제보자 자택
조사일시 2017. 4. 18
조 사 자 박정석, 박영관
제 보 자 이승희(남, 89세, 1935년생)

> **줄거리** 죽전 마을이 경제적으로 풍족해지게 된 데에는 박정준씨 공로가 컸다. 사비를 털어서 교회를 세우고, 원을 막아 간척지를 만들어 마을 사람들이 먹고 살 수 있도록 기반을 다져주었기 때문이다.

이 지역에 참 빈촌이면서 이 지역 주민들이, 북부 주민들이 그래도 밥을 먹게 되얏다 하는 것은 누구 덕이냐믄, 지금 이랜드 하고 있는 박성수 아버지, 박정준씨가 자기 그런 때만 하데라도 돈을 투자를 해갖고 저런데 하는 것은 안하고 밀가리 반죽이네 뭐네 해서 국고 지원을 많이 받아서 했는데, 이분은 자기 사비로 해가지고 요 앞에 백정도 되는 것을 대사에서 죽전이로 오는 그 원 둑막기를 거그를 시작을 해.

1965년도에 저것이 준공된 이후에 그래도 이쪽 주민들이 완전하니 그 양분덜이 덕분에 논을 모도 조성을 해갖고 밥술이라도 먹고, 지금은 촌에 모도 부자로 만들게끄름 해준 것이 그것 때문이여. 박정준씨 덕분에 그렇게 된 것이여. 기출씨가 매형이제. 그람.

그 이후에는 여기다가 교회 한나 세워서, 내가 알기로는 그 교회에다가 천 이백 평짜리 논 한빼미를 거그다가 고런 농사를 스스로 지어서 뭣 하라고 희사를 했고.

그 다음에 정준씨가 거그가 밀양 박씬가 그럴거요. 밀양 박씨 문중에다가 논 한빼미를 희사를 해갖고 저그 저 칠전에 있던 종골씨 있제. 누구냐 태, 태, 저

태규네 아부지. 종골씨가 그쪽에 문임을 했어, 밀양 박씨 문임을.

거그다가 줘가지고 그 양반이 다니면서 여기 한 빼기를 준 것을, 소작을 준 것을 그것을 관리를 하고 그랬는데, 난중에 그냥 그거는 이짝 지역에다 팔았을 것이고, 교회로 준 그 논은 아직까지도 교회에서 지금 운행을 하고 있고. 연고는 전혀 없었제.

그란데 이것을 지역 단체 주민들이 막을라고 내리 면허를 내서 가지고 왔다가 능력으로 해서 막을 수가 없고 해서 그것을 이제 팔게 되얏제. 결국에는 두 번째 넘어 갔는데, 정준씨 앞으로 넘어 가서 정준씨가 완전 개인, 그 양반은 여그 매립하고, 저수지 여그 두 개 막고 하는데 완전하니 자기 전재산, 거의 다 전부 다 털어갔제. 그 목적이 뭣이였냐 하면 이쪽에가 교회가 없응께 그 계획을 했제. 그 계획을 하고 실은 엿따 농장을 운영할라고 했제.

그라고 그런 때는 모다들 배가 고플 때고, 모도 그럴 때라서 여그다가 논 조성을 많이 해사 놔두믄 주민들이 많이 이쪽으로 이사를 많이 올거이 아니냐. 그러믄 거기다가 교회를 하나 다웃게 지서갖고 뭣했으면 하는 것이 그 양반의 본 꿈이었어.

그런데 도중에 돈땜에 이케 못해 불고. 교회에 지슬이고 그르케 성가심시러 그 뒤로도 지원을 끝없이 했었어, 돈으로. 부자간에 좋은 일 많이 하제.

아, 그란데 안타까운 것은 내가 지금 한 얘기는 십 여 년도 더 되얏구만 더 되얏는데, 그래도 이쪽 사람들에 배고플 적에 박정준씨가 자기 사비 전부해서 자기 살림 다 털어갖고 이거 준공한 이후로 이쪽 지역 사람들이 밥 먹게 하지 않았느냐. 그러믄은 그 공덕이 보통 공덕하고는 다르다.

그래서 이것은 절대적으로 그분덜의 공덕을 잊어서는 안되고 그랑께, 주민들 스스로가 해서 공덕비 한나는 세워야 안되것냐 했던 것을 처음에 노인회장 된 정남수씨 한테, 마치 이제 노인회장 되얏으니까 군에다가 이런 것을 얘기하기가 좋으요.

어런스럽게, 저 후학들 한테다가, 후배들 한테다가 이런 관계를 얘기를 해가지고 그래도 표석 한나래도 여그다 세워야 이것이 맞지 않것소. 그랑께. 아, 옳은 얘기라 이거요.

그란데 대사에서 반대를 하덤마. 왜 반대를 하느냐 그라므는 그전에 모도 논 관계가, 거래관계에 있으면서 그것이 문제가 생겨갖고 서로간에 재판 관계가 있어갖고 상당히 오래도록 재판 관계가 이루어졌었어.

그러더니 이 공덕비란 것이 전부가, 그 지역 주민이든 관계된 사람들이 전부가 합심해서 한다고 해도 어려운 일인데, 반대하는 사람이 있어갖고 이거 해서는 또 공덕의 목적도 안되는 것이고. 그것이 그래갖고 나 혼자 할라 했었는데 도저히 안되것든마. 아직까지도 몇 번 얘기만 하고 지역주민들은 마 하고 있제. 언젠가는 내가 거기에 저거 공덕비가 세워져야 맞을 것 같애. 나는 그렇게 보고 있제.

자연물로 유일무이한 수림석

자료코드   589_MONA_20170418_JJR_LSH_003
조사장소   진도군 군내면 죽전마을 제보자 자택
조사일시   2017. 4. 18
조 사 자   박정석, 박영관
제 보 자   이승희(남, 89세, 1935년생)

줄거리   수림석은 자연물이지만 많은 정성과 공력을 들여서 수많은 손질로 다듬어야 작품이 된다. 또한 수림석은 똑같은 작품은 나올 수 없으므로 가치가 있고 소중하고 귀한 것이라는 이야기이다.

농사를 하고 살아도 그 사람이 그 추미(趣味)라는 것이 모도가 서로가 다 다른 것지만은, 나는 쫌 유별난 추미를 가져가꼬. 이상하니 돌을 좋아한 지가 벌써 40년이 지금 넘었단 말이여.

그란데 그쩍(그쪽)에가 마치 저 돌이 나오기 시작한 데가, 용인동에서 저것이 나왔는데, 그림이 만들어진 것을 그저 TV 명품진품에가 저것을 이제 가지고 나갔었어.

그 용인동에가 구조물 그쩍에 가지고 나가갖고 있는데, 그쩍에 전문가가 나와서 저 돌을 보고 가격은 거 고사하고 그 돌이 어뜨케 해서 저 무늬가 되 만들어지고 했냐 하는 것을 얘기를 하는데. 저것보고 덴드라이트라고 했더만, 덴드라이트.

이것이 역륜이 이르케 가게 되믄언 여기 이런 것이 이렇게 있는 것이 아니라 산거 모양으로 점점 그려져. 해가 한 해 두 해 이렇게 가게 되면 연륜이 생겨. 그래가지고 저것을 지금까지 작품이 저기까지 나오기까지는 손길이 어마어마허니 여러 번 저것이 간거여.

뻘 다 묻어 가지고 착 전부 수작업 안하믄 안된께. 떡시루 모냥으로 이렇게 전부 이렇게 전부 덮여 있는데가 짬이 있어갖꼬 그 새로 요것이 들어가갖고 저것이 인자 몇억년이 되믄은 그거이 우리가 보통 말하기는 수림석, 수림석 해서 이야기를 하는데 저 특징이 한나가 뭐이냐 그르므는, 아무리 작품이 많이 있다 하데라도 똑같은 작품이 하나도 없다라는 거여.

어 이거 자유물이라나서. 저것 뿐만이 아니라 이거는 특히 좋은 것이 칼라로 되갖꼬 이렇게 좋지만은 저거는 칼라가 아니고 흑백이면서도 보믄 볼수록이 아주 참 뜯어 볼만하니 수림과 물과 언덕과 또 깊고 야찬거(얕은) 또 이 앞에는 전부 또 갈대, 전부 갈대 아니라고 요 밑으로 노라니(노랗게) 있는거.

그러고 이 옆으로, 앞에로는 또 길, 저런 것을 가만히 딱 뜯어보고 있으믄은 앞에 와서 물론 다른 사람들은 어쩔란지 모르지만은 쩌기 수림을 보고 있는 사람은, 돌하고 같이 둘이서 이케 얘기를 하는 것 허고 똑같은 거고.

그래 내가 작시한 시에도 수석 그 작시가 인자 몇 수가 있기는 있는데 거기에도 인자 나오기는 나와 있는데, 지금은 완전히 저것이 고갈되어 버리고 이쪽에서 나오지를 않고 그쪽에만 하데라도 저것 한참 나올 적에는 한정없이 저것이 나올 줄 알고 그렇게 귀하게 생각을 안하는데 한 40년이 흐르고 난게.

그러고 저걸 간섭하는데도 때를 잘 뱃겨야 디야. 계속해서 물로.

뜨거운 물로 해가지고 계속 저렇게 뱃겨줘야 돼, 뱃겨내야 되고. 그래 인제 내가 원래 낚시를 좋아하기 때문에 낚시를 다니면서 갯부닥가에(갯벌에) 그런데서 저런 것을 채취를 하고 그런 때 그런 사람들이 여런이(여럿이) 있었제.

거그서 한참 나올 적에는 저거이 외지로 또 많이 나오고, 녹진 전 김세인 조합장, 거가 좋은 놈 많이 있어.

갸는 지가 채취를 해서 한 놈도 나와 있지만언 현장에서 존 놈 있으믄은 기냥 막 현장에서 바로 사와 부렀어. 사와갖고 김대중 대통령 집무실에가 저거 한점이 거리 갔제.

거기가 있었고 그리고 여러 군데 좋은 데로 모도 뭣한 데는 저것이 많이 나가 갖고 있어. 그런데 원판 귀한 것이라서.

설화 조사를 마치며…

설화 발굴의 소중함을 되새기다

김명선

2017년 4월부터 진도군 설화발굴을 위한 작업이 시작되었다. 진도군 실정에 밝고 진도의 지역사와 문화에 이해도가 높은 진도 문화원 원장 및 이사들이 조사위원으로 참여하였고, 남도학연구소의 설화 전문 연구자들이 지원팀으로 참여했다.

퇴직 후 낙향하여 고향에 살면서 지역의 발전과 개인의 성숙한 삶을 위한 여러 가지 길을 찾고 있는 시점에서 설화 조사 사업에 참여할 수 있었던 것은 큰 행운이라고 생각한다.

조사위원들과 지원팀은 멋진 설화집을 만들겠다는 다짐 속에 이미 발간된 설화집을 수집하여 그 목차와 내용을 면밀히 검토하고 분석하는 시간을 가졌다. 이를 통해 진도의 특성이 반영된 새로운 모습의 설화집을 구상하였다.

내가 소속된 제3팀(김명선, 윤홍기)은 의신면 일부와 임회면 지산면을 중심으로 설화발굴을 시도하였다. 여러 마을을 돌아다니며 어른들께 지역의 이야기와 살아온 이야기를 들으면서 함께 웃고 가슴아파 하며 함께 감탄한 시간들은 참으로 소중한 기억이다. 다만 행방불명된 외아들을 오매불망 기다리며 밤에는 불을 켜 놓고 잠을 청한다는 금갑 이만심 어머님의 가슴아픈 이야기를 아들이 언젠가 읽어주기를 바래본다.

오래된 기억을 되살려 제보에 응해주신 어르신들께 감사의 말씀을 드리고 많은 이야기를 간직한 분들이 故人이 되었거나 기억을 잃어가는 현실을 보고 조금만 더 일찍 설화 발굴 활동을 했더라면 하는 아쉬움이 남는다. 가급적 많은 동네의 다양한 이야기를 채록한다는 기준을 정해놓고 활동했으나 채록 과정에서 부득이 편중된 점은 보완이 필요하다고 본다.

끝으로 제보에 응해주신 뒤 얼마 지나지 않아 타계하신 용호리 백년 고택의 소유자 조은님과 3명의 손자를 키워 장한 할머니 상을 받은 매정리 김내동님의 명목을 빕니다.

옆집 할아버지의 이야기 바다

김현숙

박주언 선생님과 함께 진도읍과 조도면 설화 조사를 맡게 되면서 나는 인터뷰보다 촬영을 책임지기로 하였다. 진도읍 북상리에 사시는 94세 박종민 할아버지는 우리 조사의 첫 대상자였다. 설화 조사를 시작하기 전에는 전동휠체어를 타고 지나치던 평범한 우리 마을 할아버지셨다.

진도영화사의 산 증인이라는 언질을 받고 진도영화의 시작에 관한 언급 정도일 것이라는 예측과 다르게 우리는 박종민 할아버지의 이야기로부터 쉽사리 벗어나지를 못하였다. 카메라를 잡고 방관자 자세를 취하던 나는 어느덧 무궁무진한 할아버지의 이야기 속으로 빨려들어가 저절로 여러 가지 질문을 내뱉고 있었다.

일제강점기 교육 상황과 일본인 교사들 이야기, 6.25사변 때 인민군들의 진도점령 정황, 진도에서 시작하여 곡성, 성환 등으로 이동하며 영화사업을 선도한 이야기들, 게다가 어릴 적에 명창 임방울이 진도서 공연한 이야기, 박옥진 박보아 자매의 창극단을 진도서 공연하게 만든 이야기 등등….

이야기는 다양한 분야에 걸쳐 끝없이 이어졌다. 연로하셨지만 기억력이 좋으셨고 외지생활을 많이 하셔서 이해하기 어려운 사투리도 별로 안 쓰셨다. 아무튼 조사 첫날 나는 이 조사에 참여하게 된 것이 얼마나 행운인지를 실감하기 시작했다. 박주언 선생님의 강권에 마지못해 참여한 조사였는데 첫날부터 신바람이 나기 시작하였다.

각 팀은 매월 40꼭지씩을 채록 정리해서 제출하게 되어 있는데 박종민씨 이야기가 40꼭지를 넘다 보니 너무 편중된다는 지적이 조사자 회의에서 나오기도 했다. 마을마다 꼭지수를 고루 배분해서 조사하는 팀도 있었지만 우리 팀은 마을이나 사람 배분보다는 '다양한 이야기 채록'이라는 이야기중심에 고집을 부렸다.

진도읍과 조도면의 이야기들은 그런 특징이 있다. 그래서 이야기를 읽게 되는 사람들은 어쩌면 조사대상자들의 이야기 바다에 빠져 헤어나지 못하는 조사자들의 모습을 발견하게 될지도 모른다. 그리고 또한 똑같이 그 바다 속에 빠지게 될지도 모르는 일이다.

보석을 캐 가꾸려는 마음으로

박영관

엊그제까지 창밖엔 하얀 눈이 소복하게 쌓여 있더니, 오늘은 촉촉한 봄비가 꽃망울을 재촉한다. 우리 고장 진도 곳곳에 간직된 전설을 2017년 4월 초부터 6개월간 조사하며 촬영하고 채록하였다. 조사를 하면서 전에 느껴보지 못한 서민들의 삶을 피부로 느낄 수 있었다. 이 기간 동안에 진도 지방의 마을 유래나 지역에 얽혀 있는 여러 가지 사연들을 현장에서 보고, 듣고, 관련 서적을 찾아 배울 수 있는 좋은 기회가 되었다.

시간이 흘러 날이 가면 세월이 되고 일상의 일들은 삶의 흔적으로 남는데 그 흔적이 지워지지 않고 오래 기억되었을 때 전설로 이어진다. 전설 속에서 우리의 평범한 일상 중 흔히 일어나는 일보다 특이한 재미와 해학, 뉘앙스, 불가사의한 일, 애환, 상상 등 삶의 편린들이 켜켜이 진주처럼 빛나고 있음을 엿볼 수 있었다.

권력자들의 행위는 사서로 엮어지지만, 서민들의 삶은 면면하게 야생화나 큰 나무의 그루터기에 매달려 구비문학에 담긴다. 그런 소중한 일을 하는데 어찌 낮은 목소리라도 업시름하게 여길 수 있을까? 수많은 이야기 주머니 속에서 희로애락이 꿈틀대고, 한(恨)과 열(悅)이 암묵적인 교훈으로 스멀거렸다.

나른해 할 때 전화벨이 울려서 받으면 "보석을 캐 담으러 가자"는 박정석 문화원장님의 열정적인 목소리가 들려온다. 사명감으로 무장된 저력을 지니신 분이라 따라다니기 버겁기도 했지만 보람 있는 시간이었다고 자평한다. 전설조사 때 반갑게 맞이해 응해주시고 도움주신 많은 분들께 머리 숙여 "감사합니다"라고 큰절 올린다.

옥주골 사람들의 숨은 자취를 찾아서

박정석

진도설화에는 옥주골 사람들이 살아온 자취가 숨겨져 있다. 나와 박영관 문학박사는 그 자취를 찾아서 군내면과 고군면, 그리고 의신면의 중심지인 의신초교 학구와 의동초교 학구에 속하는 마을을 담당하여 채록에 들어갔다.

박영관 박사는 촬영을 맡고 나는 이야기를 해 줄 제보자를 섭외하여 설화마다의 핵심을 얘기할 수 있도록 진행을 하였다. 매월 20건 이상의 설화를 녹음하고 영상에 담아 글로 풀어쓰는 작업은 많은 시간이 소요되었다.

특히 죽전마을 이승희 어르신이 들려준 '추자도 낚시 가서 세찬 파도에 죽을 고비를 겪었던 생생한 경험담'은 30여분 동안이나 구술이 이루어졌는데 이를 글로 풀어 쓰는 데는 이틀간에 걸쳐 작업을 해야 했다.

인내심을 필요로 하는 지난한 작업이었지만 조사와 채록 과정에서 새롭게 알게 된 사실도 많았고 감동을 받은 사연도 많았다.

신기리 무조마을 김성조 제보자가 들려준 어미소와 송아지 이야기를 생각하면 지금도 가슴이 먹먹하다. 가사도 솔섬(松島)으로 어미소와 송아지를 실러 갔는데, 어미소를 배에 실어놓으면 세 차례나 배 밖으로 내려가 버리더니 송아지를 실으니 어미소가 스스로 배에 올라와 살고 있던 솔섬을 멍하니 바라보더라는 내용이었다.

옛날에 제주도에서 말을 싣고 진도로 오면 의신면 송군과 삼섬(三島)사이의 몰(말)막기미에 말을 내렸다고 한다. 그런데 의신면 옥대마을 사람들이 제주도에서 가져온 말을 키우다가 잃어버리면 몰막기미에 가서 찾을 수 있었다고 한다. 금수(禽獸)도 고향을 그리워함을 느끼게 하는 설화였다.

유례없는 가뭄으로 더웠던 7개월 동안에 땀을 흘리며 우리는 280여 설화를 채록할 수 있었다. 짧은 기간이라 일부분에 그쳤지만 영원히 사라질 이야기들을 기록으로 남길 수 있는 소중한 시간이었다. 바쁘신 중에도 마을에 전해오는 이야기들을 전해 주신 여러분께 진심으로 감사드립니다.

백 사람이 읽을 한 사람의 이웃 이야기

박주언

모든 사람의 각각 다른 시각은 그 수만큼의 세계를 만들지만 우리는 그 세계들을 무관심으로 지나쳐버린다. 이번 설화채록 작업은, 오랜 세월 함께 살아온 이웃들을 눈을 번쩍 뜨고 바라보게 했다. 그동안 무심했던 스침이 그의 이야기를 통해 매우 소중한 존재로 떠올라 손을 잡게 한다. 그들의 이야기를 통해 나를 발견하기 때문이다.

우리 조사팀은 진도읍과 조도면 사람들을 만나면서 그들이 평생 해보지 않았던 자신의 이야기를 녹화하는데 합의 보았다. 해묵은 이야기가 할머니의 물레처럼 풀려나올 때 옆에 앉아서 소중히 받아 적은 작업은 이제 한 권의 책으로 출현한다. 이 책은 진도 사람들이 서로를 좀 더 가까이 바라보고 새로운 이웃으로 반기게 만드는 매개체가 될 터이다.

많은 대상자 가운데 94세 박종민 조재언 두 분이 큰 비중을 차지한 것은 언제 또 채록할 기회가 있을지 알 수 없어, 가지고 계시는 이야기를 모두 받고 싶은 욕심에서였다. 게다가 이분들은 기억력이 특출하고 일제시대, 한국전쟁까지를 체험한 스토리를 간직하고 계셨다. 많은 이야기를 수집했지만 아직도 아쉬움이 남는다.

설화 조사가 끝나갈 무렵에 진도읍 이행자씨를 만난 것은 행운이었다. 상징적으로 내세울 진도여성을 못 만나고 조사가 마감되던 차에 기회를 얻었다. 가정과 사업을 꾸려가느라 남들이 볼 때는 정신이 없을 것 같지만 이야기를 들으면서 놀라게 된다. 세상을 살아가는 기본정신이 분명하여 자녀교육으로부터 모든 일처리가 정대하고 분명했다. 진도에 훌륭한 여성들이 많겠지만 이행자씨를 만남은 잘된 일이다.

설화채록작업은 지역화시대의 매우 중요한 사업이다. 지역 사람들의 라이프스토리는 지역문화의 뿌리이기 때문이다. 따라서 지역의 설화모음집은 단권으로 끝낼 일이 아니다. 각 시군마다 10권 정도는 나와야 한다.

21세기 사회상을 보여주는 귀중한 자료

윤홍기

고향을 떠난지 40여년 만에 중국 송나라 도연명의 '귀거래사'를 차용하여 읊으며 (『진도문화』66호(2011.9)게재) 귀향한지 벌써 8년이 흘렀다. 서울의 공기업에 근무하며 경제의 최일선에서 세계인들과 경쟁하며 치열하게 살아오다가, 은퇴한 후 어머니 품 같은 포근한 고향에 내려와 여러 선후배님들의 배려 속에서 어느덧 시골생활에 익숙해져 가는 중이다.

그사이 박정석(진도문화원장), 박주언(향토사학자) 선배님들의 크나큰 배려로 문화원과 인연을 맺게 되었고,『진도문화』편집과 각종 자료의 정리 등 미력이나마 여러가지로 재능기부를 하게 됨은 퍽이나 다행이다. 앞으로 남은 여생도 내 고향 진도의 발전을 위해 내가 할 수 있는 일들을 찾아 성실히 봉사하는 삶으로 채우고 싶다.

그런 의미에서 금번 진도군 설화민담 수집사업에 참여하게 됨은 나에게 크나큰 행운이었다고 생각한다. 이를 위하여 임회, 지산, 의신면의 몇개 마을을 돌아다니면서 많은 사람을 만나 보았는데, 제보해 주신 분들이 연세가 대부분 연로하시어, 언제 사라질지 모르는 우리들의 삶의 옛이야기들을 하루라도 빨리 채록 보존해야 한다는 사명감이 들기도 하였다.

그런 와중에 설화 수집 중 최초로 만나 뵈었던 매정리 김내동 할머니께서 몇달 전 작고 하셨다는 비보를 듣고 안타깝기 그지 없었으며, 이 지면에서 나마 삼가 고인의 영전에 머리숙여 명복을 빌어 본다.

아울러 몇백년 후 우리의 후손들이 이 채록집을 읽어 본다면 오늘 우리들이 살고 있는 21세기의 사회상을 보여 주는 귀중한 자료가 될 것임을 의심해 마지 않으며, 향후에도 기회가 된다면 추가하여 진도의 구석구석 현존하는 어르신들이 기억하고 계시는 설화와 민담들이 꼭 영상과 책으로 기록되길 바라는 마음이 간절하다.

부록

진도 설화 유형별 목록

기이담

설화제목	유형	조사마을	제보자	조사코드
봉할머니의 기도	기이담	진도군 고군면 금계리 회동마을	용홍태 (남, 1932년생)	589_FOTA_20170507_HDR_ YHT_002
경주이씨들이 도론리에 터를 잡은 유래	기이담	진도군 고군면 도평리 도론마을	이영목 (남, 1945년생)	589_FOTA_20170703_DRR_ LYM_005
감보도 앞바다 지네와 용의 결투	기이담	진도군 고군면 벽파리 벽파마을	김필윤 (남, 1934년생)	589_FOTA_20170424_BPR_ KPY_002
신성한 탕건바위	기이담	진도군 고군면 지수리 지수마을	박양언 (남, 1934년생)	589_FOTA_20170411_JSR_ PYU_001
먹구렁이와 호박 태몽 꿈	기이담	진도군 임회면 고정리 매정마을	강돈지 (여, 1941년생)	589_MONA_20170417_MJR _KDJ_004
윤선도 꿈에 나타난 구렁이	기이담	진도군 임회면 굴포리 남선마을	강진간 (남, 1939년생)	589_FOTA_20170609_NSR_ KJG_004
묘에서 나온 색깔 좋은 녹두색 병	기이담	진도군 임회면 굴포리 남선마을	이길삼 (남, 1937년생)	589_FOTA_20170630_NSR_ LKS_004
뱀골재 세 개의 동삼 이야기	기이담	진도군 임회면 명슬리 상미마을	김구보 (남, 1942년생)	589_FOTA_20170918_SMR_ KGB_003
죽림마을 흔들바위 대참사	기이담	진도군 임회면 봉상리 봉상마을	윤춘엽 (여, 1947년생)	589_MONA_20170422_BSR_ YCY_001
제삿날에 오신 영혼	기이담	진도군 임회면 봉상리 봉상마을	윤춘엽 (여, 1947년생)	589_FOTA-20170422_BSR_ YCY_001
서럽게 죽은 혼백 위로	기이담	진도군 임회면 봉상리 봉상마을	윤춘엽 (여, 1947년생)	589_FOTA-20170422_BSR_ YCY_002
저승에서 돈 받으러 온 시어머니	기이담	진도군 임회면 봉상리 봉상마을	윤춘엽 (여, 1947년생)	589_FOTA-20170422_BSR_ YCY_005
궂은 날 신랑무덤에서 나는 소리	기이담	진도군 임회면 봉상리 봉상마을	윤춘엽 (여, 1947년생)	589_FOTA-20170422_BSR_ YCY_008
우렁각시가 여기있어 여기산	기이담	진도군 임회면 봉상리 송정마을	김복진 (여, 1946년생)	589_FOTA-20170604_SJR_ KBJ_001
눈동자가 네 개인 쌍둥자 할아버지	기이담	진도군 임회면 봉상리 송정마을	김복진 (여, 1946년생)	589_FOTA-20170604_SJR_ KBJ_002
대흥사로 간 동자부처	기이담	진도군 임회면 상만리 상만마을	이계진 (남, 1932년생)	589_FOTA_20170511_SMR_ LKJ_004
두 마을 장사들의 힘 자랑	기이담	진도군 임회면 상만리 상만마을	이계진 (남, 1932년생)	589_FOTA_20170511_SMR_ LKJ_005
작은 아버지의 영혼과 이장(移葬)	기이담	진도군 임회면 상만리 석교마을	하양수 (남, 1932년생)	589_MONA_20170424_SKR_ HYS_001
상만 남장사와 탑리 여장사의 탑 싸움	기이담	진도군 임회면 죽림리 탑립마을	소두영 (여, 1941년생)	589_FOTA_20170415_TRR_ SDY_001
앞날을 예견하신 할아버지	기이담	진도군 의신면 돈지리 향교마을	강송대 (여, 1941년생)	589_MONA_20170624_HGR_ KSD_001
무승부로 끝나버린 이무기들의 싸움	기이담	진도군 의신면 만길리 도목마을	이춘홍 (남, 1940년생)	589_FOTA_20170717_DMR_ LCH_001

설화제목	유형	조사마을	제보자	조사코드
인명은 하늘에 달렸다	기이담	진도군 의신면 만길리 도목마을	이춘홍 (남, 1940년생)	589_MONA_20170717_DMR _LCH_001
돔바위에 떨어진 노루를 먹고 횡사하다	기이담	진도군 의신면 만길리 원두마을	박주민 (남, 1940년생)	589_MONA_20170717_WDR_ PJM_002
부처돌을 팔아서 화를 입다	기이담	진도군 의신면 만길리 원두마을	박주민 (남, 1940년생)	589_MONA_20170717_WDR_ PJM_004
꿈에 나타난 장군의 묘에 치성을 드리다	기이담	진도군 의신면 옥대리 청용마을	박종성 (남, 1940년생)	589_MONA_20170502_CYR_ PJS_002
소쿠리가 덮어줘서 구사일생으로 살아난 아이	기이담	진도군 의신면 창포리 창포마을	박종화 (남, 1936년생)	589_FOTA_20170523_CPR_ PJH_001
재행(再行)왔다가요절한신랑	기이담	진도군 의신면 칠전리 칠전마을	조규일 (남, 1940년생)	589_FOTA_20170823_CJR_ CGI_004
부인을 지켜주는 죽은 남편의 혼불	기이담	진도군 지산면 보전리 갈두마을	안장진 (남, 1944년생)	589_FOTA_20170918_GDR_ AJJ_001
목침끼리 싸우다	기이담	진도군 지산면 보전리 하보전마을	허 재 (남, 1946년생)	589_FOTA_20170624_HBJR_ HJ_004
불 타버린 당솔나무	기이담	진도군 지산면 소포리 소포마을	김덕춘 (남, 1931년생)	589_MONA_20170725_SPR_ KDC_002
동백사에 떨어진 벼락	기이담	진도군 지산면 인지리 독치마을	김봉의 (남, 1939년생)	589_FOTA_20170816_DCR_ KBU_003
할아버지의 선몽	기이담	진도군 지산면 인지리 독치마을	김봉의 (남, 1939년생)	589_FOTA_20170816_DCR_ KBU_006
무서운 마음이 들면 바를 정자, 마음 심자를 써라	기이담	진도군 진도읍 교동리 북상마을	박종민 (남, 1925년생)	589_FOTA_20170418_BSR_ PJM_0012
혼불 나가더니 죽어불었어	기이담	진도군 진도읍 교동리 북상마을	박종민 (남, 1925년생)	589_FOTA_20170418_BSR_ PJM_0013
소주잔 올리자 팔을 짝 편 시신	기이담	진도군 진도읍 북상리 30번지 조규식 자택	조규식 (남, 1951년생)	589_MONA_20170609_BSR_ JGS_003
등을 보인 여자 시신	기이담	진도군 진도읍 북상리 30번지 조규식 자택	조규식 (남, 1951년생)	589_MONA_20170609_BSR_ JGS_005
씻김굿 받을 귀신을 태운 택시기사	기이담	진도군 진도읍 남동리 남동마을	박병훈 (남, 1936년생)	589_FOTA_20170420_NDR_ PBH_003

인물담

설화제목	유형	조사마을	제보자	조사코드
사라호 태풍에 구사일생한 정명부씨	인물담	진도군 군내면 나리 신기마을(무조마을)	김성조 (남, 1956년생)	589_MONA_20170419_MJR_ KSJ_005
봉침 무료봉사자 김종식씨	인물담	진도군 군내면 녹진리 만금마을	한추향 (남, 1938년생)	589_MONA_20170528_MGR_ HCH_001
상골산 석공 박중순	인물담	진도군 군내면 둔전리 둔전마을	박세종 (남, 1938년생)	589_FOTA_20170528_DJR_ PSJ_004
많은 제자를 배출한 송암 선생과 이근 선생	인물담	진도군 군내면 송산리 송산마을	김용태 (남, 1936년생)	589_FOTA_20170603_SSR_ KYT_001
마을을 위해 전재산을 기부한 박정준씨	인물담	진도군 군내면 죽전리 죽전마을	이승희 (남, 1935년생)	589_MONA_20170418_JJR_ LSH_002
소치선생을 모신 양천 허씨 선산	인물담	진도군 고군면 내산리 황조마을	조윤환 (남, 1962년생)	589_FOTA_20170705_HJR_ JYH_004

설화제목	유형	조사마을	제보자	조사코드
고려 말 충신 이제현 선생을 모신 영당	인물담	진도군 고군면 도평리 도론마을	이영목 (남, 1945년생)	589_FOTA_20170703_DRR_LYM_002
마을에 큰 도움을 준 두 분의 공로비	인물담	진도군 고군면 지막리 지막마을	조병재 (남, 1947년생)	589_MONA_20170503_JMR_JBJ_001
이순신 장군과 함께 전사한 판관 박만재	인물담	진도군 고군면 지수리 지수마을	김서규 (남, 1937년생)	589_FOTA_20170423_JSR_KSG_002
일본인 교장을 쫓아낸 곽충로 선생	인물담	진도군 고군면 지수리 지수마을	김서규 (남, 1937년생)	589_MONA_20170423_JSR_KSG_002
고군면 출신 항일운동가 이기환 열사	인물담	진도군 고군면 지수리 지수마을	김서규 (남, 1937년생)	589_MONA_20170423_JSR_KSG_006
율파선생 추모를 위해 헌신한 제자 이순목	인물담	진도군 고군면 하율리 하율마을	김맹우 (남, 1930년생)	589_FOTA_20170503_HYR_KMW_001
명당 먹통바위를 알아본 윤선도	인물담	진도군 임회면 굴포리 남선마을	강진간 (남, 1939년생)	589_FOTA_20170609_NSR_KJG_006
윤선도가 막은 남선둑이 간척사업의 시초	인물담	진도군 임회면 굴포리 번답마을	박청길 (남, 1940년생)	589_FOTA_20170630_BDR_PCG_006
임금 앞에서 연주한 대금의 명인 박종기	인물담	진도군 임회면 삼막리 하미마을	하영호 (남, 1945년생)	589_FOTA_20170612_HMR_HYH_008
상만리에 책계를 조직했던 12선생	인물담	진도군 임회면 상만리 상만마을	이계진 (남, 1932년생)	589_FOTA_20170511_SMR_LKJ_001
상만에서 10년을 왕래하며 연구한 이또 교수	인물담	진도군 임회면 상만리 상만마을	이계진 (남, 1932년생)	589_MONA_20170511_SMR_LKJ_001
대학자 송오선생 아버지의 훈육	인물담	진도군 임회면 석교리구 분실마을	주광현 (남, 1945년생)	589_FOTA_20170424_BSR_JKH_001
학문에 매진하라는 엄격한 가르침	인물담	진도군 임회면 석교리구 분실마을	주광현 (남, 1945년생)	589_FOTA_20170424_BSR_JKH_002
국악 입문에서 인간문화재가 되기까지	인물담	진도군 의신면 돈지리 향교마을	강송대 (여, 1941년생)	589_MONA_20170624_HGR_KSD_003
소미산 화가가 된 빗기내 나뭇꾼	인물담	진도군 의신면 사천리 사상마을	박정석 (남, 1948년생)	589_FOTA_20170411_SSR_PJS_004
헌종 어진에 떨어진 먹물	인물담	진도군 의신면 사천리 사상마을	박정석 (남, 1948년생)	589_FOTA_20170411_SSR_PJS_005
소치 선생이 스승을 향한 마음으로 심은 백일홍	인물담	진도군 의신면 사천리 사상마을	박정석 (남, 1948년생)	589_FOTA_20170411_SSR_PJS_007
진도에 유배 온 무정 선생과 경주이씨의 사랑	인물담	진도군 의신면 사천리 사상마을	박정석 (남, 1948년생)	589_FOTA_20170411_SSR_PJS_009
빗기내 무안박씨 집안을 일으킨 윤씨 할머니	인물담	진도군 의신면 사천리 사상마을	박정석 (남, 1948년생)	589_FOTA_20170411_SSR_PJS_010
첨찰산 동천암에서 불법을 깨우친 사명당	인물담	진도군 의신면 사천리 사상마을	박정석 (남, 1948년생)	589_FOTA_20170411_SSR_PJS_011
천수 만수 백년 왠수, 팡팡이 할아버지	인물담	진도군 의신면 사천리 사하마을	박옥길 (남, 1942년생)	589_MONA_20170606_SHR_POG_001
소치 선생의 글씨가 적힌 대들보	인물담	진도군 의신면 사천리 사하마을	차철웅 (남, 1954년생)	589_MONA_20170716_SHR_CCW_002
주역과 의술에 능통한 허성	인물담	진도군 의신면 연주리 응덕마을	박복용 (남, 1936년생)	589_FOTA_20170518_EDR_PBY_005
학식이 뛰어나고 축지법에도 능했던 창포 할아버지	인물담	진도군 의신면 창포리 창포마을	박종화 (남, 1939년생)	589_FOTA_20170523_CPR_PJH_004
침계마을 출신 인재	인물담	진도군 의신면 침계리 침계마을	조상인 (남, 1942년생)	589_MONA_20170502_CGR_JSI_002

설화제목	유형	조사마을	제보자	조사코드
거제리 설립자 백씨	인물담	진도군 지산면 거제리 거제마을	박 청 (남, 1940년생)	589_FOTA_20170828_GJR_PC_002
길은리의 입향조 나상서	인물담	진도군 지산면 길은리 용동마을	박양수 (남, 1945년생)	589_FOTA_20170715_YDR_PYS_005
생명의 은인인 보건소 진료소장	인물담	진도군 지산면 보전리 하보전마을	허 재 (남, 1946년생)	589_MONA_20170624_HBJR_HJ_004
버릇없는 나루쟁이	인물담	진도군 지산면 소포리 소포마을	김덕춘 (남, 1931년생)	589_FOTA_20170725_SPR_KDC_002
소포 봉이 김선달	인물담	진도군 지산면 소포리 소포마을	김덕춘 (남, 1931년생)	589_FOTA_20170725_SPR_KDC_003
신침이라 불렀던 임종의씨	인물담	진도군 지산면 소포리 소포마을	김덕춘 (남, 1931년생)	589_MONA_20170725_SPR_KDC_004
동네사람들 모두 살리고 죽은 박득재씨	인물담	진도군 진도읍 교동리 북상마을	박종민 (남, 1925년생)	589_MONA_20170418_BSR_PJM_020
박보아·박옥진 자매의 진도공연	인물담	진도군 진도읍 교동리 북상마을	박종민 (남, 1925년생)	589_MONA_20170418_BSR_PJM_022
약장시 하던 우리국악단 계만씨를 삽교서 만났어	인물담	진도군 진도읍 교동리 북상마을	박종민 (남, 1925년생)	589_MONA_20170418_BSR_PJM_024
정의현과 국악인들	인물담	진도군 진도읍 교동리 북상마을	박종민 (남, 1925년생)	589_MONA_20170418_BSR_PJM_026
곡성극장 할 때 신영희도 만났어	인물담	진도군 진도읍 교동리 북상마을	박종민 (남, 1925년생)	589_MONA_20170418_BSR_PJM_027
진도교장들을 청와대에 데리고 간 박정희의 동창	인물담	진도군 진도읍 교동리 북상마을	박종민 (남, 1925년생)	589_MONA_20170418_BSR_PJM_0034
국악인 오갑순과 살았던 북상리 박금재	인물담	진도군 진도읍 교동리 북상마을	박종민 (남, 1925년생)	589_MONA_20170418_BSR_PJM_0036
함경도에 코르크 공장을 차린 박국재	인물담	진도군 진도읍 교동리 북상마을	박종민 (남, 1925년생)	589_MONA_20170418_BSR_PJM_0037
백하고도 여덟 살을 더 먹은 복길네 할머니	인물담	진도군 진도읍 북상리 30번지 조규식 자택	조규식 (남, 1951년생)	589_FOTA_20170609_BSR_JGS_008
소전 손재형 선생님과의 인연	인물담	진도군 진도읍 남동리 조금마을	김현술 (남, 1950년생)	589_MONA_20171029_JGR_KHS_001
소전 선생님께 직접 사사 받은 박정희 대통령	인물담	진도군 진도읍 남동리 조금마을	김현술 (남, 1950년생)	589_MONA_20171029_JGR_KHS_002
소전선생과 주위의 인물들	인물담	진도군 진도읍 남동리 조금마을	김현술 (남, 1950년생)	589_MONA_20171029_JGR_KHS_003
호랑이 잡고 원님한테 곤장 맞은 장사 박춘도	인물담	진도군 진도읍 동외리 동외마을	서순창 (남, 1935년생)	589_FOTA_20170420_DWR_SSC_001
진도아리랑을 만든 허감찰과 동외리 박씨	인물담	진도군 진도읍 쌍정리 두정마을	이평은 (남, 1936년생)	589_FOTA_20171009_DJR_LPE_002

효열우애담

설화제목	유형	조사마을	제보자	조사코드
일 년 내내 자식 기다리는 손꾸락섬 노부부	효열 우애담	진도군 군내면 나리 신기마을(무조마을)	김성조 (남, 1956년생)	589_MONA_20170419_MJR_KSJ_004
무명지를 베어 아버지를 살리다	효열 우애담	진도군 군내면 녹진리 녹진마을	명춘희 (여, 1940년생)	589_MONA_20170526_NJR_MCH_002

설화제목	유형	조사마을	제보자	조사코드
상가리의 열부 박씨	효열 우애담	진도군 군내면 송산리 상가마을	양상훈 (남, 1934년생)	589_FOTA_20170603_SGR_ YSH_004
어머니 몰래 놓은 노둣돌	효열 우애담	진도군 군내면 월가리 월가마을	김선원 (남, 1944년생)	589_FOTA_20170420_WGR_ KSW_001
장한 할머니상을 받은 할머니	효열 우애담	진도군 임회면 고정리 매정마을	김내동 (여, 1930년생)	589_MONA_20170417_MJR_ KND_001
어머니의 고생을 알기에 먼길을 걸어다닌 아들	효열 우애담	진도군 의신면 금갑리 금갑마을	박매심 (여, 1940년생)	589_MONA_20170413_KKR_ PMS_001
호랑이를 가족처럼 돌본 효자 할아버지	효열 우애담	진도군 의신면 돈지리 향교마을	강송대 (여, 1941년생)	589_FOTA_20170624_HGR_ KSD_001
시아버지가 부르면 모시옷을 들고 달려간 며느리	효열 우애담	진도군 의신면 사천리 사하마을	김명자 (여, 1963년생)	589_MONA_20170827_SHR_ KMJ_004
시묘살이하는 소년과 효를 가르쳤던 호랑이	효열 우애담	진도군 의신면 옥대리 청용마을	박종성 (남, 1934년생)	589_FOTA_20170502_CYR_ PJS_001
시아버지를 재가시켜 대를 이은 송씨 부인	효열 우애담	진도군 의신면 옥대리 청용마을	박종성 (남, 1935년생)	589_FOTA_20170502_CYR_ PJS_002
광전리 유자효자	효열 우애담	진도군 의신면 초사리 초상마을	허상무 (남, 1950년생)	589_FOTA_20170716_CSR_ HSM_001
열녀비를 세운 사연	효열 우애담	진도군 지산면 관마리 관마마을	윤영웅 (남, 1940년생)	589_FOTA_20170816_GMR_ YYU_001
시부모를 지극정성으로 모신 관마리 효부	효열 우애담	진도군 지산면 관마리 관마마을	윤영웅 (남, 1940년생)	589_MONA_20170817_GMR_ YYU_001
부도난 아들에게 용기 주는 아버지의 사랑	효열 우애담	진도군 진도읍 쌍정리 통정마을	이행자 (여, 1942년생)	589_MONA_20170918_TJR_ LHJ_008
박참봉과 늦게 얻은 아들	효열 우애담	진도군 진도읍 포산리 포구마을	박상림 (남, 1935년생)	589_FOTA_20171024_PGR_ PSL_006

동물담

설화제목	유형	조사마을	제보자	조사코드
팔려가는 어미소와 송아지	동물담	진도군 군내면 나리 신기마을(무조마을)	김성조 (남, 1956년생)	589_MONA_20170419_MJR_ KSJ_002
우수영에서 헤엄쳐 온 개	동물담	진도군 군내면 녹진리 대사마을	문종욱 (남, 1948년생)	589_FOTA_20170717_DSR_ MJW_002
호랑이에 팔 잃은 세배씨 한을 풀 어준 마을 사람들	동물담	진도군 고군면 향동리 향동마을	박상철 (남, 1940년생)	589_FOTA_20170711_HDR_ PSC_003
호랑이도 놀란 할머니의 고함소리	동물담	진도군 임회면 굴포리 남선마을	강진간 (남, 1939년생)	589_FOTA_20170609_NSR_ KJG_009
돌아온 백구	동물담	진도군 임회면 죽림리 동헌마을	윤홍기 (남, 1951년생)	589_MONA_20170916_DHR_ YHG_001
백구의 충직함이 낳은 백구테마센터	동물담	진도군 의신면 돈지리 돈지마을	박현재 (남, 1945년생)	589_MONA_20170704_DJR_ PHJ_005
구렁이 태워 죽이고 화를 입어 돌아가시다	동물담	진도군 의신면 만길리 원두마을	박주민 (남, 1940년생)	589_MONA_20170717_WDR_ PJM_005
멧돼지 잡으려다 멧돼지에게 물리다	동물담	진도군 의신면 사천리 사상마을	박정석 (남, 1948년생)	589_MONA_20170411_SSR_ PJS_002
할머니를 해친 첨찰산 호랑이	동물담	진도군 의신면 사천리 사상마을	박정석 (남, 1948년생)	589_FOTA_20170411_SSR_ PJS_012

설화제목	유형	조사마을	제보자	조사코드
호랑이에게 물린 연안명씨 할머니	동물담	진도군 의신면 사천리 사하마을	차철웅 (남, 1954년생)	589_FOTA_20170716_SHR_ CCW_001
개만 물고 간 호랑이	동물담	진도군 의신면 창포리 창포마을	박종화 (남, 1937년생)	589_FOTA_20170523_CPR_ PJH_002
호랑이를 잡은 의신면 향교 포수들	동물담	진도군 의신면 창포리 창포마을	박종화 (남, 1938년생)	589_FOTA_20170523_CPR_ PJH_003
화롯불에 불이 붙어 무논에서 구른 호랑이	동물담	진도군 의신면 창포리 창포마을	박종화 (남, 1940년생)	589_FOTA_20170523_CPR_ PJH_005
몰막기미로 와서 우는 말	동물담	진도군 의신면 초사리 송군마을	김종대 (남, 1939년생)	589_FOTA_20170508_SGR_ KJD_004
해 그늘을 따라 출몰하는 호랑이	동물담	진도군 의신면 초사리 초상마을	박동양 (남, 1939년생)	589_FOTA_20170502_CSR_ PDY_002
전설 속의 홍사를 눈으로 목격하다	동물담	진도군 지산면 보전리 하보전마을	허 재 (남, 1946년생)	589_FOTA_20170624_HBJR_ HJ_001
몽둥이로 호랑이를 때려잡았으나	동물담	진도군 지산면 보전리 하보전마을	허 재 (남, 1946년생)	589_FOTA_20170624_HBJR_ HJ_002
지게로 세 짐이나 되는 구렁이와 혈투	동물담	진도군 지산면 보전리 하보전마을	허 재 (남, 1946년생)	589_FOTA_20170624_HBJR_ HJ_003
풍어를 예견하는 바다 구렁이	동물담	진도군 지산면 인지리 독치마을	김봉의 (남, 1939년생)	589_MONA_20170816_DCR_ KBU_001

식물담

설화제목	유형	조사마을	제보자	조사코드
풍년과 흉년을 점치는 귀목나무	식물담	진도군 군내면 용장리 용장마을	곽재설 (남, 1943년생)	589_FOTA_20170413_YJR_ KJS_005
수백 년된 소나무로 배 만든 사람	식물담	진도군 고군면 원포리 원포마을	임경웅 (남, 1942년생)	589_FOTA_20170422_WFR_ LKY_009
만병통치약 진도 토종 석류	식물담	진도군 고군면 지막리 지막마을	박석근 (남, 1933년생)	589_MONA_20170409_JMR_ PSG_001
신전리 말고는 그 담배 만들 수 있는 나무가 없어	식물담	진도군 조도면 신전리 신전마을	박정인 (남, 1942년생)	589_MONA_20170819_SJR_ PJI_0034
상만을 지켜주는 600년 된 비자나무	식물담	진도군 임회면 상만리 상만마을	이계진 (남, 1932년생)	589_FOTA_20170511_SMR_ LKJ_002
용산 저수지와 호구마을 소나무	식물담	진도군 임회면 용호리 호구동마을	조 은 (남, 1936년생)	589_FOTA_20170526_HGDR_ JE_001
하늘을 가릴 만큼 울창했던 여귀산 숲	식물담	진도군 임회면 죽림리 동헌마을	윤홍기 (남, 1951년생)	589_FOTA_20170916_DHR_ YHG_001
떨어진 아이를 잘 받아준 팽나무	식물담	진도군 임회면 죽림리 탑립마을	소두영 (여, 1941년생)	589_FOTA_20170415_TRR_ SDY_002
진도 매화의 시초, 운림산방 매화	식물담	진도군 의신면 사천리 사상마을	박정석 (남, 1948년생)	589_FOTA_20170411_SSR_ PJS_008
일경구화(一莖九花) 난(蘭)이 발견된 곳	식물담	진도군 지산면 보전리 상보전마을	김병훈 (남, 1939년생)	589_MONA_20170816_SBJR_ KBH_001
장수마을 북상리의 비결은 구기자	식물담	진도군 진도읍 교동리 북상마을	박종민 (남, 1925년생)	589_FOTA_20170418_BSR_ PJM_0014
진도구기자 갖고 대구 약재상에 가다	식물담	진도군 진도읍 교동리 북상마을	박종민 (남, 1925년생)	589_MONA_20170418_BSR_ PJM_0039

설화제목	유형	조사마을	제보자	조사코드
청양에서 사간 진도 구기자순	식물담	진도군 진도읍 교동리 북상마을	박종민 (남, 1925년생)	589_MONA_20170418_BSR_ PJM_0040
진도 외밭과 외 품종들	식물담	진도군 진도읍 동외리 동외마을	서순창 (남, 1935년생)	589_MONA_20170420_DWR_ SSC_001
구기자 잎삭 담배	식물담	진도군 진도읍 성내리 성동마을	조재언 (남, 1925년생)	589_MONA_20170505_SDR_ JJE_014

신성담

설화제목	유형	조사마을	제보자	조사코드
금호도에서 신성시한 김시중 묘	신성담	진도군 고군면 금계리 금호도마을	양재복 (남, 1947년생)	589_FOTA_20170426_GHDR_ YJB_006
자식 이름을 지어주고 풍랑도 예견한 당할아버지	신성담	진도군 고군면 벽파리 벽파마을	김필윤 (남, 1934년생)	589_FOTA_20170424_BPR_ KPY_001
마을을 지켜주는 원포당제	신성담	진도군 고군면 원포리 원포마을	임경웅 (남, 1942년생)	589_FOTA_20170422_WFR_ LKY_001
3구로 가신 당할머니	신성담	진도군 조도면 가사도리 가사도마을	문형주 (남, 1938년생)	589_FOTA_20171009_GSDR_ MHJ_001
할마니당과 할아버지당	신성담	진도군 조도면 가사도리 가사도마을	문형주 (남, 1938년생)	589_FOTA_20171009_GSDR_ MHJ_002
교회 생겨 사라진 당	신성담	진도군 조도면 가사도리 가사도마을	문형주 (남, 1938년생)	589_MONA_20171009_GSDR_ MHJ_005
태풍으로 옮긴 새 당집	신성담	진도군 임회면 굴포리 남선마을	강진간 (남, 1939년생)	589_FOTA_20170609_NSR_ KJG_003
조카 영초의 씻김굿	신성담	진도군 임회면 죽림리 강계마을	소진덕 (여, 1929년생)	589_MONA_20170415_KKR_ SJD_004
신(神)중의신(神) 산신당(山神堂)	신성담	진도군 의신면 칠전리 칠전마을	조규일 (남, 1938년생)	589_FOTA_20170823_CJR_ CGI_002
당솔나무를 베었더니	신성담	진도군 지산면 인지리 독치마을	김봉의 (남, 1939년생)	589_FOTA_20170816_DCR_ KBU_001

신앙종교담

설화제목	유형	조사마을	제보자	조사코드
폐사된 한산사와 사라진 5층 석탑	신앙 종교담	진도군 군내면 분토리 한사마을	박성배 (남, 1938년생)	589_FOTA_20170603_HSR_ PSB_001
현몽으로 일으켜 세운 용장사 부처	신앙 종교담	진도군 군내면 용장리 용장마을	곽재설 (남, 1943년생)	589_FOTA_20170413_YJR_ KJS_003
부주산 밑의 연주사 절터	신앙 종교담	진도군 군내면 정자리 정자마을	김진일 (남, 1950년생)	589_FOTA_20170518_JJR_ KJI_002
상조도의 혼건짐 당골	신앙 종교담	진도군 조도면 여미리 율목마을	박막례 (여, 1937년생)	589_MONA_20170720_YMR_ PMR_003
빈대바위와 무학사	신앙 종교담	진도군 임회면 굴포리 번답마을	박청길 (남, 1940년생)	589_FOTA_20170630_BDR_ PCG_002
풍어 기원하는 연신굿	신앙 종교담	진도군 임회면 죽림리 강계마을	소진덕 (여, 1929년생)	589_FOTA_20170415_KKR_ SJD_001

설화제목	유형	조사마을	제보자	조사코드
풍년을 기원하는 죽림 마을 충제	신앙 종교담	진도군 임회면 죽림리 죽림마을	최수봉 (여, 1929년생)	589_FOTA_20170415_JRR_CSB_001
해남 대흥사로 간 죽림사 북	신앙 종교담	진도군 임회면 죽림리 죽림마을	최수봉 (여, 1929년생)	589_FOTA_20170415_JRR_CSB_002
조상숭배도 신앙생활 중의 하나다	신앙 종교담	진도군 의신면 금갑리 금갑마을	윤주빈 (남, 1942년생)	589_MONA_20170613_KKR_YJB_005
첨찰산 삼선암에서 수행한 신라 고승들	신앙 종교담	진도군 의신면 사천리 사상마을	박정석 (남, 1948년생)	589_FOTA_20170411_SSR_PJS_002
빈대 잡으려다 암자를 태우다	신앙 종교담	진도군 의신면 사천리 사상마을	박정석 (남, 1948년생)	589_FOTA_20170411_SSR_PJS_006
빈대가 성해서 폐사한 덕사동 절	신앙 종교담	진도군 의신면 연주리 응덕마을	박복용 (남, 1936년생)	589_FOTA_20170518_EDR_PBY_003

역사전쟁담

설화제목	유형	조사마을	제보자	조사코드
백구 때문에 징용 간 아버지	역사 전쟁담	진도군 군내면 나리 나리마을	김기율 (남, 1950년생)	589_MONA_20170717_NR_KGW_001
이순신 장군이 만들었다는 녹진 쇠고리	역사 전쟁담	진도군 군내면 녹진리 만금마을	김종식 (남, 1940년생)	589_FOTA_20170528_MGR_KJS_001
삼별초 군인과 말무덤	역사 전쟁담	진도군 군내면 송산리 송산마을	조재홍 (남, 1942년생)	589_FOTA_20170603_SSR_JJH_003
추모비에 새겨진 전쟁의 상처	역사 전쟁담	진도군 군내면 용장리 용장마을	곽재설 (남, 1943년생)	589_MONA_20170413_YJR_KJS_001
삼별초와 망바위	역사 전쟁담	진도군 군내면 용장리 용장마을	곽재설 (남, 1943년생)	589_FOTA_20170413_YJR_KJS_002
공출을 피해 산밭에 감춘 쌀 항아리	역사 전쟁담	진도군 군내면 용장리 용장마을	곽재설 (남, 1943년생)	589_MONA_20170413_YJR_KJS_002
일제강점기 당시 바다를 관리한 사람	역사 전쟁담	진도군 고군면 금계리 회동마을	용홍태 (남, 1932년생)	589_MONA_20170507_HDR_YHT_002
왜군을 놀라게 한 허새비재	역사 전쟁담	진도군 고군면 내산리 내동마을	고용범 (남, 1934년생)	589_FOTA_20170420_NDR_GYB_001
한국전쟁 때 목격한 마을 참극	역사 전쟁담	진도군 고군면 지막리 지막마을	박석근 (남, 1933년생)	589_MONA_20170409_JSR_PSG_006
일제강점기 가마니치	역사 전쟁담	진도군 고군면 지수리 지수마을	김서규 (남, 1937년생)	589_MONA_20170423_JSR_KSG_001
1·4후퇴 때 나주 부대의 만행	역사 전쟁담	진도군 고군면 지수리 지수마을	김서규 (남, 1937년생)	589_MONA_20170423_JSR_KSG_004
오사카에서 태어나 열두 살에 한국으로	역사 전쟁담	진도군 조도면 가사도리 가사도마을	장봉현 (남, 1933년생)	589_MONA_20171018_GSDR_JBH_001
가사도 광산에서 일하다가 일본으로 건너간 부친	역사 전쟁담	진도군 조도면 가사도리 가사도마을	장봉현 (남, 1933년생)	589_MONA_20171018_GSDR_JBH_002
일본 집 판 돈을 소매치기당하다	역사 전쟁담	진도군 조도면 가사도리 가사도마을	장봉현 (남, 1933년생)	589_MONA_20171018_GSDR_JBH_003
조선말 하다가 걸리면 경찰서에 잡혀가다	역사 전쟁담	진도군 조도면 가사도리 가사도마을	장봉현 (남, 1933년생)	589_MONA_20171018_GSDR_JBH_004
오사카의 우리 집은 한국사람 하숙집	역사 전쟁담	진도군 조도면 가사도리 가사도마을	장봉현 (남, 1933년생)	589_MONA_20171018_GSDR_JBH_005

설화제목	유형	조사마을	제보자	조사코드
일본인들 모르게 소고기 사먹기	역사 전쟁담	진도군 조도면 가사도리 가사도마을	장봉현 (남, 1933년생)	589_MONA_20171018_GSDR_ JBH_006
기타오카지마 학교와 저지대 공장들	역사 전쟁담	진도군 조도면 가사도리 가사도마을	장봉현 (남, 1933년생)	589_MONA_20171018_GSDR_ JBH_007
밀선을 타고 일본에서 가사도	역사 전쟁담	진도군 조도면 가사도리 가사도마을	장봉현 (남, 1933년생)	589_MONA_20171018_GSDR_ JBH_008
불빛이 빤딱거린 곳은 폭격신호	역사 전쟁담	진도군 조도면 신전리 신전마을	박정인 (남, 1942년생)	589_MONA_20170819_SJR_ PJI_003
폭격을 맞은 나룻배 주인	역사 전쟁담	진도군 조도면 신전리 신전마을	박정인 (남, 1942년생)	589_MONA_20170819_SJR_ PJI_004
제식훈련 받던 처녀들	역사 전쟁담	진도군 조도면 신전리 신전마을	박정인 (남, 1942년생)	589_MONA_20170819_SJR_ PJI_006
감시막에서 살게 된 일가족	역사 전쟁담	진도군 조도면 신전리 신전마을	박정인 (남, 1942년생)	589_MONA_20170819_SJR_ PJI_007
팽나무로 가늠하는 남도석성 의 역사	역사 전쟁담	진도군 임회면 굴포리 남선마을	강진간 (남, 1939년생)	589_FOTA_20170609_NSR_ KJG_002
6·25때 피해없이 평화로웠던 마을	역사 전쟁담	진도군 임회면 명슬리 상미마을	김구보 (남, 1942년생)	589_MONA_20170918_SMR_ KGB_001
6·25전쟁에 얽힌 일가족의 비극	역사 전쟁담	진도군 임회면 봉상리 봉상마을	하영순 (남, 1945년생)	589_MONA-20170424_BSR_ HYS_001
신호를 착각해 목숨을 잃은 진 준이	역사 전쟁담	진도군 임회면 봉상리 봉상마을	하영순 (남, 1945년생)	589_MONA-20170424_BSR_ HYS_002
아버지 목숨을 구해주었더니	역사 전쟁담	진도군 임회면 봉상리 봉상마을	하영순 (남, 1945년생)	589_MONA-20170424_BSR_ HYS_003
귀성에서 훈련한 일본군 상륙작전	역사 전쟁담	진도군 임회면 상만리 상만마을	이계진 (남, 1932년생)	589_MONA_20170511_SMR_ LKJ_002
6·25때 초소와 산털이	역사 전쟁담	진도군 임회면 상만리 상만마을	이계진 (남, 1932년생)	589_MONA_20170511_SMR_ LKJ_003
전사자, 유가족이 없는 상만	역사 전쟁담	진도군 임회면 상만리 상만마을	이계진 (남, 1932년생)	589_MONA_20170511_SMR_ LKJ_004
6·25때 비극의 죽림 송림해변	역사 전쟁담	진도군 임회면 죽림리 강계마을	소진덕 (여, 1929년생)	589_MONA_20170415_KKR_ SJD_001
초등학교 시절의 대피 훈련	역사 전쟁담	진도군 임회면 죽림리 동헌마을	윤홍기 (남, 1951년생)	589_MONA_20170916_DHR_ YHG_002
800여 명의 수군이 주둔한 금갑진	역사 전쟁담	진도군 의신면 금갑리 금갑마을	황석옥 (남, 1931년생)	589_FOTA_20170511_KKR_ HSO_002
일제 때 새로 만들어진 길, 신작로	역사 전쟁담	진도군 의신면 금갑리 금갑마을	황석옥 (남, 1931년생)	589_MONA_20170511_KKR_ HSO_001
정부 수립 후 치안 유지를 위해서 만든 금갑 경찰출장소	역사 전쟁담	진도군 의신면 금갑리 금갑마을	황석옥 (남, 1931년생)	589_MONA_20170511_KKR_ HSO_004
14후퇴 당시의 금갑 주변 상황	역사 전쟁담	진도군 의신면 금갑리 금갑마을	황석옥 (남, 1931년생)	589_MONA_20170511_KKR_ HSO_005
삼별초의 흔적인 떼무덤에서 농사를 짓다	역사 전쟁담	진도군 의신면 돈지리 돈지마을	박현재 (남, 1945년생)	589_FOTA_20170704_DJR_ PHJ_002
남자들은 급창돔병에, 여자들은 여귀돔병에 몸을 던져	역사 전쟁담	진도군 의신면 돈지리 돈지마을	박현재 (남, 1945년생)	589_FOTA_20170704_DJR_ PHJ_003
고향을 그리워하다가 죽어간 실향민	역사 전쟁담	진도군 의신면 만길리 도목마을	이춘홍 (남, 1940년생)	589_MONA_20170717_DMR_ LCH_002
국민학교 때 저수지 둑에서 본 인민군들	역사 전쟁담	진도군 의신면 만길리 원두마을	박주민 (남, 1940년생)	589_MONA_20170717_WDR_ PJM_001

설화제목	유형	조사마을	제보자	조사코드
삼별초군이 남긴 나근당골과 말무덤	역사 전쟁담	진도군 의신면 사천리 사하마을	박옥길 (남, 1942년생)	589_FOTA_20170606_SHR_POG_001
피난민 일대기	역사 전쟁담	진도군 의신면 침계리 진설마을	주광열 (남, 1923년생)	589_MONA_20170623_JSR_JKR_001
침계리 농민운동기념탑 건립 과정	역사 전쟁담	진도군 의신면 침계리 침계마을	조상인 (남, 1941년생)	589_MONA_20170502_CGR_JSI_001
해방 후 압록강 다리에서 겪은 일	역사 전쟁담	진도군 지산면 보전리 하보전마을	허 재 (남, 1946년생)	589_MONA_20170624_HBJR_HJ_001
풍선 항로권 뺏은 진도환	역사 전쟁담	진도군 진도읍 교동리 북상마을	박종민 (남, 1925년생)	589_MONA_20170418_BSR_PJM_015
고작굴 뻘등 준공식하고 진도환 취항식을 같이 했다	역사 전쟁담	진도군 진도읍 교동리 북상마을	박종민 (남, 1925년생)	589_MONA_20170418_BSR_PJM_016
목포서 한 달간 준비한 인민군 진도 점령	역사 전쟁담	진도군 진도읍 교동리 북상마을	박종민 (남, 1925년생)	589_MONA_20170418_BSR_PJM_017
조도학살서 살아남은 사람	역사 전쟁담	진도군 진도읍 교동리 북상마을	박종민 (남, 1925년생)	589_MONA_20170418_BSR_PJM_018
독립운동가가 공산주의자가 되었어	역사 전쟁담	진도군 진도읍 교동리 북상마을	박종민 (남, 1925년생)	589_MONA_20170418_BSR_PJM_019
만주로 간 진도사람들	역사 전쟁담	진도군 진도읍 교동리 북상마을	박종민 (남, 1925년생)	589_MONA_20170418_BSR_PJM_021
인민군 선전에 동원된 악단장 채다인	역사 전쟁담	진도군 진도읍 교동리 북상마을	박종민 (남, 1925년생)	589_MONA_20170418_BSR_PJM_025
군인들이 애기 낳았다고 안 죽이고 그냥 가불었어	역사 전쟁담	진도군 진도읍 교동리 북상마을	박종민 (남, 1925년생)	589_FOTA_20170418_BSR_PJM_009
일제강점기에 벌어졌던 해남·진도 축구시합	역사 전쟁담	진도군 진도읍 교동리 북상마을	박종민 (남, 1925년생)	589_MONA_20170418_BSR_PJM_0029
5, 6학년 때 농사실습하고 졸업 때 통장 줘	역사 전쟁담	진도군 진도읍 교동리 북상마을	박종민 (남, 1925년생)	589_MONA_20170418_BSR_PJM_0030
학교 교장, 경찰서장, 군청 내무과장은 일본인	역사 전쟁담	진도군 진도읍 교동리 북상마을	박종민 (남, 1925년생)	589_MONA_20170418_BSR_PJM_0031
진도국민학교에 있었던 일본 선생들	역사 전쟁담	진도군 진도읍 교동리 북상마을	박종민 (남, 1925년생)	589_MONA_20170418_BSR_PJM_0032
5, 6학년 되면 진도읍으로 편입하다	역사 전쟁담	진도군 진도읍 교동리 북상마을	박종민 (남, 1925년생)	589_MONA_20170418_BSR_PJM_0033
도전할 사람이 없어야 이겼던 씨름대회	역사 전쟁담	진도군 진도읍 교동리 북상마을	박종민 (남, 1925년생)	589_MONA_20170418_BSR_PJM_0035
고군 지서에서 만든 여권	역사 전쟁담	진도군 진도읍 성내리 성동마을	조재언 (남, 1925년생)	589_MONA_20170505_SDR_JJE_008
일본말과 영어를 배우다	역사 전쟁담	진도군 진도읍 성내리 성동마을	조재언 (남, 1925년생)	589_MONA_20170505_SDR_JJE_009
차표를 사려면 일본말로 해야 한다	역사 전쟁담	진도군 진도읍 성내리 성동마을	조재언 (남, 1925년생)	589_MONA_20170505_SDR_JJE_010
차표 한 장으로 목포에서 동경 집 앞까지 도착	역사 전쟁담	진도군 진도읍 성내리 성동마을	조재언 (남, 1925년생)	589_MONA_20170505_SDR_JJE_011
둥글둥글 돌아가는 동경역	역사 전쟁담	진도군 진도읍 성내리 성동마을	조재언 (남, 1925년생)	589_MONA_20170505_SDR_JJE_012
조선 사람이 일본에서 맨 먼저 먹어야 하는 뚜부	역사 전쟁담	진도군 진도읍 성내리 성동마을	조재언 (남, 1925년생)	589_MONA_20170505_SDR_JJE_013
나는 어째야 쓰꼬!	역사 전쟁담	진도군 진도읍 성내리 성동마을	조재언 (남, 1925년생)	589_MONA_20170505_SDR_JJE_015

설화제목	유형	조사마을	제보자	조사코드
동경제일고등무선전신학교 입학	역사 전쟁담	진도군 진도읍 성내리 성동마을	조재언 (남, 1925년생)	589_MONA_20170505_SDR_JJE_016
가고시마로 가자	역사 전쟁담	진도군 진도읍 성내리 성동마을	조재언 (남, 1925년생)	589_MONA_20170505_SDR_JJE_017
사십칠 대 일의 편입시험	역사 전쟁담	진도군 진도읍 성내리 성동마을	조재언 (남, 1925년생)	589_MONA_20170505_SDR_JJE_018
관용을 배우다	역사 전쟁담	진도군 진도읍 성내리 성동마을	조재언 (남, 1925년생)	589_MONA_20170505_SDR_JJE_019
동외리 어떤 부인에게 옳게 당하다	역사 전쟁담	진도군 진도읍 성내리 성동마을	조재언 (남, 1925년생)	589_MONA_20170505_SDR_JJE_020
돈 급할 때는 부모 밖에 없어	역사 전쟁담	진도군 진도읍 성내리 성동마을	조재언 (남, 1925년생)	589_MONA_20170505_SDR_JJE_021
전시공장이라 남자 넷에 여자 칠십 명 근무	역사 전쟁담	진도군 진도읍 성내리 성동마을	조재언 (남, 1925년생)	589_MONA_20170505_SDR_JJE_021
전시 군부 명령이 최우선	역사 전쟁담	진도군 진도읍 성내리 성동마을	조재언 (남, 1925년생)	589_MONA_20170505_SDR_JJE_022
5·18 광주민중항쟁에 참여한 작은 아들	역사 전쟁담	진도군 진도읍 쌍정리 통정마을	이행자 (여, 1942년생)	589_MONA_20170918_TJR_LHJ_007

도깨비귀신담

설화제목	유형	조사마을	제보자	조사코드
애기업은 무당을 도깨비로 착각하다	도깨비 귀신담	진도군 임회면 굴포리 남선마을	강진간 (남, 1939년생)	589_MONA_20170609_NSR_KJG_001
도깨비에 홀린 남자	도깨비 귀신담	진도군 임회면 굴포리 남선마을	강진간 (남, 1939년생)	589_MONA_20170609_NSR_KJG_003
어머니가 들려준 도깨비 이야기	도깨비 귀신담	진도군 임회면 굴포리 남선마을	강진간 (남, 1939년생)	589_FOTA_20170609_NSR_KJG_0010
도깨비가 잘 나오는 참나무등	도깨비 귀신담	진도군 임회면 굴포리 번답마을	박청길 (남, 1940년생)	589_FOTA_20170630_BDR_PCG_009
비지랑굴의 도깨비	도깨비 귀신담	진도군 임회면 봉상리 봉상마을	윤춘엽 (여, 1947년생)	589_FOTA-20170422_BSR_YCY_003
귀신이 만지면 아프다	도깨비 귀신담	진도군 임회면 봉상리 봉상마을	윤춘엽 (여, 1947년생)	589_FOTA-20170422_BSR_YCY_004
도깨비가 업어서 건너준 다리	도깨비 귀신담	진도군 임회면 봉상리 송정마을	이평진 (남,1945년생)	589_FOTA-20170604_SJR_LPJ_001
몽당 빗자루와 밤새 싸운 천하장사	도깨비 귀신담	진도군 임회면 상만리 석교마을	하양수 (남, 1945년생)	589_FOTA_20170424_SKR_HYS_001
술잔을 받고 길을 비켜준 도깨비	도깨비 귀신담	진도군 임회면 죽림리 강계마을	소진덕 (여, 1929년생)	589_FOTA_20170415_KKR_SJD_003
북산재에서 만난 도깨비	도깨비 귀신담	진도군 군내면 덕병리 한의마을	김수자 (여, 1953년생)	589_FOTA_20170624_HYR_KSJ_001
도깨비가 나타나는 요골서당	도깨비 귀신담	진도군 군내면 송산리 상가마을	양상훈 (남, 1934년생)	589_FOTA_20170603_SGR_YSH_001
날이 궂으면 마장재에서 나는 소리	도깨비 귀신담	진도군 군내면 정자리 정자마을	김행규 (남, 1945년생)	589_FOTA_20170518_JJR_KHG_001
금창동병이 울고 도깨비가 요동치다	도깨비 귀신담	진도군 의신면 돈지리 돈지마을	박현재 (남, 1945년생)	589_FOTA_20170704_DJR_PHJ_004

설화제목	유형	조사마을	제보자	조사코드
상여를 앞서 가던 노인의 정체	도깨비 귀신담	진도군 의신면 사천리 사하마을	차철웅 (남, 1954년생)	589_FOTA_20170716_SHR_ CCW_003
이미 죽은 도깨비에게 놀림 받은 한씨	도깨비 귀신담	진도군 의신면 옥대리 청용마을	박종성 (남, 1937년생)	589_FOTA_20170502_CYR_ PJS_004
씨름하자고 덤비는 도깨비	도깨비 귀신담	진도군 의신면 옥대리 청용마을	박종성 (남, 1938년생)	589_FOTA_20170502_CYR_ PJS_005
도깨비와 씨름 한 판	도깨비 귀신담	진도군 의신면 초사리 초중마을	박동판 (남 1947년생)	589_FOTA_20170720_CJR_ PDP_003
떡을 던진 이유	도깨비 귀신담	진도군 지산면 보전리 갈두마을	안장진 (남, 1944년생)	589_MONA_20170918_GDR_ AJJ_004
천수꼴 도깨비 친구	도깨비 귀신담	진도군 지산면 인지리 독치마을	김봉의 (남, 1939년생)	589_FOTA_20170816_DCR_ KBU_005
도깨비의 정체	도깨비 귀신담	진도군 진도읍 교동리 북상마을	박종민 (남, 1925년생)	589_FOTA_20170418_BSR_ PJM_0010
도깨비로 보인 바윗독	도깨비 귀신담	진도군 진도읍 교동리 북상마을	박종민 (남, 1925년생)	589_FOTA_20170418_BSR_ PJM_011

생활경험담

설화제목	유형	조사마을	제보자	조사코드
진도와 목포를 왕래한 황포돛배	생활 경험담	진도군 군내면 나리 나리마을	김기율 (남, 1950년생)	589_FOTA_20170717_NR_ KGW_001
수백 명이 몰려와 고기 잡던 개매기	생활 경험담	진도군 군내면 나리 나리마을	김기율 (남, 1950년생)	589_FOTA_20170717_NR_ KGW_002
우수영 장에서 돌아오다 좌초된 조각배	생활 경험담	진도군 군내면 나리 신기마을(무조마을)	김성조 (남, 1956년생)	589_MONA_20170419_MJR_ KSJ_001
바람 불면 아싹아싹 깨지던 옹기	생활 경험담	진도군 군내면 녹진리 녹진마을	김성산 (남, 1938년생)	589_MONA_20170628_NJR_ KSS_002
가득 실으면 가라앉고, 덜 실으면 돈이 안 되고	생활 경험담	진도군 군내면 녹진리 녹진마을	김성산 (남, 1938년생)	589_MONA_20170628_NJR_ KSS_003
칠산 앞바다 삼치배에서 만난 태풍	생활 경험담	진도군 군내면 녹진리 녹진마을	김성산 (남, 1938년생)	589_MONA_20170628_NJR_ KSS_004
진도에 최초로 심은 통일벼	생활 경험담	진도군 군내면 녹진리 녹진마을	김효종 (남, 1949년생)	589_MONA_20170526_NJR_ KHJ_001
빚 7만원으로 배운 세상	생활 경험담	진도군 군내면 녹진리 녹진마을	김효종 (남, 1949년생)	589_MONA_20170526_NJR_ KHJ_002
쉬지 않고 일만 하며 살아온 인생	생활 경험담	진도군 군내면 녹진리 녹진마을	명춘희 (여, 1940년생)	589_MONA_20170526_NJR_ MCH_001
진도에서 실천한 친환경농업	생활 경험담	진도군 군내면 녹진리 만금마을	고만술 (남, 1940년생)	589_FOTA_20170603_MGR_ GMS_004
봉침으로 효과를 본 허리통증	생활 경험담	진도군 군내면 녹진리 만금마을	조상심 (남, 1945년생)	589_MONA_20170528_MGR_ JSS_001
구사일생으로 살아 돌아온 추자도 낚시	생활 경험담	진도군 군내면 죽전리 죽전마을	이승희 (남, 1935년생)	589_MONA_20170418_JJR_ LSH_001
나무를 태워서 소금기를 빼는 화렴	생활 경험담	진도군 군내면 죽전리 죽전마을	이승희 (남, 1935년생)	589_FOTA_20170418_JJR_ LSH_002
생명을 구한 침술	생활 경험담	진도군 고군면 지막리 지막마을	박석근 (남, 1933년생)	589_MONA_20170409_JMR_ PSG_002

설화제목	유형	조사마을	제보자	조사코드
굵은 소금은 만병통치약	생활 경험담	진도군 고군면 지막리 지막마을	박석근 (남, 1933년생)	589_MONA_20170409_JMR_ PSG_005
진도를 부유하게 해준 전복 사업	생활 경험담	진도군 고군면 향동리 모사마을	김정환 (남, 1949년생)	589_MONA_20170507_MSR_ KJH_001
종묘사업에서 가두리로 전환	생활 경험담	진도군 고군면 향동리 모사마을	김정환 (남, 1949년생)	589_MONA_20170507_MSR_ KJH_002
반골만 매고 놀자는 반골레	생활 경험담	진도군 고군면 향동리 향동마을	김영일 (남, 1938년생)	589_FOTA_20170409_HDR_ KYI_001
오두막집으로 분가하다	생활 경험담	진도군 조도면 가사도리 가사도마을	문형주 (남, 1938년생)	589_MONA_20171009_GSDR_ MHJ_001
지게를 짊어지고 선창까지 달리기	생활 경험담	진도군 조도면 가사도리 가사도마을	문형주 (남, 1938년생)	589_MONA_20171009_GSDR_ MHJ_002
남 따라서 다 먹을라 하면 안돼	생활 경험담	진도군 조도면 가사도리 가사도마을	문형주 (남, 1938년생)	589_MONA_20171009_GSDR_ MHJ_003
가사도 한 마지기는 다르다	생활 경험담	진도군 조도면 가사도리 가사도마을	문형주 (남, 1938년생)	589_MONA_20171009_GSDR_ MHJ_004
가사도광산과 염전에서 일하다	생활 경험담	진도군 조도면 가사도리 가사도마을	문형주 (남, 1938년생)	589_MONA_20171009_GSDR_ MHJ_006
회한이 남는 젊은 시절	생활 경험담	진도군 조도면 가사도리 가사도마을	문형주 (남, 1938년생)	589_MONA_20171009_GSDR_ MHJ_008
김대중 대통령과 6촌간	생활 경험담	진도군 조도면 가사도리 가사도마을	장봉현 (남, 1933년생)	589_MONA_20171018_GSDR_ JBH_009
가치리로 농악 치러 다니다 만난 배필	생활 경험담	진도군 조도면 가사도리 가사도마을	장봉현 (남, 1933년생)	589_MONA_20171018_GSDR_ JBH_0010
다섯 살 아이가 젖먹이를 돌보다	생활 경험담	진도군 조도면 신전리 신전마을	박정인 (남, 1942년생)	589_MONA_20170819_SJR_ PJI_001
구사일생으로 살아난 아이	생활 경험담	진도군 조도면 신전리 신전마을	박정인 (남, 1942년생)	589_MONA_20170819_SJR_ PJI_002
고향 아이들의 텃세	생활 경험담	진도군 조도면 신전리 신전마을	박정인 (남, 1942년생)	589_MONA_20170819_SJR_ PJI_005
모래땅에서 캔 조개로 학용품 사기	생활 경험담	진도군 조도면 신전리 신전마을	박정인 (남, 1942년생)	589_MONA_20170819_SJR_ PJI_008
공부냐, 지게냐?	생활 경험담	진도군 조도면 신전리 신전마을	박정인 (남, 1942년생)	589_MONA_20170819_SJR_ PJI_009
노력만으로 자수성가하다	생활 경험담	진도군 조도면 신전리 신전마을	박정인 (남, 1942년생)	589_MONA_20170819_SJR_ PJI_0010
조기 배를 탄 열네 살 어부	생활 경험담	진도군 조도면 신전리 신전마을	박정인 (남, 1942년생)	589_MONA_20170819_SJR_ PJI_0011
저 놈 수덕 있다	생활 경험담	진도군 조도면 신전리 신전마을	박정인 (남, 1942년생)	589_MONA_20170819_SJR_ PJI_012
군산에서 탄 중선 배	생활 경험담	진도군 조도면 신전리 신전마을	박정인 (남, 1942년생)	589_MONA_20170819_SJR_ PJI_013
유자망 선원이 되다	생활 경험담	진도군 조도면 신전리 신전마을	박정인 (남, 1942년생)	589_MONA_20170819_SJR_ PJI_014
같은 쪽으로 노를 저으면 배가 기우뚱 기우뚱	생활 경험담	진도군 조도면 신전리 신전마을	박정인 (남, 1942년생)	589_MONA_20170819_SJR_ PJI_015
새 주인 찾기	생활 경험담	진도군 조도면 신전리 신전마을	박정인 (남, 1942년생)	589_MONA_20170819_SJR_ PJI_016
닻배는 닻이 5, 60개	생활 경험담	진도군 조도면 신전리 신전마을	박정인 (남, 1942년생)	589_MONA_20170819_SJR_ PJI_017

설화제목	유형	조사마을	제보자	조사코드
물을 파는 연평도 아낙네들	생활 경험담	진도군 조도면 신전리 신전마을	박정인 (남, 1942년생)	589_MONA_20170819_SJR_ PJI_018
연평도까지 삼일 걸리는 유자망배	생활 경험담	진도군 조도면 신전리 신전마을	박정인 (남, 1942년생)	589_MONA_20170819_SJR_ PJI_019
닻배 살림 준비	생활 경험담	진도군 조도면 신전리 신전마을	박정인 (남, 1942년생)	589_MONA_20170819_SJR_ PJI_020
왕등이 밖으로 벗어나면 죽는다·	생활 경험담	진도군 조도면 신전리 신전마을	박정인 (남, 1942년생)	589_MONA_20170819_SJR_ PJI_021
닻 오십개, 육십개가 그물을 잡고 있어	생활 경험담	진도군 조도면 신전리 신전마을	박정인 (남, 1942년생)	589_MONA_20170819_SJR_ PJI_022
닻배는 한 물 때 되면 끄집어 올려야 돼	생활 경험담	진도군 조도면 신전리 신전마을	박정인 (남, 1942년생)	589_MONA_20170819_SJR_ PJI_023
한식 때 떠 망중살 되면 돌아와	생활 경험담	진도군 조도면 신전리 신전마을	박정인 (남, 1942년생)	589_MONA_20170819_SJR_ PJI_024
여그 사람들은 쉴 때가 없어	생활 경험담	진도군 조도면 신전리 신전마을	박정인 (남, 1942년생)	589_MONA_20170819_SJR_ PJI_025
동생이 들고 있던 낫에 다리를 다치게 된 사연	생활 경험담	진도군 조도면 신전리 신전마을	박정인 (남, 1942년생)	589_MONA_20170819_SJR_ PJI_026
자식 키우려고 중선배 타다	생활 경험담	진도군 조도면 신전리 신전마을	박정인 (남, 1942년생)	589_MONA_20170819_SJR_ PJI_027
처갓집하고 낭갓망을 했어	생활 경험담	진도군 조도면 신전리 신전마을	박정인 (남, 1942년생)	589_MONA_20170819_SJR_ PJI_028
목포에서 소목수를 데려다 목선을 짓다	생활 경험담	진도군 조도면 신전리 신전마을	박정인 (남, 1942년생)	589_MONA_20170819_SJR_ PJI_029
동생의 실수로 침몰한 화물선	생활 경험담	진도군 조도면 신전리 신전마을	박정인 (남, 1942년생)	589_MONA_20170819_SJR_ PJI_030
중선배 타고 화장질을 했어	생활 경험담	진도군 조도면 신전리 신전마을	박정인 (남, 1942년생)	589_MONA_20170819_SJR_ PJI_031
낭갓망, 멸치어장을 새로 개발했어	생활 경험담	진도군 조도면 신전리 신전마을	박정인 (남, 1942년생)	589_MONA_20170819_SJR_ PJI_032
닻배보존회서 닻배를 탄 사람이 나밖에 없어	생활 경험담	진도군 조도면 신전리 신전마을	박정인 (남, 1942년생)	589_MONA_20170819_SJR_ PJI_033
신전리 말고는 그 닻배 만들 수 있 는 나무가 없어	생활 경험담	진도군 조도면 신전리 신전마을	박정인 (남, 1942년생)	589_MONA_20170819_SJR_ PJI_034
신전리서 나무 비어서 선주집으로 가	생활 경험담	진도군 조도면 신전리 신전마을	박정인 (남, 1942년생)	589_MONA_20170819_SJR_ PJI_035
뒷발질을 잘해야 하는 고비끼질	생활 경험담	진도군 조도면 신전리 신전마을	박정인 (남, 1942년생)	589_MONA_20170819_SJR_ PJI_036
나무와 목수만 있으면 닻배 만들 수 있제	생활 경험담	진도군 조도면 신전리 신전마을	박정인 (남, 1942년생)	589_MONA_20170819_SJR_ PJI_037
위도 파장금이에 색시집이 있었어	생활 경험담	진도군 조도면 신전리 신전마을	박정인 (남, 1942년생)	589_MONA_20170819_SJR_ PJI_038
선장보다 선주가 더 잘 알아야 해	생활 경험담	진도군 조도면 신전리 신전마을	박정인 (남, 1942년생)	589_MONA_20170819_SJR_ PJI_039
하노잽이, 전노잽이, 중착잽이	생활 경험담	진도군 조도면 신전리 신전마을	박정인 (남, 1942년생)	589_MONA_20170819_SJR_ PJI_040
닻과 웃꾸시, 아랫꾸시	생활 경험담	진도군 조도면 신전리 신전마을	박정인 (남, 1942년생)	589_MONA_20170819_SJR_ PJI_041
배 타러 간 아들을 걱정하는 시어머니	생활 경험담	진도군 조도면 여미리 율목마을	박막례 (여, 1937년생)	589_MONA_20170720_YMR_ PMR_001

설화제목	유형	조사마을	제보자	조사코드
13년간 시어머니 간병	생활 경험담	진도군 조도면 여미리 율목마을	박막례 (여, 1937년생)	589_MONA_20170720_YMR_ PMR_002
배타러 가는 남편 배웅	생활 경험담	진도군 조도면 여미리 율목마을	설대오 (남, 1938년생)	589_MONA_20170720_YMR_ PMR_004
칠산도 바닥 조기배	생활 경험담	진도군 조도면 여미리 율목마을	설대오 (남, 1938년생)	589_MONA_20170720_YMR_ SDO_001
기껫배 선원들에게 맞은 닻배 선원들	생활 경험담	진도군 조도면 여미리 율목마을	설대오 (남, 1938년생)	589_MONA_20170720_YMR_ SDO_002
구십리에서 잡은 깡패들	생활 경험담	진도군 조도면 여미리 율목마을	설대오 (남, 1938년생)	589_MONA_20170720_YMR_ SDO_003
장원기를 꽂고 들어오는 만선배	생활 경험담	진도군 조도면 여미리 율목마을	설대오 (남, 1938년생)	589_MONA_20170720_YMR_ SDO_004
굵은 조기는 우리 집 몫	생활 경험담	진도군 조도면 여미리 율목마을	설대오 (남, 1938년생)	589_MONA_20170720_YMR_ SDO_005
가득찬 물통이 더 편하다	생활 경험담	진도군 조도면 여미리 율목마을	설대오 (남, 1938년생)	589_MONA_20170720_YMR_ YMR_SDO_006
남자들이 전멸한 마을	생활 경험담	진도군 조도면 여미리 율목마을	설대오 (남, 1938년생)	589_MONA_20170720_YMR_ SDO_007
볕만 나면 이 잡는 게 일	생활 경험담	진도군 조도면 여미리 율목마을	설대오 (남, 1938년생)	589_MONA_20170720_YMR_ SDO_008
인명은 재천이라	생활 경험담	진도군 조도면 여미리 율목마을	설대오 (남, 1938년생)	589_MONA_20170720_YMR_ SDO_009
내 아깐 노래 어찌께 잊어부까	생활 경험담	진도군 조도면 창유리 곤우마을	한월례 (여, 1925년생)	589_MONA_20170720_GUR_ HWL_001
예쁘고 고왔던 소녀시절	생활 경험담	진도군 조도면 창유리 곤우마을	한월례 (여, 1925년생)	589_MONA_20170720_GUR_ HWL_002
말실수 안하려고 노인회관은 안가요	생활 경험담	진도군 조도면 창유리 곤우마을	한월례 (여, 1925년생)	589_MONA_20170720_GUR_ HWL_003
잘 생기시고 영리하셨던 아버지	생활 경험담	진도군 조도면 창유리 곤우마을	한월례 (여, 1925년생)	589_MONA_20170720_GUR_ HWL_004
큰애기 때는 맨 노래만 하고 춤추고 그랬어	생활 경험담	진도군 조도면 창유리 곤우마을	한월례 (여, 1925년생)	589_MONA_20170720_GUR_ HWL_005
사라진 섬타령	생활 경험담	진도군 조도면 창유리 곤우마을	한월례 (여, 1925년생)	589_MONA_20170720_GUR_ HWL_006
배가 고파 황토도 먹어봤다	생활 경험담	진도군 조도면 창유리 창유마을	장만인 (남, 1948년생)	589_MONA_20170720_CYR_ JMY_001
주낫배를 공격하는 나니떼	생활 경험담	진도군 조도면 창유리 창유마을	장만인 (남, 1948년생)	589_MONA_20170720_CYR_ JMY_002
꿩밥, 찰밥나무로 개떡을 해먹다	생활 경험담	진도군 조도면 창유리 창유마을	장만인 (남, 1948년생)	589_MONA_20170720_CYR_ JMY_003
갈포래 뜯어다 돼지비계 넣고 끓인 국	생활 경험담	진도군 조도면 창유리 창유마을	장만인 (남, 1948년생)	589_MONA_20170720_CYR_ JMY_004
톳밥도시락 이야기로 글짓기 일등	생활 경험담	진도군 조도면 창유리 창유마을	장만인 (남, 1948년생)	589_MONA_20170720_CYR_ JMY_005
조도에서 옷 장사를 시작했지	생활 경험담	진도군 조도면 창유리 창유마을	장만인 (남, 1948년생)	589_MONA_20170720_CYR_ JMY_006
다방이 일곱 개 였는데 이제는 없어	생활 경험담	진도군 조도면 창유리 창유마을	장만인 (남, 1948년생)	589_MONA_20170720_CYR_ JMY_007
개간한 밭 등기이전을 안해놨더니	생활 경험담	진도군 조도면 창유리 창유마을	장만인 (남, 1948년생)	589_MONA_20170720_CYR_ JMY_008

설화제목	유형	조사마을	제보자	조사코드
젊은이들 서울보다 조도가 낫다	생활 경험담	진도군 조도면 창유리 창유마을	장만인 (남, 1948년생)	589_MONA_20170720_CYR_JMY_009
남의 소 반에 키운다	생활 경험담	진도군 조도면 창유리 창유마을	장만인 (남, 1948년생)	589_MONA_20170720_CYR_JMY_010
매정 앞바다 간척사업	생활 경험담	진도군 임회면 고정리 매정마을	강돈지 (여, 1941년생)	589_MONA_20170417_MJR_KDJ_001
톱밥, 수수밥, 쑥밥	생활 경험담	진도군 임회면 고정리 매정마을	강돈지 (여, 1941년생)	589_MONA_20170417_MJR_KDJ_002
결혼 전에 한 세 가지 약속	생활 경험담	진도군 임회면 고정리 매정마을	강돈지 (여, 1941년생)	589_MONA_20170417_MJR_KDJ_003
열세 명의 가족과 고생한 이야기	생활 경험담	진도군 임회면 고정리 매정마을	박용자 (여, 1939년생)	589_MONA_20170417_MJR_PYJ_001
대가족 밥상 풍경	생활 경험담	진도군 임회면 고정리 매정마을	박용자 (여, 1939년생)	589_MONA_20170417_MJR_PYJ_002
썩은 보리밥 먹기	생활 경험담	진도군 임회면 고정리 매정마을	이상덕 (여, 1934년생)	589_MONA_20170417_MJR_PYJ_001
특이한 이름 석자	생활 경험담	진도군 임회면 고정리 매정마을	강보단 (여, 1938년생)	589_MONA_20170417_MJR_KBD_001
젊은 노인회장의 포부	생활 경험담	진도군 임회면 고정리 매정마을	박재순 (여, 1938년생)	589_MONA_20170417_MJR_PJS_001
굴포 바다에 침몰한 중국 배	생활 경험담	진도군 임회면 굴포리 남선마을	강진간 (남, 1939년생)	589_MONA_20170609_NSR_KJG_004
뼈에 좋다는 명약 산골빠	생활 경험담	진도군 임회면 굴포리 남선마을	김상례 (남, 1936년생)	589_MONA_20170630_NSR_KSR_001
안방까지 바닷물이 들었던 사라호 태풍	생활 경험담	진도군 임회면 봉상리 봉상마을	윤춘엽 (여, 1947년생)	589_MONA-20170422_BSR_YCY_002
전깃불 단 것처럼 훤하네	생활 경험담	진도군 임회면 봉상리 봉상마을	윤춘엽 (여, 1947년생)	589_FOTA-20170422_BSR_YCY_006
죽어서도 자식 생각하는 어머니	생활 경험담	진도군 임회면 봉상리 봉상마을	윤춘엽 (여, 1947년생)	589_FOTA-20170422_BSR_YCY_007
초상집에서 며칠을 먹고 살던 풍경	생활 경험담	진도군 임회면 삼막리 하미마을	하영호 (남, 1945년생)	589_FOTA_20170612_HMR_HYH_002
하미골에 있었던 세 개의 사창(社倉)	생활 경험담	진도군 임회면 삼막리 하미마을	하영호 (남, 1945년생)	589_FOTA_20170612_HMR_HYH_003
하미에 살던 단골들	생활 경험담	진도군 임회면 삼막리 하미마을	하영호 (남, 1945년생)	589_FOTA_20170612_HMR_HYH_007
시아버지의 며느리 훈육	생활 경험담	진도군 임회면 석교리 구분실마을	주광현 (남, 1945년생)	589_FOTA_20170424_GBSR_JKH_003
의술과 인술의 산실 구분실 약국	생활 경험담	진도군 임회면 석교리 구분실마을	주광현 (남, 1945년생)	589_FOTA_20170424_GBSR_JKH_004
산감 몰래 나무하기	생활 경험담	진도군 임회면 죽림리 강계마을	소진덕 (여, 1929년생)	589_MONA_20170415_KKR_SJD_003
달리기 선수로 활약한 어린 시절	생활 경험담	진도군 임회면 죽림리 강계마을	소진덕 (여, 1929년생)	589_MONA_20170415_KKR_SJD_005
옹기배가 많이 들어온 옹구막	생활 경험담	진도군 임회면 죽림리 강계마을	소진덕 (여, 1929년생)	589_FOTA_20170415_KKR_SJD_002
뜨고, 널고, 띠고 한겨울 뜸발하기	생활 경험담	진도군 임회면 죽림리 강계마을	소진덕 (여, 1929년생)	589_MONA_20170415_KKR_SJD_006
꿩과 노루 사냥	생활 경험담	진도군 임회면 죽림리 동헌마을	윤홍기 (남, 1951년생)	589_MONA_20170916_DHR_YHG_004

설화제목	유형	조사마을	제보자	조사코드
보리밥으로 연명했던 살림살이	생활 경험담	진도군 임회면 죽림리 죽림마을	이송금 (여·1931년생)	589_MONA_20170613_JRR_ LSK_001
배고픈 시절 매생이밥과 톳밥	생활 경험담	진도군 임회면 죽림리 죽림마을	이송금 (여·1931년생)	589_MONA_20170613_JRR_ LSK_002
맞칠 사람, 고칠 사람 하면 나	생활 경험담	진도군 임회면 죽림리 죽림마을	이송금 (여·1931년생)	589_MONA_20170613_JRR_ LSK_003
죽림 앞 갯벌에서의 조개잡이	생활 경험담	진도군 임회면 죽림리 죽림마을	이천심 (여, 1931년생)	589_FOTA_20170613_JRR_ LCS_002
풀 캐고 나무하기	생활 경험담	진도군 임회면 죽림리 죽림마을	이천심 (여, 1931년생)	589_FOTA_20170613_JRR_ LCS_003
우리는 즐거운 할머니 3인조	생활 경험담	진도군 임회면 죽림리 죽림마을	차화자 (여, 1936년생)	589_MONA_20170613_JRR_ CHJ_001
일 많고 식구 많은 짭짤한 시집살이	생활 경험담	진도군 임회면 죽림리 죽림마을	차화자 (여, 1936년생)	589_MONA_20170613_JRR_ CHJ_002
어렵게 낸 탑립마을 진입로	생활 경험담	진도군 임회면 죽림리 탑립마을	소두영 (여, 1941년생)	589_MONA_20170415_TRR_ SDY_001
통발 놓아 문어잡기	생활 경험담	진도군 임회면 죽림리 탑립마을	소두영 (여, 1941년생)	589_MONA_20170415_TRR_ SDY_002
최초로 전기가 들어온 탑립마을	생활 경험담	진도군 임회면 죽림리 탑립마을	소두영 (여, 1941년생)	589_MONA_20170415_TRR_ SDY_003
주민 배고픔을 달래준 저수지 공사	생활 경험담	진도군 의신면 거룡리 사정마을	박석규 (남, 1946년생)	589_MONA_20170611_SJR_ PSG_001
보리밭에 거름 내기	생활 경험담	진도군 의신면 금갑리 금갑마을	강용언 (남, 1946년생)	589_MONA_20170413_KKR_ KYY_001
밤 뱃놀이를 즐긴 마을 청년들	생활 경험담	진도군 의신면 금갑리 금갑마을	강용언 (남, 1947년생)	589_MONA_20170413_KKR_ KYY_002
두말없이 믿어준 친구 덕에 곱게 살아	생활 경험담	진도군 의신면 금갑리 금갑마을	곽남심 (여, 1932년생)	589_MONA_20170413_KKR_ KNS_001
해남윤씨 가문 내력과 족보 편찬	생활 경험담	진도군 의신면 금갑리 금갑마을	윤주빈 (남, 1941년생)	589_MONA_20170613_KKR_ YJB_004
처음으로 장에 가서 파래 팔던 날	생활 경험담	진도군 의신면 금갑리 금갑마을	이만심 (여, 1941년생)	589_MONA_20170413_KKR_ LMS_001
고장이 잦아서 애태웠던 보리 타작기	생활 경험담	진도군 의신면 금갑리 금갑마을	이만심 (여, 1941년생)	589_MONA_20170413_KKR_ LMS_002
지금은 반찬 한두 가지로 혼자 하는 식사	생활 경험담	진도군 의신면 금갑리 금갑마을	이만심 (여, 1941년생)	589_MONA_20170413_KKR_ LMS_003
죽기 전에 한번이라도 보고싶은 아들	생활 경험담	진도군 의신면 금갑리 금갑마을	이만심 (여, 1941년생)	589_MONA_20170413_KKR_ LMS_004
누우면 별이 보인 집 천장	생활 경험담	진도군 의신면 금갑리 금갑마을	조용자 (여, 1939년생)	589_MONA_20170413_KKR_ JYJ_001
맨발로 울면서 도망간 두 손녀	생활 경험담	진도군 의신면 사천리 사하마을	김명자 (여, 1963년생)	589_MONA_20170827_SHR_ KMJ_003
태풍에 터져버린 둑을 막기 위해 밀가루를 버리다	생활 경험담	진도군 의신면 옥대리 정지마을	김삼순 (남, 1943년생)	589_FOTA_20170623_JUR_ KSS_002
배고팠던 시절의 닭서리	생활 경험담	진도군 의신면 초사리 초중마을	박동판 (남 1947년생)	589_MONA_20170720_CJR_ PDP_001
마을회관을 새로 건립하기까지	생활 경험담	진도군 지산면 거제리 거제마을	박 청 (남, 1940년생)	589_MONA_20170828_GJR_ PC_002
흉년에 말을 잡아먹다	생활 경험담	진도군 지산면 관마리 관마마을	윤영웅 (남, 1940년생)	589_FOTA_20170816_GMR_ YYU_002

설화제목	유형	조사마을	제보자	조사코드
10대 시절의 힘들었던 객지생활	생활 경험담	진도군 지산면 보전리 갈두마을	안장진 (남, 1944년생)	589_MONA_20170918_GDR_ AJJ_001
주경야독(晝耕夜讀)의 길을 찾다	생활 경험담	진도군 지산면 보전리 갈두마을	안장진 (남, 1944년생)	589_MONA_20170918_GDR_ AJJ_002
수심이 적합한 양식장을 찾기까지	생활 경험담	진도군 지산면 보전리 갈두마을	안장진 (남, 1944년생)	589_MONA_20170918_GDR_ AJJ_003
어머니의 손끝에서 나왔던 무명옷	생활 경험담	진도군 지산면 보전리 상보전마을	김민제 (남, 1939년생)	589_MONA_20170824_SBJR_ KMJ_001
배고픈 그 시절에 먹었던 음식	생활 경험담	진도군 지산면 보전리 상보전마을	김민제 (남, 1939년생)	589_MONA_20170824_SBJR_ KMJ_002
젊은 시절 힘겹게 보냈던 서울생활	생활 경험담	진도군 지산면 보전리 상보전마을	김민제 (남, 1939년생)	589_MONA_20170824_SBJR_ KMJ_003
불타는 학구열	생활 경험담	진도군 지산면 보전리 상보전마을	김민제 (남, 1939년생)	589_MONA_20170824_SBJR_ KMJ_004
서남해 최초의 전복 양식	생활 경험담	진도군 지산면 보전리 하보전마을	허 재 (남, 1946년생)	589MONA_20170624_HBJR_ HJ_002
황복어 양식을 성공시킨 비결	생활 경험담	진도군 지산면 보전리 하보전마을	허 재 (남, 1946년생)	589_MONA_20170624_HBJR_ HJ_003
인공호흡으로 죽은 아이를 살리다	생활 경험담	진도군 지산면 보전리 하보전마을	허 재 (남, 1946년생)	589_MONA_20170624_HBJR_ HJ_005
서양화가로서의 꿈	생활 경험담	진도군 지산면 보전리 하보전마을	허 재 (남, 1946년생)	589_MONA_20170624_HBJR_ HJ_006
소포마을 사람들의 대흥포 간척 공사	생활 경험담	진도군 지산면 소포리 소포마을	김덕춘 (남, 1931년생)	589_MONA_20170725_SPR_ KDC_001
갯벌을 농토로 만들었으나	생활 경험담	진도군 지산면 심동리 하심동마을	허경환 (남, 1949년생)	589_MONA_20170824_HSDR_ HKH_001
풍파에 가족을 구해준 형제	생활 경험담	진도군 지산면 인지리 독치마을	김봉의 (남, 1939년생)	589_FOTA_20170816_DCR_ KBU_002
임방울이 소리하고 임상권이 줄타기 한 진도의 포장극단	생활 경험담	진도군 진도읍 교동리 북상마을	박종민 (남, 1925년생)	589_MONA_20170418_BSR_ PJM_001
일제강점기 진도읍에 있었던 명월관과 제진관	생활 경험담	진도군 진도읍 교동리 북상마을	박종민 (남, 1925년생)	589_MONA_20170418_BSR_ PJM_002
해방 되갖고 진도에 극장이 생겼제	생활 경험담	진도군 진도읍 교동리 북상마을	박종민 (남, 1925년생)	589_MONA_20170418_BSR_ PJM_003
야외 영사기로 나이롱극장을 시작하다	생활 경험담	진도군 진도읍 교동리 북상마을	박종민 (남, 1925년생)	589_MONA_20170418_BSR_ PJM_004
35미리 필름 기계 들여오려고 논도 다 팔았어	생활 경험담	진도군 진도읍 교동리 북상마을	박종민 (남, 1925년생)	589_MONA_20170418_BSR_ PJM_005
변사에 따라 손님이 더 들고, 덜 들고	생활 경험담	진도군 진도읍 교동리 북상마을	박종민 (남, 1925년생)	589_MONA_20170418_BSR_ PJM_006
유성영화도 소리 꺼불고 변사가 해	생활 경험담	진도군 진도읍 교동리 북상마을	박종민 (남, 1925년생)	589_MONA_20170418_BSR_ PJM_007
소구루마에 실린 가설극장	생활 경험담	진도군 진도읍 교동리 북상마을	박종민 (남, 1925년생)	589_MONA_20170418_BSR_ PJM_008
여러 섬에서 열린 가설극장	생활 경험담	진도군 진도읍 교동리 북상마을	박종민 (남, 1925년생)	589_MONA_20170418_BSR_ PJM_009
곡성영화의 시작을 열다	생활 경험담	진도군 진도읍 교동리 북상마을	박종민 (남, 1925년생)	589_MONA_20170418_BSR_ PJM_010
천안 성환읍에서 극장을 열다	생활 경험담	진도군 진도읍 교동리 북상마을	박종민 (남, 1925년생)	589_MONA_20170418_BSR_ PJM_011

설화제목	유형	조사마을	제보자	조사코드
성환극장 운영에 도움 준 고향 후배들	생활 경험담	진도군 진도읍 교동리 북상마을	박종민 (남, 1925년생)	589_MONA_20170418_BSR_ PJM_012
뒤집힌 해남환에서 살아나온 이야기	생활 경험담	진도군 진도읍 교동리 북상마을	박종민 (남, 1925년생)	589_MONA_20170418_BSR_ PJM_013
시제 모시는데 나락이 일곱 가마니	생활 경험담	진도군 진도읍 교동리 북상마을	박종민 (남, 1925년생)	589_MONA_20170418_BSR_ PJM_014
홍갑수 안채봉 주연으로 명창대회를 붙였어	생활 경험담	진도군 진도읍 교동리 북상마을	박종민 (남, 1925년생)	589_MONA_20170418_BSR_ PJM_023
시골돈하고 서울돈하고 틀려	생활 경험담	진도군 진도읍 교동리 북상마을	박종민 (남, 1925년생)	589_MONA_20170418_BSR_ PJM_028
씻김굿 하고 뇌졸증 나았어	생활 경험담	진도군 진도읍 교동리 북상마을	박종민 (남, 1925년생)	589_FOTA_20170418_BSR_ PJM_006
육백 평은 아홉마지기	생활 경험담	진도군 진도읍 교동리 북상마을	박종민 (남, 1925년생)	589_MONA_20170418_BSR_ PJM_0038
바다는 해경, 육지는 경찰 소관	생활 경험담	진도군 진도읍 북상리 30번지 조규식 자택	조규식 (남, 1951년생)	589_MONA_20170609_BSR_ JGS_002
임금님께 진상했다는 명품 진도김	생활 경험담	진도군 진도읍 성북길 12	차상행 (남, 1948년생)	589_MONA_20171110_BSR_ CSH_001
한국에서 제일가는 진도 미역	생활 경험담	진도군 진도읍 성북길 12	차상행 (남, 1948년생)	589_MONA_20171110_BSR_ CSH_002
진도 육로 교통 문제 해결	생활 경험담	진도군 진도읍 남동리 남동마을	김원홍 (남, 1939년생)	589_MONA_20171012_NDR_ KWH_001
진도의 해상교통 발전	생활 경험담	진도군 진도읍 남동리 남동마을	김원홍 (남, 1939년생)	589_MONA_20171012_NDR_ KWH_002
육로 수송 장려	생활 경험담	진도군 진도읍 남동리 남동마을	김원홍 (남, 1939년생)	589_MONA_20171012_NDR_ KWH_003
진도 숙박시설 변천	생활 경험담	진도군 진도읍 남동리 남동마을	김원홍 (남, 1939년생)	589_MONA_20171012_NDR_ KWH_004
이틀이면 뚝딱 짓는 외막	생활 경험담	진도군 진도읍 동외리 동외마을	서순창 (남, 1935년생)	589_MONA_20170420_DWR_ SSC_002
외 종자 받아 외 재배하기	생활 경험담	진도군 진도읍 동외리 동외마을	서순창 (남, 1935년생)	589_MONA_20170420_DWR_ SSC_003
장터에서 외 파는 외첨지	생활 경험담	진도군 진도읍 동외리 동외마을	서순창 (남, 1935년생)	589_MONA_20170420_DWR_ SSC_004
논 갈아주고 갈이삯 받기	생활 경험담	진도군 진도읍 동외리 동외마을	서순창 (남, 1935년생)	589_MONA_20170420_DWR_ SSC_005
소구루마로 장마다 한 바퀴	생활 경험담	진도군 진도읍 동외리 동외마을	서순창 (남, 1935년생)	589_MONA_20170420_DWR_ SSC_006
소도 구루마도 돈 들여야 좋다	생활 경험담	진도군 진도읍 동외리 동외마을	서순창 (남, 1935년생)	589_MONA_20170420_DWR_ SSC_007
왕무덤재에서 생긴 소구루마 사고	생활 경험담	진도군 진도읍 동외리 동외마을	서순창 (남, 1935년생)	589_MONA_20170420_DWR_ SSC_008
70년대 문화원 순회공연 역사	생활 경험담	진도군 진도읍 동외리 동외마을	박병원 (남,1945년생) 김길록 (남,1953년생)	589_MONA_20170904_DWR_ KGR, PBW_001
한복에 삼신 신고 미국 간 젊은이들	생활 경험담	진도군 진도읍 성내리 성동마을	조재언 (남, 1925년생)	589_MONA_20170505_SDR_ JJE_001
세계박람회에 출품한 진도 육날삼신	생활 경험담	진도군 진도읍 성내리 성동마을	조재언 (남, 1925년생)	589_MONA_20170505_SDR_ JJE_002

설화제목	유형	조사마을	제보자	조사코드
짚신 수출로 돈을 번 이천	생활 경험담	진도군 진도읍 성내리 성동마을	조재언 (남, 1925년생)	589_MONA_20170505_SDR_ JJE_003
짚신틀을 잘 보존한 며느리	생활 경험담	진도군 진도읍 성내리 성동마을	조재언 (남, 1925년생)	589_MONA_20170505_SDR_ JJE_004
짚신 엮는 틀 도투마리	생활 경험담	진도군 진도읍 성내리 성동마을	조재언 (남, 1925년생)	589_MONA_20170505_SDR_ JJE_005
공부하고 싶어 불효자가 되다	생활 경험담	진도군 진도읍 성내리 성동마을	조재언 (남, 1925년생)	589_MONA_20170505_SDR_ JJE_006
바람 방향으로 잡아낸 그림 의 오류	생활 경험담	진도군 진도읍 성내리 성동마을	조재언 (남, 1925년생)	589_MONA_20170505_SDR_ JJE_007
택시회사 경영부터 지금까지	생활 경험담	진도군 진도읍 쌍정리 두정마을	김덕수 (남, 1942년생)	589_MONA_20170918_DJR_ KDS_001
목탄차 운행기	생활 경험담	진도군 진도읍 쌍정리 두정마을	김덕수 (남, 1942년생)	589_MONA_20170918_DJR_ KDS_002
자식들만 위한다고 토라진 남편	생활 경험담	진도군 진도읍 쌍정리 통정마을	이행자 (여, 1942년생)	589_MONA_20170918_TJR_ LHJ_002
이사갔으니 동네사람들의 기득권을 인정해야제	생활 경험담	진도군 진도읍 쌍정리 통정마을	이행자 (여, 1942년생)	589_MONA_20170918_TJR_ LHJ_003
사둔 신뢰 때문에 가출하지 못한 사연	생활 경험담	진도군 진도읍 쌍정리 통정마을	이행자 (여, 1942년생)	589_MONA_20170918_TJR_ LHJ_004
진돗개 찾으려다 잃어버린 대학등록금	생활 경험담	진도군 진도읍 쌍정리 통정마을	이행자 (여, 1942년생)	589_MONA_20170918_TJR_ LHJ_006

소담

설화제목	유형	조사마을	제보자	조사코드
서마장자, 우마장자만 찾는 당골네	소담	진도군 임회면 봉상리 봉상마을	윤춘엽 (여, 1947년생)	589_MONA-20170422_BSR_ YCY_003
행암네 하남씨 해창 다녀오기	소담	진도군 임회면 봉상리 봉상마을	하영순 (남, 1945년생)	589_FOTA-20170424_BSR_ HYS_001
수탉도 내일 조도 가려나 보다	소담	진도군 임회면 용호리 호구동마을	김환산 (남, 1939년생)	589_FOTA_20170526_HGDR_ KHS_004
술 동우 감추기	소담	진도군 임회면 죽림리 강계마을	소진덕 (여, 1929년생)	589_MONA_20170415_KKR_ SJD_002
부인들을 속여서 술을 훔쳐 먹은 술꾼들	소담	진도군 의신면 만길리 도목마을	이춘홍 (남, 1940년생)	589_MONA_20170717_DMR_ LCH_003
자네가 참게, 빡보! 이름이 뭐인가, 빡보!	소담	진도군 의신면 사천리 사하마을	김명자 (여, 1963년생)	589_MONA_20170827_SHR_ KMJ_006
꾀를 내도 죽을 꾀를 내다	소담	진도군 진도읍 포산리 포구마을	박상림 (남, 1935년생)	589_FOTA_20171024_PGR_ PSL_003
비가 와도 달리지 않는 양반	소담	진도군 진도읍 포산리 포구마을	박상림 (남, 1935년생)	589_FOTA_20171024_PGR_ PSL_004
밀주 단속을 피한 주인마님의 재치	소담	진도군 고군면 지수리 지수마을	김서규 (남, 1937년생)	589_MONA_20170423_JSR_ KSG_003

인생담

설화제목	유형	조사마을	제보자	조사코드
석현리 김해김씨들과의 묘역 갈등	인생담	진도군 고군면 도평리 도론마을	이영목 (남, 1945년생)	589_FOTA_20170703_DRR_ LYM_004
인민재판에서 목사님을 살려준 책 도둑	인생담	진도군 의신면 금갑리 금갑마을	윤주빈 (남, 1940년생)	589_MONA_20170613_KKR_ YJB_003
지랄병하는 신랑에게 시집가서 잘살고 있는 신부	인생담	진도군 의신면 만길리 원두마을	박주민 (남, 1940년생)	589_MONA_20170717_WDR_ PJM_003
술에 취해 도둑으로 몰린 할아버지	인생담	진도군 의신면 사천리 사하마을	김명자 (여, 1963년생)	589_MONA_20170827_SHR_ KMJ_001
천수 만수 구만수 백년 원수 내 원수	인생담	진도군 의신면 사천리 사하마을	김명자 (여, 1963년생)	589_MONA_20170827_SHR_ KMJ_002
걱정했던 월계가 말년이 제일 좋다	인생담	진도군 진도읍 쌍정리 통정마을	이행자 (여, 1942년생)	589_MONA_20170918_TJR_ LHJ_001

지명담

설화제목	유형	조사마을	제보자	조사코드
땅이름에 담긴 조상의 선견지명	지명담	진도군 군내면 나리 신기마을(무조마을)	김성조 (남, 1956년생)	589_FOTA_20170419_MJR_ KSJ_001
잃어버린 고향, 광대도	지명담	진도군 군내면 나리 신기마을(무조마을)	김성조 (남, 1956년생)	589_MONA_20170419_MJR_ KSJ_003
새가 춤추는 형국인 무조마을	지명담	진도군 군내면 나리 신기마을(무조마을)	김성조 (남, 1956년생)	589_FOTA_20170419_MJR_ KSJ_001
위험한 울돌목 물살	지명담	진도군 군내면 녹진리 녹진마을	김성산 (남, 1938년생)	589_MONA_20170628_NJR_ KSS_001
담배농사가 적격인 녹진	지명담	진도군 군내면 녹진리 녹진마을	김효종 (남, 1949년생)	589_MONA_20170526_NJR_ KHJ_003
대꾸지라 불렸던 대사마을	지명담	진도군 군내면 녹진리 대사마을	문종욱 (남, 1948년생)	589_FOTA_20170717_DSR_ MJW_001
금골산에서 떨어지면 살고 독굴산에서 떨어지면 죽고	지명담	진도군 군내면 녹진리 대사마을	문종욱 (남, 1948년생)	589_FOTA_20170717_DSR_ MJW_003
조상들의 선견지명으로 큰 들이 된 대야리	지명담	진도군 군내면 녹진리 대야마을	박병림 (남, 1950년생)	589_FOTA_20170624_DYR_ PBR_001
벽파 앞에 멈춰버린 감부도	지명담	진도군 군내면 녹진리 대야마을	박병림 (남, 1950년생)	589_FOTA_20170624_DYR_ PBR_002
오빠를 부르는 도깨비 불치	지명담	진도군 군내면 녹진리 대야마을	박병림 (남, 1950년생)	589_FOTA_20170624_DYR_ PBR_003
어제바위와 피섬의 유래	지명담	진도군 군내면 녹진리 만금마을	고만술 (남, 1940년생)	589_FOTA_20170603_MGR_ GMS_001
원님이 다니던 길	지명담	진도군 군내면 녹진리 만금마을	고만술 (남, 1940년생)	589_FOTA_20170603_MGR_ GMS_002
도깨비가 자주 출몰하는 광재	지명담	진도군 군내면 녹진리 만금마을	고만술 (남, 1940년생)	589_FOTA_20170603_MGR_ GMS_003
고래가 지나가던 녹진 앞바다	지명담	진도군 군내면 녹진리 만금마을	김종식 (남, 1940년생)	589_FOTA_20170528_MGR_ KJS_002
며느리의 한이 서린 가심재	지명담	진도군 군내면 덕병리 덕병마을	이상문 (남, 1942년생)	589_FOTA_20170518_DBR_ LSM_001

설화제목	유형	조사마을	제보자	조사코드
호랑이산보다 기세등등한 덕병사람들	지명담	진도군 군내면 덕병리 덕병마을	이상문 (남, 1942년생)	589_FOTA_20170518_DBR_LSM_004
학처럼 깨끗한 한의 사람들	지명담	진도군 군내면 덕병리 한의마을	김재근 (남, 1928년생)	589_FOTA_20170624_HYR_KJG_001
흔적뿐인 마가패마을	지명담	진도군 군내면 덕병리 한의마을	김재근 (남, 1928년생)	589_FOTA_20170624_HYR_KJG_002
너무나 아까운 동서샘	지명담	진도군 군내면 덕병리 한의마을	김재근 (남, 1928년생)	589_FOTA_20170624_HYR_KJG_003
발 담구고 놀던 시원한 도구통샘	지명담	진도군 군내면 덕병리 한의마을	김수자 (여, 1953년생)	589_FOTA_20170624_HYR_KSJ_002
연안차씨와 방귀등	지명담	진도군 군내면 둔전리 둔전마을	박세종 (남, 1938년생)	589_FOTA_20170528_DJR_PSJ_001
둔전리 팔경	지명담	진도군 군내면 둔전리 둔전마을	박세종 (남, 1938년생)	589_FOTA_20170528_DJR_PSJ_002
해은사와 용샘 그리고 조새바우	지명담	진도군 군내면 둔전리 둔전마을	박세종 (남, 1938년생)	589_FOTA_20170528_DJR_PSJ_003
뒤롱이묘와 금골산 유래	지명담	진도군 군내면 둔전리 둔전마을	박세종 (남, 1938년생)	589_FOTA_20170528_DJR_PSJ_005
세골함에서 안농까지 해원바닥	지명담	진도군 군내면 둔전리 둔전마을	박세종 (남, 1938년생)	589_FOTA_20170528_DJR_PSJ_006
금골마을과 안농의 유래	지명담	진도군 군내면 둔전리 둔전마을	박세종 (남, 1938년생)	589_FOTA_20170528_DJR_PSJ_007
진도의 백두대간 금골산	지명담	진도군 군내면 분토리 외동산마을	박규배 (남, 1936년생)	589_FOTA_20170424_YDSR_PGB_001
크게 번성했던 상가마을	지명담	진도군 군내면 송산리 상가마을	양상훈 (남, 1934년생)	589_FOTA_20170603_SGR_YSH_001
울둘목까지 연결된 동밖굴	지명담	진도군 군내면 송산리 상가마을	양상훈 (남, 1934년생)	589_FOTA_20170603_SGR_YSH_002
서쪽을 막기 위한 선바우독과 제방둑	지명담	진도군 군내면 송산리 송산마을	조재홍 (남, 1942년생)	589_FOTA_20170603_SSR_JJH_004
걸어가다 멈추어버린 지심매산	지명담	진도군 군내면 용장리 용장마을	곽재설 (남, 1943년생)	589_FOTA_20170413_YJR_KJS_001
바위 속에 보물창고가 있는 맘바등바위	지명담	진도군 군내면 용장리 용장마을	곽재설 (남, 1943년생)	589_FOTA_20170413_YJR_KJS_004
아흔아홉 골짜기 물이 모이는 정자리	지명담	진도군 군내면 정자리 정자마을	강남철 (남, 1955년생)	589_FOTA_20170518_JJR_KNC_001
물이 마르지 않는 망산 십샘	지명담	진도군 군내면 정자리 정자마을	김진일 (남, 1950년생)	589_FOTA_20170518_JJR_KJI_003
오동메산과 금골산 사이 살막재	지명담	진도군 군내면 정자리 정자마을	박옥준 (남, 1939년생)	589_FOTA_20170518_JJR_POJ_001
옛 지명에 담긴 조상님들의 선견지명	지명담	진도군 군내면 죽전리 죽전마을	이승희 (남, 1935년생)	589_FOTA_20170418_JJR_LSH_001
자연물로 유일무이한 수림석	지명담	진도군 군내면 죽전리 죽전마을	이승희 (남, 1935년생)	589_MONA_20170418_JJR_LSH_003
중국에는 장가계 진도에는 안가계	지명담	진도군 고군면 가계리 가계마을	허광무 (남, 1946년생)	589_FOTA_20170506_GGR_HGM_001
붉은 뱀의 혈자리에서 유래한 단사골	지명담	진도군 고군면 고성리 오일시마을	곽채술 (남, 1930년생)	589_FOTA_20170521_OISR_KCS_001
고성성터와 성안 샘	지명담	진도군 고군면 고성리 오일시마을	곽채술 (남, 1931년생)	589_FOTA_20170521_OISR_KCS_002

설화제목	유형	조사마을	제보자	조사코드
건너 마을의 남근바위	지명담	진도군 고군면 고성리 오일시마을	곽채술 (남, 1932년생)	589_FOTA_20170521_OISR_KCS_003
용꼬리 흠집이 있는 용담바위	지명담	진도군 고군면 금계리 금호도마을	양재복 (남, 1947년생)	589_FOTA_20170426_GHDR_YJB_001
낭골 굴바위와 통하는 마을 앞굴	지명담	진도군 고군면 금계리 금호도마을	양재복 (남, 1947년생)	589_FOTA_20170426_GHDR_YJB_005
묵재 정민익 선생이 세운 서당 관해정	지명담	진도군 고군면 금계리 금호도마을	양재복 (남, 1947년생)	589_FOTA_20170426_GHDR_YJB_007
방죽골 밑 저수지	지명담	진도군 고군면 금계리 회동마을	용홍태 (남, 1932년생)	589_MONA_20170507_HDR_YHT_001
중을 제물로 삼은 임선포와 걸어가다 멈춘 선모산	지명담	진도군 고군면 내산리 내동마을	고용범 (남, 1934년생)	589_FOTA_20170420_NDR_GYB_002
생이바우 천장에 새겨진 한시	지명담	진도군 고군면 내산리 내동마을	고용범 (남, 1934년생)	589_FOTA_20170420_NDR_GYB_003
왜군들의 시신을 매장한 왜덕산과 왜병골짜기	지명담	진도군 고군면 내산리 마산마을	이정국 (남, 1949년생)	589_FOTA_20170526_MSR_LJK_001
황조마을의 유래	지명담	진도군 고군면 내산리 황조마을	조윤환 (남, 1962년생)	589_FOTA_20170705_HJR_JYH_001
방아 찧는 소리가 들리는 방애꾸미	지명담	진도군 고군면 내산리 황조마을	조윤환 (남, 1962년생)	589_FOTA_20170705_HJR_JYH_002
소나무와 동백나무 숲이 우거졌던 황조마을	지명담	진도군 고군면 내산리 황조마을	조윤환 (남, 1962년생)	589_FOTA_20170705_HJR_JYH_003
물이 빠져 멀어진 선창	지명담	진도군 고군면 내산리 황조마을	조윤환 (남, 1962년생)	589_MONA_20170705_HJR_JYH_001
도룡뇽 형국의 도론리	지명담	진도군 고군면 도평리 도론마을	이영목 (남, 1945년생)	589_FOTA_20170703_DRR_LYM_001
도론리에서 발굴된 고려자기	지명담	진도군 고군면 도평리 도론마을	이영목 (남, 1945년생)	589_FOTA_20170703_DRR_LYM_003
원님이 행차하고 들어오는 길	지명담	진도군 고군면 도평리 도론마을	이영목 (남, 1945년생)	589_FOTA_20170703_DRR_LYM_006
소맥분 팔아 만든 제2방조제	지명담	진도군 고군면 벽파리 벽파마을	박영준 (남, 1927년생)	589_MONA_20170505_BPR_PYJ_001
솥뚜껑으로 시험한 오누이고랑	지명담	진도군 고군면 석현리 사동마을	박석환 (남, 1937년생)	589_FOTA_20170424_SDR_PSH_001
금날산에서 파지 못한 금	지명담	진도군 고군면 원포리 원포마을	임경웅 (남, 1942년생)	589_FOTA_20170422_WFR_LKY_002
자연산 석화와 뻘낙지가 유명한 원포마을	지명담	진도군 고군면 원포리 원포마을	임경웅 (남, 1942년생)	589_FOTA_20170422_WFR_LKY_003
노적봉 쌓아 배로 실어나른 원포선착장	지명담	진도군 고군면 원포리 원포마을	임경웅 (남, 1942년생)	589_FOTA_20170422_WFR_LKY_004
제주와 추자의 고깃배도 모여들던 원포선착장	지명담	진도군 고군면 원포리 원포마을	임경웅 (남, 1942년생)	589_FOTA_20170422_WFR_LKY_005
노루 사냥터로 이름난 노루목	지명담	진도군 고군면 원포리 원포마을	임경웅 (남, 1942년생)	589_FOTA_20170422_WFR_LKY_006
물이 흘러 미끄러운 지막리 기름바위	지명담	진도군 고군면 지막리 지막마을	조병재 (남, 1947년생)	589_FOTA_20170503_JMR_JBJ_001
땅이 비옥한 지막마을 들녘	지명담	진도군 고군면 지막리 지막마을	조병재 (남, 1947년생)	589_FOTA_20170503_JMR_JBJ_002
지막리에 있는 산과 바위들	지명담	진도군 고군면 지막리 지막마을	조병재 (남, 1947년생)	589_FOTA_20170503_JMR_JBJ_003

설화제목	유형	조사마을	제보자	조사코드
돔박골에서 하율로 불리는 유래	지명담	진도군 고군면 지수리 지수마을	김서규 (남, 1937년생)	589_FOTA_20170423_JSR_KSG_001
나무하기 어려운 오산리 코베기산	지명담	진도군 고군면 지수리 지수마을	김서규 (남, 1937년생)	589_FOTA_20170423_JSR_KSG_003
역사적 슬픔이 깃든 마산리 흰재	지명담	진도군 고군면 지수리 지수마을	김서규 (남, 1937년생)	589_MONA_20170423_JSR_KSG_005
노루 잡은 개바위	지명담	진도군 고군면 지수리 지수마을	박양언 (남, 1934년생)	589_FOTA_20170411_JSR_PYU_002
기세당당한 오메 사람들	지명담	진도군 고군면 지수리 지수마을	박양언 (남, 1934년생)	589_FOTA_20170411_JSR_PYU_003
거북이가 알을 낳는 구자뜰	지명담	진도군 고군면 지수리 지수마을	박양언 (남, 1934년생)	589_FOTA_20170411_JSR_PYU_004
물이 풍부한 지막리와 지수리	지명담	진도군 고군면 지수리 지수마을	박양언 (남, 1934년생)	589_FOTA_20170411_JSR_PYU_005
세 번 이사한 향동마을	지명담	진도군 고군면 향동리 향동마을	김영일 (남, 1938년생)	589_FOTA_20170409_HDR_KYI_002
제자들이 세운 향동리 학행비	지명담	진도군 고군면 향동리 향동마을	김영일 (남, 1938년생)	589_FOTA_20170409_HDR_KYI_003
물이 너무 좋은 중리 큰샘	지명담	진도군 고군면 향동리 향동마을	김영일 (남, 1938년생)	589_FOTA_20170409_HDR_KYI_004
공룡 발자국이 있는 초상재 넙적바위	지명담	진도군 고군면 향동리 향동마을	김영일 (남, 1938년생)	589_FOTA_20170409_HDR_KYI_005
노래 부르고 넘어오는 소릿재	지명담	진도군 고군면 향동리 향동마을	김영일 (남, 1938년생)	589_FOTA_20170409_HDR_KYI_006
향동 굴바위 추억	지명담	진도군 고군면 향동리 향동마을	박상철 (남, 1940년생)	589_FOTA_20170711_HDR_PSC_001
원툿재를 넘다가 돌아가신 할머니	지명담	진도군 고군면 향동리 향동마을	박상철 (남, 1940년생)	589_FOTA_20170711_HDR_PSC_002
향동마을의 5봉 5재	지명담	진도군 고군면 향동리 향동마을	박상철 (남, 1940년생)	589_FOTA_20170711_HDR_PSC_004
향동초등학교의 유래	지명담	진도군 고군면 향동리 향동마을	박상철 (남, 1940년생)	589_MONA_20170711_HDR_PSC_001
조리 모양의 매정리	지명담	진도군 임회면 고정리 매정마을	강보단 (여, 1939년생)	589_FOTA_20170417_MJR_KBD_001
쩍골, 절골이었던 남선	지명담	진도군 임회면 굴포리 남선마을	강진간 (남, 1939년생)	589_FOTA_20170609_NSR_KJG_001
원을 막아준 윤선도 공적비	지명담	진도군 임회면 굴포리 남선마을	강진간 (남, 1939년생)	589_FOTA_20170609_NSR_KJG_005
청동기때부터 사람이 살았던 백동리	지명담	진도군 임회면 굴포리 남선마을	강진간 (남, 1939년생)	589_FOTA_20170609_NSR_KJG_008
남선마을 인구 변화 추이	지명담	진도군 임회면 굴포리 남선마을	강진간 (남, 1939년생)	589_MONA_20170609_NSR_KJG_002
공룡 발자국이 새겨진 시릿떡바위	지명담	진도군 임회면 굴포리 남선마을	이길삼 (남, 1937년생)	589_FOTA_20170630_NSR_LKS_001
남선에 있는 고름장 터	지명담	진도군 임회면 굴포리 남선마을	이길삼 (남, 1937년생)	589_FOTA_20170630_NSR_LKS_002
해지 모퉁이 돌에 새겨진 말 발자국	지명담	진도군 임회면 굴포리 남선마을	이길삼 (남, 1937년생)	589_FOTA_20170630_NSR_LKS_003
학이 춤추는 형상의 무학재	지명담	진도군 임회면 굴포리 번답마을	박청길 (남, 1940년생)	589_FOTA_20170630_BDR_PCG_001

설화제목	유형	조사마을	제보자	조사코드
쩍골이라고불렀던남선마을	지명담	진도군 임회면 굴포리 번답마을	박청길 (남, 1940년생)	589_FOTA_20170630_BDR_PCG_003
달이 잘보이는 근월제 서당	지명담	진도군 임회면 굴포리 번답마을	박청길 (남, 1940년생)	589_FOTA_20170630_BDR_PCG_004
소가 누워있는 소산들	지명담	진도군 임회면 굴포리 번답마을	박청길 (남, 1940년생)	589_FOTA_20170630_BDR_PCG_005
동령포와 월출산 이름 속의 비밀	지명담	진도군 임회면 굴포리 번답마을	박청길 (남, 1940년생)	589_FOTA_20170630_BDR_PCG_007
남선마을 역사를 찾기 위한 노력	지명담	진도군 임회면 굴포리 번답마을	박청길 (남, 1940년생)	589_FOTA_20170630_BDR_PCG_008
날로 번창해간다는 번답마을 유래	지명담	진도군 임회면 굴포리 번답마을	박청길 (남, 1940년생)	589_FOTA_20170630_BDR_PCG_010
60년 된 상미마을 역사	지명담	진도군 임회면 명슬리 상미마을	김구보 (남, 1942년생)	589_FOTA_20170918_SMR_KGB_001
마을을 지켜주는 선바위, 호랑이 바위, 눈바위	지명담	진도군 임회면 명슬리 상미마을	김구보 (남, 1942년생)	589_FOTA_20170918_SMR_KGB_002
전주이씨석보군파제각	지명담	진도군 임회면 봉상리 송월마을	이기정 (남, 1941년생)	589_FOTA-20170424_SWR_LKJ_001
누구나 말에서 내려야 했던 송월리 하마석	지명담	진도군 임회면 봉상리 송월마을	이기정 (남, 1941년생)	589_FOTA-20170424_SWR_LKJ_002
사제뜰에서 하미로 이사온 이유	지명담	진도군 임회면 삼막리 하미마을	하영호 (남, 1945년생)	589_FOTA_20170612_HMR_HYH_004
위패 수가 가장 많은 하씨 제각	지명담	진도군 임회면 삼막리 하미마을	하영호 (남, 1945년생)	589_FOTA_20170612_HMR_HYH_005
미륵이 떠내려가다	지명담	진도군 임회면 삼막리 하미마을	하영호 (남, 1945년생)	589_FOTA_20170612_HMR_HYH_006
갑부가 사용한 절구통 한쌍	지명담	진도군 임회면 용호리 호구동마을	조 은 (남, 1936년생)	589_FOTA_20170526_HGDR_JE_002
임사정(臨司亭) 지명의 유래	지명담	진도군 임회면 용호리 호구동마을	조 은 (남, 1936년생)	589_FOTA_20170526_HGDR_JE_003
금광에서 번 돈으로 지은 100년 고택	지명담	진도군 임회면 용호리 호구동마을	조 은 (남, 1936년생)	589_FOTA_20170526_HGDR_JE_004
팽나무 두 그루에 꽂아놓은 돌	지명담	진도군 임회면 용호리 호구동마을	김환산 (남, 1939년생)	589_FOTA_20170526_HGDR_KHS_001
이야기로 도둑 잡은 노부부	지명담	진도군 임회면 용호리 호구동마을	김환산 (남, 1939년생)	589_FOTA_20170526_HGDR_KHS_002
호랑이혈이라 소나무 숲을 만든 호구마을	지명담	진도군 임회면 용호리 호구동마을	김환산 (남, 1939년생)	589_FOTA_20170526_HGDR_KHS_003
광석 초등학교 교명의 유래	지명담	진도군 임회면 용호리 호구동마을	김환산 (남, 1939년생)	589_MONA_20170526_HGDR_KHS_001
강계 앞바다 두 개의 샘	지명담	진도군 임회면 죽림리 강계마을	최영심 (여, 1935년생)	589_FOTA_20170415_KKR_CYS_001
바다 한 가운데 있는 갯섬	지명담	진도군 임회면 죽림리 동헌마을	윤홍기 (남, 1951년생)	589_FOTA_20170916_DHR_YHG_002
물 반 고기 반	지명담	진도군 임회면 죽림리 동헌마을	윤홍기 (남, 1951년생)	589_MONA_20170916_DHR_YHG_003
호랑이를 피해 죽림 성(城)터에 살던 사람들	지명담	진도군 임회면 죽림리 죽림마을	김명선 (남, 1947년생)	589_FOTA_20170817_JRR_KMS_001
사라호 태풍에 진도까지 떠 밀려온 제주해녀	지명담	진도군 임회면 죽림리 죽림마을	김명선 (남, 1947년생)	589_MONA_20170817_JRR_KMS_001

설화제목	유형	조사마을	제보자	조사코드
낭떠러지로 굴러 떨어진 죽림 흔들바위	지명담	진도군 임회면 죽림리 죽림마을	박순실 (여, 1930년생)	589_FOTA_20170415_JRR_ PSS_001
젊은이들이 넘어뜨린 애기바위	지명담	진도군 임회면 죽림리 죽림마을	이길재 (남, 1938년생)	589_FOTA_20170415_JRR_ LKJ_001
경치좋고 아름다운 죽림 마을자랑	지명담	진도군 임회면 죽림리 죽림마을	이송금 (여· 1931년생)	589_MONA_20170613_JRR_ LSK_004
6년 배움을 채워준 죽림 간이 학교	지명담	진도군 임회면 죽림리 죽림마을	이천심 (여, 1931년생)	589_MONA_20170613_JRR_ LCS_001
살기좋은탑립마을	지명담	진도군 임회면 죽림리 탑립마을	소연단 (여, 1919년생)	589_MONA_20170415_TRR_ SYD_001
산소에 불낸 사연	지명담	진도군 임회면 죽림리 탑립마을	윤영환 (여, 1940년생)	589_MONA_20170415_TRR_ YYH_002
대학봉과 잿밭등	지명담	진도군 의신면 거룡리 사정마을	박석규 (남, 1942년생)	589_FOTA_20170611_SJR_ PSG_001
씨름과 강강술래놀이터였던 백중봉	지명담	진도군 의신면 거룡리 사정마을	박석규 (남, 1943년생)	589_FOTA_20170611_SJR_ PSG_002
금갑 만호가 다녔던 백봉산 만호길	지명담	진도군 의신면 거룡리 사정마을	박석규 (남, 1944년생)	589_FOTA_20170611_SJR_ PSG_003
금갑진성 돌들을 굴양식에 사용하다	지명담	진도군 의신면 금갑리 금갑마을	윤주빈 (남, 1938년생)	589_MONA_20170613_KKR_ YJB_001
옛날에 접도 가는 길	지명담	진도군 의신면 금갑리 금갑마을	윤주빈 (남, 1939년생)	589_MONA_20170613_KKR_ YJB_002
재행(再行) 풍습으로 알게 된 금갑 마을의 유래	지명담	진도군 의신면 금갑리 금갑마을	황석옥 (남, 1931년생)	589_FOTA_20170511_KKR_ HSO_001
금갑성에는 세 개의 문이 있었다	지명담	진도군 의신면 금갑리 금갑마을	황석옥 (남, 1931년생)	589_FOTA_20170511_KKR_ HSO_003
무관심으로 방치된 금갑 만호 선정비	지명담	진도군 의신면 금갑리 금갑마을	황석옥 (남, 1931년생)	589_MONA_20170511_KKR_ HSO_002
수군이 활을 쏘거나 사격 연습을 했던 사장등	지명담	진도군 의신면 금갑리 금갑마을	황석옥 (남, 1931년생)	589_FOTA_20170511_KKR_ HSO_004
물맛이 아주 좋았던 만호 전용 샘	지명담	진도군 의신면 금갑리 금갑마을	황석옥 (남, 1931년생)	589_FOTA_20170511_KKR_ HSO_005
낮에는 연기로, 밤에는 불빛으로 연대산 연대봉	지명담	진도군 의신면 금갑리 금갑마을	황석옥 (남, 1931년생)	589_FOTA_20170511_KKR_ HSO_006
마을을 옮기게 한 송장바위	지명담	진도군 의신면 금갑리 금갑마을	황석옥 (남, 1931년생)	589_FOTA_20170511_KKR_ HSO_007
금갑리에 여러 성씨가 모여 사는 이유	지명담	진도군 의신면 금갑리 금갑마을	황석옥 (남, 1931년생)	589_MONA_20170511_KKR_ HSO_003
학동들이 뽑은 주량팔경	지명담	진도군 의신면 돈지리 돈지마을	박현재 (남, 1945년생)	589_MONA_20170704_DJR_ PHJ_001
첨찰산에서 발원하여 길게 흐르는 의신천	지명담	진도군 의신면 돈지리 돈지마을	박현재 (남, 1945년생)	589_FOTA_20170704_DJR_ PHJ_001
쇠목돌이에서 헤엄치기	지명담	진도군 의신면 돈지리 돈지마을	박현재 (남, 1945년생)	589_MONA_20170704_DJR_ PHJ_002
떼무덤과 평지 들녘에 목화를 심다	지명담	진도군 의신면 돈지리 돈지마을	박현재 (남, 1945년생)	589_MONA_20170704_DJR_ PHJ_003
격세지감이 느껴지는 감지평 들녘	지명담	진도군 의신면 돈지리 돈지마을	박현재 (남, 1945년생)	589_MONA_20170704_DJR_ PHJ_004
감지평 들녘의 젖줄이었던 참샘	지명담	진도군 의신면 돈지리 돈지마을	박현재 (남, 1945년생)	589_FOTA_20170704_DJR_ PHJ_005

설화제목	유형	조사마을	제보자	조사코드
송씨들의 자자유촌 초사리 초상마을	지명담	진도군 의신면 돈지리 돈지마을	박현재 (남, 1945년생)	589_FOTA_20170704_DJR_ PHJ_006
쌍계사 절고랑의 벼락바위	지명담	진도군 의신면 사천리 사상마을	박정석 (남, 1948년생)	589_MONA_20170411_SSR_ PJS_001
엎힌바위가 인장바위로 불리게 된 사연	지명담	진도군 의신면 사천리 사상마을	박정석 (남, 1948년생)	589_FOTA_20170411_SSR_ PJS_001
병풍 친 것 같은 펑펑바위	지명담	진도군 의신면 사천리 사상마을	박정석 (남, 1948년생)	589_FOTA_20170411_SSR_ PJS_003
동외리 서당 화재사건	지명담	진도군 의신면 사천리 사하마을	김명자 (여, 1963년생)	589_MONA_20170827_SHR_ KMJ_005
기와를 구웠던 잣굴	지명담	진도군 의신면 사천리 사하마을	박옥길 (남, 1942년생)	589_FOTA_20170606_SHR_ POG_001
시어머니에게 구박 받은 각시의 한이 서린 각시둠벙	지명담	진도군 의신면 사천리 사하마을	차철웅 (남, 1954년생)	589_FOTA_20170716_SHR_ CCW_002
운림산방을 복원하기까지	지명담	진도군 의신면 사천리 사하마을	차철웅 (남, 1954년생)	589_MONA_20170716_SHR_ CCW_001
동산이 구슬처럼 이어진 연주리	지명담	진도군 의신면 연주리 연주마을	조권준 (남, 1952년생)	589_FOTA_20170508_YJR_ JGJ_001
부유하고 기세등등했던 연주리	지명담	진도군 의신면 연주리 응덕마을	박복용 (남, 1936년생)	589_FOTA_20170518_EDR_ PBY_001
넙골 덕사동이 응덕마을로 된 이유	지명담	진도군 의신면 연주리 응덕마을	박복용 (남, 1936년생)	589_FOTA_20170518_EDR_ PBY_002
돔바위에서 돔을 낚시하다	지명담	진도군 의신면 연주리 응덕마을	박복용 (남, 1936년생)	589_FOTA_20170518_EDR_ PBY_004
누에머리와 정지머리 이야기	지명담	진도군 의신면 옥대리 정지마을	김삼순 (남, 1943년생)	589_FOTA_20170623_JUR_ KSS_001
의신면 마을 변천사	지명담	진도군 의신면 옥대리 중리마을	김영식 (남, 1936년생)	589_FOTA_20170509_JR_ KYS_001
짱배미에서 공치기를 하며 화합하던 풍습	지명담	진도군 의신면 옥대리 중리마을	김영식 (남, 1936년생)	589_MONA_20170509_JR_ KYS_001
마음을 곱게 쓰지 않아서 망한 구룡머리	지명담	진도군 의신면 옥대리 청용마을	박종성 (남, 1936년생)	589_FOTA_20170502_CYR_ PJS_003
경지정리로 사라져버린 사불계샘	지명담	진도군 의신면 창포리 가단마을	김신수 (남, 1950년생)	589_FOTA_20170521_GDR_ KSS_001
행귀샘의 물이 나오지 않은 사연	지명담	진도군 의신면 창포리 가단마을	김신수 (남, 1951년생)	589_FOTA_20170521_GDR_ KSS_002
대덕산의 여러 명칭	지명담	진도군 의신면 창포리 가단마을	김신수 (남, 1952년생)	589_FOTA_20170521_GDR_ KSS_003
음양의 형상을 띤 논배미	지명담	진도군 의신면 창포리 가단마을	김신수 (남, 1953년생)	589_FOTA_20170521_GDR_ KSS_004
유휴각(裕休閣)안에 세워진 철비(鐵碑)	지명담	진도군 의신면 칠전리 칠전마을	조규일 (남, 1937년생)	589_FOTA_20170823_CJR_ CGI_001
유서 깊은 서당 노암재(露巖祭)	지명담	진도군 의신면 칠전리 칠전마을	조규일 (남, 1939년생)	589_FOTA_20170823_CJR_ CGI_003
칠전 마을의 유래담	지명담	진도군 의신면 칠전리 칠전마을	조규일 (남, 1941년생)	589_FOTA_20170823_CJR_ CGI_005
읍내서 뺨 맞고 꿀재에서 눈 감춘다	지명담	진도군 의신면 칠전리 칠전마을	조규일 (남, 1942년생)	589_FOTA_20170823_CJR_ CGI_006
진도의물물교환칠전장터	지명담	진도군 의신면 칠전리 칠전마을	조규일 (남, 1943년생)	589_FOTA_20170823_CJR_ CGI_007

설화제목	유형	조사마을	제보자	조사코드
영산마을에 터를 일군 송씨들의 돌 떡판	지명담	진도군 의신면 침계리 영산마을	박행집 (남, 1942년생)	589_FOTA_20170504_YSR_PHJ_001
쌀이 나온 광전굴	지명담	진도군 의신면 침계리 영산마을	박행집 (남, 1942년생)	589_FOTA_20170504_YSR_PHJ_002
장수들이 돈치기 하던 장수바위	지명담	진도군 의신면 침계리 영산마을	박행집 (남, 1942년생)	589_FOTA_20170504_YSR_PHJ_003
웃 영매 아랫 영매	지명담	진도군 의신면 침계리 영산마을	박행집 (남, 1942년생)	589_FOTA_20170504_YSR_PHJ_004
매생이바위와 매생이둠벙	지명담	진도군 의신면 침계리 침계마을	조상인 (남, 1943년생)	589_MONA_20170502_CGR_JSI_003
송군마을 언덕에서 한라산을 보다	지명담	진도군 의신면 초사리 송군마을	김종대 (남, 1939년생)	589_FOTA_20170508_SGR_KJD_001
진도에서 맨 처음 사람이 살기 시작한 군포	지명담	진도군 의신면 초사리 송군마을	김종대 (남, 1939년생)	589_FOTA_20170508_SGR_KJD_002
수십 척의 배들이 모여들었던 송군 앞바다	지명담	진도군 의신면 초사리 송군마을	김종대 (남, 1939년생)	589_FOTA_20170508_SGR_KJD_003
부자들이 많은 초상마을	지명담	진도군 의신면 초사리 초상마을	박동양 (남, 1939년생)	589_FOTA_20170502_CSR_PDY_003
마을로 굴러 내려온 충제봉의 바위	지명담	진도군 의신면 초사리 초중마을	박동판 (남 1947년생)	589_FOTA_20170720_CJR_PDP_001
송장 닮은 바위가 있는 무서운 넘언들	지명담	진도군 의신면 초사리 초중마을	박동판 (남 1947년생)	589_FOTA_20170720_CJR_PDP_002
단합이 잘 되는 칠전마을	지명담	진도군 의신면 초사리 초중마을	박동판 (남 1947년생)	589_MONA_20170720_CJR_PDP_002
옛날 교통의 요지 꿀재	지명담	진도군 의신면 초사리 초중마을	박동판 (남 1947년생)	589_FOTA_20170720_CJR_PDP_004
문둥이 골창, 진골	지명담	진도군 의신면 초사리 초중마을	박동판 (남 1947년생)	589_FOTA_20170720_CJR_PDP_005
300년 된 학계 철비	지명담	진도군 의신면 초사리 초중마을	박동판 (남 1947년생)	589_FOTA_20170720_CJR_PDP_006
초사리 해안가 기미마을	지명담	진도군 의신면 초사리 초하마을	신주생 (남, 1939년생)	589_FOTA_20170502_CHR_SHS_002
샛금의 유래	지명담	진도군 의신면 초사리 초하마을	신주생 (남, 1939년생)	589_FOTA_20170502_CHR_SHS_003
병사가 주둔했던 군포	지명담	진도군 의신면 초사리 초하마을	신주생 (남, 1939년생)	589_FOTA_20170502_CHR_SHS_004
제주 말을 풀었던 몰막기미	지명담	진도군 의신면 초사리 초하마을	신주생 (남, 1939년생)	589_FOTA_20170502_CHR_SHS_005
나란히 앉아있는 형제바위	지명담	진도군 지산면 거제리 거제마을	박 청 (남, 1940년생)	589_FOTA_20170828_GJR_PC_001
마을에서 관리하는 동구 밖 하산	지명담	진도군 지산면 거제리 거제마을	박 청 (남, 1940년생)	589_FOTA_20170828_GJR_PC_003
마을의 운세를 막는 망매산	지명담	진도군 지산면 거제리 거제마을	박 청 (남, 1940년생)	589_FOTA_20170828_GJR_PC_004
이가네 벌안과 박가네 벌안	지명담	진도군 지산면 거제리 거제마을	박 청 (남, 1940년생)	589_MONA_20170828_GJR_PC_001
갯포를 막아야 얻어진다는 거제 예명	지명담	진도군 지산면 거제리 거제마을	박 청 (남, 1940년생)	589_FOTA_20170828_GJR_PC_005
아이 갖기를 빌었던 남근바위	지명담	진도군 지산면 관마리 관마마을	윤영웅 (남, 1940년생)	589_FOTA_20170816_GMR_YYU_003

설화제목	유형	조사마을	제보자	조사코드
관매창이 관마리로 바뀐 이유	지명담	진도군 지산면 관마리 관마마을	윤영웅 (남, 1940년생)	589_FOTA_20170817_GMR_ YYU_004
삼별초 지씨와 노수신이 유배 왔던 거제	지명담	진도군 지산면 길은리 용동마을	박양수 (남, 1945년생)	589_FOTA_20170715_YDR_ PYS_004
용동리와 지도리를 잇는 이순바우	지명담	진도군 지산면 길은리 용동마을	박양수 (남, 1945년생)	589_FOTA_20170715_YDR_ PYS_006
등등매 잔등과 어둠골 잔등	지명담	진도군 지산면 보전리 상보전마을	김민제 (남, 1939년생)	589_FOTA_20170824_SBJR_ KMJ_001
마을을 지켜주는 두 개의 검은 돌	지명담	진도군 지산면 소포리 소포마을	김덕춘 (남, 1931년생)	589_FOTA_20170725_SPR_ KDC_001
소포유래비와 들독	지명담	진도군 지산면 소포리 소포마을	김덕춘 (남, 1931년생)	589_MONA_20170725_SPR_ KDC_003
간척공사 이전의 소포마을	지명담	진도군 지산면 소포리 소포마을	김덕춘 (남, 1931년생)	589_FOTA_20170725_SPR_ KDC_004
웃심동이 망한 이유	지명담	진도군 지산면 심동리 하심동마을	허경환 (남, 1949년생)	589_FOTA_20170824_HSDR_ HKH_001
목 잘린 목섬	지명담	진도군 지산면 심동리 하심동마을	허경환 (남, 1949년생)	589_FOTA_20170824_HSDR_ HKH_004
죽은 총각을 묻은 성재 잔등	지명담	진도군 지산면 심동리 하심동마을	허경환 (남, 1949년생)	589_FOTA_20170824_HSDR_ HKH_005
동석산의 쌀 나오는 구멍	지명담	진도군 지산면 인지리 독치마을	김봉의 (남, 1939년생)	589_FOTA_20170816_DCR_ KBU_004
용샘에 도구통을 넣으면 우수영 울돌목에서 솟구친다고	지명담	진도군 진도읍 교동리 북상마을	박종민 (남, 1925년생)	589_FOTA_20170418_BSR_ PJM_003
철마산에서 나온 철마들	지명담	진도군 진도읍 교동리 북상마을	박종민 (남, 1925년생)	589_FOTA_20170418_BSR_ PJM_004
북상리가 원래 오씨촌이었다고 그래	지명담	진도군 진도읍 교동리 북상마을	박종민 (남, 1925년생)	589_FOTA_20170418_BSR_ PJM_005
물 좋고 마르지 않는 북상리 마을샘	지명담	진도군 진도읍 교동리 북상마을	박종민 (남, 1925년생)	589_FOTA_20170418_BSR_ PJM_0015
시신이 밀려온 시시밤골과 생꼭	지명담	진도군 진도읍 북상리 30번지 조규식 자택	조규식 (남, 1951년생)	589_FOTA_20170609_BSR_ JGS_001
새끼미, 매실리까지 포함하는 왜덕산	지명담	진도군 진도읍 북상리 30번지 조규식 자택	조규식 (남, 1951년생)	589_FOTA_20170609_BSR_ JGS_002
많은 성씨가 모여 사는 하율	지명담	진도군 진도읍 북상리 30번지 조규식 자택	조규식 (남, 1951년생)	589_FOTA_20170609_BSR_ JGS_003
석장 근처에는 유물이 꼭 있어	지명담	진도군 진도읍 북상리 30번지 조규식 자택	조규식 (남, 1951년생)	589_FOTA_20170609_BSR_ JGS_004
여우샘 때문에 하율로 이사한 사람들	지명담	진도군 진도읍 북상리 30번지 조규식 자택	조규식 (남, 1951년생)	589_FOTA_20170609_BSR_ JGS_005
제2의 홍콩이라고 불린 섬등포 꽃게 파시	지명담	진도군 진도읍 진도항교길 37-7	김복용 (남, 1947년생)	589_MONA_20171110_SYR_ KBY_001
상강 무렵에 열린 서거차 삼치 파시	지명담	진도군 진도읍 진도항교길 37-7	김복용 (남, 1947년생)	589_MONA_20171110_SYR_ KBY_002
남도만호가 하미실 하씨에게 병풍 선물한 사연	지명담	진도군 진도읍 남동리 남동마을	박병훈 (남, 1936년생)	589_FOTA_20170420_NDR_ PBH_002
진도읍 최초의 동외리 서당	지명담	진도군 진도읍 포산리 포구마을	박상림 (남, 1935년생)	589_FOTA_20171024_PGR_ PSL_001
흔적이 남아있는 성터와 성 뜰	지명담	진도군 진도읍 포산리 포구마을	박상림 (남, 1935년생)	589_FOTA_20171024_PGR_ PSL_002

550

풍속담

설화제목	유형	조사마을	제보자	조사코드
석불에서 나이만큼 뛰어내리기	풍속담	진도군 임회면 상만리 상만마을	이계진 (남, 1932년생)	589_FOTA_20170511_SMR_LKJ_003
다시 세운 장승	풍속담	진도군 군내면 덕병리 덕병마을	이상문 (남, 1942년생)	589_MONA_20170518_DBR_LSM_001
돌장승에 소 피 뿌리는 액막이	풍속담	진도군 군내면 덕병리 덕병마을	이상문 (남, 1942년생)	589_FOTA_20170518_DBR_LSM_002
삼별초 군사들의 원혼과 돌장승	풍속담	진도군 군내면 덕병리 덕병마을	이상문 (남, 1942년생)	589_FOTA_20170518_DBR_LSM_003
지금은 사라져버린 물레방아	풍속담	진도군 군내면 분토리 한사마을	박성배 (남, 1938년생)	589_MONA_20170603_HSR_PSB_001
송산과 상만은 진도 문헌방	풍속담	진도군 군내면 송산리 송산마을	조재홍 (남, 1942년생)	589_FOTA_20170603_SSR_JJH_001
정성을 다해 모셨던 송산마을의 별신제	풍속담	진도군 군내면 송산리 송산마을	조재홍 (남, 1942년생)	589_FOTA_20170603_SSR_JJH_002
세등마을의 미륵제와 별신제	풍속담	진도군 군내면 세등리 세등마을	곽재복 (남, 1940년생)	589_FOTA_20170606_SDR_KJB_001
지바구산에서 정성을 다해 모시는 충제	풍속담	진도군 군내면 정자리 정자마을	강남철 (남, 1955년생)	589_FOTA_20170518_JJR_KNC_002
개웅 물줄기로 고을의 길흉을 점치다	풍속담	진도군 고군면 가계리 가계마을	허광무 (남, 1946년생)	589_FOTA_20170506_GGR_HGM_002
금호도 숲속 암반 위에서 모시는 당제	풍속담	진도군 고군면 금계리 금호도마을	양재복 (남, 1947년생)	589_FOTA_20170426_GHDR_YJB_002
범벅과 설 음식 나눠먹기	풍속담	진도군 고군면 금계리 금호도마을	양재복 (남, 1947년생)	589_FOTA_20170426_GHDR_YJB_003
나무 위에 아이를 업혀놓는 장례 풍습	풍속담	진도군 고군면 금계리 금호도마을	양재복 (남, 1947년생)	589_FOTA_20170426_GHDR_YJB_004
잎을 피워 비를 점치는 팽나무	풍속담	진도군 고군면 금계리 회동마을	용홍심 (여, 1928년생)	589_FOTA_20170507_HDR_YHS_001
바닷물이 갈라지는 첫등	풍속담	진도군 고군면 금계리 회동마을	용홍태 (남, 1932년생)	589_FOTA_20170507_HDR_YHT_001
허씨문중 시제는 온동네 잔칫날	풍속담	진도군 고군면 원포리 원포마을	임경웅 (남, 1942년생)	589_FOTA_20170422_WFR_LKY_007
정월 대보름 당심애굴 통과하기	풍속담	진도군 고군면 원포리 원포마을	임경웅 (남, 1942년생)	589_FOTA_20170422_WFR_LKY_008
머슴들과 나무하며 부른 짓봉산 타령	풍속담	진도군 고군면 지막리 지막마을	박석근 (남, 1933년생)	589_MONA_20170409_JMR_PSG_003
친정나들이에 동생과 주고받은 산타령	풍속담	진도군 고군면 지막리 지막마을	박석근 (남, 1933년생)	589_MONA_20170409_JMR_PSG_004
음력 시월에 모시는 산제	풍속담	진도군 조도면 가사도리 가사도마을	문형주 (남, 1938년생)	589_FOTA_20171009_GSDR_MHJ_003
지금은 사라진 씻김굿	풍속담	진도군 조도면 가사도리 가사도마을	문형주 (남, 1938년생)	589_FOTA_20171009_GSDR_MHJ_004
화장말고 상여로 해라	풍속담	진도군 조도면 가사도리 가사도마을	문형주 (남, 1938년생)	589_MONA_20171009_GSDR_MHJ_007
초분을 하는 이유	풍속담	진도군 조도면 가사도리 가사도마을	문형주 (남, 1938년생)	589_FOTA_20171009_GSDR_MHJ_005
정월 대보름 놀이의 추억	풍속담	진도군 임회면 고정리 매정마을	이화자 (여, 1938년생)	589_MONA_20170417_MJR_PJS_001

설화제목	유형	조사마을	제보자	조사코드
참나무등에 있던 독담벌	풍속담	진도군 임회면 굴포리 남선마을	강진간 (남, 1939년생)	589_FOTA_20170609_NSR_ KJG_007
망자가 단 가마 상여와 상여집	풍속담	진도군 임회면 삼막리 하미마을	하영호 (남, 1945년생)	589_FOTA_20170612_HMR_ HYH_001
마을의 안녕과 풍년을 기원하는 거러지 제사	풍속담	진도군 임회면 삼막리 하미마을	하영호 (남, 1945년생)	589_FOTA_20170612_HMR_ HYH_009
죽은 아이를 장사지내는 아장목	풍속담	진도군 임회면 상만리 상만마을	이계진 (남, 1932년생)	589_FOTA_20170511_SMR_ LKJ_006
구술샘에서 불 피우는 기우제	풍속담	진도군 임회면 죽림리 죽림마을	이천심 (여, 1931년생)	589_FOTA_20170613_JRR_ LCS_001
말 타고 장가 가던 시절	풍속담	진도군 임회면 죽림리 탑립마을	윤영환 (여, 1940년생)	589_MONA_20170415_TRR_ YYH_001
충제(蟲祭)가 없어진 이유	풍속담	진도군 의신면 거룡리 사정마을	박석규 (남, 1945년생)	589_FOTA_20170611_SJR_ PSG_004
진도의 상여소리가 전 세계로	풍속담	진도군 의신면 돈지리 돈지마을	조오환 (남, 1949년생)	589_MONA_20170913_DJR_ JOH_001
어머니의 구성진 엿타령	풍속담	진도군 의신면 돈지리 돈지마을	조오환 (남, 1949년생)	589_MONA_20170913_DJR_ JOH_002
한 집안의 엿타령 역사	풍속담	진도군 의신면 돈지리 돈지마을	조오환 (남, 1949년생)	589_MONA_20170913_DJR_ JOH_003
지금은 사라진 청용 농악	풍속담	진도군 의신면 돈지리 돈지마을	조오환 (남, 1949년생)	589_MONA_20170913_DJR_ JOH_004
지극정성으로 제사를 모시는 할아버지의 태도	풍속담	진도군 의신면 돈지리 향교마을	강송대 (여, 1941년생)	589_MONA_20170624_HGR_ KSD_002
강성봉에 모여서 충제를 지내다	풍속담	진도군 의신면 옥대리 중리마을	김영식 (남, 1936년생)	589_FOTA_20170509_JR_ KYS_002
자손없는 걸인들을 위한 마을 제사	풍속담	진도군 의신면 옥대리 중리마을	김영식 (남, 1936년생)	589_FOTA_20170509_JR_ KYS_003
유골을 잘 묻어준 포크레인 기사	풍속담	진도군 의신면 옥대리 청용마을	박종성 (남, 1939년생)	589_MONA_20170502_CYR_ PJS_001
정월대보름 팽돌이 세우기	풍속담	진도군 의신면 초사리 초중마을	김광철 (남, 1956년생)	589_FOTA_20170811_CJR_ KGC_001
가물면 묏 파고 산에 불 피고	풍속담	진도군 진도읍 교동리 북상마을	박종민 (남, 1925년생)	589_FOTA_20170418_BSR_ PJM_001
애기가 죽으면 동우에 넣어 묻었어	풍속담	진도군 진도읍 교동리 북상마을	박종민 (남, 1925년생)	589_FOTA_20170418_BSR_ PJM_007
죽은 딸을 신작로 가운데다 묻은 서외리 사람	풍속담	진도군 진도읍 교동리 북상마을	박종민 (남, 1925년생)	589_FOTA_20170418_BSR_ PJM_008
바닷가로 밀려온 시신에 대한 대처	풍속담	진도군 진도읍 북상리 30번지 조규식 자택	조규식 (남, 1951년생)	589_MONA_20170609_BSR_ JGS_001
매실리 자갈밭 옆 묘지	풍속담	진도군 진도읍 북상리 30번지 조규식 자택	조규식 (남, 1951년생)	589_MONA_20170609_BSR_ JGS_004
제각을 복원하고 다시 모신 당산제	풍속담	진도군 진도읍 북상리 30번지 조규식 자택	조규식 (남, 1951년생)	589_FOTA_20170609_BSR_ JGS_006
그믐날 열두 시 넘으면 제를 모신다	풍속담	진도군 진도읍 북상리 30번지 조규식 자택	조규식 (남, 1951년생)	589_FOTA_20170609_BSR_ JGS_007
강강술래 가사의 유래	풍속담	진도군 진도읍 남동리 남동마을	박병훈 (남, 1936년생)	589_FOTA_20170420_NDR_ PBH_001
상여를 함께 떠매던 성동리 상조계	풍속담	진도군 진도읍 성내리 성동마을	조재언 (남, 1925년생)	589_FOTA_20170505_SDR_ JJE_001

설화제목	유형	조사마을	제보자	조사코드
귀하디 귀한 상여 조립자	풍속담	진도군 진도읍 성내리 성동마을	조재언 (남, 1925년생)	589_FOTA_20170505_SDR_JJE_002
동네 창고에 썩어가는 북, 장구	풍속담	진도군 진도읍 성내리 성동마을	조재언 (남, 1925년생)	589_FOTA_20170505_SDR_JJE_003
술을 맛있게 담그는 법	풍속담	진도군 진도읍 성내리 성동마을	허춘심 (여, 1941년생)	589_MONA_20171009_SDR_HCS_001
홍주와 박문주	풍속담	진도군 진도읍 쌍정리 두정마을	이평은 (남, 1936년생)	589_FOTA_20171009_SJR_LPE_001
박문주 제조법	풍속담	진도군 진도읍 쌍정리 두정마을	김덕수 (남, 1942년생)	589_FOTA_20170918_DJR_KDS_001
삼과 짚으로 엮는 짚신	풍속담	진도군 진도읍 쌍정리 두정마을	김덕수 (남, 1942년생)	589_FOTA_20170918_DJR_KDS_002
짚신 만드는 삼 손질법	풍속담	진도군 진도읍 쌍정리 두정마을	김덕수 (남, 1942년생)	589_FOTA_20170918_DJR_KDS_003
청등으로 만든 산태미	풍속담	진도군 진도읍 쌍정리 두정마을	김덕수 (남, 1942년생)	589_FOTA_20170918_DJR_KDS_004
무명베를 잘 짠 누님	풍속담	진도군 진도읍 쌍정리 두정마을	김덕수 (남, 1942년생)	589_FOTA_20170918_DJR_KDS_005
선산에 위패로 모신 아버지	풍속담	진도군 진도읍 포산리 포구마을	박상림 (남, 1935년생)	589_FOTA_20171024_PGR_PSL_005
제사는 자시에 모셔야 한다	풍속담	진도군 진도읍 포산리 포구마을	박상림 (남, 1935년생)	589_FOTA_20171024_PGR_PSL_007
모조밥과 미역국을 길거리에 뿌리는 해창마을 거리제	풍속담	진도군 진도읍 해창리 해창마을	김동심 (여, 1935년생)	589_FOTA_20171028_HCR_KDS_001

풍수담

설화제목	유형	조사마을	제보자	조사코드
세등은 새가 둥지를 튼 형국	풍수담	진도군 군내면 세등리 세등마을	곽재복 (남, 1940년생)	589_FOTA_20170606_SDR_KJB_002
친정 명당자리를 차지한 입도조 할머니	풍수담	진도군 군내면 세등리 세등마을	곽재복 (남, 1940년생)	589_FOTA_20170606_SDR_KJB_003
정자리는 암소가 넓은 들녘을 품은 형국	풍수담	진도군 군내면 정자리 정자마을	김진일 (남, 1950년생)	589_FOTA_20170518_JJR_KJI_001
두 날개를 돌로 눌러놓아야 하는 학의 혈, 지막리	풍수담	진도군 고군면 지막리 지막마을	조병재 (남, 1947년생)	589_FOTA_20170503_JMR_JBJ_004
일제가 박은 오봉산 쇠말뚝	풍수담	진도군 임회면 굴포리 남선마을	강진간 (남, 1939년생)	589_FOTA_20170609_NSR_KJG_0011
어명을 받은 어사묘	풍수담	진도군 임회면 굴포리 남선마을	강진간 (남, 1939년생)	589_FOTA_20170609_NSR_KJG_0012
죽림 저수지 둑에 있는 묘	풍수담	진도군 임회면 죽림리 죽림마을	최수봉 (여, 1929년생)	589_MONA_20170415_JRR_CSB_001
말이 물을 먹는 혈, 갈마음수형	풍수담	진도군 의신면 초사리 초상마을	박동양 (남, 1939년생)	589_FOTA_20170502_CSR_PDY_001
골목에 엽전뿌리고 명당에 묘 쓰기	풍수담	진도군 의신면 초사리 초하마을	신주생 (남, 1939년생)	589_FOTA_20170502_CHR_SHS_001
용동은 여의주를 가진 용 형국	풍수담	진도군 지산면 길은리 용동마을	박양수 (남, 1945년생)	589_FOTA_20170715_YDR_PYS_001

설화제목	유형	조사마을	제보자	조사코드
음양 조화형 풍수	풍수담	진도군 지산면 길은리 용동마을	박양수 (남, 1945년생)	589_FOTA_20170715_YDR_ PYS_002
지력산 명당을 찾아라	풍수담	진도군 지산면 길은리 용동마을	박양수 (남, 1945년생)	589_FOTA_20170715_YDR_ PYS_003
소리마을 거문고 혈	풍수담	진도군 지산면 소포리 소포마을	김덕춘 (남, 1931년생)	589_FOTA_20170725_SPR_ KDC_005
학 혈인 박좌수 묘	풍수담	진도군 지산면 심동리 하심동마을	허경환 (남, 1949년생)	589_FOTA_20170824_HSDR_ HKH_003
지리학박사 지관이 내뺴불었어	풍수담	진도군 진도읍 교동리 북상마을	박종민 (남, 1925년생)	589_FOTA_20170418_BSR_ PJM_002
양무골 '매화락지'에 시아버지 묏을 쓰게 된 사연	풍수담	진도군 진도읍 쌍정리 통정마을	이행자 (여, 1942년생)	589_MONA_20170918_TJR_ LHJ_005

554